2026 비즈니스 트렌드

이 책의 판권은 ㈜베가북스가 소유합니다. 저작권법에 따라 보호받는 저작물이므로 무단 전재와 복제를 금합니다. 이 책의 전부 또는 일부를 이용하거나 유튜브 동영상, 오디오북, 요약자료 등으로 생성 및 유포할 때도 반드시 사전에 ㈜베가북스의 서면 동의를 받아야 합니다. 더 자세한 사항은 ㈜베가북스로 문의 부탁드립니다.

홈페이지 | www.vegabooks.co.kr **이메일** | info@vegabooks.co.kr
블로그 | http://blog.naver.com/vegabooks
인스타그램 | @vegabooks **페이스북** | @VegaBooksCo

대한민국 7대 주요 산업의
명쾌한 전망

2026
비즈니스
트렌드

권기대 지음

베가북스
VegaBooks

프롤로그

이 책은 비즈니스 트렌드를 내다보려는 노력의 결실이다.

'비즈니스 트렌드'라고 표현하긴 했지만, 그것은 결국 우리 경제를 구성하는 여러 산업이 나라 안팎으로 어떤 환경에 처해 있는지, 어떤 기회와 위기가 각 산업을 기다리고 있는지, 내년에는 어떤 성과를 기대할 수 있는지, 어떤 주체들이 그 분야를 이끌어 나가는지 등등을 뜻하는 용어다. 그러니까 <2026 비즈니스 트렌드>는 붉은 말띠의 해 2026년을 맞는 주요 산업들의 추세와 흐름을 미리 짚어보는 책이다.

'추세와 흐름'이라고 하면 다소 두루뭉술하게 들릴지 모른다. 그러나 주요 산업의 추세와 흐름은 (우리가 절실하게 느끼지 못할지는 모르지만) 그 자체로 곧장 개개인의 삶에 직접 영향을 미친다. 직장인은 각자의 일상 업무와 경력 구축에서, 개인투자자는 포트폴리오 구성과 매매전략 수립에서, 경영진은 중·단기 사업계획과 투자전략 수립에서, 학생은 미래의 진로와 구직활동 설정에서, 정책입안자는 균형 잡힌 관점으로 바람직한 의사결정에 이르는 과정에서 많은 도움을 받을 수 있기 때문이다. 그래서 나는 2026년 우리 모두의 비즈니스를 전망해보는 이 야심만만한 이 프로젝트에 1년 가까운 시간과 지칠 줄 모르는 에너지를 즐거운 마음으로 투자했다.

도입부에서 나는 우리 경제의 '큰 그림'부터 그려보기로 한다. 트럼프 미국 대통령의 관세전쟁으로 심하게 '꼬여버린' 세계 경제, 한·미 관세협정의 여파, 추락하는 한국의 경제성장률, 심각한 수준의 나랏빚 등등을 살펴본다. 그러니까, 피터 나바로가 역설했던 매크로웨이브 접근법을 따라 큼직한 변수부터 들여다보는 것이다. 이런 매크로 요소들이 뒤이어 이야기할 7개의 주요 산업 하나하나에도 지대한 영향을 미칠 터이므로, 우리는 그것들을 항상 염두에 두고 공부해야 할 것이다.

책의 나머지는 일곱 개의 'PART'로 나누어 2026년 우리 경제를 주도할 주요 산업을 이야기한다. 방산, 조선, 반도체, 전력기기, 바이오, 원전, 배터리가 그 주인공들이다. 이름 앞에 영광의 'K'를 붙여줘도 전혀 부끄럽지 않을 정도로 현재와 가까운 장래가 촉망되는 산업들이다. 가능한 한 자세하게 설명하고 가능한 한 다양한 기업과 비즈니스와 프로젝트를 소개하고 싶은 마음이야 굴뚝 같지만, 제한된 지면을 어찌할 수는 없지 않은가. 하고픈 말을 최대한 응축하고 정리해서 편집한 내용을 독자들에게 선보이는 게 고작이다. 그래도 각 산업이 자랑할 수 있는 강점과 경계해야 할 리스크, 투자자들이 '대장주' 혹은 '주도주'라고 부르는 선도 기업들, 눈여겨봐야 할 유망주들, 관심을 가지고 지켜봐야 할 주된 프로젝트들 등은 빠짐없이 소개하려고 무진 애를 쓴다. 내 전문 분야가 아닌 과학이나 기술의 영역이라도 보통 사람들이 알아두면 좋을 듯한 용어들의 사용과 해설에는 주저함이 없을 것이다.

2026년엔 또 어떤 사건들, 상상도 못 했던 일들이 벌어질까. 그렇지 않아도 아슬아슬했던 세계의 공급망은 미국의 관세 협박으로 전반적인 재조정이 불가피하다. 특히 수출에 목을 매야 하고 제조업에 의존하는 바가 남다른 한국 기업들은 그 혼란에 속이 타들어간다. 한국을

'팔자에도 없던' 아열대 국가로 만들어버린 기후변화가 재앙 수준으로 치닫는가 하면, 금방이라도 끝날 것만 같았던 러·우 전쟁은 능구렁이 같은 푸틴의 교활함으로 앞을 분간하기조차 어렵다. 어떤 원자재의 공급난이 어찌어찌 해소되는가 싶으면, 느닷없이 다른 원자재가 심각한 난관에 부딪혀 에누리 없이 우리의 밥상 물가까지 뒤흔들어 놓고야 만다. 경제학자들이 자주 언급하는 불확실성이 자꾸만 커지는 것이다.

그럴 때 세계의 주요국들은 어떤 정책과 비전으로 이를 타파해나가며, 각 산업의 주된 플레이어들은 무슨 전략으로 이 거친 위기의 파도를 헤쳐 나갈까. 그런 걸 지켜보는 일은 흥미롭기 짝이 없다. 메모리 반도체를 둘러싼 삼성과 하이닉스의 '장군 멍군'과 '땅따먹기'는 다른 산업 영역에서도 수시로 벌어지는 광경일 테다. 비즈니스 전선에서 일어나는 현실의 전쟁과 흥망성쇠와 이합집산 같은 이야기는 한 편의 장편소설과 마찬가지로 다양한 정서를 불러일으키고 아드레날린을 솟구치게 할 수 있다는 사실을 새삼 느끼게 된다. 이 책도 그처럼 재미있게 읽히기를 바란다.

일하는 시간을 따지지 않고 이 책이 나올 수 있도록 성의껏 도와주신 베가북스 편집, 디자인, 홍보·마케팅 팀의 한 분 한 분에게 먼저 감사를 드리고 싶다. 특히 책이 독자들을 만나기까지의 전 과정을 지휘해주신 배혜진 부대표님에게 따뜻한 박수로 고마움을 전한다. 이 책이 가능한 한 많은 직장인과 투자자와 학생과 여러 조직의 리더에 의해서 읽힘으로써 그들의 노고가 넉넉히 보상받을 수 있으면 참 좋겠다. 마지막으로, 글 쓴답시고 입시 준비를 제대로 도와주지 못했던 우리 아이들 채민과 순후에게도 사랑과 감사를!

차례

프롤로그 _ 4

| 도입부 |

세계 경제, 트럼프 때문에 꼬였다 | 한·미 관세협정과 정상회담 | 미리 짚어 본 2026 한국 경제 | 중국이라는 블랙홀 | 나랏빛이 '무식해'

| Part One |

K-방산

1장 K-방산이 풀어야 할 숙제들
글로벌 무기 수요, 상황이 상황인지라 무섭게 증가하는 중 _ 41
유럽, 실존적 위협 아래 | 미주 시장, 미국이 사면 모두 안심하니까 | 중동, 글로벌 무기 수입의 30% | 동남아, 우리도 한국산으로 갈아탑니다

2장 K-방산의 경쟁력, 한국산 무기가 괜히 인기이겠는가 _ 47
'못 만드는 게 없는' 기술·제조 경쟁력 | 가성비가 이 정도니, 침을 흘리지! | '감동적'인 납품 속도 | K-방산 해외 진출, 그야말로 방방곡곡 | 고객 맞춤형에다 현지 생산까지 | 한국 무기? 담백해서 부담이 없잖아!

3장 K-방산 ON LAND _ 56
한화에어로스페이스, K-방산의 대장주 | 현대로템, 철도차량만 하는 줄 알았더니 | LIG넥스원, 하늘 방어는 우리에게 맡겨! | 한화시스템, 우린 무기의 '두뇌'를 만들지 | 진화하는 육상 무기체계

4장 K-방산 AT SEA _ 73
함정 수출, 'H팀' 꾸린 K-방산 | 잠수함, '핵'만 빼고 다 한다! | MRO, K-방산의 블루오션

5장 K-방산 IN THE AIR _ 86
보라매 전투기, 창공을 찢다 | 국산 헬기 수리온, 팔색조처럼 변신 | 전자전기, 들어보기는 했나? | 드론, 싸다고 얕봤다가는 코코다침 | 어, 비행기도 MRO가 필요해?

6장 방산 소·부·장, K-방산의 부지런한 일꾼 __ 98

K-방산 소·부·장 ON LAND ｜ K-방산 소·부·장 AT SEA ｜ K-방산 소·부·장 IN THE AIR

| Part Two |

K-조선

1장 글로벌 조선업, 엇갈린 전망 __ 116

글로벌 조선업, 정점을 지났나? ｜ 갈수록 격렬해지는 한·중의 한판 승부 ｜ 중소 조선사, K-조선 막내들에게도 낙수효과

2장 MASGA; 엉클 샘, 배는 우리가 만들어줄게! __ 126

MRO 기지 만들기, K-조선 막내들 불러와! ｜ 미국 조선업 확실히 '일으켜 세워주기' ｜ 마이너스 요소들, MASGA를 '좌초시킬' 수도

3장 고부가가치·친환경 선박, 배라고 다 같은 배가 아니다 __ 135

LNG 운반선 ｜ 액화 이산화탄소 운반선, 미래 먹거리 될까? ｜ 액화수소 운반선, 수소경제를 선점하라 ｜ FLNG, 남들 다 포기해도 끝까지 버틴다 ｜ SMR 추진 컨테이너선, 아직은 '개념 승인'까지 ｜ 쇄빙선, 트럼프가 수요를 부추겼다고? ｜ 물 위에 둥둥 뜬 '바다 위 정유공장' ｜ WTIV, 해상풍력 발전을 위한 특수 선박 ｜ 자동차 운반선, 이젠 우리도 자율운항 시대

4장 K-조선 소·부·장, 여전히 부족하지만 꿈은 크게 __ 152

선박 엔진, 20년 만에 독자 개발 60개국 수출 ｜ 중국도 엔진은 한국에서 살 수밖에 없어 ｜ 윙 세일, 21세기판 '돛'을 아세요? ｜ 항만 크레인, 중국의 독점을 깨부수라 ｜ 기타 K-조선 소·부·장

| Part Three |

K-반도체

반도체 시장, 덩치 작은 메모리가 주도 | 중국·일본·미국, K-반도체를 가만 놔두지 않는다

1장 HBM, 이걸 빼고는 K-반도체를 이야기할 수 없다 ＿171

HBM, 얼마나 큰 시장이기에 | HBM, 누가 필요해서 사가나? | HBM, 누가 만들어 공급하나?

2장 하이닉스 VS 삼성, 언제 봐도 흥미진진한 두뇌 싸움 ＿186

하이닉스, '삼성'이란 아성을 무너뜨리다 | 이를 어쩌나, 삼성 | 덩치는 작아도 K-반도체 유망주

3장 반도체 소·부·장, K-반도체와 함께 가는 용감한 동반자들 ＿206

K-반도체를 빛내는 소재·부품 | K-반도체를 든든하게 받쳐주는 장비

| Part Four |

K-전력기기

'K-전력기기'라고?

1장 전력기기 삼총사, 물 만난 물고기가 따로 없네 ＿230

HD현대일렉트릭, 한 발 치고 나갔어 | 효성중공업, 가장 무게 있는 K-전력기기 업체 LS일렉트릭, HVDC 초고압 변압기는 우리뿐 | 기타 K-전력기기 용사들

2장 K-전선, 모든 종류의 케이블이 다 있다 ＿240

3장 냉난방 공조, 스마트폰과 맞먹는 규모 ＿244

LG전자, HVAC는 우리가 선도함 | 삼성, 공조 사업을 그냥 둘 순 없지 | 액침냉각, 아직은 의견이 분분함

| Part Five |

K-바이오

바이오, 안 할 이유가 없잖아

1장 **CMO·CDMO; 우리한테 맡겨, 의약품 대신 만들어줄게** — **262**

삼성바이오로직스, 세계 최고의 생산능력 | SK, 우리가 'P 프로젝트'를 괜히 시작했겠나 | 셀트리온, 이젠 CDMO도 우리 영역이야!

2장 **바이오시밀러, 바야흐로 황금기에 접어들다** — **271**

셀트리온, 한국 바이오시밀러의 대부 | 바이오에피스, 미국 시장 절반 이상 접수했어!

3장 **신약 개발, K-바이오의 미래는 여기서 갈린다** — **277**

K-바이오 신약 개발 경쟁력, 어느 정도지? | ADC, 단연코 항암제의 대세 | 비만치료제, 더 많이 더 안전하게 살 빼기 | '15초 주사'로 치매 잡는다? | AI, 이걸 빼고 신약 개발이 되나?

4장 **기술수출, 적당한 선에서 기술 팔고 위험 분산하기** — **294**

K-바이오, 이제 우리 기술의 수출까지! | SC, '제형 변경'이라는 매직

5장 **의료기기와 정밀의료** — **303**

의료기기, AI와 디지털을 만나다 | 정밀의료, 시작은 빠르고 간단하고 정확한 진단

| Part Six |

K-원전

1장　원전의 일생, 원전 비즈니스의 달라진 내러티브 ― 313

2장　K-원전, 유럽 뚫고 미국까지 진격 ― 319
　　　체코 원전 수주, 말도 많고 탈도 많았지만 | 26조 원 체코 원전, 저가 수주라고? | 불가리아 20조 원전 사업, 현대건설이 땄다? | 이젠 미국까지 진격 | 연구용 원자로까지 노리는 K-원전

3장　원전 해체, 없애기가 만들기보다 어렵다 ― 330
　　　원전 해체, '경험한' 나라 딱 3개, 한국도 시작 | 원전 폐기물 저장

4장　SMR, 몸집 줄여 날렵한 원전 ― 337

| Part Seven |

K-배터리

1장　K-배터리 삼중고; 트럼프, 전기차 캐즘, 그리고 중국 ― 344
　　　좀 더 다양한 쓰임새를 찾아라! | K-배터리 삼총사, 건재한가

2장　K-배터리, 탈출구를 찾아라 ― 352
　　　46∅ 원통형, 보기 드문 K-배터리 우세 | LFP, 때늦은 감이 없진 않지만 | 전고체배터리, 2차전지의 미래까지 | ESS용 배터리, 이만한 대체 시장이 없어 | 로봇용 2차전지, 궁극의 목표는 휴머노이드

3장　함께 신음하는 배터리 소·부·장 ― 373
　　　양극재, 가장 중요해서 타격도 가장 큰 소재 | 음극재, 실리콘에서 길을 찾을까 | 분리막, 미국 시장으로 숨통 트일까 | 그 밖의 소재와 장비

도입부

세계 경제, 트럼프 때문에 꼬였다

2025년이 반나마 지난 시점에서 세계은행이 Global Economic Prospects(세계 경제 전망)라는 보고서를 내놨다. 결론은 이랬다, "20025년 글로벌 경제성장률은 2.3%로, 금융위기가 닥쳤던 2008년 이후 가장 낮은 수준일 것이다." 1월까지만 해도 '경제 연착륙'을 예상하며 그나마 2.8% 성장을 제시했던 세계은행이 한층 더 비관적으로 변한 근거는 무엇일까? 미국이 시작한 관세전쟁으로 무역량은 쪼그라들고 경제 전반이 휘청이며 성장도 발목이 잡혔기 때문이란다. 그래서 전 세계 경제 주체의 70%에 대해 성장률 전망치를 낮춰 잡았단다. 글로벌 무역 증가율이 줄어들 땐 경제성장률도 함께 하락했던 과거 30여 년의 일관된 추세를 생각해보면 그리 놀랄 일도 아니다. 최근의 국제적인 불화가 2차 세계대전 이후 빈곤을 줄이고 번영을 키워온 '정책적 확실성'을 뒤엎었다고도 했다. 쉬운 말로 풀자면, 총포로 벌이는 전쟁과 관세로 벌이는 전쟁 때문에 한 치 앞도 내다보기 힘들다는 얘기다.

  문제는 2026년에도 이런 충격이 멈추지 않을 거란 예측이다. 위 보고서는 2026년과 2027년 세계 경제성장률도 각각 2.4%, 2.5%로 우울하게 내다봤다. 그리고 지정학적 갈등이나 관세전쟁의 주된 피해자로 무역 의존도가 높은 국가와 개발도상국을 지목했다. 선진국의 문턱에 와 있는 한국도 무역 없이는 어깨를 못 펴는 경제 구조 때문에 고달픈

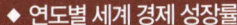
◆ 연도별 세계 경제 성장률

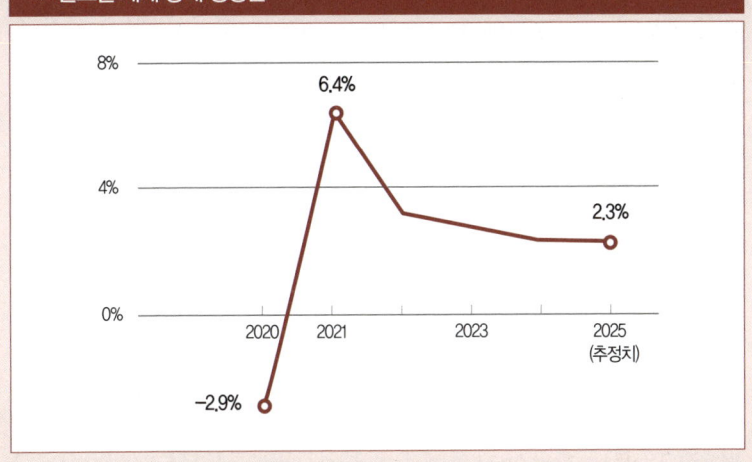

출처: 자료은행

2026년을 보내야 할 것 같다.

트럼프, 언제 '결자해지' 할까

암울한 저성장에서 벗어날 해법은 없을까? 세계은행은 '무역 관계의 재건'을 핵심 과제로 내놓았다. 세계 경제를 위해선 어떤 대안보다 경제 협력이 최선이란 뜻이다. 미국이 협박해온 관세율이 낮아지고 무역 갈등이 완화하면, 2025년과 2026년 세계 경제성장률은 0.2%포인트 높아질 수 있다는 구체적 효과도 제시했다. 아울러 각국 정부의 재정 건전성 회복과 일자리 창출도 경제성장률을 끌어올리는 요소로 들었다.

애석하게도 전문가들은 대저 트럼프의 행보만 바라보고 있다. 관세 전쟁을 터뜨린 장본인의 결자해지를 애타게 기다리는 건가. 미국이 워낙 경제 대국이라 미국 외에는 쳐다볼 필요도 없다는 건가. 이 책이 출간되어 독자들을 만날 때까지도 속 시원한 해결책이 등장하긴 어려워 보인다. 그래서 걱정이다. 이 같은 무역 갈등이 길어지면 그 악영향이

단기적인 경제 활동뿐 아니라 장기적인 투자 결정에까지 미칠 테니까. 특히 미국 같은 거대시장에 접근하기가 어려워지면 기업의 생산 및 투자 위축을 무슨 수로 막겠는가.

한·미 관세협정과 정상회담

2025년 7월 30일 트럼프 미국 대통령은 한국에 대한 상호관세를 자동차까지 포함하여 15%로 합의하는 내용의 무역 협정을 승인했다. 이로써 8월 1일부터 한국산 제품에 부과하기로 되어있었던 25%의 상호관세는 없어졌다. 그의 표현을 빌자면, "완전하고 포괄적인 무역 협정"이었다. 그러나 기존의 한·미 FTA는 무력한 존재가 돼버렸다. 어쨌거나 7월 말의 관세협정 타결과 8월 말의 한·미 정상회담 마무리로 여러 가지 불확실성이 해소되었으므로, 한국으로선 '일단 한시름 덜게' 되었다는 표현이 가장 적절하겠다. 한국인의 생활과 경제 활동은 미국과의 정치·안보·경제 관계에 긴밀하게 엮일 수밖에 없지 않은가.

한 · 미 FTA, 애써 만들어놨더니 헛수고 됐네

그런데 공식 발표된 관세협정의 결과나 의미는 그게 다가 아니다. 꼬리표가 길다. ①한국은 트럼프 대통령이 선정하고 미국이 소유·통제하는 투자 프로젝트에 3,500억 달러(약 488조 원)를 제공하되, 그 이익의 90%는 미국이 차지하기로 한다. 이 무슨 '불평등' 협정인가 싶겠지만, 그게 상무부 장관의 친절한 설명이다. ②한국은 1,000억 달러(약 139조 원) 규모의 에너지 제품을 트럼프 대통령 임기 내 구매한다. ③게다가 한국은 추가로 대규모 자금을 투자하며, 그 금액은 이재명 대통령의 백악관 방문 때 발표한다. ④반대로 한국은 미국산 제품에 관세를 붙이지 않으며, 자동차·트럭·농산물 시장을 모두 개방한다. 다만 쌀과 소고기는 추가 개방하지 않는 걸로 합의했다는 추후 보도가 있었다. ⑤한국산 반도체와 의약품에 대해서는 다른 나라에 비해 불리하게 대우받지는 않을 거라는 아리송한(?) 결정도 덧붙였으며, 이번 협정에도 불구하고 ⑥철강·알루미늄·구리에 대한 50% 관세는 변함없다고 친절하게(?) 못 박았다.

이런 협상 결과에 대한 필자의 느낌은? 애당초 협상 환경이 우리에게 불리했다는 건 인정하면서도, 이것저것 다 내주고 다 양보해서 간신히 얻어낸 최소한의 성과라는 느낌을 지울 수 없다. 특히 FTA에 의해 '제로' 관세였던 국산 자동차가 (다른 나라처럼 12.5%도 아니고) 15% 관세를 뒤집어쓴 건 너무 아쉽다. 물론 우리 협상팀의 생각은 다를 터. 소위 'MASGA(Make American Shipbuilding Great Again)'라는 조선업 협력 아이디어를 미국에 제안함으로써 최선의 결과를 얻었다고 자평한다. 판단은 독자 여러분 각자의 몫이다. 중요한 것은 한국 수출 총액의 19%를 차지하는 대미 수출의 불확실성이 상당히 해소되었다는 점이다. 다만 전반적인 통상환경의 구조는 앞으로도 계속 바뀔 터이니 선제적으로 대비해야 할 것이다.

어디서 만들어 어디서 파는 게 유리할까?

말도 많고 탈도 많던 관세 협상이 그럭저럭 마무리됐다. 하지만 2026년에 들어서서까지 만나게 될 추가적인 변화도 만만치 않다. 이제 중요한 건 무엇인가. 앞으로 변화무쌍하게 요동칠 세계 경제의 글로벌 공급망 파악이다. 특히 수출에 '목을 매는' 우리나라는 다양한 시나리오를 가정하고 수출과 공급망 전략을 함께 세워야 한다. 적어도 미국 수출용 제품은 관세·물류비 등 비용의 최소화를 실현하기 적합한 국가에서 만들어야 한다. 한국 기업의 공급망에 큰 변화가 있을 거란 점에는 이론의 여지가 없다. 가령 미국 내에서 제품을 만들 수 있다면 가장 좋겠지만, 그리 간단한 노릇이 아니다. 그게 아니면, 가령 25% 관세율을 적용받는 인도 공장의 대미 수출 물량을 멕시코(0%)나 한국(15%), 베트남(20%) 등으로 옮기는 식이다. 혹은 미국 수출 목표를 줄이고 대안 시장을 찾든가. 게다가 일본, EU, 중국 등 경쟁국들은 지금 어떤 형태의 공급망을 갖고 있으며, 앞으로 어떻게 변할 것인지도 점쳐보고 유불리도 따져봐야 한다. 한국 기업들은 벌써 이런 공급망 계산과 눈치 보기에 머리를 싸매기 시작했다. 트럼프 대통령 집권 4년간 글로벌 공급망은 예측이 어려울 정도로 요동칠 것이 분명하다.

핵심은 생산능력과 관세·물류비 등 비용 최소화다. 말이 그렇지, 셈법이 여간 어려운 게 아니다. 가령 미국과 캐나다가 티격태격하더니 캐나다가 35% 상호관세를 두들겨 맞았다. 캐나다에 진출하려고 전략을 짜놓았던 K-배터리 소재 기업들은 비상이 걸렸다. 35% 관세를 감당할 것인가, 미국의 무관세 수입 요건을 충족하기 위해 '북미에서 원료 조달'을 추진할 것인가, 그러면 여태 써오던 값싼 중국산 원료는 포기할 것인가. 머리를 싸매고 어떻게 선택하든 비용 상승은 피하기 어려워 보인다.

한·미 정상회담, 그 경제적인 함의

2025년 8월 25일 한국의 신임 대통령이 마침내 미국의 신임 대통령을 만났다. 한국의 정치적 격변으로 인해 몇 달씩 미루어진 이 정상회담은 '숙청'이니 '혁명'이니 하는 음침한 단어로 얼룩진 트럼프의 소셜 미디어 포스팅을 둘러싸고 팽팽한 긴장으로 시작됐지만, 양국이 앞서 설명한 관세협정 합의사항을 변경 없이 준수하기로 확인하며 긍정적이고 낙관적으로 마무리되었다. 아울러 관세협정 타결 당시 미결 사항이었던 한국의 대미 '추가' 투자를 1,500억 달러로 확정했는데, 이는 대부분 PART II 제2장에서 자세히 설명할 MASGA 프로젝트 추진에 사용될 예정이다.

우리 상황이 상황이니만큼 정상회담은 한반도 안보, 동북아 지정학, 주한 미군, 한·일 과거사와 관계, 러·우 전쟁과 중동 분쟁 등의 이슈를 두루 아울렀지만, 여기서는 경제에 관한 주제, 특히 2026년과 그 이후의 비즈니스 전망에 직접 관련된 주제만 이야기하겠다.

결과적으로 삼성, HD현대, 두산 등 주요 그룹들이 다양한 분야에서

◆ 한·미 정상회담의 결과로 체결된 계약·MOU 내용(총 11건)

분야	한국 기업	미국 기업	체결 내용
조선	HD현대, 산업은행	Cerberus Capital	수십억 달러 규모의 공동 투자 펀드 조성
조선	삼성중공업	Vigor Marine	미 해군 지원함의 MRO 역량 강화 조선소 현대화 및 선박 공동 건조 등 협력
원자력	한국수력원자력 두산에너빌리티	X-energy Amazon Web Services	SMR 설계·건설·운영 공급망 구축·투자 및 시장 확대 협력
원자력	두산에너빌리티	Fermi America	텍사스 AI 캠퍼스 대형 원전과 SMR 기자재 제작
원자력	한수원, 삼성물산	Fermi America	텍사스 AI 캠퍼스 원전·화력·태양광 통합 운영
원자력	한수원	Centrus	우라늄 농축 공장 설비 구축에 지분 투자
항공	대한항공	Boeing	항공기 103대 신규 도입 (362억 달러)
항공	대한항공	GE Aerospace	엔진 구매·정비 계약 (137억 달러)
LNG	한국가스공사	Trafigura	2028년부터 10년간 미국산 LNG
LNG	한국가스공사	Total Energies	연 330만 톤 신규 도입
핵심광물	고려아연	Lockheed Martin	2028년부터 게르마늄 및 핵심 광물 장기 공급

출처: 산업통상자원부

미국 측과 11건의 계약 및 MOU를 체결했다. 관세 협상 당시 합의했던 투자 펀드 3,500억 달러와는 별도의 추가 투자 계획이다. 또 정상회담에 이어 열린 별도 행사에서는 현대차그룹이 미국에 260억 달러(약 36조 원)를 투자해 연 3만 대를 만드는 로봇 공장과 전기로 제철소를 신설하고, 미국 내 완성차 제조도 확대하기로 했다. 9쪽 하단의 표가 한·미 정상회담의 결과로 확인된 주요 경제 협력 사항들을 간결하게 보여줄 것이다.

물론 K-조선의 미래에 중요한 이정표가 될 수 있는 MASGA 프로젝트가 구체적인 모습을 드러내며 닻을 올린 게 가장 반갑고도 긍정적이다. 위의 표에서 삼성중공업이 현지 조선사 Vigor Marine(비거 머린)과, 그리고 HD현대가 사모펀드 Cerberus Capital(서버러스 캐피털)과 각각 체결한 MOU가 바로 MASGA 프로젝트 추진을 위한 합의다.

미리 짚어본 2026 한국 경제

겨우 제자리걸음, 한숨만 나온다

한국 경제가 금융위기(2009년)와 코로나 확산(2020년) 때나 경험했던 0%대 저성장 위기에 다시 직면했다. 한국은행(8월 28일 발표)이 2025년 GDP 성장률을 0.9%로 전망하면서 0%대 성장을 공식화한 것이다. 그나마 지난 2023년 11월 이후 계속 성장률 전망을 낮춰오다가, 최근 소비자심리지수가 개선되고 민간소비가 다소 회복했다고 해서 이번에 처음으로 높인 것이다. 그러면서 기준금리는 금통위원 전원의 만장일치로 두 차례 연 2.5%로 동결했다. 뚜렷한 경기 둔화를 앞두고 경기 하방 압력을 완화하려는 몸부림이다. [10월 이후엔 한은이 금리를 내릴 가능성이 크다고 보는 전문가들이 많다] 한은이 미국 Fed보다 먼저 금리를 내리면 이미 역대 최대 2%p인 금리차는 2.25%p까지 벌어지면서 원·달러 환율이 오르고 외국인 자금이 빠져나갈 위험이 커진다.

한국개발연구원(KDI) 역시 우리 경제의 성장률이 2026년 1.6%로, 2030년대엔 0%대로 떨어지고 2040년대 초반엔 마이너스로 진입할 수 있다고 분석했다. 쉽게 말하면, 국내 경기가 단기 침체가 아닌 구조적 둔화 국면에 접어들었다는 얘기다. 1990년대 말까지 연평균 8%를 웃돌던 화려한 경제성장률 수치는 이제 영영 다시 보기 어려울 것 같다.

지나치게 낮은 성장률이 장기간 이어지고 있는 상황을 고려하면 누구나 의심하게 된다, 이미 경기 침체가 시작된 게 아닐까 하고. 침체의 조짐을 느끼는 배경에는 계엄 사태로 인한 정치 혼란, 미 정부의 관세 정책 불확실성, 대형 산불, 고속도로 교량 붕괴 등 경제외적인 돌발성 악재의 영향이 컸다. 사실 모두가 우려하는 경기 둔화는 수출과 내수 모두에서 뚜렷하다. 경제 전체의 하락 폭 가운데 0.5%p는 내수, 0.2%p는 수출 요인으로 분석됐다. 특히 전체 성장률을 0.4%p 끌어내렸다고 한은이 지적한 건설경기가 아주 부진했다. 최근 2년 동안 성장률에 가장 악영향을 미쳤던 모습이 이어진 것이다. 경쟁 심화로 자영업과 소상공인의 실질 소득도 감소하고 있는가 하면, 고용 지표에서도 실업률의 상승 등 경고음이 들린다.

물가 상황은 어떨까? 2025년도 소비자물가 상승률은 예전의 1.9%에서 2.0%로 높여 전망했다. 다시금 환율이 1,400원에 육박한 가운데 폭서·폭우 등 계절적 요인에 따른 물가상승 요인 때문일 것이다. 2026년 소비자물가 상승률에 대해서도 기존 1.8%를 1.9%로 올린 전망치를 내놓았다. 멈출 줄 모르는 가계부채 증가와 부동산시장 불안정 그리고 외환시장 변동성이 더 커졌기 때문이리라.

해외에서 보는 우리 경제도 비관적

경제협력개발기구(OECD)는 해마다 5월~6월, 11월~12월 두 차례, 20개 주요국 경제를 전망한다. 2025년 5월 말 OECD는 전 세계의 2025년 경제가 2.9% 성장할 것으로 전망한 가운데, 한국의 경제성장률은 1%에 그칠 것이라고 봤다. 이는 국내 기관들의 전망보다는 살짝 높지만, 3개월 전 OECD 수치보다 0.5%포인트 하락했고, 2024년 말의 전망과 비교하면 절반 이하로 내려앉은 것이다. 그 외 프랑스 Société Générale(소시에테 제네랄)이 한국의 성장 전망을 0.3%로 하향 조정하는 등, 국내 기관보다 낮은 수치를 내놓는 곳이 늘었다. 대체로 내수 부진, 미·중 무역 갈등, 대외 수출 여건 악화 등을 이유로 든다. 물론 다소 긍정적인 견해를 내놓는 기관들도 있다.

2026년은 어떨까?

내수에 온기가 돌고 수출이 늘면서 점차 반등세를 보일 거란 전망이

퍼지고 있다. 1% 전후에 머물 2025년 성장률에 비해, 2026년은 1%대 중후반, 2027년은 더 좋아져 2%대에 진입할 것이란 분석이 나온다. 반도체 수출이 예상보다 크게 늘고 수출 전망이 밝아지는 가운데, 한국은행은 특히 2025년 3분기 성장률이 1.1%에 이를 걸로 내다봤다. 이것이 현실화한다면 주요국 가운데 5위권에 들 가능성이 크다.

해외에서는 어떻게 보고 있을까? OECD는 한국 경제의 2026년 잠재성장률을 1.88%로 예상했다. 2025년 하반기부터는 수출과 투자를 억눌러온 관세·대외 불확실성이 개선되고, 정치적 불안 완화와 실질임금 상승으로 민간 소비도 회복할 걸로 본 것이다. 한국은행이 2026년 성장률 전망치로 제시한 1.6%와 크게 다르지 않다.

투자은행들은 한층 더 긍정적이다. 다른 주요국들보다 불리할 게 없는 한·미 관세 협상 타결과 내수 소비 회복 등을 이유로 2026년 성장률 전망을 높이고 있다. 한국 경제를 가장 부정적으로 보는 JP Morgan(JP모건)도 2026년 예상치를 2.0%로 높였고, Citigroup(씨티)도 1.6%로 잡았다. Goldman Sachs(골드만삭스)의 성장률 전망은 올해 1.2%와 2026년 2.2%로, 8개 대표적인 투자은행 중 가장 높았다. 이들의 전망은 2025년 하반기부터 회복 흐름이 시작돼, 2026년엔 더 뚜렷해질 거라는 얘기다. 이 같은 글로벌 IB의 전망치는 국내외 주요 기관에 비해 다소 높다. 한국은행·한국개발연구원·아시아개발은행 등이 모두 2026년 성장률을 1.6%로 예상했다.

다만 국내 건설경기 부진은 성장률을 갉아먹을 수 있다. 2025년 건설투자는 8.3% 감소가 예상되는데, 만약 이 분야 투자에 감소가 전혀 없다면 성장률이 2.1%까지 올라갈 수 있다. 게다가 대외 불확실성도 여전히 크다. 미국의 관세 정책은 언제든 우리 수출에 직격탄이 될 수 있고, 여전히 오리무중인 미·중 협상도 큰 변수다.

저성장의 원인과 타개책은?

경제 성장 속도가 물가상승 속도조차 못 따라가는 상황이 5년째 이어지고 있다. 문제를 타파하려면 그 문제의 원인부터 파악해야 한다. 한국의 잠재성장률이 주요국 가운데 가장 빠르게 떨어지고 있다. '잠재성장률'이란 물가를 자극하지 않고 달성할 수 있는 최대 성장 속도, 한마디로 국가 경제의 기초 체력이다. 가령 잠재성장률이 5%라면, 물가상승 없이는 경제가 5% 이상 성장하기 어렵다는 뜻이다. 이 잠재성장률은 노동인구 증가, 자본투입 증가, 생산성 증대에 의해 결정된다. 가령 이 지표가 1% 밑으로 하락했다는 것은 어떤 의미일까? 우리 경제의 장기 성장 잠재력이 구조적으로 취약해졌다, 혹은 한국 경제의 활력이 현저히 떨어졌다는 얘기다. 선진국들은 기술혁신과 노동시장 유연화 등으로 성장률이 반등하는 추세인데, 유독 한국은 왜 이럴까?

- 저출생·고령화 추세에 대한 대응이 20년 가까이 지체됐다. 경제활동인구 자체가 줄어들고 있다는 얘기다. 2019년 3,763만 명이던 15세~64세 생산연령인구가 2050년에는 2,500만 명에도 못 미친다는 게 통계청의 전망이다. 그들이 전체 인구에서 차지하는 비중도 51.95%로 감소한다. 더구나 젊은 인구의 감소로 새로운 기술에 민감한 노동인구가 떨어져서 생산성에도 부정적이다. 급격한 고령화로 이런 현상은 더 빨라져 잠재성장률 하락을 부추길 것이다. 노동 투입과 생산성 증가세 둔화는 자본 수익성을 낮추어 자본투입 규모도 줄게 마련이다. 결국 잠재성장률의 3가지 구성 요소가 모두 악화할 거란 얘기다.

- 후진국 말기에나 유효했던 경제 구조를 여태 개혁하지 못했다. 한

국 경제의 고질병으로 누누이 지적당해온 온갖 규제도 타파하지 못했다. 경쟁을 제한하는 낡아빠진 경제 구조는 생산성 후퇴와 잠재성장률 추락을 가져올 수밖에 없지 않은가. 노동시장 유연성 확대 등 경제 구조개혁이 이루어지지 않는 한 생산성 회복은 불가능이다. 설사 때늦은 구조개혁에 성공하고 AI 등 첨단기술이 확산하더라도 한국이 만성적인 저성장 국가로 떨어지는 걸 막기는 어려울 수 있다.

- 수출 경쟁력을 좌우하는 한국 기업의 생산성 자체가 빠르게 후퇴하고 있다. 삼성전자, 현대자동차 등 시가총액 상위 10개 기업의 2024년 평균 영업이익률(13.4%)은 애플, 엔비디아 등 미국 상위 10개 기업(31.4%)의 절반에도 못 미친다. 그 격차는 어제오늘 일이 아니라 지난 10년간 꾸준히 벌어졌다. 미국이 밀려드는 인재와 넘쳐나는 자금으로 AI나 로봇 같은 첨단산업을 주도하는 동안 한국 기업은 제조업만 붙들고 겨우 제자리걸음을 해왔기 때문이다. 혁신의 에너지는 마르고 미국과 중국의 거인들 사이에 끼여 고전을 면치 못하는 모습이다. 식어가는 우리의 성장엔진, 이는 정부와 학계의 기초과학 분야 홀대와도 깊이 연관되어 있고, 나아가 1950년대에서 한 발짝도 못 나간 케케묵은 교육시스템 탓이기도 하다.

- 내수 불황이 장기화할 조짐이 뚜렷하다. 저출생·고령화가 너무 빨리 진행하는 가운데, 가계부채가 걱정될 정도로 쌓이고 있어서다. 인구의 고령화는 30년 전 일본보다 심각한 데다, 저성장·저물가·저금리 늪에 빠져 한국이 '신흥쇠퇴국'으로 전락하는 건 아닌지, 우려가 커지고 있다. 재정 적자도, 늘어나는 가계부채도, 1990년대

초 일본과 닮았다. 각 부문의 이해 갈등을 조정해야 할 정치권조차 개혁을 외면하는 모습이다.

- 산업이 정체해도 부동산만 찾는 국민적 성향. 부동산 선호가 한국 가계의 특성이다 보니, 우리 가계의 비금융 자산 비율은 미국·일본의 두 배에 가까운 63% 정도다. 이런 기형적 구조 탓에 소비와 생산적인 투자가 줄고, 증시로 자금이 흘러들지 않아 경제의 성장 잠재력을 깎아 먹고 있다. 기업으로 흘러들어야 할 자금이 막히면서 산업의 활력이 떨어진다. 부동산 가격만 폭등했다. 이런 거품이 꺼지면 과거 일본을 충격에 빠뜨린 부동산 가격 폭락을 맞게 된다. 일본의 소위 '잃어버린 30년'도 이런 거품에서 비롯되지 않았던가. 돈은 생산적 분야와 기업으로 유입되도록 증시로 흘러가야 한다.

싱싱한 미국 경제의 길을 따르라

지금까지 한국 경제는 대충 10년 간격으로 일본을 모방하듯 쫄쫄 따라갔다. 이제는 달라져야 한다. 소위 '잃어버린 30년'의 초입인 1998년 일본은 1인당 GDP에서 경제 대국 미국에 추월당했다. 이후 양국 성장의 궤적은 확연히 달라, 혁신 기술로 속도를 올린 미국은 8만 달러를 넘었지만, 일본은 여전히 3만 달러대에서 우물대고 있다. 무엇이 이런 차이를 만들어냈을까. 그리고 우리는 어느 방향을 봐야 할까.

단도직입적으로 말하자면, 미국은 지속 성장을 가로막는 구조적 요인들을 성공적으로 해결했고 일본은 그러질 못했기에 두 나라의 길이 엇갈렸다. 미국에선 혁신 기업에 진입장벽이 높지 않아 IT·바이오·콘텐트 분야의 신생 기업들이 끊임없이 새로운 도전을 해왔다. 산업과 경제 전반의 퀀텀 점프를 가능케 하는 파괴적 혁신이 수시로 일어나는 분위기다. 그러나 일본에선 기득권을 쥔 대기업들이 간간이 신사업을 시도해왔을 뿐이다. 한국 경제가 어느 길을 택해야 하는지, 굳이 말해야 할까. 신기술을 통해 혁신성장을 도모해야 한다. 주저하지 말고 첨단산업을 전폭 지원하고 투자해야 한다. 케케묵은 규제는 한시바삐 없애버리고 해외 기업의 적극적인 투자도 유치해야 한다. 우물쭈물할 겨를이 없다. 잠시만 맥을 놓아도 경쟁국들에 금세 뒤처진다. 요컨대 싱싱한 미국 경제의 길을 따라야 한다.

소비심리 6개월 만에 '낙관'

2026년을 앞두고 긍정의 요소는 없을까?

적어도 내수는 그나마 올해보다 상황이 나아질 것 같다. 민간소비가 2025년 2분기부터 회복하는 모습이고 건설경기도 하반기 반등 조짐이 있다. 반면 한국 경제의 버팀목인 수출은 '글쎄'다. 미국의 관세 정책, 각종 규제, 통상 갈등, 재정정책 등의 영역에서 버티고 있는 악재들을 세밀히 봐서 대응해야겠지만, 2025년 하반기부터 수출의 어려움은 본

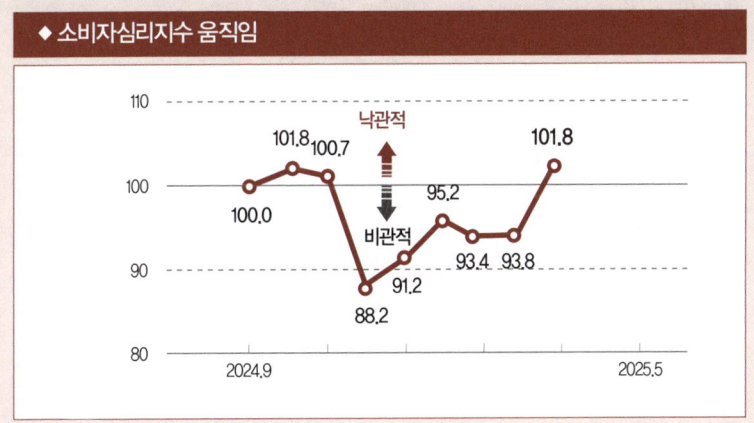

◆ 소비자심리지수 움직임

※ 2003년~2024년 장기평균치를 100으로 잡음
※ 100보다 크면 장기평균보다 낙관적, 그보다 작으면 비관적이라는 뜻.

출처: 한국은행

격화될 전망이다. 한국은행도 2026년에는 순 수출 기여도가 -0.3%p로 더 나빠질 것으로 봤다.

다만, 비상계엄 사태 여파로 12.3포인트 급락했던 소비자심리지수가 2025년 5월 큰 폭으로 오르며 6개월 만에 낙관적 인식으로 돌아선 게 그나마 위안이라면 위안이다. 한국은행의 소비자동향조사가 발표한 소비자심리지수(CCSI)는 전월보다 8포인트 오른 101.8을 기록했다. 비상계엄 사태 이전 수준의 소비심리를 회복한 것. 참고로 CCSI가 100보다 높으면 '낙관적' 심리, 낮으면 '비관적' 심리라고 본다. 현재 경기 판단이 11p 상승했는가 하면, 향후 경기 전망은 2017년 5월 이후 가장 큰 폭인 18p 올랐다. 새 정부 출범과 경제정책에 대한 기대가 작용했을 것이다. 계속 낙관적 흐름이 이어질지는 지켜봐야 하지 않을까.

한국, 신용등급 AA- 유지

최근 계엄·탄핵 사태로 국내 정치적 불확실성이 높아졌음에도 신용평가사 Fitch Ratings(피치)는 한국의 국가 신용등급을 'AA-', 신용등급 전망을 'Stable(안정적)'로 유지했다. 정치의 불안정이 제도적 품질을 저해하거나 경제·외부 재정 신용 강도를 위협하지 않을 것이라고 봤기 때문이다. GDP 대비 4.5%로 높은 수준인 경상수지 흑자와 23% 수준인 순대외자산이 한국의 대외건전성을 탄탄히 뒷받침하는 점도 영향을 미쳤다. 강달러 현상이 생기더라도 자본 유출 현상이 미미한 점 역시 도움이 됐다.

2012년 9월 AA-로 상향 조정된 이후 우리 국가 신용등급은 계속 유지되고 있다. 다만 정치적 교착이 길어져 정책 효과가 훼손되거나, 정부 부채 비율이 두드러지게 상승한다든지, 지정학 리스크가 한국 경제를 심각하게 약화한다면, 신용등급이 내려갈 수 있다고 했다. 반대로 지정학적 위험이 줄거나, GDP 대비 정부 부채 비율이 내려가면 거꾸로 신용등급을 올릴 수도 있다고 꼽았다.

한국, 세계국채지수에 편입

정부의 빚인 국채는 국가의 신인도를 보여주는 금융 자산이다. 신인도가 높은 나라의 국채를 편입한 다양한 채권지수 가운데, 전 세계 투자자들은 ⓐ'블룸버그-바클레이스 글로벌 국채지수', ⓑ'JP모건 신흥국 국채지수' 그리고 ⓒ'세계국채지수'의 3대 채권지수에 주목한다. 현재 한국은 신흥국이 아니어서 ⓑ에는 해당하지 않고, ⓐ에는 이미 편입되어 있다. 그런데 마침내 ⓒ 지수까지 2025년 11월부터 한국의 국채를 2.22%의 비중으로 그 안에 담기로 했다. 그만큼 한국 경제의 신인도가 높아졌다는 얘기다.

영국의 FTSE(Financial Times Stock Exchange)가 관장하는 세계국채지수에 편입된다는 것은 어떤 의미일까? 편입되면 무엇이 변할까? ① 우선 세계국채지수를 추종하는 자금(총 2조5천억 달러) 중 우리 국채 비중 2.22%에 해당하는 560억 달러(75조 원) 이상이 한국 국채에 투자되면서 국내로 유입된다. 외국인 투자가 더 활발해져 환율과 시중금리 안정성에 큰 도움을 줄 것이다. 이 정도의 외국인 투자자금이 들어오면 금리를 0.2%~0.6% 내리는 효과가 있을 것이란 분석도 있다. ② 또 우리나라는 세계국채지수 편입으로 관찰대상국 지정이라는 악재를 피했다. 최근까지 FTSE는 한국 주식시장의 공매도 금지를 문제 삼아 관찰대상국 지정을 검토해왔다. 선진시장으로 분류되는 우리 주식시장이 관찰대상국으로 지정된다면 외국인 투자자들이 외면할 수 있다.

그러나 선진국지수 편입엔 또 실패

한국 증시의 세계국채지수 편입과는 반대로, 2025년에도 MSCI(모건 스탠리 캐피털 인터내셔널) '선진국지수'에는 들지 못했다. 아직 한국은 선진국으로 대우받을 자격이 없는 걸까. 편입 후보군이라 할 수 있는 관찰대상국에도 오르지 못했다. 이로써 한국은 11년째 선진국 아닌 '신흥국' 시장에 머물면서, 약 300억 달러(약 40조 원) 규모의 자금 유입 효과도 놓치게 되었다. 참고로 MSCI는 세계 주요 증시를 해마다 선진시장, 신흥시장, 프런티어시장, 독립시장으로 나눈다.

어쨌든 MSCI가 한국 증시를 선진국지수에 포함하지 않겠다는 이유는 알아두어야겠다. ①외환 거래가 쉽지 않다. 완전히 자유로운 외환시장, 자유로운 통화 전환, 광범위한 유동성, 투명한 실시간 가격, 충분한 헤지 수단 등을 갖추어야 한다. ②2025년 초 공매도 재허용은 긍정적이었지만, 제도가 너무 자주 바뀐다. 투자자들은 갑작스러운 규제 변화의 위험을 걱정한다. ③영어로 된 공시나 기업 정보의 부족 등 외국인 투자자에게 불편하다. 시장 접근성이 나아지지 않았다는 얘기로 읽힌다. ④배당 제도가 좀 개선되긴 했지만, 수용한 기업은 소수에 불과하다. 특히 배당 기준일 이전 배당액 확정을 채택한 기업이 적어 여전히 '깜깜이 배당'이 남아 있다. ⑤거래소 데이터 사용 제한으로 투자 상품이 부족해 파생 상품 거래도 쉽지 않다. 글로벌 투자자들은 ETF, 선물, 옵션, 스와프 등을 다양하게 활용해 자본 배분 전략을 수립하지 않는가.

중국이라는 블랙홀

역사의 장난일까, 한국은 일본을 넘어서기 위해 아등바등하면서 성장했고, 중국은 한국을 밀어내기 위해 좌충우돌하면서 거인이 되었다는 느낌이 든다. 둘 사이의 차이라고 해봤자, 한국이 오랜 세월에 걸쳐 극도의 악조건에서 목숨 걸고 죽어라 일본을 추격해왔다면, 중국은 큰 땅덩이(시장)와 막대한 인구(노동력)와 정부의 물불 안 가리는 지원(정책)을 등에 업고 비교적 짧은 시간에 비교적 수월하게 한국을 제치고 있다는 정도?

'추격'은 무슨 추격, 이미 '추월'했어!

짧게 몇 가지 '팩트'만 들어보자.
- 반도체·조선·철강 등 7개 주력 산업 세계시장점유율에서 한국은 중국에 이미 추월당해 따라잡기가 극히 어렵다.
- 오직 석유화학에서만 1%포인트 정도 중국을 앞서 있으나 좋아할 건 없다. 중국이 싸구려 제품을 쏟아내고 있어 생존을 걱정할 처지니까.
- 3대 첨단 전략 산업 반도체·디스플레이·이차전지로 시야를 좁혀도 중국이 한국을 점유율에서 크게는 8배 정도까지 압도한다.
- 한국 우위였던 선박·자동차 수출, 10년 새 중국이 추월했다.
- 중국의 저가 공세에 시달리는 철강도 중국에 너무 크게 뒤지며 목숨을 부지하기 어렵다.
- 중국의 70만 로봇 기업이 압도적 경쟁력으로 세계 산업용 로봇의 50% 이상을 공급. 한국이 따라잡기엔 너무 앞서버렸다.

언제부터인가 우린 '중국이 턱밑까지 추격'한다는 표현을 자주 썼지만, 2025년의 현실은 그걸 조롱한다. "추격은 무슨 얼어 죽을 추격? 벌써 추월해서 저만치 가고 있거든!" 우리 경제는 중국이라는 이름의 블랙홀에 빠져버렸다. 미국이 중국을 겨냥한 온갖 무역 제재를 쏟아내 간접적으로 [미국이 의도적으로 한국을 도와줄 리가 없잖은가] 한국의 산업을 도와주고 있음에도 불구하고, 우린 중국을 따라잡기는커녕 그 앞에 줄줄이 무너지고 있다. 최근까지만 해도 한국 수출의 63%를 차지한 8대 산업이 무너졌으니 성장률 하락을 무슨 수로 피하겠는가.

중국제조 2025, 성공의 끝이 보이네

첨단산업에 관한 한 중국의 투자와 지원은 과감하면서도 우직하다. 2023년 자료로 반도체·디스플레이 등 대표 기업에 각각 3,770억 원과 5,865억 원 정도의 보조금을 쏟아부었다. K-배터리 최대의 경쟁자인 CATL은 1조 원이 넘는 보조금을 받았다고 한다. 그 기간 한국의 대표 기업들이 누린 정부 보조금은? 단 한 푼도 없었다.

기업들의 현재와 미래 경쟁력은 R&D 역량에 달려 있다. 그런데 중국 첨단 기업들이 무려 2,050억 8,000만 달러의 R&D 투자를 감행하는 동안, 한국 첨단 기업들의 R&D 투자는 1/4에도 못 미쳤다. 한국경제인협회의 분석이다. 지난 10년간 R&D 투자 증가율을 봐도, 한국은 연평균 5.7%였지만, 중국은 18.2%이었다. 그 결과, 지난 10년 사이 한·중의 산업기술 격차는 1.1년에서 0.3년으로 급격히 줄었다. 하긴 그나마 격차가 있다는 게 신기할 정도다.

10년 전 그들이 발표한 '중국제조 2025'란 이름의 야심만만한 국가 제조업 전략. 이제 그 결실을 볼 마무리 단계에 와 있다. 그들이 얼마나 만족할지는 모르지만, 그 전략에 포함된 10대 중점 산업 중 대부분이 한국과 치열한 경쟁 관계이거나 이미 한국을 추월했다. 얄미울 정도로 한국의 주력 산업과 겹치는 터라, 앞으로 다가올 제2의 중국제조 2025 프로젝트가 너무나 두렵다.

나랏빚이 '무식해'

대한민국이 갈수록 '무모한 빚쟁이'로 변하고 있다.

  그렇다, 물론 한국보다 국가채무 비율이 높은 선진국도 없진 않다. IMF에 따르면 2025년 예상 GDP 대비 일반정부 부채 비율은 미국·일본·프랑스 모두 100% 이상이다. 절반 수준인 한국의 58%와 비교된다. 하지만 착각하지 말라. 그들은 달러·엔화·유로를 쓰는 기축통화국이요 선진국이다. 여차하면 자국 돈을 찍어 나랏빚을 갚거나 저금리로 국채도 발행할 수 있다. 자신들의 통화에 국제적 수요가 있어서, 채무가 많아도 신용등급은 별로 안 떨어진다. 우리네 국가채무 비율과 단순 비교하면 안 된다. 한국은 국가채무가 늘면 신용등급부터 강등돼 이자 부담도 커질 뿐 아니라, 자본 유출도 심해진다.

  특히 무서운 건 빚이 늘어나는 속도다. 한국의 일반정부 부채 비율이 향후 5년간 4.7%포인트 상승할 것으로 예상했는데, 이는 체코 다음으로 빠르다. 이재명 정부 출범 이후 포퓰리즘 공약 이행과 경기 부양 등으로 씀씀이가 훨씬 빠른 속도로 불어났다. 싱가포르·이스라엘·뉴질랜드 등도 부채 증가 속도가 높지 않으냐고 투덜대는 이들도 있다. 내막을 알고 보면 천만의 말씀이다. 싱가포르는 국부펀드 등의 투자를 위한 채권 발행이 회계상 부채로 잡혀서 그럴 뿐, 정부는 빚을 내지 않는 순 채권국인 데다 국가 신용등급도 최고인 AAA다. 이스라엘은 특수 상황이다. 2023년 하마스 전쟁 관련 지출이 늘며 나랏빚이 일시 늘어났다.

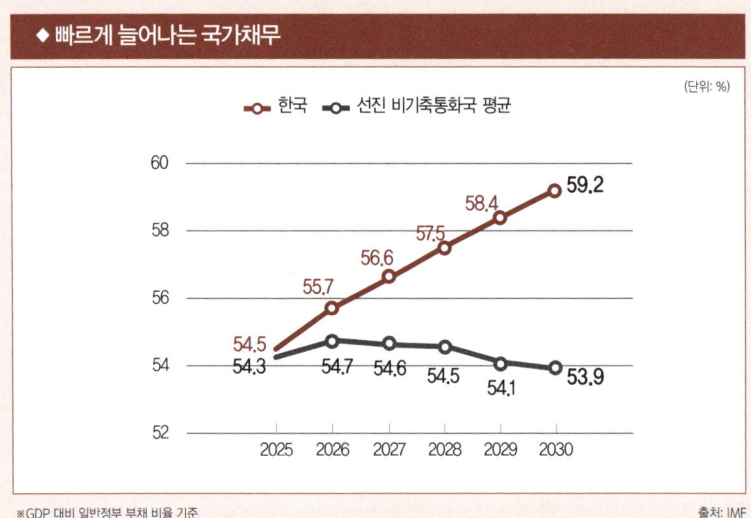

◆ 빠르게 늘어나는 국가채무

※ GDP 대비 일반정부 부채 비율 기준
출처: IMF

2025년은 특히 걱정스럽다. 지방정부 채무를 포함한 국가채무는 연말 1,300조 원을 넘어설 것이 확실하고, 연간 증가 폭도 역대 최대인 130조 원에 이를 것 같다. 새 정부 예산 운용의 초기 특성을 고려하면 임기 내 국가채무 2,000조 시대가 열린다는 걱정도 무리가 아니다. 나라 살림에서 생기는 재정 적자를 GDP의 3% 이내로 관리해야 한다는 준칙도 6년 연속 위반하게 됐다. 경기 부진이 길어졌으니 추경은 불가피하지만, 거두어들이는 돈도 모자라는데 씀씀이가 자꾸 커지기만 하면 국가 신용등급 하락으로까지 이어질 수 있어 위험천만이다. 신용평가사들은 프랑스와 중국은 물론이고 경제 대국 미국조차 국가 신용등급을 낮추지 않았던가. 나랏빚 증가세에 적절히 제동을 걸고, 특히 현금 살포 등 단기 부양 조치보다 사회간접자본 투자와 증세를 포함한 세수 확보에 나설 때다.

  이재명 정부의 확장 재정 기조로 2026년 말 국가채무가 GDP의 50%를 넘어서고, 40년 뒤에는 150%로 뛸 것이란다. 얼렁뚱땅 만들어낸 예측이 아니라, 기획재정부가 장기 재정 전망 결과라고 발표한 수치다. 앞으로 어쩔 것인가. 나랏빚은 결국 젊은 세대의 부채인데. 세금을 낼 경제활동인구는 줄고, 부양해야 할 노인층은 급증할 터인데. 가만히 있어도 국가채무는 불어날 텐데.

Part One

K-방산

내가 7개 주요 산업 가운데 방위산업을 맨 앞에 둔 데는 그럴 만한 이유가 있다. 북한과 아슬아슬하게 대치한 가운데 치열한 개발과 자립의 40년 역사, 최근 4년~5년의 눈부신 성장, 2025년 수출 실적 200억 달러 돌파, 계속 순항이 확실해 보이는 2026년, 그 어떤 산업 영역보다 밝은 단기·중기 전망, 2027년까지 세계 4대 수출국 도약. K-방산을 2026년 비즈니스 트렌드의 선봉장으로 삼는 데 다른 이유가 필요하겠는가.

2025년 8월 18일 현재 K-방산 4대 기업 한화에어로스페이스, LIG넥스원, 현대로템, 한국항공우주산업(KAI)의 수주잔고 합계가 사상 처음 100조 원 벽을 깨고 103조4,766억 원에 이르렀다. 대충 앞으로 5년 치 일감을 확보한 상태다. 글로벌 무기 시장을 좌지우지하는 거인들이 확보해놓은 일감과 비교하면 어떨까? 가령 같은 시점 록히드마틴 244조 원, 제너럴 다이내믹스 144조 원, RTX 128조 원, 노쓰롭 그러먼은 124조 원이다. 물론 기업 하나하나로는 비교할 바가 못 되지만 빅 4의 수주잔고를 합치면 글로벌 톱5에 못지않은 수준이다. 이제 K-방산은 우리 수출 산업의 중요한 한 축이다. 수출 대상국도 과거 공산권 국가 포함 15개국으로 빠르게 늘어났다. 수출 품목도 가히 육·해·공을 아우르며 다양성과 고난도 첨단기술을 자랑한다. CNN 같은 언론이 한국을 미국 동맹국들의 핵심 무기 공급자로 부르는 이유다.

2010년대까지만 해도 K-방산은 한국군을 고객으로 하는 '우물 안 개구리'였다. 하지만 1장에서 설명할 여러 가지 글로벌 안보 지형 변화에 맞춰 적극적으로 해외 시장을 공략해 글로벌 방산 시장의 강자로 빠르게 도약한 것이다. 70년 넘게 계속된 남북 분단의 현실에서 어떤 독특한 K-방산만의 경쟁력이 쌓였는지는 2장에서 살펴볼 것이다. 이제 K-방산은 외교·통상의 영역에서도 쓸모있는 협상의 도구로 부상하고 있다. 미국과의 관세 협상 과정에서 제시된 소위 MASGA 아이디어가 좋은 예인데, 이에 대해서는 조선업을 다룬 PART THREE에서 좀 더 자세히 들여다볼 것이다.

K-방산이 풀어야 할 숙제들

물론 K-방산이 좋은 시절을 맞고 있음에는 의문의 여지가 없지만, 그래도 이런저런 걱정거리가 없지 않아 꾸준한 관심과 개선의 노력이 필요하다.

1. K-방산의 수출 대상 다변화

품목별로 특정 국가·지역에 집중된 경우, 어디서 K-방산을 견제하거나 불리한 정치적 변화가 생길 땐 그 충격을 어떻게 받아낼 것인가. LIG넥스원의 천궁-II 수출은 중동에 몰려 있고 T-50 계열 항공기 수출은 동남아에 집중돼 있다. 개선이 필요하다. 우리의 경쟁국들이 30개~40개 국가로 수출하고 있음을 고려할 때, 수출 시장 다변화는 여전히 국가적 과제다.

2. 수출 품목 다변화

K-방산의 주력 제품은 양산을 시작한 지 10년~20년 된 재래식 무기다. 경쟁 수출국들에도 익숙한 무기다. 예컨대 EU 국가들은 잠시 우리

에게 안방 시장을 빼앗긴 후 급급히 생산망 복원에 나서거나 이웃 나라 무기 구매를 늘리려고 애쓰고 있다. 앞으로는 K-방산의 수주 활동이 만만치 않을 거란 얘기다. 자주포·전차 같은 무기체계 외에도 AI를 접목한 무인기 등 첨단 무기 포트폴리오를 구축해야 한다. 한국은 국방 AI 영역에서 주요 선진국들에 4년 넘게 뒤처진 상태다. 민·관·군이 협력해서 개발 속도를 높여야 한다.

3. 핵심 부품과 소프트웨어 국산화

상당한 성과가 있었지만, 여전히 갈 길이 멀다. 고급 전투기 엔진 분야에서 한국은 50년 정도 뒤처져 있으며, 이지스급 구축함까지 멋지게 만들어내는 K-방산이지만 그걸 움직이는 소프트웨어는 미국에 오롯이 기대고 있다. 선진국들은 국가 안보 명목으로 핵심 첨단기술은 일부러 특허도 내지 않을 정도다. 미국은 사상 최강 전투기 F-22를 우방국에조차 단 한 대도 팔지 않았다. 진짜 고급 기술은 아예 맛도 보여주지 않겠다는 속셈이다. 이처럼 '암중모색'해야 하는 어려운 환경이긴 하지만, 무슨 수를 쓰든 엔진을 포함한 핵심 부품 국산화는 지상 명령이다.

4. 집안싸움

몇 안 되는 K-방산 기업들이 과도한 경쟁심에서 일을 그르치는 경우가 있다. 국내에서 소송까지 벌인 한화그룹과 HD현대그룹이 10조 원 규모 호주 호위함 사업에서 검토 대상에도 못 들고 나가떨어지지 않았던가. 정부가 경쟁을 조정하지 못해 한국 업체끼리 싸워대는 전략적 오류를 범했다. 이후 두 업체가 손잡고 한 팀을 이루어 캐나다 등에서 수주 활동을 펴고 있으니 다행인데, 어쨌거나 방산의 특성상 정부의 개입 없이는 돌파하기 어려운 상황이 적지 않다.

· 1장 ·
글로벌 무기 수요,
상황이 상황인지라 무섭게 증가하는 중

세계의 군사비 총액은 이미 지난 10년간 줄곧 상승해왔다. SIPRI(Stockholm International Peace Research Institute: 스톡홀름국제평화연구소)의 자료를 훔쳐보면 2024년엔 전년보다 9.4% 증가한 2조7,180억 달러(약 3,916조 6,000억 원)를 찍었다. 냉전 이후 최대 증가율이다. 군사 최강국 미국(5.7% 증가)을 필두로 중국(7%), 러시아(38%) 등 10개국이 모두 마찬가지다. 미국의 2025년 국방비 지출은 1조 달러 돌파가 확실해 2위 중국의 세 배를 넘는다.

전 세계를 휩싸고 있는 군비 증강 경쟁, 어떤 이유에서일까? ①러시아의 우크라이나 침공, 가자지구에서 불붙은 중동 전역의 갈등, 미국과 중국의 상호 견제, 식지 않는 동아시아 분쟁의 불씨 등으로 불안해진 국제 정세 때문이다. 전쟁 없이 조용한 시대야 없었겠지만, 2026년과 그 이후는 더할 나위 없이 불안하다. ②거기에 미국이 '세계 경찰' 역할을 중단할 태세라, 곳곳에서 안보 위협이 높아졌기 때문이다. 유럽의 딜레마와 나토 회원국 모두의 군비 증가가 이를 노골적으로 보여준다. ③여기에 AI로 무장한 첨단 방위산업 기술까지 등장해 전장의 판도를 바꿔놨다. 어느 나라인들 기를 쓰고 첨단 무기체계를 갖추려 하지 않 겠는가.

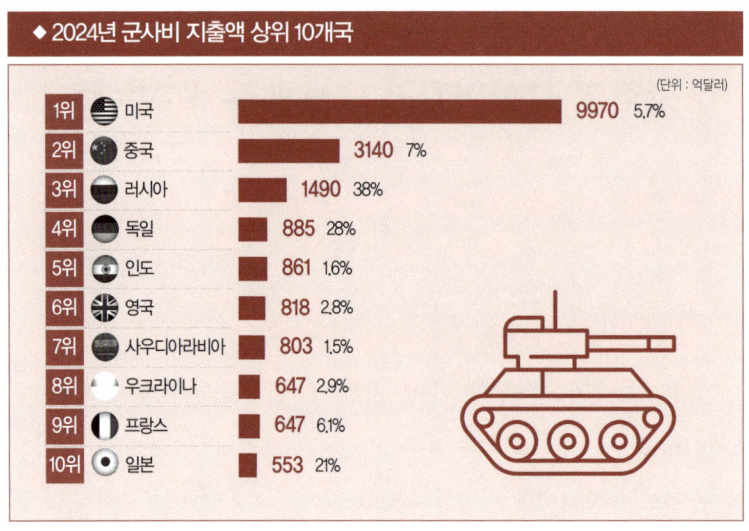

※ % 수치는 2023년 대비 증가율　　　　　　　　　　출처: 스웨덴 스톡홀름국제평화연구소

유럽, 실존적 위협 아래

미국이 나토를 탈퇴하겠다고 으름장을 놓자 '러시아의 EU 침공'은 이제 가설이 아니라 실존적 위협이 됐다. 유럽의 안보는 유럽이 무장을 강화해 알아서 책임져야 한다. 설사 미국이 국방비 증대를 윽박지르지 않더라도 군비 증강을 서둘러야 할 판이다. 덕분에 유럽 내 방산 기업들은 날개를 달았다. EU는 2030년까지 8,000억 유로(약 1,300조 원)를 투입하는 유럽 재무장 계획을 2025년 3월 발표하며 역내 생산 무기의 구매를 독려했고, 개별 국가도 일제히 방위비 증액을 추진하고 있다. 징병제를 재도입했거나 부활하려는 국가도 늘고 있다.

유럽은 1991년의 재래식 무기 감축 조약 이후 무기 재고가 절반 이하로 떨어졌다. 그러다 러시아의 우크라이나 침공 이후 재래식 무기 부족은 발등에 떨어진 불이 되었고, 2024년 2월 공식적으로 감축을 중단했다. 재래식 무기의 귀환과 본격 구매가 예고된 것이다. 그와 함께 K-방산은 '때'를 만났다. 재래식 무기 공급망을 탄탄히 갖추고 무기체계와 부품을 저렴하게 즉시 공급할 수 있는 나라는 한국이 거의 유일했기 때문이다.

미주 시장, 미국이 사면 모두 안심하니까

한화그룹은 '한국의 록히드마틴'을 꿈꾸며 K-방산의 대표주자로 성장했고 이제 세계 최대 시장인 미국을 정조준하고 있다. 다른 지역에서 경쟁력을 인정받았으니, 성장동력의 다음 타깃은 미국이다. 단순히 수출 실적 증대뿐만 아니라, '미국이 도입하는 무기는 글로벌 표준이나 다름없음'이라는 의미가 담겨 있다. 다른 지역으로의 수출이 한결 수월해진다. 그러나 아쉽게도 한국은 아직 이렇다 할 무기체계를 미국에 수출한 적이 없다. HD현대중공업과 한화오션은 캐나다 잠수함 수주에 매달려 있고, LIG넥스원은 유도 로켓의 미국 수출을 준비 중이다. 미국과 자주포 현대화 사업을 위한 성능시험 계약을 맺은 한화에어로스페이스는 K9 자주포 미국 수출에 다가가고 있다. 한화자산운용이 미국 증시에 상장하게 될 K-방산 ETF는 우리 방산의 인지도와 명성을 높이고 수주 활동을 위한 측면 지원이 될 것이다.

트럼프 대통령이 한국의 조선·방산을 향해 은근한 SOS를 보낸 것이나 한·미 관세 협상에서 소위 MASGA 프로젝트가 환영받으며 부상한 것도 K-방산(특히 해양 방산)의 미국 진출 전망을 밝게 하는 커다란 요소다. 더구나 미 함정의 MRO 비즈니스와 함께 이런 프로젝트는 한국만이 할 수 있는 상황이며, 먼 미래가 아니라 2026년부터 바로 실적을 올릴 수 있는 단기적 성장 요인이다.

중동, 글로벌 무기 수입의 30%

'세계의 화약고' 중동은 세계에서 국방비 비중이 가장 높은 지역이다. 적대국 사이 갈등이나 내부 반군 등으로 군의 현대화에 늘 목말라 있다. 미국이 "우린 세계 경찰 노릇 그만할래."를 외치면서 각자도생 경향은 더 심해졌다. 그래서 '잠시 휴전' 중인 한국보다도 국방비 비율이 2배 넘는 5%~9% 수준이다. 이스라엘을 제외하면 사실상 자주국방이 불가능하지만, 제조 기반이 약해 전적으로 수입에 기댄다. 초기에 동유럽 국가를 중심으로 입지를 다져온 K-방산에 중동은 반드시 뚫어야 할 시장이다.

중동은 적대국·반군 등의 미사일이나 드론 공격 위험이 늘 도사리고 있어 대공 방어 무기체계에 대한 수요가 유난히 높다. K-방산이 10

여 년 전부터 훈련기 겸 공격기 T-50 수출로 중동의 물꼬를 텄고 요즘도 미사일 방공시스템이나 수리온 헬기 등이 인기를 끄는 이유다. 기존 장비 노후화로 교체 수요도 많다. K-방산도 재래식 무기보다 고급 첨단 무기체계 위주로 이 시장을 공략 중이다. UAE, 사우디, 이라크까지 줄줄이 계약을 엮어낸 중거리·중고도 지대공 미사일이나 다연장 로켓이 그런 경우다. 최근에는 고도 40km~70㎞ 안팎에서 적 미사일이나 드론, 항공기 등을 요격하는 장거리 지대공 유도무기 시스템으로 한국형 사드(THAAD)라고도 불리는 'L-SAM(long range surface-to-air missile)'이 중동 국가들의 관심을 끌고 있다. 공중에서의 자동 추적 기능 등을 갖추고 있어 고난도 기술이 필요한 시스템이다.

우린 알지, 전력이 약하면 얼마나 비참해지는지

지리적으로 우방국을 갖기 어려운 위치의 중동은 원래 안보 불안이 크다. 게다가 이스라엘·하마스 전쟁과 이스라엘·이란 분쟁 등을 보면서 충분한 전력이 확보되지 않았을 때 얼마나 나라가 비참해지는지를 절실히 느꼈다. 2024년 중동 지역 국방비 지출은 전년보다 15% 증가한 2,435억 달러(약 336조 원)였다. 그중 사우디아라비아는 가장 큰 무기체계 구매자로 이 지역 1위이자 세계 7위다. K-방산으로선 진출 기회가 많기도 하거니와 특별히 공을 들일 만한 시장이다.

미국은 바이든 정부 때도 사우디·UAE에 무기 수출을 일시 동결하는 등 여전히 중동에서의 영향력이 막강하다. 이 때문에 중동은 미국 외의 안정적인 방산 파트너를 더욱 절실히 찾고 있다. 그러니 여태 미국 무기체계를 벤치마킹해온 K-방산의 장점이 중동에서 한층 더 두드러지지 않겠는가. 게다가 저렴하고 신속한 납기까지 자랑하는 K-방산이니 말할 것도 없다.

동남아, 우리도 한국산으로 갈아탑니다

동남아 국가들도 어설프게 생각해선 안 될 K-방산의 고객군이다. 더욱이 중국이 남중국해의 약 90%에 대해 영유권을 주장하면서 베트남·필리핀·말레이시아·브루나이 등과 마찰을 빚고 있어, 우리 무기체계에 대한 수요는 단단히 커질 수 있다. 그들이 중국과 맞서 있으니, 당연히 중국산 무기 의존도는 낮아지고 K-방산이 만든 무기를 선호할 것이다. 그 기회를 파고들면서 동남아 무기 시장에서 한국은 이제 중국의 최대 경쟁자가 됐다. 가성비도 뛰어나고 정치적 위험 부담도 적은 한국산 무기가 중국산의 대체품으로 저변을 확대하고 있다.

이미 초음속 경전투기 FA-50를 도입해 운용해오고 있는 필리핀은 중국과 물리적 충돌까지 겪은 후 12대 추가 도입 계약 마무리를 협상 중이다. 또 마찬가지로 남중국해 충돌에 대비해 2028년까지 원해경비함 등 12척 이상의 한국산 함정을 구매할 계획이다. 말레이시아도 이미 2년 전 FA-50 항공기를 주문했다. 국산 고등훈련기 T-50의 첫 고객인 인도네시아는 이후 6대를 추가 주문했고, 한국에서 건조된 잠수함 3척도 운용하고 있다. 베트남도 지금까지 옛 소련 무기를 써왔지만, K9 자주포 도입 협상이 마무리 단계에 접어들며 K-방산의 새로운 고객으로 떠오르고 있다.

이쯤 되자 영유권 문제로 딱히 중국과 얽히지 않은 국가들도 중국산 무기라면 구매를 주저하는 분위기다. 가령 태국은 여러 해 전 중국산 잠수함 3척을 계약했지만, 중국이 EU의 대중국 무기 수출금지 조치로 독일산 엔진을 탑재하지 못해 끝내 도입을 취소했다. 이후 중국 무기에 대한 신뢰가 떨어졌다는 평가다.

· 2장 ·
K-방산의 경쟁력, 한국산 무기가 괜히 인기이겠는가

시장 전망이 밝다는 것만으로는 한국의 방위산업이 승승장구할 거란 예측을 정당화할 수는 없다. 커지는 수요를 십분 활용할 수 있는 우리만의 장점과 경쟁력이 충분해야 K-방산의 낙관적인 미래를 논리적으로 뒷받침할 수 있다. SIPRI가 집계한 걸 보면 2023년 세계 무기 매출 100대 방산 기업 리스트에 미국의 41개 기업이 포함됐다. Lockheed Martin(록히드 마틴), RTX, Northrop Grumman(노쓰롭 그러먼), Boeing(보잉), General Dynamics(제너럴 다이내믹스) 등 미국 기업이 톱 5를 휩쓸었다. 당장 이들과 맞서야 하는 K-방산의 강점은 어디 있을까.

'못 만드는 게 없는' 기술·제조 경쟁력

K-방산은 이제 세계 방위산업의 거인 록히드 마틴에 기술적으로 새로운 접근법을 제시할 정도로 수준이 높아졌다. 선진국 경쟁사들이 한국의 개별 기업을 거명하면서 감탄과 칭찬을 숨기지 않는다. 불과 10여

년 전만 해도 세계 무기 시장에 명함조차 내밀기 어려웠던 K-방산의 기술력은 어디에서 비롯된 걸까? 가장 중요한 요소는 한국의 제조·엔지니어링 역량이다. 철강, 석유화학, 가전, 자동차, 반도체, 기계, 바이오에 이르기까지 (비록 기획·설계에서는 다소 모자랄지 모르나) 수요자가 원하는 제품을 꼼꼼하고 정확하며 일사불란하게 만들어내는 제조 역량이 무기 생산에도 그대로 빛을 발하고 있다. 그야말로 못 만드는 게 없다는 평판이다.

초기 K-방산의 수출 영역은 자주포·전차·장갑차·미사일 등 육상 무기체계 중심이었으나, 지금은 해군과 공군 분야의 성과도 가히 폭발적이다. 최신예 전투기라든지 3천 톤급 잠수함까지 세계 시장에서 대등한 경쟁을 펼칠 정도다. 러시아·우크라이나 전쟁, 미·중 갈등 등의 여파로 세계 각국이 앞다퉈 무기를 찾는 상황에서 K-방산의 이런 경쟁력은 2026년 방산 비즈니스의 전망을 한층 더 밝혀준다.

게다가 지역마다 나라마다 다른 요구사항에 따라 맞춤형 무기체계를 공급하는 역량도 탁월하다. 폴란드와 중동 그리고 동남아에서의 실적은 K-방산의 융통성과 민첩한 대응을 잘 보여준다. 아울러 구매 국가들을 위한 철저한 교육 지원과 'K-방산 바이어들의 클럽'을 만들 정도의 애프터세일즈 서비스까지 빈틈없이 이루어지고 있어서 그 미래를 긍정적으로 전망할 수밖에 없다.

가성비가 이 정도니, 침을 흘리지!

KF-21 전투기의 가격은 대당 980억 원 정도다. 대당 1,500억 원 수준인 Eurofighter Typhoon(유로파이터 타이푼), Rafale(라팔) 등과 비교해보라. 그뿐인가, 성능 면에선 록히드마틴의 F-16보다 차라리 낫다는 평이다. 이런 가성비를 앞세워 KF-21은 유럽 경쟁사들을 밀어내고 있다. 미국이 안보를 지렛대 삼아 통상 압력을 행사하고 유럽 각국이 러시아의 위협으로 군비 증강에 나서자, 이처럼 가성비 탄탄한 K-방산이 주목받는 것이다.

K-방산의 자랑인 미사일 방공시스템 천궁-II는 최대 요격 고도는 Patriot(패트리엇)보다 낮지만 한 발 가격이 3분의 1이라, 가성비는 압도적이다. K2 전차 역시 독일·미국의 유명 전차에도 밀리지 않는 탁월한 성능임에도, 가격은 거의 그들의 반값 수준이다. 이 같은 가성비에 누가 쉽게 경쟁할 수 있겠는가.

혹시 덤핑이 아니냐고? 전혀 그렇지 않다는 걸 대폭 개선된 K-방산 기업들의 실적이 보여준다. 금융정보업체 에프앤가이드에 따르면, 2024년 K-방산 상위 4개 기업 영업이익 합계는 약 2조3,000억 원으로 2022년의 2.6배다. 그보다 더 놀라운 것은 10.8%(한화에어로스페이스는 12.9%)로 두 자릿수를 웃돈 영업이익률이다. 저가로 수주해서 외형만 키운 게 아니라, 달콤한 이익을 남기는 내실까지 챙겼다는 뜻이다.

싸게 팔아도 이익은 충분히 챙기고 있을까?

2024년 K-방산 매출이 섬유·패션 산업을 처음 넘어섰다. 영업이익 기준으로는 철강산업을 추월해 국내 제조업 '빅5'에까지 들었다. 80%에 달하는 국산화율을 바탕으로 탄탄한 공급망을 구축한 덕에 국내 중소기업까지 낙수효과가 확산한 영향이리라. 에프앤가이드에 따르면 K-방산 31개 상장사의 2024년 매출은 43조1,000억 원으로 전년 대비 16% 증가했다. 3년 연속 성장세를 나타내며 국내 상장된 71개 섬유패션기업 매출을 뛰어넘었다. 방산 기업의 영업이익은 2021년 1조1,132억 원에서 지난해 3조6,449억 원으로 세 배 이상 급증했다. 철강산업 영업이익의 갑절 수준으로 뛰어올라 반도체, 자동차, 휴대폰, 조선에 이어 국내 제조업 5위에 올랐다.

- 달러화로 이뤄지는 수출이 K-방산을 앞으로 나아가게 하는 추진력이 되면서, 이제 환율은 수익성을 좌우하는 핵심 요인이다. 계약 시점에 비해 납품 때 환율이 오르면 원화 표시 매출이 늘어난다. 가령 폴란드 K2 수출계약 당시 환율은 달러당 1336.90원이었는데 2024년 4분기 평균은 1398.75원으로 상승해 매출·영업이익에 플러스 효과를 준다.
- 게다가 국산화율까지 높아져 (값비싼) 수입을 대체하면 원가 압박이 낮아져 수익성을 높인다. 예컨대 K2 전차 3차 양산 시점의 국산화율은 이미 84.3%, 4차 양산 때는 엔진까지 포함한 완전 국산화를 이룰 걸로 예상된다. 높은 환율로 수입할 때보다 이익률이 얼마나 높아지겠는가.

한화에어로스페이스의 K9·천무는 영업이익률이 30%가 넘는 '실속 있는' 수출품이다. 생산원가 대부분이 원화여서 환율이 높아도 비용 부담이 적다. K9의 경우 최근 핵심 기술인 엔진까지 국산화해 엔진 국산화율이 99.1%나 된다. 덕분에 영업이익률은 16%~18.1% 수준이라고 알려져 있다. 방산 부문이 매출의 절반 이상을 차지하는 현대로템 역시 2024년 4분기 영업이익률이 13%~15%로 올라갔다. 제조업으로선 훌륭한 이익률이다. 한국항공우주산업(KAI)도 최근 인수한 항공·방산 전자업체를 활용해 주요 장비·부품을 수입대체하고, 수직계열화로 수익성 개선을 이뤄내고 있다. 차세대 전투기 KF-21에 들어가는 엔진도 국산화 노력을 계속하고 있다. 앞으로도 K-방산 기업들은 준수한 이익률을 유지할 걸로 보인다.

'감동적'인 납품 속도

가격도 물론 중요하지만, '칼같이 납기 지키기(on-time delivery)'도 절대 중요하다. 아니, 방위산업에서는 가격보다 오히려 더 중요하다. 과장이 아니다. 무기체계가 제때 공급되지 않으면 바로 국가 안보에 구멍이 날 수 있으니까. 가령 2022년 폴란드와 K2 전차 계약을 맺은 현대로템은 단 4개월 만에 1차 물량 10대를 인도했다. [공장을 100% 가동하면 연 100대도 넘게 만든다고 한다] 비슷한 전차를 공급하는 데 길게는 몇 년씩 걸리는 독일이나 미국과 비교해보라. 이들은 부품 하나 받는 것조차 몇 달을 기다려야 한다.

전통의 방산 최강 기업들은 오랜 군비 감축 추세에 발맞춰 최근까지 생산력을 줄여왔다. 날카로웠던 경쟁력이 상당히 무뎌질 수밖에 없었다. 최근 정세가 불안해지며 자주포, 전차 등 재래식 무기 수요가 크게 늘었으나, 때맞춰 이를 공급할 수 있는 기업은 현저히 줄어버렸다는 뜻이다. 바로 그 틈을 K-방산이 낚아챈 것이다. 어떻게 K-방산은 이처럼 신속하고 믿을 만한 공급자가 될 수 있었을까? 대답은 남·북한 대치라는 특수한 안보 상황에 있지 않을까 싶다. 한국은 그 때문에 항상 생산 준비가 돼 있어야 하고 매년 군에 공급하는 물량도 있어, 해외 주문 물량 제작도 빠르다. 주문이 들어와야 비로소 공장을 가동하는 해외 방산 기업과는 다르다. 최근엔 해외 현지 생산까지 더해져 납품 속도에서 경쟁사들을 압도한다.

K-방산 해외 진출, 그야말로 방방곡곡

현저히 내수 위주였던 K-방산은 이제 수출의 역군이다. 5년 가까이 일감을 확보한 수주잔고 가운데 70% 정도가 해외에서 따냈다. 수출이 내수보다 수익성이 좋으므로 수출 비중이 높을수록 실적은 더 좋아진다. K-방산의 경쟁력이 하나둘 드러나면서 추가·반복 수출 물량도 생겨나고, 유지·보수·정비 사업도 덤으로 따라온다.

무기체계의 수출 대상도 넓어지고 있다. 동유럽 지역은 K-방산의 텃밭이 된 느낌이고, 중동과 동남아시아에다 호주·캐나다까지 사정권에 들어왔으며 미국 시장도 이미 정조준했다. 한화에어로스페이스의 자주포 K-9은 세계 시장의 절반 이상을 장악했다 해도 과언이 아니다. 독일 방산업체를 누르고 호주가 발주한 장갑차도 수주했다. 캐나다의 잠수함 주문까지 노리고 있다.

세계 무기 수출 시장은 미국·프랑스·러시아의 3강을 중심으로 중국,

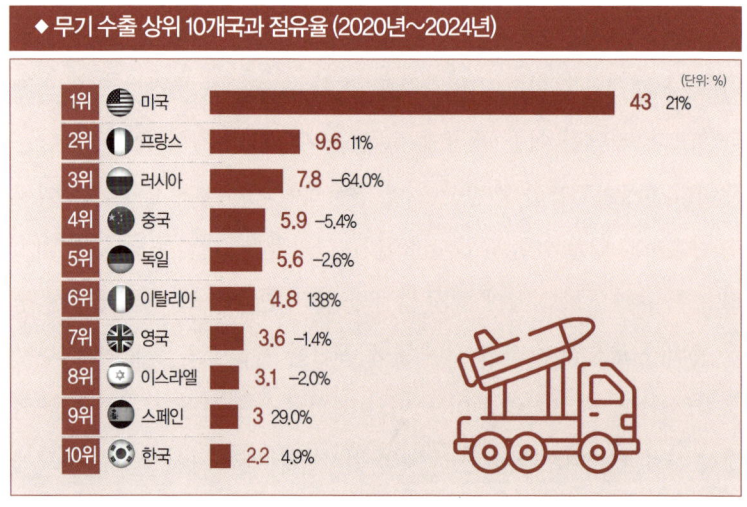

유럽, 이스라엘, 한국 등이 10위권 안에서 각축을 벌이는 구조다. 개별 기업으로도 미국 회사들이 수년째 변화 없이 선두권을 형성한다. 한국 방산 수출은 2023년 140억 달러로 역대 최대를 기록했으나, 2024년은 수출 협상이 지연되며 95억 달러로 잠시 밀려났다. 그러나 2025년엔 5월 말 수주 잔액이 이미 100조 원을 훌쩍 넘고 확실시되는 추가 수출도 적지 않아 2023년을 뛰어넘는 성과가 확실해 보인다.

고객 맞춤형에다 현지 생산까지

고객의 필요에 따라 원하는 기능·특성을 제공하는 '맞춤형 무기'. 간과하기 쉬워도 대단히 중요한 K-방산의 또 다른 경쟁력이다. 가령 K2 전차에 매료된 폴란드는 그들 나름의 특별한 기능을 원했기 때문에, K2의 기본 플랫폼을 살짝 바꾸어 K2PL이란 폴란드형 전차를 공급한다. 어떤 장비·부품·기능을 탑재해도 전차와 상호작용하도록 하는 플랫폼 기술이 놀랍다. 열사의 사막이나 극한의 설원에서도 안정적인 성능을 낼 수 있도록 변경하고 개량해 조정하는 K-방산의 강점은 이제 널리 알려져 있다.

 방산은 곧 국가 안보다. 게다가 통상 전쟁 등으로 최근 주요국들의 자국 산업 보호 기류도 강하다. 그래서 글로벌 방산 시장의 현지화 바람이 거세다. 유럽의 자주국방 붐이 K-방산에 기회이자 위기라는 말을 자주 한다. 그건 맞는 말이다. 하지만, EU의 '유럽 재무장 계획 2030'에서 유럽산 무기 우선 구매는 핵심 원칙이다. 기타 주요국들도 방산 보호주의를 채택하고 있다. K-방산은 이 흐름에 맞춰 완제품 위주 수출에서 생태계 수출로 전환을 시도하고 있다. 무기체계를 줄곧 수출할 수 있다면야 좋겠지만, 각국이 방산에서도 무역 장벽을 쌓기 시작한 상황이라 현지 생산, 기술 이전, MRO 서비스 제공, 부품·시스템 공급 등이 합리적인 선택으로 부상하는 것이다. 수입국들과의 호혜적 협력은 일방적인 수출보다 중요할 수 있다.

한화에어로스페이스가 2024년 8월 '레드백' 장갑차 생산 시설[K-방산의 첫 해외 생산기지]을 호주에 완공한 건 그래서다. 이 공장이 있기에 미·영·호 안보 동맹 AUKUS(오커스)나 Five Eyes(파이브 아이즈) 같은 정보 동맹 시장 진출에도 나설 수 있다. 폴란드 현지 기업과 합작해 납품용 천무 발사대와 유도탄 생산시설 마련, 루마니아 1조4,000억 원 규모 수출 계약에 따른 K9 자주포 현지 생산 추진, 2025년 하반기부터 이집트 현지에서 국산 심장을 단 K9 자주포를 본격 양산, 유럽 시장 공략용 독일 공장에서 천무 등 첨단 무기 생산 등등. 아울러 현지 방산기업과 협업, R&D 및 통합 공급망 구축, 인재 육성까지.

현대로템은 폭염에도 최적 성능을 발휘하는 특수 재질을 적용하고 파워팩 냉각 성능을 강화한 중동형 K2 전차를 개량하고, 폴란드 맞춤형 K2 전차의 현지 생산도 지원하며 이후 제작 노하우와 MRO 서비스까지 제공한다. KAI는 2024년 이라크에 판매한 다목적 기동 헬기 수리온의 다양한 개량형을 추진하는가 하면, 페루에선 경공격기 FA-50의 부품을 현지 생산하기로 협약했다. LIG넥스원도 인도네시아 국영 방산 업체와 공동으로 무기 현지 생산을 추진한다.

한국 무기? 담백해서 부담이 없잖아!

어떤 경우에도 한국을 위협으로 여기는 나라는 없다. 그것만으로도 무기 수출을 위한 '어프로치'가 수월하다. 미국·중국·러시아에 비해 지정학적 위험도 부담도 거의 없으니까. 어느 지역을 가더라도 K-방산의 활동에는 역사적·정치적 부담이 없다. 그뿐인가, 최근 몇 년 사이엔 한국 문화에 대한 세계의 평판도 최고조라, K-방산을 포함한 국산 제품과 서비스가 대부분 쉽게 수용된다. 이러한 소프트파워는 K-무기체계의 확산에도 매우 유용하다.

물론 안보와 직결된 무기체계의 수입에는 특히 다각적인 저항과 반대와 비판이 생길 수밖에 없지만, 그런 환경에서도 K-방산의 정치적인 담백함은 가성비·납기 준수·고객 맞춤형 같은 다른 경쟁력과 합쳐져서 수입국의 선호도를 높이는 큰 요소다.

· 3장 ·

K-방산
ON LAND

한화에어로스페이스, K-방산의 대장주

인도, 핀란드, 튀르키예, 폴란드, 노르웨이, 에스토니아, 호주, 이집트, 루마니아, 베트남. 이 나라들의 공통점은? 한화에어로스페이스의 주력 제품 'K9 자주포'를 쓴다는 점이다. K9은, 뭐랄까, 여태 쌓아온 K-방산 성과의 상징물이다. 동남아, 유럽, 중동을 망라하며 자유 진영이냐 공산권이냐를 가리지 않고 모두 K9을 선택했다. 2001년부터 최근 베트남 수출까지 K9으로 따낸 일감만 총 13조5,000억 원에 이른다. 세계 자주포 시장의 절반 정도다.

K9 자주포, 동남아가 열렸다

베트남과의 K9 자주포 수출 계약이 성사된 것은 이 책이 출간되기 직전인 2025년 8월 중순. 베트남은 G2G 형태로 K9 자주포 20문을 2억 5천만 달러(약 3천500억 원)에 구매하게 됨으로써 세계 11번째로 [그리고 공산주의 국가로는 처음으로] 'K9 사용자 클럽'에 가입했다. K9의 동남아시아 첫 진출인 동시에, 베트남을 향한 K-방산 무기체계의 첫 수출이기도 하다.

K9이 국제 방산 시장에서 워낙 인정받는 무기 체계이기도 하지만, 왜 베트남은 K9 도입에 적극적이었을까? 무엇보다 중국과의 무력 갈등이 주요인이다. 중국이 남중국해 영유권을 놓고 베트남·필리핀과 신경전을 벌여온 것은 익히 잘 알려진 사실. 분쟁의 중심에 해군과 공군이 주로 투입되지만, 베트남은 중국과 국경도 맞닿아 있어 육군 전력 강화도 병행하기로 한 것이다. 말하자면 필리핀이 KAI의 FA-50 전투기를 도입하려는 이유와 같다. 중국에 맞서 미국이 인도·호주·일본과 함께 구성한 4자 안보 대화 협의체에 한국·베트남·뉴질랜드를 영입하려는 과정에서 베트남이 영향을 받은 측면도 있다. 어쨌거나 베트남의 K9 수입 결정은 동남아시아 다른 국가들의 관심을 고조시킬 것이다.

인도, 우리 또 K9 자주포 샀어

인도가 1차 K9 수입 계약 이후 8년 만에 약 3,700억 원의 K-9 자주포 100문을 다시 구매하기로 했다. 한화에어로스페이스는 현지 기업 L&T(Larsen & Toubro: 라슨 앤드 토브로)와 함께 인도 육군에 K9을 공급하게 되는데, 막상 더 큰 관심사는 대공 체계 사업 등 인도와 추진할 수 있는 미래의 다른 비즈니스다. 육·해·공 인프라 현대화 등 전방위적 군 개혁 정책을 추진하고 있는 인도의 방산 시장은 5년 안에 250억 달러(약 36조 5,725억 원)로 커질 전망이다. 군침을 흘리지 않을 수 없는 잠재력이다. 그뿐인가, 아시아 방산 시장의 핵심이라고 불리는 인도에서 이런저런 기록을 쌓으면 주변 국가와의 파생 비즈니스 가능성도 커질 것이다.

K9이 부담된다면 '풍익'은 어떨까요?

동남아 시장에선 K9 가격이 다소 부담이다. 그래서 대안으로 제시된 게 6억 원대 K105 자주포 '풍익'. 캐터필러로 움직이는 궤도형 K9과 달리 K105는 바퀴로 움직이는 차륜형이다. K9은 화력에 방점을 두어 155mm 포탄을 쓰고, 풍익은 기동성을 중시해 가벼운 105mm 포탄을 쓴다. 또 트럭에 포만 장착하므로, 수리·유지 비용도 절반밖에 안 될 정도다.

왜 이름이 '풍익'일까? 6·25전쟁 당시 곡사포로 북한군을 물리친 고 김풍익 중령을 기린 이름이다. 대당 80억 원가량인 K9과 비교돼, 세상에서 가장 저렴한 '미니 K9'이라는 별명도 있다.

어떻게 이 정도로 쌀 수 있을까? 구경 155mm 탄은 과거 우리 군의 주력이었던 105mm보다 살상 반경이 2배가량 넓다. 105mm는 지금도 세계에 3천만 발 가까이 남아 있다. K9이 전력화하고 105mm 포탄이 폐기조차 어려운 골칫거리가 되자, 트럭에 싣는 차륜형 곡사포 풍익을 만든 것. 이처럼 재래식 무기를 조합한 재활용품이어서 압도적으로 저렴하다.

비집고 들어갈 틈이 있을까? 타깃이 좀 다르다. K9은 주로 북미·유럽을 바라본다. 반대로 풍익은 동남아·중남미 등 약소국을 노린다. 재활용품이라곤 하지만 자동 사격, 포탄 낙하점 실시간 추적, 압도적 명중률 등 K9의 첨단기술을 적용했다. 교체할 노후 무기는 많은데 돈은 모자라는 경우, 풍익이 안성맞춤 아닐까.

다음 무대는 중동이야!

인도가 그랬듯이, 한 번 K9을 도입한 나라에선 대개 추가 수요가 생긴다. 병력 체계와 작전 계획 등을 그 나라가 현재 운용하는 무기 기반으로 수립하기 때문이다. 지금까지 1,300문 넘게 팔린 K9 자주포는 세계 시장의 50% 이상을 차지하며, 곁들여 155㎜ 포탄도 꾸준히 판매해 추가 수익을 낸다. 다만 2024년 9월 STX엔진이 K9 자주포 엔진을 완전히 국산화하기 전까지는 독일산 엔진을 장착해왔고, 따라서 K9 수출에는 독일 정부 허가가 필요했다. 독일의 대중동 무기 수출금지 때문에 UAE 수출이 무산된 아픈 경험도 있다.

그러나 이젠 K9에 국산 엔진이 장착되면서 K-방산의 마음대로 수출할 수 있는 날개를 달았다. 수출 다변화가 한결 수월해졌다. 마침내 독일의 엔진 족쇄에서 벗어난 한화는 다음 무대로 중동을 정조준하고 있다. 3년 전 이집트와 계약한 K9 자주포에 국산 엔진을 달고 2025년부터 양산해 납품한다. 현재 K9 자주포 수입을 검토하는 다른 중동 국가도 몇몇 있다고 한다. 무엇보다 K-방산을 바라보는 중동 국가들의 시선이 달라져, 2025년~2026년 방산 수출은 중동이 중심이 될 가능성이 크다.

현무-5, 우리에겐 벙커 버스터도 있다고!

2025년 6월 미국이 세계 최강 벙커 버스터 GBU-57로 이란의 핵농축 시설을 타격하면서, 한국형 벙커 버스터 '현무-5'에 대한 관심도 덩달아 커졌다. GBU-57은 하늘에서 발사하는 공대지 유도폭탄이며, 현무-5는 최대 사거리 300km인 지대지 탄도미사일이다. 생산을 맡은 한화에어로스페이스는 연간 70여 발의 현무-5를 만든다. 이에 비해 GBU-57의 연간 생산 규모는 20발 정도라고 한다.

길이 6.1m, 무게 13.6t의 GBU-57은 폭격기에서 발사돼 추진체 도움 없이 낙하해서 파괴 지점에 이르며, 콘크리트 구조물이라도 지하 60m까지 뚫고 내려간다. 현무-5는 탄두 중량이 최대 8t으로 GBU-57의 3배 이상이다. 2024년 국군의날 행사에서 모습을 드러낸 현무-5를 보고 김여정 북한 노동당 부부장이 '쓸모없이 몸집만 잔뜩 비대'하다고 빈정댔지만, 북한도 움찔하게 만들 무기 아닌가 싶다.

현무-5는 관통력이 막강하다. 1,000km까지 치솟아 올라 마하 10 넘는 속도로 표적에 내리꽂히기 때문이다. 탄두 자체의 파괴력도 크지만, 초고속 낙하에서 생기는 운동에너지로 인공 지진을 일으켜 지하 100m 깊이의 벙커까지 초토화한다. 폭발력은 GBU-57보다 현무-5가 한 수 위라는 평가다. 어찌나 속도가 빠른지 기존 미사일 방어체계로는 요격도 어렵다. 만에 하나 북한이 남침하면 20발~30발로 평양을 초토화할 것이란 얘기도 들린다.

다만 현무-5는 발사체가 있어야 하므로 이동에 제약이 있다. 반면, GBU-57은 폭격기에 탑재해 전 세계 어디든 공격할 수 있다. 대신 GBU-57은 워낙 무거워 폭격기에 2발만 실을 수 있다. 현무-5는 탄두 무게만 줄이면 사거리를 최대 5,000㎞ 이상으로 늘릴 수 있다.

현대로템, 철도차량만 하는 줄 알았더니

K-2, 도대체 어떤 전차이기에 떠들썩할까

현대로템의 대표 수출 품목인 3.5세대 최신형 'K2 전차'의 성능에 관해선 자랑거리가 한둘이 아니다. 사격 목표 자동 추적, 자동장전 장치로 6초 이내 재사격, 스프링 역할을 하는 현수장치로 차량 진동 감소 및 충격 흡수, 수심 4.1m까지 잠수해 하천을 건너는 기능, 산악·설원·사막 등 험준한 지형에서도 다양한 사격 각도 확보, 차세대 능동 방어 시스템 탑재, 40년에 걸쳐 확보한 플랫폼 기술로 어떤 장비를 탑재하든 전차와 상호작용 가능 등등. 무엇보다 주문자의 요청에 따라 자유자재 변신할 수 있는 맞춤형 전차라는 점은 전 세계 수입국들을 매료시킨다. K-방산의 자랑이 아닐 수 없다.

이런 성능과 경쟁력의 뒤에는 40년 넘게 축적해온 생산 노하우와 엄격한 품질 관리 시스템이 있다. 제조 경쟁력이 고스란히 수출 경쟁력으로 이어진다. 2024년 초 폴란드에서 나토 연합 훈련이 있었다. 독일, 프랑스, 미국 등 유명한 전차들과 함께 K2도 참가했는데, 다른 전차들이 언덕을 제대로 못 오르고 미끄러질 때 K2 전차는 전혀 문제없이 기동했다. 또 제원에는 유효 사거리가 3㎞이지만, 실제 훈련에선 5㎞ 떨어진 표적도 정확하게 맞혀 '오히려 제원보다 더 훌륭한 성능'이 화제가 되기도 했다. [산이 많은 한국에선 사격장이 좁아 발휘하지 못한 성능을 해외에서 과시한 것]

K2, 단일 방산 수출 사상 최대

2025년 7월 2일 K-방산의 화려한 축포가 또 한 번 터졌다. 현대로템이 폴란드 국방부와 K2 전차의 2차 수출 계약 협상을 마무리한 것. 정확한 계약 금액은 공개되지 않았지만, 단일 방산 수출로는 사상 최대인 약 65억 달러(8조8,335억 원)로 추산된다. 2022년 K2 전차, K9 자주포, FA-50 경공격기, 천무 다연장 로켓을 아우르는 포괄(패키지) 계약 이후 2023년 K9, 2024년 천무에 대한 2차 이행계약까지 체결했으므로 K2 전차 역시 2024년 중 2차 계약 체결을 낙관했지만, 폴란드 현지 사정과 비상계엄 이후 한국의 정치 상황이 겹쳐 반년 넘게 지연된 것이다.

현대로템은 2022년 1차 계약에서 K2 전차 180대 공급 대가로 약 4조5,000억 원을 받았다. 이번 2차의 경우 물량은 180대로 같지만, 새로 개발한 폴란드형 K2PL 전차로 업그레이드되고 폴란드 현지 생산 거점 구축 비용 등이 추가돼 총액은 약 2배로 늘어났다. 2차 계약분 가운데 3대는 한국에서 생산, 61대는 부품 형태로 폴란드에 보내 조립, 나머지는 폴란드 방산 그룹 PGZ가 현지 생산한다. 제작 노하우 전수, 생산 거점 구축 지원, 수년간 MRO 지원까지 계약에 포함됐다고 한다. 이처럼 무기체계뿐만 아니라 '방산 생태계' 수출이 이루어짐으로써 원래 포괄 계약에 담긴 K2 전차 1,000대 중 나머지 물량에 대한 후속 계약도 이행될 가능성이 커졌다. 폴란드 육군의 전술 자체가 K2 전차 중심으로 수립되고 K-방산과의 관계는 더 깊고 끈끈해질 수밖에 없으니, 그 의미가 각별하지 않은가.

드론 등 미래 무기체계에 대한 대응 장치가 갖춰진 폴란드 맞춤형 K2PL 전차는 앞으로 이 지역 수출 확대의 기반이 될 전망이다. 기실 글로벌 지상 무기 5위 기업이 되겠다는 목표 아래 현대로템은 K2 전차를 중심으로 유무인 복합 체계를 개발해 미래 사업으로 키울 욕심이다.

현대로템의 다음 타깃은 루마니아가 될 수 있다. 독특하게도 1950년대 구소련의 전차를 여전히 운용하는 루마니아는 현대화 사업으로 신형 전차 300대 도입을 발표한 직후 1차로 미국산 전차를 도입했다. 2차 물량을 두고 K2가 독일보다 유리한 고지에 오른 것으로 보였는데, 루마니아의 정치 상황이 발목을 잡았다. 새 정부가 들어서고 노후 전차 교체 사업 예산이 삭감되는 등 우여곡절을 겪고 있는 것. 하지만, 생산량이 연 50대 정도고 납품은 2030년 후에나 가능한 독일 경쟁사의 막강한 대안으로 K-2 전차가 떠오른 것은 확실하다. 슬로바키아도 250대의 K-2 전차 도입을 검토 중이고, 모로코와 페루도 K-2 도입을 추진하고 있다는 소식이다. 현대로템은 사우디·UAE·이집트 수출을 겨냥한 맞춤형 K-2 ME 모델도 개발 중이다.

국산화율을 90%까지 끌어올린 K-2 전차의 탁월한 생산력을 뒷받침하는 공급망에는 731개 협력사가 들어 있다. 주요 부품 공급사들은? 우선 한화시스템은 K2 전차의 포와 조준경을 제어하고 탄도를 계산하는 사격 통제시스템을 생산한다. 이 시스템은 운용 국가에 상관없이 두루 탑재된다. 현대위아는 포신과 자동장전 장치 등을 포함한 포탄 발사 장치('무장 조립체')를 생산해 2025년 상반기에만 방산 부문 매출 1,897억 원을 기록했다. 이 무장 조립체는 K9 자주포에도 탑재된다. 제 6장에서 소개할 중견 부품사 삼양컴텍은 K2 전차의 방탄 성능을 좌우하는 '복합 장갑(강철판)'을 납품한다. 이 회사 전체 매출의 58%는 현대로템에 공급하는 전차 장갑이다.

LIG넥스원, 하늘 방어는 우리에게 맡겨!

천궁-II, 미사일 잡는 미사일

탄도탄 요격은 미국·러시아·이스라엘 등 예닐곱 나라만 개발에 성공해 극비로 숨기는 기술이다. 후발 주자에겐 그야말로 난공불락의 성채다. LIG넥스원이 자랑하는 천궁-II는 바로 그런 난관을 돌파한 유도무기 체계다. 원래는 항공기만 격추하는 지대공 무기였지만, 2018년 양산에 돌입한 천궁-II는 항공기는 물론 주요 시설을 공격해오는 초음속 탄도탄까지 요격할 정도로 성능이 좋다. 또 위력 증강형 탄두로 적 미사일을 직접 충돌·파괴하므로 훨씬 강하고, 요격 순간 파편 수가 적어 2차 피해도 작다. 발사대에서 미사일을 밀어 올린 뒤 공중에서 몸을 틀어 원하는 방향으로 날아가기 때문에, 발사대를 회전시킬 필요가 없고 항공기나 탄도탄이 어디서 날아오든 명중률도 높다. 게다가 가격까지 저렴하고, 신속한 납기가 가능해 더 바랄 나위 없다.

무장 단체의 미사일 공격에 시달리다 '미사일 격추하는 미사일' 도입을 원했던 어느 중동 국가는 선진국 대신 한국의 천궁-II를 택했다. 파격적이었다. '1년 내 현지 군 지휘체계와 천궁-II의 완벽한 연동'이라는 조건이 붙었지만, 세계 최고 방산 업체도 5년 넘게 걸렸던 연동 작업을 1년 안에 깔끔하게 완수했다.

다들 무모하다고 했던 LIG넥스원의 중동 공략은 2022년 UAE와 35억 달러, 2023년 사우디아라비아 35억 달러, 2024년 9월 이라크와 25억 달러 천궁-II 수출(총 13조 원)이라는 극적인 결과를 낳았다. K-방산이 중동의 방공망을 책임지게 된 것이다. 그밖에 루마니아도 천궁-II 구매 가능성이 커 보이고, 우크라이나 대통령도 깊은 관심을 보인다고 한다.

'궁' 시리즈, 30개 국가 향한다

LIG넥스원은 천궁뿐 아니라 비궁(고속정 같은 바다 위 적을 겨냥하는 지름 7㎝ 유도 로켓), 루마니아에 수출된 신궁(우리 군이 2006년부터 운용 중인 휴대용 지대공 유도무기), 현궁(보병용 중거리 유도무기) 등의 다양한 '궁(弓) 시리즈'를 개발했다. 수출길은 중동을 넘어 동남아, 유럽에다 거대시장 미국까지 도전 중이다.

2018년 양산에 들어간 LIG넥스원의 천궁-2는 7년 만에 국산화율을 95%로 끌어올리며 K9에 버금가는 K-방산 대표 품목이 됐다. 2024년 말 수주잔고는 20조 원을 훌쩍 넘고, 2025년 해외 매출 비중은 30%를 돌파할 걸로 전망된다. 일부 신용평가사들은 유도무기 분야에서 독점적 입지를 구축한 LIG넥스원의 신용등급을 'AA-'로 유지하고 등급 전망을 '안정적'에서 최고 수준인 '긍정적'으로 올렸다.

수출 시장 개척의 파이프라인도 다양해진다. 2025년 양산에 들어간 'L-SAM' 장거리 지대공 유도무기는 UAE 등의 눈길을 사로잡았다. 방위사업청은 천궁-II와 L-SAM을 묶어 패키지로 수출하는 방안도 추진 중이다. 무엇보다 관심거리는 미국 시장 뚫기다. 대함 유도 로켓 '비궁'은 미 국방부 비교시험에서 만족스러운 결과를 얻었는데, 2025년 하반기 수출이 성사된다면 LIG넥스원은 '클래스'가 달라질 것이다. 비궁은 역시 LIG넥스원이 개발한 무인수상정 '해검-3'에도 탑재할 수 있어 무인체계 수출 확장에도 한몫할 수 있다.

동남아 시장 개척에도 열심이다. 중동 시장이 미사일 수입 위주인 데 비해, 동남아는 통신장비와 미사일 수요가 동시에 많다. 그래서 LIG넥스원은 천궁Ⅱ, 해궁, 신궁과 무전기 등 통신체계를 함께 내세워 동남아시아를 공략하고 있다. LIG넥스원은 특히 주파수 도약형 무전기 구매로 해외 진출 발판을 마련해준 인도네시아를 중요한 시장으로 꼽는다. 1,592억 원 규모의 주파수 공용통신시스템을 인도네시아 경찰청에 공급하기도 했다. 현재 인도네시아 국영 방산 기업과 손잡고 정밀 유도무기와 감시·정찰 장비 영역을 공략하는 것도 그래서다.

천궁과 함께 고공 행진 중인 '천궁 협력사'는 어떤 기업들일까?

① **레이다 관련:** 한화시스템(레이다), 단암시스템즈(데이터 링크, 측정 장치), 빅텍(전원 공급장치), RFHIC(고출력 전력증폭기)

② **미사일 관련:** LIG넥스원(미사일), RF시스템즈(안테나 조립), 영풍전자(미사일 날개 구동제어), 한일단조(탄두 구조체), 파이버프로(관성 측정장치), 퍼스텍(구동장치), 비츠로밀텍(연료전지), 웨이브일렉트로닉스(신호처리 장치), 연합정밀(탐색기 고주파 부품)

③ **발사대 및 차량 관련:** 한화에어로스페이스(발사대와 차량), 기아(특수 군용 트럭 섀시), SNT다이내믹스(차축과 변속기), 코츠테크놀로지(통합 운용 컴퓨터), 삼현(수평 안정화장치)

④ **첨단 적외선 센서 기술:** 열악한 환경에서도 정확한 영상·온도 정보를 제공하는 세계적 기술을 보유한 아이쓰리시스템(보병용 유도무기 훈련탄 공급)

K-방산 수주 전쟁, 국내에서도 치열하네!

1985년 도입된 방산 전문화 지정제도에 따라 LIG넥스원은 대공 유도무기를, 한화는 탄도 유도무기를 죽 전담해왔다. 그러나 2008년 이 제도가 폐지되고 한화가 방산 사업을 본격적으로 키우면서 K-방산 내 영역 뺏기 경쟁이 불붙었다. 국내에서 방산 사업을 따내면 해외에서도 통하기 때문이다.

최근 방위사업청의 차세대 지대공 요격미사일 천궁-III 사업에서 한화와 LIG넥스원이 거세게 맞붙은 게 그런 열띤 경쟁을 보여준다. 3조 원 규모의 이 '한국형 아이언돔' 사업에서 LIG넥스원은 결국 총괄 사업자로 선정돼, 한화의 추격을 뿌리치고 천궁-II에 이어 천궁-III 사업권을 지켰다. 대신 한화는 다기능 레이다, 발사대, 추진기관 등 천궁-II에서 맡았던 핵심 부품 8개 과제를 확보했고, 두원중공업(기체 구조), 비츠로셀(열전지), 단암시스템즈(비행 측정 장치) 등 중견기업도 사업자로 참여하게 됐다.

미국 사드처럼 고도 40~150km의 미사일을 요격하는 대공 방어체계로 '한국형 사드'라 불리는 활공 단계 요격 유도탄 L-SAM-II 사업에서도 이와 비슷한 양상의 경쟁을 볼 것 같다.

한화시스템, 우린 무기의 '두뇌'를 만들지

전차·함정·전투기 같은 육중한 무기체계는 한화시스템의 비즈니스가 아니다. 대신 무기의 두뇌라고 할 수 있는 각종 시스템과 장비를 제공한다. K-방산의 숨은 조력자라고나 할까. 그리고 그런 시스템과 장비는 육·해·공 전반에 걸쳐 필수 아이템으로 적용되고 탑재된다. 몇 가지 예를 들어보자.

- **지상 부문**: 이집트 수출용 장갑차와 자주포에 장착되는 사격 지휘 체계와 사격 통제시스템(822억 원 규모). 이는 우리 사격 지휘체계가 해외로 수출된 첫 사례. 단거리 지대공 유도 무기 체계 '천마'의 체계통합 성과 기반 군수지원 서비스. 이는 천마와 천마를 탑재한 장갑차에 탐지·추적 레이다, 사격 통제 장치, 차체 등을 포함한 MRO를 제공하며 가동률을 높인다.
- **해상 부문**: 첨단 구축함에 탑재된 지휘통제 체계와 함대공 미사일 지휘통제 체계 등. 호위함에 공급되는 함정전투체계(CMS), 다기능 위상배열 레이다(MFR), 적외선 탐지·추적 장비(IRST), 전자광학 추적 장비(EOTS) 등.
- **항공 부문**: KF-21 등 전투기의 두뇌 역할을 하는 '임무 컴퓨터', 조종사의 눈이 돼주는 다기능 시현기, 조종사의 귀가 되는 음성 신호 제어 관리 시스템, 적외선 탐색 추적 장비 등을 예로 들 수 있는데, 모두 스스로 국산화를 마친 장비들이다.

MRO 비즈니스에도 소프트웨어가 필요해

한화시스템은 무기체계를 통제·제어하는 시스템 영역에서 쌓아온 노하우와 전산 체계 구축의 풍부한 경험을 바탕으로 MRO에 특화된 플랫폼 '**톰스**(TOMMS: total operation & maintenance management system)'를 개발했다. 말하자면, 육·해·공에서 운용하는 모든 무기체계의 MRO를 빠르고 효율적으로 수행하도록 돕는 일종의 인터넷 플랫폼이다. 과거엔 업체마다 프로젝트마다 별도의 전산 체계를 사용했지만, TOMMS는 이를 하나의 시스템에 통합했다. 장비를 등록해놓고 운용·정비·기술 지원 이력을 기록하면서 AI 빅데이터 분석으로 고장을 예측하고, 정비에 필요한 수리 부품과 자재 정보도 제공한다. 곰곰 생각해보면, 이거야말로 군이 최상의 전투준비태세를 갖추는 데 필수 요소 아닌가.

한화시스템은 국내에서 TOMMS 기반의 다양한 서비스를 공급해 왔고, 1년 넘게 소요되던 정비 프로세스를 92일 수준으로 대폭 줄이는 등 유의미한 성과를 내고 있다. 이미 K-방산의 무기를 도입한 UAE, 사우디아라비아, 폴란드 등이 원격 정비 지원까지 주요 기능으로 장착한 TOMMS에 관심을 많이 보인다. 값비싼 최첨단 무기체계일수록 수명 주기도 길며 정밀 기술이 대거 탑재돼 MRO의 수준도 대단히 높다. 체계의 가동률을 유지하기 위해 훨씬 더 효율적인 첨단 MRO가 필요해진다는 얘기다. K-방산의 이런 시스템과 하드웨어는 서로를 부추기면서 성장할 것이다.

진화하는 육상 무기체계

복장만 보고도 적 판별, K-방산 기술 어디까지

현대전의 새 트렌드로 자리 잡은 무인 무기는 어떤 모습일까? 자율주행을 위한 GPS와 라이다(LiDAR)와 기관총을 장착한 전투 수송용 다목적 무인 차량. 지면을 촬영해 풀인지 돌인지 구별하는 환경 인식 카메라. 전투에선 적군 차량과 병사를 식별해내는 AI 모델. 공기튜브가 없는 격자구조의 '에어리스 타이어'. 최대 550kg의 짐을 싣고 최대 시속 43km로 최장 100km까지 자율주행. 게다가 수백억 원짜리 전차를 사냥하는 수백만 원짜리 드론. 인명 피해도 없고, 가성비는 그야말로 더할 나위 없다.

전 세계 주요국의 방산 업체들이 무인 무기와 AI 무기 개발 경쟁에 여념 없다. 이 분야에서는 K-방산이 중국을 비롯한 소위 무인 무기 선진국들에 현저히 뒤처져 있다. 하지만 뒤늦게 출발했다고 줄곧 꽁무니에서만 달리라는 법은 없다.

무인 군용차, 총소리만 듣고도 피아 구분

특히 사람이 탑승하지 않고 자율주행으로 수색·정찰·운송·부상자 후송 등 다양한 임무를 수행하는 'UGV(unmanned ground vehicle: 지상 무인 차량)'는 방산 강국들의 치열한 경쟁 분야다. 미국·이스라엘이 무인 수송 차량과 로봇 전투 차량 개발에 나선 건 10년도 넘었다. 가자지구 경계엔 이미 무인 자율주행 군용차가 배치돼 있다. AI와 자율주행 기술은 기본이고, 총성을 분석해 발사 위치·방향, 적군이냐 아군이냐까지 구분해낸다. 인명 피해를 압도적으로 줄일 테니 미래 전장의 핵심 전력이 아닌가.

우리 군도 무인 차량 도입을 추진하고 있어서, 한화에어로스페이스의 '아리온스멧(Arion-SMET)'과 현대로템의 'HR-셰르파'가 맞서고 있다. K-방산 무인 차량 가운데 최초로 미군의 성능시험을 통과했다는 아리온스멧은 AI 기반으로 총성의 방향과 패턴까지 파악한다. 이미 4세대 모델까지 출시된 HR-셰르파는 일찍이 우리 군에 납품돼 야전 운용을 거쳤고 실전 피드백을 받아 한반도 지형에 가장 적합하고 기동성이 뛰어나다는 평가다.

K-험비, 총알 480발·영하 32도 추위까지 견딘다

우리가 잘 아는 지프(Jeep)라든지 흔히 험비(HUMVEE)로 통하는 HMMWV(high mobility multipurpose wheeled vehicle) 등은 '소형 전술 차량(LTV: light tactical vehicle)'의 범주에 들어간다. 전투 수행은 물론이고 병력·물자 수송에도 쓰이며, 지휘관들이 이동 중에 지휘통제소로도 사용하는 차량이다. 국내에는 기아가 군과 함께 개발한 LTV가 전선에 배치돼 있다.

그런데 기아의 이 LTV가 중동에서 K-험비라고 불리며 인기다. 기아 같은 글로벌 자동차 기업이 현지 맞춤형으로 만드는 데다, 가성비와 빠른 납기 등 K-방산의 강점이 모두 더해졌기 때문이다. 특히 이라크전에서 미군 장교들이 저격당하는 일이 이어지자, 강력한 방탄 기능이 장착된 K-험비는 날개를 달았다. 박격포 등의 무기를 싣고 전투에도 투입되고, 물자·병력도 실어나르며, 군 간부들의 이동 지휘소로도 활용된다. K-험비를 앞세운 기아의 군용차 수출액이 연 1천억 원 돌파해 누적 1조 원을 넘어섰다는 사실을 아는 이는 많지 않은 것 같다.

기아의 K-험비는 기아 SUV 모하비에서 쓰던 엔진의 출력을 높이고, 영하 32도에서도 무리 없이 작동할 수 있도록 만들었다. 미군용 험비

◆ K-방산의 팔색조 국산 '험비'

의 최고 속도를 비웃는 시속 130km로 달릴 수 있고, 출력도 험비를 압도하는 225마력이다. 네 바퀴가 따로따로 움직이는 독립 서스펜션으로 업그레이드돼 구덩이에 빠져도 쉽게 탈출하고 험지에서도 충격을 덜 느끼며 76cm 깊이의 하천도 문제없이 건넌다.

미국·유럽·러시아가 독차지하던 군용 차량 시장에서 러·우 전쟁을 계기로 러시아가 축출되자 미국과 유럽은 군용차 가격부터 가파르게 올렸는데, 이것이 K-험비에 절호의 기회가 됐다. 성능은 대등한데 가격은 절반 수준, 거기다 UAE를 위한 '사막 맞춤형' 등 수입국 상황에 맞춘 현지화 맞춤형 제품까지. 그 결과, 약 4,000억 원 규모로 수입한 폴란드 등 각지에서 극찬을 받았다.

KGGB, 유도무기 기술력의 상징

FA-50 전투기 구매 계약을 체결한 폴란드가 사우디아라비아·태국에 이어 한국형 GPS 유도폭탄 'KGGB(Korean GPS-guided bomb)' 도입을 타진하고 있다. 국방과학연구소와 LIG넥스원이 공동 개발한 이 유도무기를 장착하면 지상 표적 타격 능력이 개선되고, 적의 대공 수단으로부터 비교적 안전한 거리에서 공격할 수 있어서다. 지상 통신 장치로 명령해 임무 계획을 입력한 후 상공에서 조작해 투하한다. 최대 사거리 100㎞로, 비슷한 미국 제품의 4배 수준이다. 비행 도중 목표물을 변경할 수도 있고, 산 뒤에 숨은 표적도 선회해 공격한다. 또 항공 전자 장비를 개조해 무장과 통합하는 과정이 필요하지 않아 어떤 전투기에도 탑재할 수 있다.

KGGB의 가격은 키트당 1억 원 정도. 대수롭지 않은 금액일지 몰라도, 국내 기술로 개발한 유도무기 산업의 기술력을 보여주는 점에서 의미가 크다. 투자 비용의 2.6배에 달하는 경제효과와 상당한 수입대체 효과는 덤이다.

· 4장 ·

K-방산
AT SEA

해양 분야는 지금까지 육상 무기와 FA50 경공격기 등에 의지했던 K-방산의 '마지막 퍼즐'로 불린다. HD현대중공업과 한화오션이 주도하는 이 분야에선 아직 이렇다 할 대규모 해외 수주가 없었다. 캐나다에서 잠수함 프로젝트와 폴란드에서 함정 수주에 도전하고 있어, 그 결과에 많은 사람의 관심이 쏠려 있다. 본격적으로 해양을 정조준해야 할 때다. 미국과의 조선 협력이 본격화하고 군함 협력으로 확산할 경우, 해양 방산에서도 우리 존재감이 커질 것이다. 특히 트럼프 대통령이 직접 요청해온 미 해군 함정의 유지·보수·정비(MRO: maintenance, repair, overhaul) 사업을 시작으로 군함 건조 시장까지 진출의 기회는 시시각각 구체화하는 분위기다. 사우디아라비아의 잠수함 사업 수주전에서도 선전이 기대된다.

해양 부문 K-방산의 기본적인 힘은 K-조선의 탁월한 경쟁력과 떼려야 뗄 수 없는 관계로 묶여 있다. 배를 만드는 기술력이 바로 다양한 부품·장비가 결합한 복합 무기체계인 군함을 만드는 능력으로 이어지는 것이다. 세계 최고의 조선 기술이 엔진·미사일·포·지휘·통제 장비가 어우러진 함정 제조와 합쳐져 K-방산의 강점으로 나타난다. 굵직굵직한 무기체계가 다 그렇겠지만, 함정 수출도 배 1척만 덜렁 파는 게 아니라 온갖 관련 시스템과 공급망까지 수출하는 사업이다. 가령 그리 대규모가 아닌 호위함만 해도 협력 업체가 200여 곳, 관련 장비 160여 종에 이를 정도로 연관 산업을 거느린 생태계다. HD현대중공업이 필리핀에 군함을 수출하면 그 전투체계는 한화시스템이 탑재하고 미사일과 어뢰는 LIG넥스원이 무장하는 식으로, 서로 얽히고설키며 협력한다.

K-방산의 다른 부문처럼 해양 부문의 빠른 납기와 가격 경쟁력도 탄탄하다. 가령 7,000톤급 이상의 이지스 구축함 1척 건조에 18개월의 시간과 8억 달러(약 1조1,500억 원) 수준의 비용이 든다고 한다. 미국이라면 어떨까? 비슷한 함정을 건조하는 데 약 28개월과 약 16억 달러가 소요된다. 일본도 비슷해서 이지스함 1척 건조에 약 3조6,000억 원이 필요하다고 알려져 있다. 이런 경쟁력을 바탕으로 K-함정은 빠르게 날개를 펼쳤다. 뉴질랜드·베네수엘라 등에 6척의 함정을 인도했고, 필리핀용 8척을 건조 중이다. 최근 페루에서도 4척을 수주했다. 해군, 방위사업청, 국방과학연구소 등이 협력하고 다 함께 뛴다.

군함은 특이한 점이 또 있다. 건조 이후의 군수지원 비즈니스가 더 묵직하다. 예컨대 캐나다가 추진 중인 60조 원 규모 잠수함 프로젝트에서 잠수함 도입 자체는 약 20조 원, 후속 군수지원 사업이 약 40조 원으로 평가받는다. MRO 거점 확보, 기술 이전, 전공 대학생과 엔지니어 교육 등등이 치밀한 계획하에 장기간 이루어져야 한다.

가성비 몰두? 첨단기능 없이는 수출은 필패!

인정할 건 인정하자. K-방산엔 안타깝게도 함정 쪽 원천기술이 별로 없다. 동남아·남미 등 개발도상국에 수출하는 경우라면 상당한 경쟁력이 있지만, 첨단기술에 의한 고성능 함정의 수출에서는 갈 길이 멀다. 이제 패러다임을 바꿀 때다. 앞선 무장 능력과 전투체계의 구축을 뜻하는 '전투 성능'도 대폭 높여야 하지만, 동시에 방어력과 관련된 '특수 성능', 그중에서도 특히 소음·전자파·음파 탐지를 회피하는 스텔스 기술을 확보해야 한다. 이 같은 첨단기능 없이는 앞으로 의미 있는 함정 수출은 불가능하다. 이를 위해선 함정 자체의 형상을 개선·설계할 능력을 빨리 갖추어야 한다.

2024년 말 호주의 10조 원짜리 호위함 사업에서 K-방산은 본선에도 못 가고 탈락했다. 국내 두 개 업체가 응찰해 다투는 바람에 모두 미끄러졌다는 후문이었다. 물론 그 점도 문제였다. 하지만 진짜 원인은 함정 성능 면에서 우리 경쟁력이 부족했다는 사실이다. K-조선은 세계 최고 수준이고 조선업도 전례 드문 호황을 맞고 있지만, 군함은 일반 선박과는 다르다. 그 개념부터 완전히 다르다. 형태는 선박이지만 군함은 전투 부대다. 그저 비즈니스 관점에서의 개선만으로는 부족하다. 정부도, 군도, K-방산 기업들도 방위사업과 민간사업의 차이를 정확히 이해해야 성장의 요체를 만날 수 있다. 선도적인 원천기술 확보로 경쟁력을 다음 차원으로 끌어올려야 한다.

함정 수출, 'H팀' 꾸린 K-방산

1차 목표는 70조 원, 캐나다 함정 프로젝트

해양 방산의 주역 한화그룹과 HD현대그룹은 갈등과 출혈 경쟁 그리고 소송전까지 치른 앙숙이었다. 그러나 정부의 화해 권유로 2024년 말 이견을 접고 하나의 팀을 만들어 해외 함정 시장 공략에 나서기로 합의했다. 그룹명의 첫 알파벳을 따 'H팀'으로 불리는 이들은 우선 수주전이 시작된 캐나다 70조 원 잠수함 사업부터 뛰어들었다. 뒤이어 폴란드·사우디 등에서 이뤄지는 해양 방산 프로젝트도 H팀이 석권하겠다는 포부다.

폴란드 잠수함 수주전에서는 풍부한 경험과 기술력의 한화오션이 선봉에 서고, HD현대중공업이 지원한다. 반대로 태국·말레이시아·에콰도르 사업 등의 수주전에는 수상함 전문지식이 많은 HD현대중공업이 입찰하고, 한화오션이 지원한다. 해양 방산 부문에서 2031년까지 발주될 사업 규모가 9,930억 달러(약 1,420조 원)에 이른다고 하니, H팀이 조화롭게 대응한다면 상당한 기회를 포착할 수 있다. 하지만 우선 H팀의 가장 큰 타깃은 미국이다. 미국은 법을 개정해서라도 함정 시장을 활짝 열어젖힐 태세다. H팀은 어차피 각각의 무기체계가 정부 지원으로 개발한 방산 물자이므로 보유 기술·정보를 적극적으로 공유해 기술과 수주의 글로벌 전쟁에 함께 대응한다.

1,000개 목표물 추적, 바다 위 최강 방어력

"이들은 아마도 세계 최고의 군함일진대, 미국산은 아니다." CNN은 HD현대중공업이 만든 이지스함 세종대왕함 등을 그렇게 묘사했다.

제우스신의 방패 아이기스, 영어로 aegis(이지스)라 표기한다. 그리고 'aegis ship(이지스함)'이란 미 해군이 함대 방어용으로 만든 'aegis combat system(이지스 시스템)'을 탑재한 함정을 뜻한다. 인체에 비유하면 이지스 시스템은 두뇌에 해당한다. 최첨단 레이다로 1,000㎞ 거리에 있는 항공기·미사일을 탐지·추적하고 이를 파괴해 바다 위 최강의 방어력을 자랑하는 '꿈의 전함'이다. 우리나라에선 북한 탄도탄 추적용으로 주로 쓰인다.

◆ K-방산의 첫 이지스함 '세종대왕함'

취역	2008년 12월	무게	약 7650톤
길이	165.9m	폭	21.4m
속도	최대 30노트(시속 55.5km)		
무장	다기능 위상배열 레이더, 미사일 수직 발사 시스템, 함포 통제 시스템, 홍상어 대잠 미사일 등		

K-방산은 함정 만드는 능력에선 최정상급이지만, 함정을 무기체계와 연계하는 능력은 부족하다는 평가에 늘 시달려왔다. 하지만 이지스함 이후 첨단 무기를 탑재한 최신 함정들을 설계하고 만들면서 이 분야의 노하우가 쌓이고 있다. 실제로 세종대왕함에는 함대함 유도탄, 함대지 크루즈미사일, 대잠 미사일 등 국산 무기가 대거 탑재됐다. 120종의 주요 장비 가운데 미사일 수직 발사대 등 90여 종이 국산품이다. H팀 각사는 이런 이지스 구축함을 연 3척 이상 생산할 수 있다.

좀 더 들어가 보면 세종대왕함은 레이다에 잘 걸리지 않는 특수 재료를 쓰거나 배에서 나는 열·소음을 줄이는 스텔스(은폐) 기능을 갖추고 있다. 또 '폭발 강화 격벽'이라고 해서 배 일부가 폭발해도 가라앉지 않는 기능도 있다. 그저 포에 안 맞게 하는 기능을 넘어서서 몇 대 맞더라도 가라앉지 않게 하는 기술이다.

한화, 미국서 군함 만드는 오스탈 인수

미국 군함 시장에 진출하기 위해서 호주 방산 기업 Austal(오스탈)의 지분 19.8%를 인수해 최대 주주가 되려고 시도해온 한화그룹이 우선 미국 정부의 허가부터 얻어냈다. 미국·동맹국과의 협업으로 쌓아온 기술력, 납기 준수 능력 등을 종합적으로 인정받은 결과다. 이제 호주 정부 승인만 받으면 국내 처음으로 미국 군함 건조에 직·간접으로 관여하게 된다. 중국과 해양 패권을 다투는 미국의 중국 견제, 인·태 지역에서의 삼각 안보 동맹 오커스 같은 지정학적 요인도 얽혀 있어, 마지막 관문인 호주의 허가도 무난할 것으로 기대된다.

호주의 오스탈은 미국 내 조선소 두 곳에서 미 해군의 연안전투함, 소형 수상함, 군수지원함, 핵잠수함까지 만드는 기업이다. 방산 특수선 건조 분야에 경쟁력을 갖춘 한화가 군침을 흘리는 이유다. 이미 필리 조선소를 사들이긴 했지만, 단독으로 미 함정 시장에 진출하기엔 부족함을 느끼던 차에 오스탈 인수는 상당한 시너지를 가져올 수 있다.

잠수함, '핵'만 빼고 다 한다!

잠수함은 현대 해전의 핵심 전력. 스스로 설계·건조할 수 있는 나라가 10개 남짓이라 가격도 비싸고 도입 경쟁도 치열하다. 1980년대 독일 잠수함을 모방해 처음 잠수정을 개발했던 한국 잠수함의 역사는 보잘것없다. 잠수함의 원조 프랑스보다 100년 이상 늦다. 그러나 이제 독자적인 잠수함 생산 체계로 세계가 인정해준 여덟 번째 국가가 되었고, 1,500t급부터 대형 3,000t급까지 '핵 추진' 잠수함만 없을 뿐 고객이 원하는 대로 다양하게 건조하는 기술력은 최고 수준이다. [최근 북한이 핵 추진 잠수함 건조 현장을 공개하자, K-방산도 도입을 서둘러야 한다는 의견이 분분하다]

한국이 잠수함 건조를 시작한 2000년만 해도 38.6%에 불과했던 잠수함 부품 국산화율은 2018년 3,000t급 도산 안창호함을 진수할 땐 78%까지 올라왔다. 이후 국산화가 순탄하게 보태지면서 이제 부품 국산화율은 80%를 넘어섰다. 한화오션은 이미 인도네시아에 10억8,000만 달러(약 1조5,000억 원)의 잠수함 3척을 수출했으며, HD현대중공업은 중동·중남미 국가들을 상대로 한 잠수함 수출 홍보에도 적극적이다.

2024년엔 페루 해군의 노후 잠수함을 대체할 중형 잠수함 공동 개발 MOU를 체결했다. 2025년 들어서는 H팀이 폴란드·캐나다 잠수함 수주전에 뛰어들어 있다.

폴란드 잠수함 수주는 각자도생

폴란드 해군의 오르카 프로젝트는 3,000톤급 최신 잠수함 3척을 도입하는 노후 잠수함 교체 사업이다. MRO 비즈니스까지 합하면 8조 원에 이르는 규모다. 오르카는 H팀이 결성되기 전에 시작된 프로젝트여서 한화오션과 HD현대중공업이 개별 경쟁을 벌이고 있다. 그 외에 프랑스, 독일, 스웨덴, 스페인, 이탈리아 유수의 방산업체들이 입찰에 참여해 있다. 이르면 2025년 내 우선협상자가 결정된다.

◆ HD현대중공업이 자체 개발한 수출용 잠수함 HDS-2300 조감도

출처: HD현대중공업

한화오션은 장보고-III 잠수함을 홍보하면서 MRO 시설을 건립하는 방안과 유리한 조건의 자금 융통에 협조하는 방안도 제시하고, 폴란드

해양 산업 지원도 약속했다. HD현대중공업은 자체 개발한 최신 잠수함의 강점을 소개하고 자금 조달 방안도 제출하면서 한화오션이 잠수함 제작의 선두주자라는 인식을 없애는 데 공을 들이고 있다.

캐나다 잠수함 수주는 함께 손잡고

세계에서 가장 넓은 면적의 바다를 끼고 있는 캐나다. 러시아·중국 등이 북극 항로의 경제적 가치에 주목하며 주변 항로 개척에 나서자, 대응책으로 잠수함 전력 강화에 돌입해 디젤 배터리 추진 잠수함을 최대 12척 도입할 계획이다. 향후 20여 년 이어질 MRO까지 합하면 최대 70조 원에 이르는 거대 프로젝트다. K-방산은 위에서 설명했던 것처럼, 한화오션과 HD현대중공업이 한 팀을 이루어 입찰에 나섰다.

2025년 9월 현재 상황은 어떨까. 독일·프랑스·스페인·스웨덴 등이 입찰에서 우리와 경쟁했으나, 최종 후보에 이름을 올린 한국의 H팀과 독일의 TKMS(ThyssenKrupp Marine Systems;티센크루프 머린 시스템즈)만 남았다. 한국의 H팀은 공기 없이 리튬이온 배터리로 3주 이상 수중 작전이 가능해 현존 디젤 추진 잠수함 중 최고 성능인 '장보고-Ⅲ'을 앞세웠다. 여기에 통상 9년인 납품 기한을 6년으로 단축하겠다고 약속했다. 반면 TKMS는 독일이야말로 잠수함 강국이라는 점, 캐나다와 같은 나토 회원국으로 여러 면에서 이미 안보 협력을 하는 중이라는 점을 부각했다.

'배터리로 가는 잠수함'까지 나온다고?

배터리로 가는 잠수함은 예술가가 상상하는 그림이 아니다. 특별한 하자가 없는 한 이르면 2025년 말부터 시도될 단계에까지 와 있는 무기 체계다. 한화오션·삼성SDI 등이 해군과 함께 개발한 잠수함용 배터리는 즉시 상용화할 수 있다고 한다. 2028년이면 배터리 잠수함이 해군에 인도된다는 얘기까지 있다. 배터리·모터가 디젤 엔진을 대체하게 되면, 연료비도 절약하고 전력 강화에도 크게 도움이 될 거란 평이다. 그러나 해군은 오히려 배터리 잠수함의 군사적 장점에 더 주목한다. 무엇보다 움직일 때나 멈춰 있을 때 소음이 거의 나지 않아 음파 탐지기 등을 피할 수 있다. 또 배터리 용량이 커서 잠수 시간도 두 배 이상 길어져 임무를 더 오래 수행할 수 있다.

현재 잠수함의 메인 동력원은 디젤 엔진, 그 보조 역할은 납축전지가 한다. 수면 위에서 디젤 엔진으로 발전기를 돌려 얻은 에너지를 납축전지에 저장해놨다가 잠수할 때 사용하는 것. 이에 비해 한화·삼성이 개발한 잠수함은 수면 위아래를 가리지 않고 배터리가 동력원이다. 배터리 사용을 극대화하기 위해 ESS도 갖추고, 디젤 엔진도 놔두되 보조 역할만 맡긴다.

물론 전기차용 배터리와 달라서 잠수함·선박용 배터리는 훨씬 더 고사양·고품질이므로 생산비용이 많이 든다. 그래서 민간 기업들이 그동안 이런 배터리를 적극적으로 개발·생산하지 않았다. 또 잠수함용은 한 번 충전으로 훨씬 더 장기간 작동되어야 한다. 안정성도 더 높아야 한다. 해양용 배터리는 아직 수익이 안 나서 상용화도 어려운 단계지만, K-방산이 앞장서준다면 이야기는 달라질 수 있다.

MRO, K-방산의 블루오션

MRO는 유지(Maintenance), 보수(Repair), 정비(Overhaul)의 약자로 군사 장비가 배치된 시점부터 폐기될 때까지 원활하게 운영되도록 정비하고 성능을 개량하며 필요시 교체하는 일련의 활동을 뜻한다. K-방산 기업이 납품한 무기체계를 위해 제공하는 일종의 '애프터 세일즈 서비스'라고 생각해두자.

미국 조선업에는 한국의 도움이 필요하다는 트럼프 대통령의 한마디에 K-방산과 K-조선이 함께 들썩였다. 미국은 군함을 만들 수도, 수리할 수도, 정비할 수도 없다. 실제로 제때 수리받지 못한 전투함 100여 척 중 40척 정도만 운용되고 있으며, 잠수함 역시 1년 넘게 수리를 기다리는 경우가 많다. 그래서 MRO와 함정 건조 비즈니스의 전례 없는 엄청난 기회가 두둥실 떠오른 것이다. 미 해군 MRO 시장이 연간 20조 원으로 나머지 글로벌 시장의 2배 가까운 데다 신규 건조 시장은 40조 원을 웃돈다고 하니 그럴 법도 하다. K-방산이 군수지원함보다 높은 기술력을 요구하는 전투함 수리와 신규 건조 사업도 추진할 거란 예상에다, 세계 최대 미국 시장을 뚫으면 다른 우방국의 군함 수주전에서도 유리할 거란 얘기도 나온다.

그러나 냉정하게 봐서, 당장 군수지원함 MRO만으로 의미 있는 돈벌이가 되기는 쉽지 않다. K-방산이 수주할 수 있는 미 해군 MRO 물량은 7함대 군수지원함 35척뿐이다. 이 MRO에 쓸 돈은 2억5,000만 달러(약 3,500억 원)로, 대형 LNG선 한 척 수주 금액에 불과하다. 미국 법이 해외에서 할 수 없도록 규정해놓은 해군 전투함(이지스함·구축함 포함)의 MRO까지 예외에 포함해 개방해달라고 한국 정부가 강력하게 요청해야 한다. 미국도 한국의 도움이 필요하니까. 그래야 MRO만으로도 의미 있는 수익을 낼 수 있다.

MRO를 의뢰한 미 해군도 못 잡았던 결함

한화오션은 미 해군 MRO 사업에서 단연 앞서 있다. 미 해군 함정 정비 자격 취득 이후 3번이나 군함을 정비했다. 수리 과정에서 미 해군도 발견하지 못한 새로운 결함이 무수히 나오고 단종된 부품 숫자와 고난도 작업이 늘자, 국내외 60여 협력사가 동참해 지원했다. 처음으로 도입한 고압세척 로봇까지 투입됐다. 수주 금액을 늘리고 기간을 연장하기도 했다. 미 해군 측은 결과에 크게 만족했다. 이 비즈니스의 영업이익률은 20% 수준으로 알려졌다.

한화오션이 지금까지 수주한 3번의 MRO는 모두 전투함이 아닌 군수지원함·급유함·보급함이었다. 최대 3,000만 달러에 불과한 MRO를 따내겠다고 세계 굴지의 조선사가 독을 비우는 것도 우스운 노릇이지만, 더 큰 일감을 따내기 위해 일단 작은 MRO로 신뢰를 쌓으려는 노력이었다. 과연 호평이 이어지면서, MRO에 대한 기대도 커지고 있다. 시장이 더 확대될 조짐이 보이자 일본·싱가포르가 맹렬히 좇아오고 있지만, 한화오션은 2025년 중 MRO 사업을 5건 이상 따낸다는 목표다.

함정 MRO 비즈니스를 위해 클러스터 결성

다른 한편으로 한화오션은 SK오션플랜트와 함께 소위 '함정 MRO 클러스터'를 만들어 20조 원 크기의 미 해군 군함 MRO 시장에 진출하기로 했다. 한화오션이 추진하는 MRO 사업에 SK오션플랜트가 참여해 공동 입찰에 나서는 식이다. SK오션플랜트는 군함 건조와 MRO로 비즈니스 모델을 만들기 위한 시장성과 타당성을 2024년 내내 검토했다. 원래 주력 사업인 해상풍력 쪽이 부진해서 매각설에도 휩싸였던 SK오션플랜트는 MRO 시장을 본격 공략함으로써 특수선 사업 비중을 늘리고자 했다. 하지만 단독으로 입찰에 참여하기에는 역량이 달리는 터였다. 그래서 이 분야 선두주자인 한화오션과 맞손을 잡은 것이다.

MRO는 달갑지 않았는데, 트럼프 때문에 바뀌었어

HD현대중공업은 2024년까진 미국 해군 MRO 사업에 소극적이었다. 역설적이게도 조선 비즈니스가 너무 호황이었기 때문이다. 일감이 넘치고 독은 꽉 차 있는데, 100억~300억 원짜리 MRO 사업을 하자고 독을 비운다는 건 수지타산에 안 맞으니까. 그러다 트럼프 행정부가 출범하면서 전략이 변하기 시작했다. 미 해군과 MRO 사업 확대, 전투함 MRO 해외 발주 가능성, 군함 신조 비즈니스로 이어질 잠재력 등에 설득된 셈이다. 2025년 8월 HD현대중공업은 미 해군 군수지원함 MRO 사업을 처음으로 수주했다. 3년마다 이뤄지는 정기 정비로, 조선소 독을 사용하지 않고 바다에 배를 띄우고 할 수 있는 MRO여서 안성맞춤이었다.

HD현대중공업은 처음으로 수주한 MRO를 잘 마치고 배를 2025년 11월에 인도하면, 미 해군의 신뢰를 얻게 되고 앞으로 추가적인 MRO 사업과 궁극적으로 군함 건조 수주 기회까지 생길 수 있다고 예상한다. 게다가 K-조선을 들썩였던 MASGA 프로젝트가 본격적으로 가동되기 시작하면 한국 조선사의 미 해군 사업 수주가 늘 것으로 보고 있다. 전투함의 건조와 MRO를 해외에서 못하도록 규제한 미국 법까지 개정되어 외국 기업의 수주가 가능해진다면, 그야말로 금상첨화의 상황이 전개될 것이다.

상선 건조에서 함정 건조와 MRO로

중형 조선사인 HJ중공업도 국내에서 축적한 차세대 전투함 기술을 발판 삼아 MRO 시장 문을 두드린다. 미 해군 MRO 사업을 2025년부터 본격 추진하며 아예 미래의 주요한 먹거리로 삼는 모습이다. 지금까지 주력했던 상선 외 분야로 포트폴리오를 다각화한다는 전략이다. 한화오션과 같은 비즈니스 모델이어서 만만찮은 경쟁자가 될 수도 있다.

　국내에서도 비슷한 경험과 노하우를 축적하고 있다. 우리 해군 군함 성능이 저하되자 주요 장비를 국산 부품으로 전량 교체하여 유도탄고속함 성능을 개량하는 1,247억 원 규모의 체계개발 사업을 수주한 것이다. HJ중공업의 신기술로 해군 고속함의 기동력과 수명이 크게 개선됐고, 실전 배치한 뒤 실증까지 성공적으로 마쳤다는 평가를 받았다.

· 5장 ·

K-방산
IN THE AIR

보라매 전투기, 창공을 찢다

한국항공우주산업(KAI)이 '보라매'란 별칭으로 독자 개발 중인 'KF-21'은 최초의 한국형 초음속 전투기다. 개발 시작은 2015년, 참여한 협력 업체 약 600개, 개발비 약 8조9,000억 원, 양산 목표 시점은 오는 2026년. 이미 '늙은' 전투기 F-4와 F-5를 대신해 미래 전장에 어울릴 4.5세대 전투기요, 자주국방의 발판이다. 이 전투기 제작을 위한 국산화율은 65%에 이르러 국내 항공 소·부·장 기업들도 막중한 역할을 맡는다.

자체 개발인지라, KF-21은 마음대로 모델을 개량해도 되고 미사일 등의 무기를 얹어 테스트하는 것도 자유다. 애초 4.5세대 전투기로 개발했지만 향후 5세대로 업그레이드할 수 있도록 처음부터 설계됐다. 참고로 전투기는 크게 1세대[미그-15 등 제트엔진 전투기] ⇨ 2세대[마하 1 이상 초음속 전투기] ⇨ 3세대[레이다 장치와 유도 미사일] ⇨ 4세대[더 정밀한 유도무기 장착] ⇨ 5세대[스텔스 기능 탑재] 순으로 진화해왔다. 앞으로 6세대는 AI 기술과

6G 통신 기술을 결합해 전투기와 무인기가 함께 작전을 수행하게 된다. KF-21은 한국이 세계에서 8번째로 개발한 4.5세대로, 4세대 기체에다 5세대 스텔스 기술과 장비를 일부 적용했다. 또 설계 단계부터 내부 무장 여유 공간, 최신 센서 등을 갖추어 머잖아 5세대 전투기로 업그레이드하도록 개발됐다. 특히 '전투기의 눈'이자 핵심 장비로 200km 이상 넓은 범위에서 공중·지상·해상 표적을 탐지하는 'AESA(능동형 위상 배열) 레이다'를 자체 개발해 장착했다.

KAI는 2024년 6월 방위사업청과 1조9,600억 원의 공급 계약을 체결했다. KF-21을 20대 제조하고, 기술 교육 등 후속 지원을 제공하는 내용이었다. 이어 2025년 6월 KF-21을 20대 공급하는 2조4,000억 원 규모의 추가 계약을 맺었다. 이렇게 해서 모두 40대를 2026년 하반기부터 2028년까지 공군에 공급한다. KAI의 계약이 이루어질 때마다 한화에어로스페이스는 별도로 KF-21 엔진을 매번 40대씩 공급하는 계약을 체결했다. 이 엔진은 열을 잘 견디고 가벼운 특수 소재를 적용해 극한 환경에서도 성능을 고르게 유지한다. 또 있다. 한화시스템 역시 방사청과 KF-21 전투기용 AESA 레이다 계약을 체결했다. 현대 공중전에서 승패를 가르는 핵심 장비다.

현재 KF-21은 시험 비행 단계이며 양산을 목전에 두고 있다. 위험을 최소화하느라 개발을 차근차근 진행해서 그런지, 공중 전투 능력은 있어도 지상·해상 공격 능력은 아직 없다. 현재까지 확보된 KF-21 물량은 한국 공군 120대와 인도네시아 50대 등이라고 한다. 이 정도만 해도 손익분기점은 넘기지만, 안정적인 수익 기반을 다지려면 200대를 넘겨야 한다. 그래서 KAI는 F-35를 사고 싶어도 호주머니가 얇아서 머뭇거리는 나라들을 집중적으로 노려 KF-21을 홍보한다. 가령 페루에 FA-50과 KF-21을 함께 수출하는 방안을 추진해오고 있다. 물론 이미 시장엔 프랑스의 라팔과 스웨덴의 JAS-39 Gripen이 터줏대감 노릇을 하고 있다. 성능에선 라팔과, 가격에선 JAS-39와 치열하게 싸워야 한다.

세계 7대 방산 기업으로의 성장을 장기 목표로 삼은 KAI는 KF-21과 수리온 같은 핵심 항공기에다 AI 기반의 유무인 복합 체계를 결합할 생각이다. 아울러 4조 원을 조금 넘겼던 2024년 매출을 2040년까지 40조 원으로 올리겠다는 계획이다.

좌초했던 인도네시아 맞춤형 KF-21 공동 개발

최근 KAI는 KF-21 사업의 공동 개발국인 인도네시아를 만나 중단되었던 IF-X 사업을 다시 검토했다. 인도네시아 연구진의 기술 유출과 개발 비용 분담금 미납 문제로 분위기가 험악해진 이후 6년 만이다. 인도네시아가 원하는 성능을 내도록 KF-21을 개량해서 인도네시아에 수출하는 게 이 사업의 골자다. 우리나라에서 KF-21의 전력화가 이루어지면 인도네시아 맞춤형 개량 작업을 시작할 전망이다. KAI는 2026년까지 IF-X 양산 추진 방안과 분담금 납부 일정 등 주요 현안에 관한 결론에 이르길 원하고 있다.

◆ 비행 중인 KF-21 복좌형 4호기

원래 양국이 체결한 KF-21 공동 개발 계약에 의하면, 인도네시아는 전체 사업비(8조8,000억 원)의 20%를 투자하고 시제기 1대와 기술을 이전받은 뒤 48대를 자국에서 생산하기로 되어있다. KAI가 개발을 주도하고 인도네시아 기술진들이 제한적으로 참여하는 형태였다. 그러다 인도네시아가 비밀리에 기술 유출을 시도하면서 사업이 꼬여버린 상황이었다.

한때 인도네시아가 튀르키예 전투기 48대를 구매한다는 보도가 나오면서 KAI와의 공동 개발은 물 건너간 것 아니냐 하는 우려도 있었다. 그러나 확실한 것은 아직 없다. 튀르키예 전투기 개발 속도가 KF-21보다 워낙 느려 현실성이 없다는 얘기도 돈다.

다목적 전투기 두 번째 구입하는 필리핀

KAI는 필리핀 국방부와 2030년까지 다목적 전투기 FA-50 12대를 공급하는 7억 달러(약 1조 원) 규모의 계약을 2025년 6월 초 체결했다. 항공기 외에 장기적인 정비 지원과 부품 보급 같은 후속 군수지원도 포함돼 있다. 필리핀은 이미 10여 년 전에 FA-50 12대를 도입하고 군수지원을 받아 주력 전투기로 활용해 왔는데, 현지 공군이 이를 운용하며 신뢰가 쌓인 결과 11년 만에 추가 도입을 결정했다. 실전 성능과 안정적인 후속 지원이 불러온 같은 기종의 재구매다. 이 계약으로 공급되는 FA-50은 공중급유 기능 추가, AESA 장착, 공대지·공대공 미사일 탑재 등, 기존 모델보다 개선된 성능이다.

그렇지 않아도 KAI는 동남아시아에서 점유율 확대를 노려오던 터다. FA-50은 2023년부터 말레이시아·필리핀·인도네시아·태국 등 6개국에 150대 이상(12조 원 안팎)을 수출한 실적도 있다. 말레이시아는 2024년의 18대 도입에 이어 같은 규모로 2차 도입을 추진 중이다. 사실

FA-50은 KAI와 록히드마틴이 공동 개발한 고등훈련기를 다목적 전투기로 개조한 기종이다. 이후 KAI는 FA-50을 꾸준히 개량하고 있고, 단좌형 버전도 개발 중이다.

초음속 항공기를 포함한 항공 분야는 진입장벽이 높기로 유명해, 몇몇 국가가 장악해왔다. 그런데 6번째 초음속 항공기 수출국으로 등장한 K-방산이 그 독과점 시장에 조금씩 균열을 내고 있다. 2년 전엔 폴란드에 FA-50 48대를 수출하면서 사상 최대 수출을 기록함과 동시에 EU 진출이란 이정표도 세웠다.

FA-50 부품사들도 탄탄대로를 달리고 있다. 우선 2024년 한 해 매출이 30% 가까이 성장한 전자시스템 통제 임무 컴퓨터 생산업체 단암시스템즈가 두드러진다. 미사일 구동장치를 공급하는 퍼스텍도 호시절을 구가하고 있으며, 컴퓨터 제어 보드 납품회사 솔디펜스도 매출 급증으로 신바람이 났다. 다만 이들은 높은 양산 능력에도 불구하고 원천기술에선 지식재산권 확보 5점 만점에 2.4점에 그칠 정도로 아직 크게 뒤진다. 전체적으로 국산화율도 아직 60%대로 대단히 낮다. 항공 부문 K-방산의 약점이다. 그렇지만 풀기 어려운 문제가 있다. 각 품목의 수요(즉, 생산량)가 너무 적어 대규모 자금을 투입해 원천기술을 확보할 동기를 부여하기 어렵다는 점이다. 또 자질구레한 항공 부품 하나하나에 대해 별도 인증받아야 하는 점도 만만찮은 장애다.

경제외적 요소들이 뒤엉켜 있는 전투기 수출

다목적 전투기 FA-50은 동남아 외에도 폴란드에 수출되고 있다. 폴란드 정부는 2022년에 이미 48대 도입 이행계약을 KAI와 체결했고, 본계약은 폴란드 맞춤형 FA-50 외에 K9 자주포, K2 전차까지 포함해서 30억 달러(4조1,760억 원) 규모였다. KAI는 2024년 말까지 1차로 12대를 납품했고, 남은 36대를 폴란드 공군의 요구에 맞춘 성능 개량 모델로 만들어 2025년 하반기부터 몇 년에 걸쳐 납품할 계획이었다. 그러나 폴란드 새 정부 수립을 계기로 계약 절차가 감사 대상에 오르는 등, 이 계획은 무기한 연기되고 있다. 전투기에 장착할 미국산 레이다와 무기 승인을 놓고 난항이 이어지고 있는 것도 문제다.

K-방산이 만들어 수출할 전투기에 미국산 무기와 통신장비 등을 장착해야 하는 현실에서 미국의 승인은 복잡다단한 정치·외교·안보 요소들이 뒤엉켜 있다. 아무리 이런저런 경쟁력이 막강한 K-방산이라도 그러한 경제외적 요소를 극복하고 수출 활로를 뚫기는 쉽지 않다. 그럼에도 KAI는 폴란드 법인과 미주 법인을 미 당국과의 수출 전진기지로 활용해 이슈를 극복한다는 목표다.

국산 헬기 수리온, 팔색조처럼 변신

KAI가 73개월이란 세월과 1조3,000억 원의 자금을 투입해 국방과학연구소와 공동 개발한 다목적 기동헬기 '수리온' 2대를 2024년 12월 이라크가 소방용으로 구매했다. 1억 달러(약 1,470억 원) 규모의 이 거래는 한국산 헬기 수출의 시발점이 됐다. 수리온은 쌍발 엔진 다목적 헬기로 조종사 2명에 최대 18명, 최대 2.7t의 화물을 수송할 수 있다. KAI는 수리온 수출을 위해 바이어들을 만날 때마다 여러 기능으로 변신할 수 있다는 점을 강조한다. 수리온 고유의 플랫폼을 기반으로 상륙 공격헬기 '마린온', 의무 후송 전용 헬기 '메디온', 수중의 기뢰를 탐지·제거하는 소해헬기 등 9가지 파생형 헬기를 만든다는 것이다. KAI만의 기술이요 자랑이다. 한 플랫폼으로 여러 가지 헬기를 만들면 수입국으로서도 유리하다.

인지도와 가격에선 밀리지만

수리온이 전력화된 지 12년째다. 40년 넘게 헬기 시장의 강자로 군림해온 미국 Sikorsky(시코르스키)를 비롯해 이탈리아·브라질의 경쟁 기종보다 낮은 인지도와 높은 가격이 약점이지만, 맞춤형 개량으로 수출의 벽을 뚫는 노력이 치열하다. 우리 전투기를 구매했던 나라들의 관심이 크고 특히 중동·동남아에서 도입을 검토 중인데, 공격헬기 마린온의 무장 체계와 의무 후송용 메디온의 응급 체계를 조합하는 등 자국 상황에 맞게 개량한 파생형 모델을 원한다.

원래 범용으로 개발된 수리온은 장점이 모호하고 가격도 좀 높다는 평이 있지만, KAI는 첨단 항공전자 시스템과 자동 비행경로 운항 기능 시스템을 탑재하는 등, 성능을 조정해 수출 시장을 노린다. 과거에 개발한 T-50도 훈련기에는 다소 과분한 초음속 비행 기능을 지적받았으나, 무장을 추가한 경공격기 FA-50으로 변신해 이를 극복하고 폴란드·필리핀에 수출하는 성과를 거둔 경험이 있다.

키르기스스탄이 수리온 헬기 2대를 1,000억 원 수준에 도입하기로 했다는 반짝 뉴스도 있었다. 수리온의 두 번째 해외 고객이다. K-방산의 수출 실적이 전혀 없었던 중앙아시아 시장인지라, 이 거래가 이 지역 진출을 위한 교두보가 될 수 있다는 평가가 나온다. 키르기스스탄 국영 항공사는 이 수리온을 주로 산악지역 수색·구조에 사용할 예정이다.

전자전기, 들어보기는 했나?

우선 개념 정의부터! '전자전(電磁戰: electromagnetic warfare)'이란 '전자기 스펙트럼(electromagnetic spectrum)'을 활용해 적의 통신·레이다를 방해하고 정보를 수집하는 싸움을 가리키고, 이 전자전을 수행하기 위해 만든 군용기를 '전자전기(電磁戰機: electronic warfare aircraft)'라 부른다. 전자전기는 전투기보다 먼저 전장에 투입돼 각종 전자 장비로 적의 대공 레이다·통신 체계를 무력화한다. 오늘날의 전쟁은 전자전이므로 꼭 필요하다.

전자전기를 별도로 제조하는 경우는 거의 없고, 일반 전투기나 기타 군용기, 혹은 민수용 여객기를 개조해서 만든다. 전자전기를 실전에서 운용 중인 나라는 미국·러시아·중국뿐이다. 독일·이탈리아·일본이 개발에 나섰지만, 아직 성공하지 못했다. 그런데 국가 간 기술조차 공유되지 않는 이 분야에서 한국도 전자전기를 국내 기술로 개발하기 시작했다. 양산까지 1조9,000억 원을 들여 9년 내 전자전기 4대를 확보하는 사업을 정부가 공고한 것이다. KAI·한화시스템과 LIG넥스원·대한항공이 각각 컨소시엄을 구성해 경쟁이 시작되었는데, 2025년 10월쯤 사업자가 선정된다. 성공하면 앞으로 K-방산과 항공 분야 수출에도 큰 도움이 될 것이다.

이번 사업은 캐나다의 민항기를 이용해 한반도 전역을 사정권으로 하는 전자전기로 개조하는 내용으로, 선정된 컨소시엄이 설계부터 체계 통합까지 진행한다. KAI와 대한항공 중 하나가 기체 개조를 맡고, 한화시스템과 LIG넥스원 중 하나가 전자 장비 분야를 책임진다. KAI는 KF-21 제작사로서 장점이라든가 각종 전투기의 체계 통합에 경험이 풍부함을 내세우고, 대한항공은 민항기 개조 작업을 많이 해와서

◆ LIG넥스원이 체계 통합을 추진하는 한국형 전자전기 모습

유리함을 주장한다. 한편 LIG넥스원은 아덴만 작전에서 유명해진 함정용 국산 전자전 장비 등의 개발 실적을 강조하고, 한화시스템은 고출력 재밍 송신 장치와 AESA 기술을 과시한다.

드론, 싸다고 얕봤다가는 큰코다침

지금은 드론이 전장을 지배하는 시대라는 얘기를 종종 듣는다. 드론이 어떻게 전쟁의 흐름을 바꿀 수 있는지를 여실히 보여준 사례가 바로 러·우 전쟁이다. 대당 가격이 기껏해야 55만 원 정도인 드론에다 위성 유도니, AI 기반 표적 추적이니, 별의별 기능을 얹어 도심과 기반 시설을(심지어 전투기를!) 정밀 타격했다. 이런 싸구려 자폭 드론의 효능은 한 발에 3억 3,000만 원이 넘는 대전차 미사일이 무색할 지경이다. 미래 드론은 더욱 저렴해지고, 작아지고, 정밀해지는 데다, 더 많은 AI 기반의 기능을 갖추고 자율 비행이나 군집 작전 등을 수행하는 핵심 무기체계가 될 것이다. 아니, 전술 패러다임 자체를 바꿀 것이다.

50만 원대 드론이 3억 원대 미사일과 동급?

미국은 군사용 드론의 생산 확대와 수출 진흥을 위해 산업·안보 연계 정책을 펼치면서, 저비용·고기능 국산 드론을 군에 대량 조달하고 있다. 소위 '저공 경제' 전략을 집어 든 중국은 드론 산업을 국가 성장 동력으로 지목하고, 드론 기체는 물론 항법 시스템, AI 칩 등 핵심 부품의 수출을 통제한다. 일본 역시 AI와 드론을 미래 전투 팀의 기반으로 삼아 전장 시뮬레이션 체계 전환과 드론 중심의 교리를 개발하며 발 빠르게 대응하고 있다.

그럼, 한국은? 드론이 2020년부터 국가 전략 산업으로 지정되긴 했으나, 응용산업에만 집중하다 보니 첨단기술은 말할 필요도 없고 부품·소프트웨어조차 거의 수입에 의존하는 상황이다. 동체(72.6%)와 통신 모듈(50.3%)만 절반을 넘겼을 뿐, 부품별 국산화율은 아직 30% 수준이다. LIG넥스원, 한화에어로스페이스, 대한항공 등 K-방산 기업 중심으로 드론에 투자하고 있지만 생태계라 할 만한 것은 요원하다.

일단 우리나라는 드론(특히 대형 무인기)에 대한 민간 수요가 거의 없다. 글로벌 드론 서비스 1위 업체가 한국에 지사를 세운 지 2년 만에 철수해버릴 정도다. 정부가 일찌감치 혁신성장의 8대 핵심 선도사업으로 드론을 지정하면 무슨 소용인가. 공공 부문이 나서지 않고는 시장 성장을 기대할 수 없다. 당장 성능이 좀 부족하더라도 우리 군이나 공공기관이 사주고 운용해 봐야 성능을 개선할 수 있다. 그런 노력도 없이 어떻게 해외 수출길이 열리겠는가.

어, 비행기도 MRO가 필요해?

미군이 황급히 유지·보수해야 할 무기체계는 군함뿐만이 아니다. 군용기도 MRO가 절박하다. 미국 내 제조업이 워낙 취약해져 비행기 하나 고치기도 어렵다. 특히 미·중·러가 날카롭게 대치 중인 인도·태평양 지역의 경우, 전력 공백이 유난히 크게 느껴진다. 이미 검증된 K-방산에 도움을 청해 비용과 시간을 줄이는 수밖에. '마치 교과서처럼 수리·정비해주는' 대한항공의 능력을 높이 사는 미군이 군용기를 수리할 한국 파트너도 찾고 MRO 거점을 구축하려는 이유다. 덕분에 반세기 가까운 이력을 지닌 대한항공이 세계적 MRO 센터를 보유한 방산 기업으로서 다시 뉴스의 중심에 섰다. 대한항공은 지금 5,800억 원을 투자해 아시아 최대 MRO 단지를 인천에 구축하고 있는데, 2026년 완공되면 정비할 수 있는 엔진 대수가 연 360대로, 엔진 종류는 9종으로 늘어난다.

아시아나항공과 통합이 임박한 대한항공은 주력 사업 '항공운송'과 함께 '항공우주' 사업을 키우고 있는데, 여기에 항공 MRO 분야가 기체·무인기 제작과 함께 포함돼 있다. 딱히 방산 업체로 알려진 건 아니지만, 이 분야에서 미군과의 협업 가능성은 단연 1위다. 방산이 전체 매출에서 차지하는 비중은 10%에도 못 미치지만, 알고 보면 이미 50년간 군수도 다루어본 K-방산 터줏대감이시다. 최근 다목적 헬기 UH-60 성능 개량 사업(1조 원 규모)에서 KAI를 꺾고 우선협상대상자가 된 걸 아는 사람도 적지 않다. 이집트와 MRO 협력을 추진하기로 한 데 이어 베트남과도 현지 MRO 시설 구축과 화물 협력 등을 위한 MOU를 맺었다.

자문기업 삼정KPMG는 글로벌 항공 MRO 시장이 2023년 939억 달러(130조 원)에서 2033년 1,253억 달러(175조 원)로 성장할 것으로 본다. 대상을 군용기로 좁혀도 전 세계 MRO 시장은 57조 원(2025)에서 68조 원(2030)으로 클 전망이다.

시뮬레이터, 항공기와 묶어서 판매

FA-50이나 수리온 등의 수입국 대부분은 실제 비행이 어려운 상황에서 조종사의 훈련을 돕는 '시뮬레이터'를 항공기와 패키지 형태로 구매한다. 평균적으로 전투기 30대 구매 시 적어도 3대의 시뮬레이터를 요구한다. KAI는 이런 시뮬레이터를 지금까지 페루, 태국, 필리핀, 인도네시아 등 총 7개국에 63개 납품했다. 시뮬레이터 수출로 거둔 매출만도 1조3,000억 원에 달한다. 물론 가장 중요한 건 성능과 가격이지만, 시뮬레이터의 비중도 그 못지않다. 최신 시뮬레이터의 기술 유지·개선은 바로 수출 경쟁력이 됐다. 캐나다의 CAE는 세계 최대의 조종훈련 시뮬레이터 제작사로, 시장의 약 70%를 쥐고 있다. 이와 함께 록히드 마틴, 보잉, 유럽 방산업체들도 전투기와 함께 시뮬레이터를 파는 경쟁자다.

KAI는 시뮬레이터 판매를 항공, 지상뿐 아니라 해상으로도 확대했다. 우리 해군은 KAI가 자체 개발한 고속상륙정 시뮬레이터와 잠수함 조종 훈련 장비도 운용하고 있다. 현재 KAI는 한국형 전투기 KF-21의 특성이 반영된 시뮬레이터와 소형 무장헬기 시뮬레이터를 개발하고 있다. 나아가 AI를 접목한 시뮬레이터로도 영역을 넓히고 있다.

· 6장 ·
방산 소·부·장,
K-방산의 부지런한 일꾼

트럼프 대통령이 촉발한 국방 증강 붐("공짜 안보는 없다!")은 2023년 말 기준 65개(한국방위산업진흥회 통계)에 이르는 K-방산 중소·중견기업에도 호재다. 아무리 크고 경쟁력 있는 대기업이라도 홀로 무기체계를 만들 수는 없어, 다른 제조업과 마찬가지로 중소·중견 기업과의 협력 구조가 필요하니까. 매출과 영업이익의 가파른 성장에 힘입어 이들의 주가는 고공 행진하고, 트럼프 정부 출범에 맞춰 미국 공략에도 나섰다. 이들은 스스로 무기체계 완제품을 만들기도 하지만, 80%가량이 대기업에 관련 부품을 공급하면서, K-방산 생태계에서 꾸준히 '허리' 역할을 하고 있다.

통계청에 따르면 2024년 말 기준 국내 중견·중소 방산 기업은 70곳 안팎. 이들이 K-방산에서 차지하는 비중과 매출 규모도 커지고 있다. 2020년 K-방산에서 중견·중소 기업이 차지하는 비율은 69%였는데, 2024년엔 78%로 늘었다. 이들은 특히 해외 시장에서 신뢰도와 가성비를 무기로 빠르게 성장하고 있다. 가격 경쟁력을 위해선 기술의 국산화가 필수여서, 이들도 절박한 심정으로 기술 확보에 매달리고 있다.

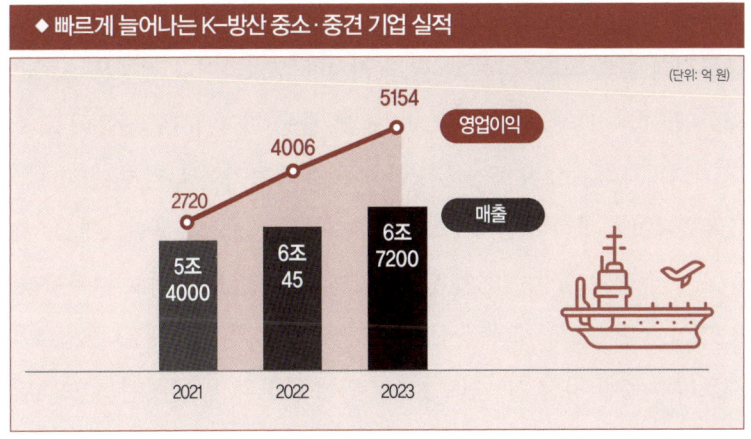

출처: 한국방위산업진흥회

특히 2022년 이후 K-방산 대기업 매출이 급성장하면서, 소·부·장 기업들도 함께 가파르게 뛰기 시작했다. 국산 무기체계 국산화율이 80%가 넘어 낙수효과가 커졌다는 평이다. 그렇게 K-방산의 생태계가 형성되는 과정에서 국가 안보와 경제적 의미를 함께 담은 방산업계의 경쟁력도 차츰 높아지고 있다.

K-방산 소·부·장 ON LAND

신났다, 포탄 팔고 구릿값 오르고

풍산은 국내 최대 구리 가공업체이자 하나뿐인 탄약 생산 기업이다. 5.56mm 소구경탄부터 155mm 곡사포탄까지, 장갑차·전차·자주포·군함·항공기 등에 사용되는 온갖 포탄을 다 만든다. 하지만 방산 부문의 영업이익 기여도가 꽤 높음에도 전체 매출에서 탄약 사업 비중이 30%에 불과해서, K-방산의 대형주와는 달리 만성적으로 저평가돼왔다. 주도주에 비해서 밸류에이션 매력이 돋보인다는 뜻이다. 더구나 트럼프 대통령의 취임 직전 '허풍'과 달리 러시아·우크라이나 전쟁은 오히려 격화됐고(양측의 포탄 소모량은 매달 약 36만 발), 중동 지역에서도 전운이 고조돼 가격까지 치솟으며 풍산은 방산 부문 이익 증가를 누리게 됐다.

폭발적인 K-방산 무기 수출의 낙수효과도 상당하다. 폴란드에 K9 자주포가 수출되면서 3,585억 원어치 155mm 포탄을 추가로 수주했다. K2전차 폴란드 2차 계약에서도 상당한 포탄 수주가 기대된다. 2024년 새로이 수주한 방산 계약만 7,300억 원에 달하고, 방산 부문의 2024년 매출도 처음 1조 원을 넘어섰다. 그뿐인가, 구리 가격이 최근 톤당 1만 달러를 돌파하면서 구리 가공이 주 사업인 풍산은 수익성까지 뛰어 겹경사를 맞았다.

현대위아, 포라는 포는 다 만든다

국내 유일의 중대형 화포 제조사 현대위아는 2024년 방산 부문에서 전년 대비 55% 증가한 3,457억 원의 매출을 기록했다. K9 자주포나 K2전차 등 K-방산의 대표 무기에 장착된 화포 대부분을 제조한다. 포신 내부에 나선형 홈이 있어 명중률을 높인 강선포, 발사 속도가 빠르고 위력적인 활강포, 장애물을 뛰어넘는 각도로 사격하는 곡사포, 그보다 더 가파르게 쏘는 박격포 등, 한마디로 포라는 포는 다 만든다.

그뿐인가, 현대위아는 함포까지 만들어 '신의 방패'라는 이지스함인 세종대왕함 등 함정에 주포로 장착된다. 함포는 육상 화포와 달리 탄약 엘리베이터를 타고 탄이 무기에 장전되는 시스템이라 구조가 더 복잡한 아주 섬세한 무기다. 무게가 20t이 넘고 부품 수만 2만 개 안팎에 이른다. 단순한 부품 조립이 아니라, 포 내부의 거칠기, 강도, 품질의 안정성 등 섬세한 우리 기술자들이 오래 쌓은 노하우가 세계에서 인정받는다. 현대위아는 미국에서 기술 이전을 받아 핵심 부품을 국산화하면서 제작 비용을 수백억 원 절감했다. 중대형 함포를 자체 생산할 수 있는 나라는 세계에서도 미국, 일본, 이탈리아 등 8개국 정도에 그친다.

K2 전차 수출의 낙수효과

K2 전차를 최대 시속 70㎞로 달리게 하는 엔진은 HD현대인프라코어가 제작한다. 10년의 개발 끝에 2014년 완전히 국산화한 이 전차 엔진은 출력과 연소 효율이 극히 높고 최소한의 진동으로 동력이 고루 전달돼 전장 환경에서 안정적이란 평이다. 이런 수준의 엔진을 개발해 낸 나라는 미국·한국·독일·프랑스뿐인데, K-2 전차 엔진은 기술력, 경제성, 공급 안정성 등 모든 측면에서 경쟁력을 인정받고 있다. 국내에서도 방위사업청과 약 923억 원의 엔진 공급 계약을 체결하는 등 방산에서 신성장동력을 찾고 있다.

SNT다이내믹스는 20년 넘게 전차용 '자동변속기'를 개발해 3년 전 K-방산 대표 수출품인 K2 전차에 이를 탑재했다. 독일산 변속기를 대체하는 첫 국산이었다. K2 전차나 K9 자주포에는 '파워팩'이란 것이 심장 역할을 하며 성능을 좌우하는데, 이 파워팩이 바로 변속기와 엔진을 결합한 장비다. 특히 전차는 핸들·바퀴가 없는 궤도 차량이어서 전차용 변속기는 자동차용과는 차원이 다른 최첨단 장비다. 전차 엔진 국산화에 이어 1,700마력에 달하는 전차용 변속기 국산화가 오랫동안 K-방산 최우선 과제 중 하나로 꼽혀 왔던 이유다.

SNT다이내믹스에 대한 품질 인증은 해외에서 먼저 이루어졌다. K2 전차 기술 기반으로 자체 전차를 만들고 있던 튀르키예가 이를 테스트하고 성능이 입증되자 2023년 초 정식으로 약 3,000억 원의 변속기를 수입한 것. 이후 이를 경험 삼아 더욱 정교한 변속기를 양산하고 있는

데, 이제 국산 변속기는 글로벌 MRO 시장에서 독일산을 위협하기에 이르렀다. SNT다이내믹스는 2024년 괄목할 실적 성장을 이루면서 K-방산에서 대기업을 제외한 중소·중견기업 가운데 최고의 영업이익률(18%)을 기록하기도 했다.

삼양컴텍, 방탄 성능은 우리가 결정해

전차 최강국 독일의 홈그라운드 EU에서 독일 전차를 꺾는 이례적인 사건을 포함해 수출 10조 원을 향해 나아가는 K2 전차의 3요소는? '화력(화포)' '기동력(엔진)' '방호력(장갑裝甲)'이다. 모두 세계 최고 수준이다. 포와 엔진은 대기업들이 생산하지만, 아예 차체에 내장돼 방탄 성능을 결정하는 장갑(강철판)은 중소기업 삼양컴텍이 17년째 독점 공급 중이다. 이 회사의 '방탄 세라믹' 기술은 독일도 따라오지 못한다는 명성이다. K2에 넣은 정육각형 방탄 세라믹은 전체 두께의 40%를 차지, 기존 강철판보다 2배~3배 단단하면서 더 가볍다. 간단해 보이지만 7년간 수천 번의 실패를 거쳐 연마하고 국산화했으며 K-방산 극비 중의 극비다. 특히 소재 제작부터 설계·가공·장갑·용접·시험 평가까지 모두 해내는 회사는 세상에 삼양컴텍뿐이다.

삼양컴텍은 K2 외에 다연장 로켓 천무, 해병대 상륙돌격 장갑차, 소형 전술차, 수리온 헬기 등의 장갑을 공급한다. 튀르키예의 신형 알타이 전차에도 들어간다. 차세대 전차 개발사업에도 참여하고 있다. 주문이 늘면서 2024년 매출과 영업이익이 2021년의 3배, 12배로 늘었고 2025년 1분기에도 37%, 300% 증가했다. 회사는 2025년 8월 유가증권시장에 신규 상장했다.

재래식 무기를 첨단화하는 필수 요소인 전자전 장비의 수요도 늘고 있다. 폴란드에 사상 최대 9조 원 규모의 K2 전차 수출계약이 임박하자 주가가 급등했던 종목 가운데 코츠테크놀로지도 눈에 띈다. K2 초기 개발 단계부터 참여해 무기용 컴퓨터와 통합형 차량제어 컴퓨터 등 18가지 핵심 부품을 공급하는 소·부·장 기업이다. 2024년 매출(22.6%)과 영업이익(216%)이 급성장했고 15%의 높은 이익률을 기록했다. 2025년 2월에도 K2용 디스플레이 유닛 외 43건의 물품 공급 계약을 체결했다.

K2와 K9에 적외선 센서를 공급하는 아이쓰리시스템. 2024년 센서 제조에 필요한 반도체 웨이퍼 가격이 전년 대비 40% 뛰자 해외로 구매처를 돌림으로써 원가 상승 폭을 줄여 영업이익률을 개선했다. 빅텍은 LIG넥스원으로부터 전자전 시스템 방향탐지 장치 수주가 급증하면서 2024년 흑자전환에 성공하는 기세를 올렸다. 또 UAE·사우디·이라크 수출이 이루어진 천궁-2의 부품사들도 한껏 흥이 올라 있다. 천궁-2·현궁 등 각종 유도무기의 발사통제와 구동장치를 공급하는 퍼스텍은 2025년 상반기 매출과 영업이익이 급증하고 수주잔고는 전년도 매출의 5.5배나 되는 기쁨을 만끽했다.

한일단조, 재래식 무기라고 깔보면 안 돼

앞으로 10년간 전 세계 155㎜ 포탄 수요가 1억 발이라는 기사가 있었다. 155㎜ 포는 재래식 무기지만 첨단 무기보다 싸고도 위력 높고 실전에 쓸모 있다. 그게 러·우 전쟁에서 증명돼 수요가 꾸준히 늘 것으로 보인다. 그런데 비축 물량은 뜻밖에 적어서 세계 각국이 경쟁적으로 포탄 비축에 나선 상황. 155㎜ 포탄, 60㎜ 박격포 포탄, 항공 투하탄, 현무 탄두 구조체 등을 제조하는 한일단조공업이 미소짓는 이유다. 단조는 자동차·중장비·선박 등의 부품 소재를 생산하는 '현대식 대장간'이며, 한일단조공업은 국내 최고령(1966년 설립)에다 시장점유율이 80%인 단조 회사다. 절대로 깨져선 안 되는 자동차 구동축과 포탄이 주력 제품이다.

단조 부문은 초기 투자가 워낙 커 진입이 쉽지 않다. 한일단조처럼 이력이 길수록 특화된 기술력이 응집되는 특징도 있다. 당연한 일이지만, K-방산의 약진에 힘입어 매출과 영업이익률은 해마다 뜀박질이다. 전체 매출의 58.6%에 달하는 수출은 현재 14개국을 상대로 이루어진다.

한편 여기저기 흩어진 표적을 단숨에 압도하는 '지역제압 탄약' 부문에선 코리아 디펜스 인더스트리(KDI)가 존재감을 자랑한다. 한화에서 독립한 K-방산의 막내지만 이 영역의 선두주자로, 천무 로켓탄에 탑재되는 유도탄·무유도탄을 만든다. 또 가장 적절한 시간·위치에 탄약을 터뜨리는 신관류의 기술력도 상당하다. 아울러 적의 진출을 저지하거나 장애물을 효과적으로 제거하는 '공병 탄약 체계'를 차세대 먹거리로 꼽는다. 더욱 중요하게는, 자폭형·투하형 등 공격형 드론 개발에 박차를 가하며 전장 주도권 확보에 나섰다. 드론을 공격형 무기로 개발하려면 반드시 탄약 기술과 연계해야 하는데, 다른 경쟁사들과 달리 탄약 취급 기술을 보유하고 있다는 게 KDI의 가장 큰 강점이다. 앞으로 정밀 탄약 체계 고도화는 물론, 군함용 소나 시스템까지 아우르는 확장형 무기체계 기업으로 크는 게 꿈이다.

경창산업은 한 달에 최대 2만 개의 방탄 헬멧을 생산한다. 500도 이상의 고열을 견디는 '슈퍼섬유' 아라미드로 개발한 신형 방탄 헬멧이다. 다른 주력 제품인 알루미늄 탄창도 국내 유일이다. 지난 10년 동안 10여 개국에 80만 개가량 수출했다.

MNC솔루션, 위치와 자세를 정밀 제어함

엠앤씨솔루션의 주된 비즈니스는 모든 종류의 '모션 컨트롤', 그러니까 기계·로봇 등의 위치와 자세를 정밀하게 제어하는 기술이다. K-방산 대표주자들이 모두 주요 고객사로, 그들과 함께 눈부신 급성장을 누리고 있다. 2024년 말 수주 잔액은 1조 원 이상이고 2025년에도 40% 이상 증가를 자신한다. 대표적인 제품은 직접 국산화한 '유압 시스템'으로, 천무나 천궁 그리고 K2 등에 공급되는 다연장 로켓 발사대의 핵심 구동장치다. 신뢰성과 내구성을 바탕으로 방산 장비의 운용 효율성과 안정성 극대화에 기여하고 있다.

앞으로 엠앤씨솔루션은 방산용 MRO 사업의 수요 확대에 올라타, 무기 수출 사후관리를 통해 지속적인 수익을 내겠다는 속셈이다. 더불어 방산기술을 발판 삼아 국산화 필요성이 큰 산업기계, 데이터센터용 냉각시스템, 풍력발전 등 여러 민간사업으로도 진출하고자 한다.

K-방산 소·부·장 AT SEA

잠수함 수소연료전지는 우리 몫이지

재래식 잠수함은 디젤 엔진으로 움직여 잠항 시간이 짧다는 약점을 갖고 있다. 2일~3일에 한 번은 물 밖으로 나와 공기를 빨아들여야 한다는 얘기다. 수소연료전지를 써서 이런 단점을 보완하면 2주 이상 잠항할 수 있다. 그러나 수소연료전지 기술 장벽이 워낙 높아, 현재 지멘스를 빼고 생산할 수 있는 회사가 K-방산 중소기업 범한퓨얼셀뿐이다. 이미 2018년 상용화에 성공해 국산 잠수함에 수소연료전지를 넣어왔고 납품처를 빠르게 해외로 넓히고 있다. 2026년 폴란드, 2027년 사우디·

캐나다가 잇달아 잠수함을 교체할 예정인데 이 수주전에 모두 뛰어들었다. 한·미의 조선업 허니문 분위기를 타고 미국 진출 기회도 좋아 보인다. 방산 분야만 놓고 보면 수소연료전지 점유율이 그리 높지 않지만, 일반 선박이나 건물용 연료전지로의 사업 확장 전망은 상당히 매력적이다.

앞으론 전기추진 함정이 대세야

현재 함정은 거의 모두 디젤 추진 선박이지만, 앞으로 기동 성능이 우수하고 소음이 적은 전기추진 함정으로 바뀐다. 미래 해군력을 좌우할 핵심 전력이라는 이 전기추진 함정을 움직일 '모듈형 고압 추진 드라이브'를 HD한국조선해양이 개발해냈다. 드라이브 중량을 20% 이상 줄여 전력 소모량을 대폭 낮추었으며, 대용량·고전압 전력 시스템에 특화돼 전력 모듈 구성이 유연하다는 평이다. 2027년까지 상업화를 이룬다는 목표다. 지금까지 상용화 성공사례가 미국·유럽의 2개뿐일 정도로 고도의 기술이다.

KTE, 잠수함의 '두뇌'를 만듭니다

잠수함의 2만 개가 넘는 데이터를 총괄 제어하는 장비 '통합 플랫폼 관리 시스템(IPMS: integrated platform management systems)'을 생산해 시장을 선도하는 KTE도 흥미롭다. 선진국들의 깔봄과 텃세를 극복하고 5년 만에 잠수함의 두뇌 격인 IPMS를 국산화한 주인공이다. 발전기에서 받은 전력을 여러 회로로 나눠 공급하는 배전반이 주력 사업으로, 조선업 호황과 잠수함 사업을 통해 K-방산 공급망의 핵심 기업으로 성장했다. 한국형 차기 구축함(KDDX) 사업에도 참여해 있으며, 2026년 코스닥에 상장 예정이다.

KTE가 보유한 잠수함 기술에는 전류 제한 장치도 있다. 리튬이온 배터리와 연료전지를 함께 탑재한 잠수함에서 배터리 폭발을 막는 장비다. 그 외에 차세대 전기 추진기인 '림 구동 추진기(rim-driven thruster)', 친환경 연료전지 제어시스템, 선박 데이터를 육상과 실시간 연결하는 스마트 배전반 등의 친환경 선박 기술도 개발하고 있다.

소나, 잠수함의 눈이요 귀입니다

'소나(SONAR·sound navigation and ranging)'는 심해에서 적의 함정이나 잠수함 등 물체의 종류, 방위, 거리 등을 알아내는 수중 탐지 수단이다. 표적에 음파를 쏘아 반사된 음이나 표적이 스스로 내는 소리를 탐지한다. 군함은 물론 고기떼를 찾는 어선에도 필수 장치다. 잠수함의 경우, 소나는 눈이며 귀다. 지정학적 위기가 높아지고 바닷속이 새로운 격전지가 되면서, 소나는 이제 국제 데이터 통신의 99%를 책임지는 해저케이블 폭파와 해킹 등 다양한 공격에 맞서 해저 안보를 도모하는 핵심 자원이기도 하다.

◆ 첨단 소나 시스템 개념도

심해 수십 킬로 떨어진 곳의 미세한 신호까지 분석해 물체의 종류, 이동 방향, 속력까지 판단하는 소나는 고성능 센서와 복잡한 신호 처리 기술이 필수다. 이런 첨단기술을 보유한 미국·독일 등의 방해 공작도 심했다. 그러나 LIG넥스원 해양연구소는 40여 년의 연구 끝에 국산화가 불가능할 거라는 비관을 잠재우며 2017년 잠수함용 소나 국산화에 성공해(국산화율 80% 이상), 2020년 도산 안창호급 잠수함에 국산 소나를 탑재했다. K-방산이 참여하고 있는 캐나다의 잠수함 도입 프로젝트에서 강력한 경쟁자 일본이 빠진다는 뉴스가 나왔다. 본격적인 잠수함 수출이 시작된다면, 국산 소나 시스템의 해외 진출도 성큼 다가올 수 있다.

국내 잠수함 부품 공급망

원일티엔아이는 잠수함용 수소저장 합금을 독일에 이어 세계 두 번째로 개발해 3000t급 이상 잠수함에 독점 공급한다. STX엔진은 엔진·동력 추진 모터를 공급하면서 소나 센서 기술도 보유하고 있다. 소나테크와 아이블포토닉스는 각각 지뢰, 어뢰 탐지용 소나 장치를 제조하며, 이 밖에 더원(인버터), 케이앤에스아이앤씨(위성통신 안테나), 화신볼트산업(특수 볼트·너트) 등이 잠수함 소·부·장 강소기업으로 성장했다.

군함이 레이다 안 잡히게 숨기는 페인트가 있다고?

레이다에 탐지되지 않는 스텔스 전투기가 있듯이, 함정도 최첨단 '스텔스(은폐) 페인트'를 이용해 레이다를 피한다. 함정 온도를 높이는 근적외선을 반사하고 선체 온도를 떨어뜨려 외부로 방출되는 적외선 신호를 줄이면 레이다 탐지가 어려워지는 원리다. 가령 한화오션이 개발한 은폐 페인트는 근적외선을 무려 80% 정도 반사하며, 선체 온도를 40%

가량 낮춘다. 성능 좋은 원거리 적외선 레이다에도 군함이 나룻배 크기로 인식된다. 게다가 파도나 해풍을 견디는 내구성도 군함 외부에 바르는 페인트보다 좋다.

　스텔스 성능은 차세대 군함의 전투력 향상을 위해 너무나 중요하다. 미국의 최첨단 구축함도 함상 구조물을 차폐막으로 덮고 스텔스 페인트를 두껍게 칠한다. 100% 스텔스는 아니더라도 레이다로 탐지되는 면적을 이전 세대 전함보다 50분의 1 수준으로 줄이는 식이다. 국내에서도 해군과 7조8,000억 원 예산으로 차세대 구축함을 모두 6척 건조할 한화오션은 스텔스 페인트 신기술을 전면 적용할 계획이다.

K-방산 소·부·장 IN THE AIR

항공기의 심장, 창원에서 국산화 시동

　엔진은 항공기의 심장이다. 이를 국산화하지 않고 우주·항공 산업이 제대로 발전하긴 어렵다. 2025년 현재 항공 엔진 기술 보유국은 미국, 영국, 프랑스, 러시아, 중국의 다섯뿐이다. 국내 항공기 엔진은 거의 해외에 종속돼 있다. 엔진 국산화를 위해 정부가 나서서 투자하는 이유다. 우리 방위사업청이 14년에 걸쳐 3조3,000억 원이라는 막대한 투자를 결심했다.

　항공기 엔진 국산화의 총대를 멘 한화에어로스페이스는 10년 전부터 약 2조 원을 투자, 다양한 엔진을 개발하고 있다. 기술 난도가 낮은 유도무기·중고도무인기용 엔진은 이미 국산화에 성공했다. 현재 T-50 훈련기에 쓰일 F404 엔진과 KF-21 전투기에 들어갈 1만4,770lbf급 첨단엔진 F414를 개발하는 데 진력하고 있으며, 궁극적으로는 2

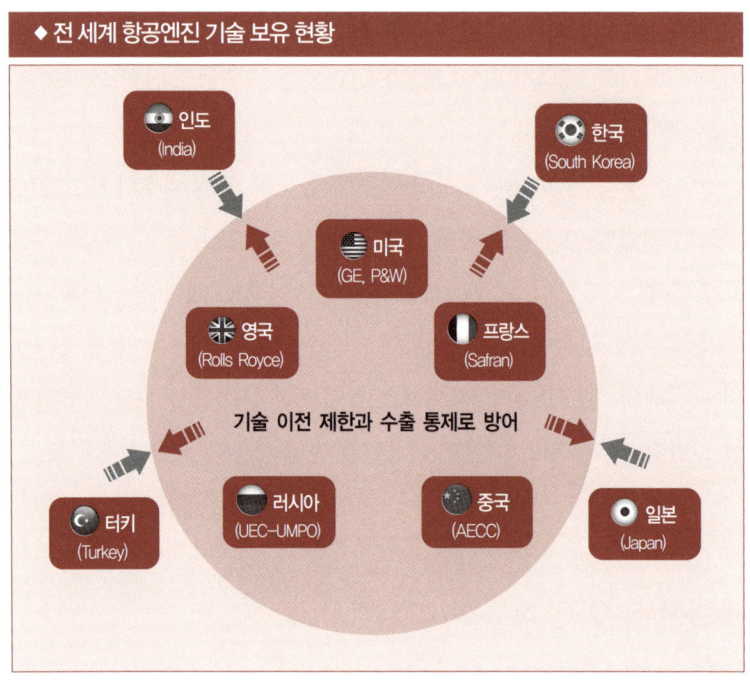

만4,000lbf급 터보팬 엔진 개발이 목표다. F404의 1,300여 구성품 가운데 42종도 이미 국산화했다. 한화에어로스페이스는 그동안 GE나 P&W(Pratt & Whitney: 프랫 앤 위트니)의 엔진을 위탁생산하면서 상당한 노하우를 쌓아, 실력으로도 붙어볼 만하다는 평가다.

일단 항공기 엔진을 개발해놓으면 함정·수송기·친환경 선박 등 여러 파생형 엔진까지 개발할 수 있어 경제성이 탁월하다. 또 항공 엔진이 국산화되는 과정에서 원가의 대부분이 소재나 부품의 가공·제작에서 발생한다. 고로 수많은 중소·중견기업에 68조 원의 생산유발효과와 10만 명에 달하는 고용유발효과도 따라온다. 그렇지만 전투기의 5세대로 들어가면 기술 보유국들은 기술 수출을 철저히 통제한다. K-방산이 어떻게든 지금 엔진을 자체 개발하지 않으면 갈수록 불가능에 가까워진다.

재밍과 안티재밍, 전장을 바꿔놓은 전자전

무전기가 아무짝에도 소용없다는 말이 우크라이나 전쟁에서 나왔다. 무슨 얘기일까. 초기 러시아 화력은 압도적이었지만, 우크라이나의 전자전에 격퇴당하기 일쑤였다. 반대로 최근엔 러시아군의 '전파 교란(jamming)' 땜에 미국이 지원한 최첨단 무기나 포탄의 명중률이 10% 아래로 추락하면서 맥을 못 춘다. 무선기나 통신장비를 켜면 즉시 위치가 노출돼 포탄 세례가 떨어진다. 4만 대 넘게 시원해준 통신장비도 무용지물이다. 재밍과 반대로 교란을 무력화하는 '안티-재밍(anti-jamming)' 기술을 앞세운 전자전이 전장을 바꿔놓고 있다.

현대로템과 한화시스템은 폴란드에서 제작할 K2 전차에 유도탄이나 자폭 드론 등의 공격을 받기 전 재밍·요격·연막탄 등으로 무력화하는 방어체계를 탑재하면서, 동시에 안티재밍 장치도 설치한다. 군 통신 부문 국내 1위 휴니드는 재밍을 당해도 무인기·차량 등으로 통신망을 유지하고 데이터를 주고받는 기술이라든지, 재밍에 맞서 전파 대역을 바꾸는 AI 기반 회피 알고리즘을 개발 중이다. 전투원이 전자전 위협에도 불구하고 적 데이터를 실시간으로 받을 수 있는 네트워크가 목표다. 재밍에 대응해 적 위치를 포착하는 '통합항법'도 현대 무기의 필수 요건인데, 국내에선 덕산넵코어스가 K9 자주포에 이런 통합항법 시스템을 공급한다. 또 재밍으로 드론 운용이 어려워지자 드론을 100대 이상 한꺼번에 동원하는 '군집 드론'이나 AI로 적을 구분해 타격하는 '자폭 드론' 등이 등장했다. 가령 드론을 50대까지 운용하는 자율 군집 비행을 선보인 파블로항공과, 실시간 영상으로 적을 가려내고 공격 무기를 추천하는 '킬웹 매칭' 기술을 내놓은 AI 기업 펀진 등이 눈에 띈다.

파이버프로, '관성항법'이란 말 들어봤어?

2025년 5월 말 삼성전자가 우주 산업에 진출한다는 뉴스가 뜨자, 주가가 급등하며 투자자들의 눈길을 끈 회사가 파이버프로다. 국내 독보적인 광섬유 센싱(감지) 기술 전문기업으로, 광통신용 광계측 장비로 출발, 광섬유 자이로스코프의 대표 주자였다가, 물체의 감각기관인 '관성 측정 장치(IMU: inertial measurement unit)'를 거쳐, 물체의 위치·속도·경로 등을 알려주는 '관성항법 시스템(INS: inertial navigation system)'에 이르렀다. 최고급 광섬유 관성 센서를 공급하는 K-방산의 파트너이기도 하다. K-방산 성장의 낙수효과를 제대로 누릴 것이며, 아닌 게 아니라 삼성의 우주 산업 진출이 본격화하면 주된 수혜자가 될 수 있다.

2만 킬로 상공에서 쏜 GPS 신호는 지구 반대편에 있는 자동차 전조등처럼 보일 정도로 약하다. 따라서 싸구려 재밍 장비로도 GPS 신호를 손쉽게 큰 오차로 교란할 수 있다. 파이버프로는 이런 오차를 극복해 GPS보다 10억 배 강력하게 재밍하더라도 좌표를 정확히 수신할 수 있게 하는 방산용 INS를 개발, 요격미사일 천궁-2에 공급했다. INS에 재밍 무력화 기능까지 넣은 시스템은 전 세계에 몇 안 된다. 파이버프로처럼 핵심 IMU 기술력까지 갖춘 회사는 드물어, 방산용 항법 장치 시장에서 점유율 확대가 전망된다. 아니, 방산이 아니더라도 선박·로봇·UAM·무인기 등 항법 장치의 수요가 거대해 INS 시장은 팽창이 예상된다. 글로벌 인터넷 트래픽의 핵심 인프라인 해저케이블을 모니터하고 이상 유무를 감지하는 데도 막대한 역할을 한다. 파이버프로의 미래를 밝히는 또 다른 요소다.

비행기 날개는 우리에게 맡겨

플랜트 배관 제조로 시작해 지금은 항공기 부품을 만드는 피앤엘은

KAI의 초음속 고등훈련기 T-50 주익(주 날개)을 공급한다. 나아가 KAI와의 기술 협력을 통해 해외로 판로를 넓힌 결과, 에어버스 A320 주익과 보잉 B737 꼬리 날개도 제조하고 있다. 특히 로봇팔 도입과 함께 회사가 자체 개발한 무빙 셀(cell) 제조술로 비용도 크게 절감하고 적기 공급도 이뤄냈다. 컨베이어 벨트식 자동 생산이 어려운 항공기 부품 제조이기에, 근로자들이 각각 하나의 공정만 맡는 게 아니라, 여러 공정 기술을 익혀 하나의 셀 내 전체 공정을 관리하는 방식이다.

또 피앤엘과 함께 사천공단에 자리 잡은 하나에어로다이내믹스는 KAI의 T-50은 물론 초음속 전투기 KF-21, 헬리콥터 수리온 등 제조에 필요한 치공구를 만들어 공급한다. 동체·날개 등 주요 구조물을 조립할 때 움직이지 않도록 고정해서 접합하는 핵심 장치다. 게다가 2024년부터는 미국 Bell Textron(벨)의 헬리콥터 동체를 납품하고 있다. 기존 공급사들의 개발·생산 기간이 길어지자, 하나에어로다이내믹스가 압도적인 속도로 그 기회를 잡았다. 이 회사는 무인항공기와 위성 부문으로도 사업을 확장하며 2026년 IPO를 준비 중이다.

방산에도 빠질 수 없는 광학 기술

이오시스템은 쌍안경, 야간투시경, 다기능 관측경, 레이저 표적지시기 같은 최첨단 장비를 사우디·폴란드·인도네시아 등에 수출한다. 빛 증폭과 열 감지 센서를 내장한 야간투시경은 전 세계 경쟁사가 넷뿐이다. 국산화를 마무리해 미국 제품보다 30%~40% 저렴해서 인기다.

한국이 재래식 무기 현대화에는 강점이 있지만, 항공 분야는 뚜렷한 실적이 없어 아직 갈 길이 멀다. 경공격기인 FA-50과 초음속 전투기 KF-21를 개발한 한국항공우주산업은 대형 수출계약을 성사하기 위해 주요국을 공략 중이다. 군용 항공기 설계 및 조립 업체인 켄코아에어로스의 경우, 2024년 전년보다 다소 줄어들었으나 마틴 록히드 같은 회사조차 박수를 보내는 기술력으로 반전의 기회를 노린다. 우선은 전투기를 생산하는 글로벌 방산 업체의 공급망에 들어가야 할 것이다.

Part Two
K-조선

· 1장 ·

글로벌 조선업
엇갈린 전망

2024년 K-조선의 기상은 '맑음'이었고, 따스한 업황은 2025년과 2026년에도 이어질 것으로 예상된다. 후티 반군의 홍해 점거 ⇨ 컨테이너 운임 폭등 ⇨ 두둑해진 선사들의 주머니 ⇨ 빗발치는 컨테이너선 발주로 이어진 조선업 호황에 HD한국조선해양, 삼성중공업, 한화오션 등 조선 '빅3'의 곳간도 두둑해졌다. 더구나 LNG 운반선 같은 고부가가치 선종을 골라 수주한 결과, 영업이익이 3사 모두 가파르게 늘어난 것이다. 그리고 이러한 고부가가치 선박에 대한 글로벌 수요는 꾸준히 늘어날 것으로 보인다.

K-조선 삼총사는 2024년 말 기준 3년 6개월 치가 넘는 조선 물량을 계약해놓아(2024년 말 수주잔고 145조 원에서 2025년 200조 원 돌파 예상) 다소 느긋하다. 수주 잔량이 충분해서 여전히 선별 수주에 집중할 여력도 있다. 게다가 국내 생산 제로인 미국이 10년 내 상선을 250척 늘릴 계획이어서 K-조선에 가외의 기회가 생길 터이다. 미국의 고약한 관세전쟁에도 K-조선만큼은 '나 홀로 웃는다'는 얘기가 나오는 까닭이다.

하지만 글로벌 조선 시장을 조망하는 전문가들은 다분히 조심스럽다. 코로나-19 물류 대란으로 일시 증가했던 컨테이너선 발주, 카타르 LNG 프로젝트 등 굵직한 발주가 끝나면서, 2025년 선박 발주량은 전년의 절반에도 못 미칠 공산이 크다는 것이다. 사실 K-조선도 이미 2024년부터 연간 수주 목표를 낮추고 호황 끝에 닥칠 수주 절벽에 대비해 왔다. 조선 3사 모두 3년~4년 치 일감을 확보한 터라, 배를 만드는 독(dock)은 거의 다 차 있고 이제 그 이후를 대비한 선별 수주를 하는 중이다. 다른 몇몇 산업과 마찬가지로 저렴한 가격을 앞세워 인해전술식 마케팅에 열중하는 중국 조선사들을 어떻게든 제쳐야 한다. 그 핵심 전략은 아마도 LNG 운반선을 비롯한 고난도·첨단·친환경 선박 기술을 빠르게 확보하는 것이다.

글로벌 조선업, 정점을 지났나?

2021년 시작된 조선업 초호황이 한풀 꺾였다는 징후가 여기저기 보이는 가운데 예상보다 빨리 침체할 수 있다는 우려도 적지 않다. 2025년 상반기 글로벌 발주량이 지난해 같은 기간 대비 54% 줄었다는 수치도 보인다. K-조선의 2025년 수주량 역시 세계 시장의 위축보단 약하지만, 전년보다 9.5% 감소해 금액으로는 1.6% 줄어든 310억 달러(약 45조7,000억 원)가량으로 전망된다. 2024년 하반기부터 컨테이너선이 잇따라 인도되며 선가 하락을 걱정하는 목소리도 있다. LNG선의 확산으로 용선료도 떨어지고 있다. 싸게 빌릴 수 있게 되면 배를 새로 만들려는 심리도 줄어들지 않겠는가.

2024년만 해도 원자잿값 하락과 환율 상승으로 국내 조선업이 반등했는데 계속해서 지표가 나빠지는 원인이 뭘까? 우선 철강업체들이

◆ 1년 만에 반토막 난 글로벌 선박 발주

2024 ■ 2025

척수: 1788 → 647 (64% ↓)
CGT(환산 톤수): 4258 → 1938 (55% ↓)

출처: 클락슨 리서치

감산을 본격화하고 우리 정부가 외국 제품에 반덤핑 관세를 부과하는 통에 배를 만들 때 쓰이는 후판 가격이 급등하고 있다. 와중에 환율까지 고점 때보다 10% 떨어졌다[조선업은 고환율 수혜 업종]. 2025년 상반기 K-조선 3사의 수주량도 40%~60%나 줄었다. 주식시장에서 2025년 들어 이미 두 배씩 뛴 조선주를 우려하는 목소리도 무리가 아니다.

하지만, 조선업계는 '수주 먼저, 실적 나중' 구조여서, 확보된 수년 치 일감을 고려하면 최소 5년간은 호황이며 2030년까진 느긋한 사이클이 이어질 것이다. 수치만 보고 조만간 수주가뭄 위기가 닥칠까, 걱정하기도 하지만 꼭 그렇진 않다. 현재 호황은 과거와 다르기 때문이다. K-조선의 중심은 예전처럼 중저가 선박이 아니라 LNG, 원유, 암모니아 운반선 등의 고부가가치 선박이다. 기억하자, 건조하는 배가 몇 척이냐가 아니라, 어떤 가격의 배를 만드느냐가 중요하다. K-조선은 고부가가치 선박의 글로벌 발주량 가운데 70%가 넘는 비중을 차지한다.

뱃값이 떨어지니까 '피크아웃' 걱정하지

조선사가 선박을 건조해 판매하는 가격인 '신조선가'가 2024년을 정점으로 꾸준히 떨어지고 있다. 걱정할 만하다. 선박 건조 가격과 업황을 나타내는 지표인 클락슨 신조선가 지수는 2025년 6월 187.11포인트를 기록하며, 전년도부터 조금씩 내리고 있다. 원유 등을 운송하는 탱커, 철광석·석탄 등 산업 원자재를 운송하는 벌크선 등 모든 크기의 선박 신조선가가 함께 내렸다. 그 이유로 전문가들이 꼽는 것은 전 세계 선박 발주량 자체의 감소다. 그렇다면 발주량이 본격적으로 회복하지 않는 한, 선가 하락 압력은 계속될 것이다.

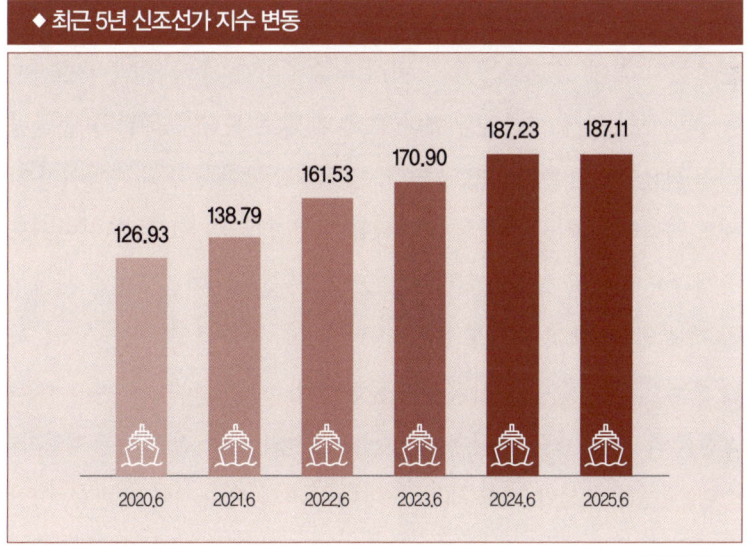

출처: 클락슨 리서치

조선업의 불황 신호 여부에 대해선 찬반이 격하게 대립하고 있지만, 조선업의 펀더멘털은 아직 튼튼한 것 같다. 가령 전 세계 탱커의 절반가량이 15년 이상의 노후 선박이다. 그뿐인가, 탄소 배출 감축을 위한 국제해사기구의 로드맵과 규제가 늘어나는데도 이를 만족시킬 수 있는 선박은 현재 움직이고 있는 배의 10%도 안 된다. 그런 규제에 맞춘 새 선박을 향한 수요가 오랜 기간 이어질 수밖에 없다는 얘기다. 그렇더라도 대비는 해야 할 것이다. 가격 하락 폭이 크든 작든, 하락 추세가 뚜렷하고 일관된다면 세계 선박 제조량 2위인 K-조선도 마땅히 선제적으로 대응해야 한다. 업계엔 벌써 2028년 이후를 걱정하는 분위기가 감지된다.

갈수록 격렬해지는 한·중의 한판 승부

K-조선의 최대 경쟁자는 누가 뭐래도 중국이다. 중국은 인력·원자재 등 절대적인 가격 경쟁 우위에다 중국 내 발주 물량을 독점하며, 물량 기준 점유율만큼은 69%로 높였다. 자금을 포함한 정부의 전방위적 지원도 넉넉하다. 최근엔 한국 조선사들이 선점했던 LNG선 분야에서도 존재감을 키우고 있다. 그러나 K-조선의 기술력을 따라오려면 시간이 좀 더 걸릴 것 같다. 수익성 높은 선박을 골라서 수주하는 한국 조선사가 중국에 외주를 주는 사례까지 등장했다.

중국의 저가·물량 공세에 맞서는 K-조선의 견제 전략은 무엇일까? 스마트·친환경 선박 기술 개발에 대한 투자다. 암모니아 운반선, 이산화탄소 운반선 등 신종 선박과 완전 자율운항 선박 기술, 무탄소 엔진 등으로 기술 격차를 유지하자는 전략이다. 2024년 신규 선박 수주 비율은 20%를 밑돌지만, 고부가가치 선박에선 경쟁자가 없을 정도로 압도적 우위를 누리고 있다. 최근 몇 년 K-조선의 시장점유율 하락에도 불구하고 효율성과 경쟁력은 더욱 높아졌다. 업계는 한·중·일 가운데 한국의 야드당 선박 건조 활용률이 가장 높다고 평가한다.

그뿐인가, 미·중 갈등으로 글로벌 해운업계는 중국산을 리스크로 여기는 분위기다. 최근 중국 선박·선사에 거액의 입항 수수료를 물리기로 하자, 선주들이 한국 조선사로 주문을 돌리는 경향도 있다. 중국이 확실히 강했던 컨테이너선 분야에서 실제로 2025년 1분기 수주 문의가 급증했고, 무역 업계가 중국 선박을 외면하는 일도 늘고 있다. 세계 최대 석유·에너지 기업 엑손모빌이 최근 중국 조선소와의 계약을 취소한 것이 중국산 선박 선호도 급락 사례다. 덕분에 주로 탱커·컨테이너선·완성차운송선 등 중국이 휘젓고 있는 시장에서 당분간은 점유율을 빼앗아 올 수 있을 것이다. 이래저래 K-조선에 우호적인 시장 환경이 자꾸 연출되고 있다.

국제해사기구(IMO)가 환경 규제를 점차 강화하고 나서자 고부가선 발주가 늘어나는 것도 호재로 작용한다. IMO는 2008년 대비 선박의 탄소집약도를 2030년까지 40%, 2050년까지 100% 감축하겠다는 목표다. 물론 중국이 넋 놓고 앉아 있을 리 없다. 친환경 선박에서도 한국에 앞서기 위해 사활을 걸고 있다. K-조선은 그래도 중국을 제칠 수 있을까? 아직은 중국이 친환경 선박에서 한국을 따르기 어렵다는 게 데이터 분석 결과다. 몇 척을 수주했느냐가 아니라 실제 건조 작업량을 톤수로 환산하면, 한국이 58,000CGT, 중국이 27,000CGT로 집계된다. 고난도·고부가가치 선박의 경우, 한국이 중국보다 2배 넘게 수주했다는 얘기다.

중국 조선업, 클 뿐만 아니라 정교해진다

물량으로는 감당할 수 없다. 2024년 중국은 전 세계 발주 선박의 70.6%를 가져갔다. 물론 K-조선 빅3도 선전했지만, 중국의 공세는 갈수록 거세다. 신조선 시장점유율도 중국은 2020년의 44%에서 2024년 70.6%로 급등했으나, 한국은 32.7%에서 16.7%로 줄었다. 그러나 시야를 당겨 2025년 상반기만 봤을 땐, 중국과 한국의 선박 수주 점유율이 52% 대 25%로 양국의 점유율 격차가 1년 전보다 24%포인트나 좁혀진 것이다. 중국의 하락이 훨씬 더 가파르다.

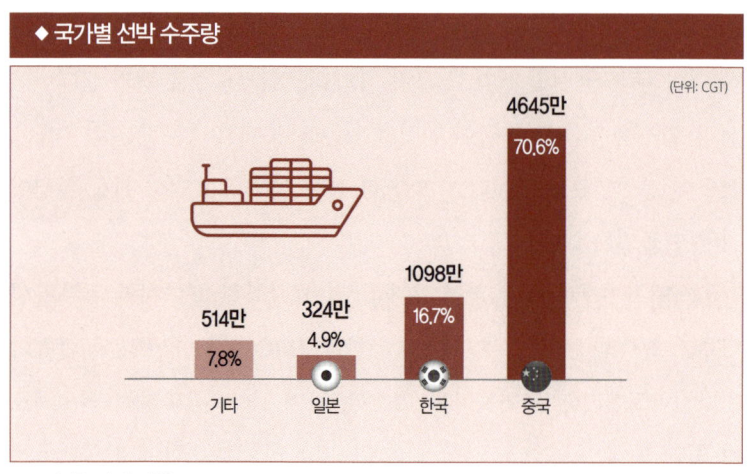

◆ 국가별 선박 수주량 (단위: CGT)

기타 514만 7.8%
일본 324만 4.9%
한국 1098만 16.7%
중국 4645만 70.6%

※2024년 기준, % 숫자는 점유율

중국의 '조선 공룡' 탄생 초읽기

중국 조선사끼리 과열된 수주 경쟁을 둘러싼 위기의식에서 논의돼 오던 中国船舶集团(CSSC: China State Shipbuilding Corp. 중국선박그룹) 산하 1·2위 조선사의 합병안이 심사를 통과했다. 이로써 탄생할 공룡 기업의 자산 규모는 4,000억 위안(약 75조 원)으로 HD현대중공업(20조 원)을 압도한다. 수주량, 매출, 영업이익 모두 세계 1위로, 단숨에 세계 시장 3분의 1을 차지한다.

한국 조선업계는 단연 긴장하고 있다. 문제는 거대한 덩치뿐만이 아니다. ①가격으로는 이미 경쟁할 수 없는 게 중국 조선인데, 이들이 커진 몸집으로 규모의 경제를 강화하면 중국의 가격 경쟁력은 더 강해진다. ②고객인 해운사들을 상대로 중국의 협상력은 더 강해진다. ③ 이 공룡 조선사가 내실을 다지며 K-조선의 텃밭인 고부가가치 선박으로 넘어오면 한국 조선사들이 버텨내기 쉽지 않다. 중구난방으로 수주해오던 비즈니스를 깔끔히 정리하면, 특정 조선소는 첨단·고가 선종을 골라 특화할 수 있다. 향후 K-조선에 치명적인 경쟁이 될 수 있다. 중국 특유의 집중과 지원이 두려울 수밖에 없다.

K-조선, 우리는 '양보다 질'로 간다

수주량이 두둑하다 보니 K-조선은 수주량보다 선종에 신경 쓰는 분위기다. 고부가가치 선박, 이익이 좀 더 달콤한 배를 골라 수주하는 선종 포트폴리오 개선에 나선 것이다. 가령 HD현대중공업의 수주잔고 가운데 70% 가까이는 LNG, LPG, 에탄올 등 가스 운반선이다. 이들 선종의 이익률은 최소 10% 이상으로, 벌크선·탱커보다 훨씬 높다. 덕분에 K-조선 3사의 영업이익률은 2024년~2025년 사이 눈에 띄게 높아졌고, 2026년에도 한층 더 성장할 전망이다.

한화오션 역시 수주잔고에서 LNG 운반선 비중이 60%를 넘는다. 이 분야 수요가 급증할 걸로 예상되는 미국을 집중공략 대상으로 삼고 있어 그 비중은 더 높아질 것 같다. 고부가가치 선박 비중을 높여온 삼성중공업은 FLNG로 통하는 부유식 액화천연가스설비에 집중하고 있다. 단순한 배가 아니라 해양에서 LNG를 뽑아내는 종합설비로 영업이익률이 최대 20%에 달한다.

중소 조선사, K-조선 막내들에게도 낙수효과

K-조선의 허리 역할을 해온 중형 조선사들 상황은 어떨까.

중형 조선사는 K-조선의 든든한 한 축이다. 한때 20여 개였던 중형 조선업계는 장기 불황에 이제 4개 기업으로 정리됐다. 고용 규모가 15만 명에 이른다. 국내 중형 조선사의 세계 시장점유율은 2007년의 17% 수준에서 4%대까지 추락했다가 최근 9% 수준으로 회복했다. K-조선의 불같은 활황으로 이들도 모두 되살아나, 지역 경제에 활력을 불어넣으며 2025년 1분기 일제히 흑자를 기록했다.

이들을 지원하기 위해 한국수출입은행은 3년간 중단했던 선수금환급보증(RG) 발급을 재개했다. 선박을 발주하는 선주는 행여나 선박을 인도받지 못하면 어쩌나, 좌불안석이기 마련. 이때 은행이 RG 형태로 환급이라도 약속해주면, 선주는 좀 더 안심하고 발주할 수 있다. 따라서 RG 발급은 계약 성사의 필수 요건이고, 중소 조선사의 수주 활동에 숨통을 틔워주는 요소다. 아무튼 배를 빨리 받고 싶은 선주들이 중형 선사를 찾는 발길은 뜨겁고, 덕분에 중형 조선사들의 실적 질주는 4년~5년 정도 이어질 것 같다.

- 한때 세계 5위 조선사였던 HJ중공업은 K-조선의 강점으로 떠오른 군함 시장에서 부활의 길을 찾았다. 가동률 제로의 지옥에서 5년간 채권단 관리를 마치면서 방산 '틈새시장'과 친환경 연료 선박을 공략했다. 대형 조선사와 겹치지 않는 경비함, 어업지도선, 공기부양선 등 중소형 특수선, 중국과 차별화가 가능한 친환경 선박에 집중했다. 조선업 전반의 활황과 10년간의 집요한 전략이 어우러져 최고의 결실을 누리고 있다. 최근 이 회사 주가는 두려울 정도로 급등했다.

- 2025년 하반기 IPO 예정인 대한조선은 워크아웃을 거치며 중형 탱커로 주력 방향을 돌렸다. 이 현명한 방향 전환으로 2024년 세계 중형 탱커 시장 1위에 올랐다. 모든 공정을 외주 없이 수행하는 구조라, 영업이익률도 14.7%에 달한다. 쌓인 일감도 3년 치 3조 원, 조선소는 100% 가동이다.

- 탱커 시장 세계 1위 케이조선의 부활 비결은 LNG와 디젤을 함께 쓰는 중형 탱커와 MR 탱커(중형 석유화학제품 운반선). 러·우 전쟁으로 국제 운송이 바다로 집중돼 선박 가격도 크게 올랐다. LNG 이중 연료 운반선 등 친환경 선박 공략도 강화하고 있다. 법정관리➪ 채권단 관리➪ 컨소시엄에 매각되는 수난을 겪은 다음 수난을 겪은 다음 조선업 훈풍을 타고 최근 M&A 매물로 나왔다.

- 상대적으로 규모가 작은 대선조선은 워크아웃 3년 차로 중소형 컨테이너선과 벌크 운반선 전문. 덤핑 수주한 과거 물량으로 고초를 겪었으나, 모두 털어내고 체질 개선에 속도를 낸다. 향후 함정 MRO 사업에도 눈독을 들이고 있다.

· 2장 ·

MASGA;
엉클 샘, 배는 우리가 만들어줄게!

2025년의 한·미 관세 협상은 어쩌면 K-조선에 중대한 고비(critical juncture) 혹은 변곡점이 될지도 모르겠다. 물론 협상은 폭넓은 산업 분야를 다루었지만, 우리 팀이 미국 측의 양보를 최대한 얻어내기 위한 '당근'으로 'MASGA(Make American Shipbuilding Great: 미국 조선업을 다시 위대하게)'라는 깜찍한 이름의 조선 협력 프로젝트를 제안한 것이다. 이 사업의 요지는 한마디로 이렇게 정리된다. "지금 미국의 조선업은 빈사 상태이고 한국의 조선은 훨훨 날아다니는 재주꾼이야. 그러니까 미국이 관세를 더 낮춰주면, 우리가 대신 배를 만들어주고 수리·정비도 해주고 만드는 법도 가르쳐줄게. 어때?" 미국은 대통령부터 조선업의 부활을 누누이 강조해왔던 터라, 즉각 한국의 MASGA 제안을 환영했다. 그리고 뒤이어 한·미 정상회담에서 양국이 MASGA에 의한 조선 협력을 재확인하고 지지하면서 프로젝트는 제대로 날개를 달았다.

2차 세계대전 직후 연 1,000척을 건조하며 세계 조선의 90%를 호령하던 미국 조선업은 겨우 7척을 건조할 정도로 여지없이 붕괴했다. 그 사이 세계의 바닷길은 중국에 장악돼버린 형국이다. 중국은 세계 조선 시장 50% 이상을 틀어쥐었고 보유 군함 수는 미국을 앞질렀다. 세계 129개 항만과 물류 데이터도 장악해버렸다. '제2의 화웨이'가 조선에서 나와도 이상하지 않을 형편이다. 중국 상선단의 덩치도 어마어마해져 5척 중 한 척은 중국 국적이다. 중국 자본이 들어간 항만은 전 세계에 널렸고, 경제를 넘어 안보 문제를 일으키고 있다. 이쯤 되면 한·미 관세 협상에서 우리가 제안한 MASGA 프로젝트를 미국이 쌍수로 환영한 이유를 더 설명할 필요가 있을까.

조선 3사 '마스가 TF' 가동

K-조선 3사는 MASGA TF를 구성하고 1,500억 달러 규모의 조선 전용 펀드 투자처를 물색하며 정책 지원 과제를 정부에 건의한다. 이 TF는 나중에 정부·민간이 참여하는 한·미 조선 동맹 강화 협의체로 확대될 계획이다. 크게 보면 미국의 절실한 희망은 '미 상업 조선업의 경쟁력 복원'과 '미 해군 MRO 역량 강화'로 요약할 수 있다. 그래서 마스가 TF도 거기 맞춰 두 갈래로 움직인다. ①한국에서는 정부와 K-조선 3사가 중소 조선소를 공동 인수해, 미 해군 함정 건조와 MRO 전문 조선소로 탈바꿈시키는 방안을 추진. ②미국에서는 K-조선이 현지 조선소를 인수하거나 새 조선소를 구축해 K-조선의 첨단 건조 기술을 전수함으로써 미국 조선업 부활을 돕는다. 하나씩 살펴보도록 하자.

MRO 기지 만들기, K-조선 막내들 불러와!

MASGA를 위한 중소 조선소 인수의 유력 후보는 케이조선이다. 미 해군기지 근처에 조선소를 두고 있어 안성맞춤이다. 기지와 MRO 조선소가 가까우면 부품 조달, 이동 거리, 신속한 수리 등에 유리하니까. K-조선 삼총사가 힘을 보태면 케이조선은 연간 12척 이상을 추가 건조할 여력이 생긴다고 한다. 또 다른 후보는 부산의 HJ중공업. 2010년대 조선 침체기에 고속경비함·공기부양선·어업지도선 등 중소형 특수선으로 위기를 넘긴 조선소다. 국내에서도 해군 함정 19척의 성능 개량 사업과 대형 수송함 등의 정비 사업을 따낸 함정 MRO의 전통 강자다.

다른 한편으로 HD현대중공업은 HD현대미포를 합병해 방위산업 및 MASGA 중심 조선소로 바꿀 계획이다. 초호황으로 3년 치 일감을 확보해 10개 독을 쉴 틈 없이 돌리고 있는 HD현대중공업에 고민거리가 있다면, 독이 모자라 함정 건조와 MRO라는 '매력 만점 시장'을 놓치게 생겼다는 것. 첨단 고급 선박의 이익률이 더 높아 미 해군 MRO 사업에 소극적일 수밖에 없었다. 그런데 대안으로 떠오른 게 바로 HD현대미포. 소형 독 4개를 보유한 현대미포는 중형 컨테이너선·유조선 등을 만들기 때문에 프로젝트 수행에 '딱'이다. 독을 해양 방산 전용과 '전략 상선'[전시에 군용으로 쓸 수 있는 수송선] 건조용으로 나눠, 둘 다를 건조한다. 미 정부는 현재 60척 수준인 전략상선단을 10년 안에 250척으로 늘릴 작정이다. 이 합병은 MASGA에 탄력을 붙일 것 같다. 현대미포로서도 밑질 게 없다. 중국과 영역이 겹치는 중형 선박 전문이라 미래 성장성이 떨어져 고민이었는데, MASGA 전문 조선소가 되면 실리와 명분을 다 챙길 수 있으니까.

그룹에서 유일하게 군함 건조 라이선스를 보유한 HD현대그룹은 앞으로 모든 해외 함정을 대상으로 수주에 나설 계획이지만, 최종 목표는 함정 건조 수요가 가장 많은 미국이다. 현재 미국 법은 군함의 해외 건조·MRO를 금지하지만, 미 정부는 당연히 팔 걷어붙이고 이 문제를 해결할 것이다. 이번 합병의 배경에 자리 잡은 또 하나의 요소는 최근 북극권 개발로 인한 쇄빙선 등 특수선 시장의 확대다. 두 회사의 다양한 실적은 특수선 시장에서도 시너지 효과를 발휘할 수 있다. 양사는 2025년 12월 통합 HD현대중공업으로 새롭게 출범한다.

미국 조선업 확실히 '일으켜 세워주기'

미국 현지의 선박 건조 역량을 확충하는 데 앞장선 것은 역시 한화다. 2024년 말 인수한 필리조선소에 단일 프로젝트로는 그룹 역사상 최대인 7조 원을 투입해 독 2개와 안벽 3개를 짓고 블록 생산기지까지 신설해, 연간 선박 건조 능력을 현재 1척~1.5척 수준에서 20척으로 확대한다. 그뿐인가, 필리가 하루빨리 안착하도록 작은 유조선 10척과 LNG 운반선 1척을 만드는 '워밍업 일감'까지 안겨줬다. 초기 단계의 건조 역량 끌어올리기 작전이다. 앞으로 필리는 상선으로 시작해 함정도 건조하고 MRO 사업에도 뛰어들 계획이다.

　이제 이름을 Hanwha Philly Shipyard(한화 필리 조선소)로 바꾼 필리는 미국 내 직접 생산이란 모험을 무릅쓴 K-조선 유일의 사례다. 한화는 현지에 해운사까지 설립해 미국산 LNG를 필리에서 건조한 LNG 운반선으로 운송하는 방법까지 생각한다. 필리의 성공 여부는 MASGA의 성패를 좌우한다. 성공하면 제2·제3의 필리가 나올 수 있다. 실패하면 MASGA의 절반이 휘청거릴 수 있다. 한화가 미국의 높은 생산비, 지리멸렬한 가치사슬, 숙련공 태부족 등을 극복하고 선박 건조에 성공하면 미국 조선 시장의 주도권을 그러잡을 수 있을 터이다.

　그뿐인가, 이 프로젝트가 무난히 성공하면 K-조선도 미국이 주도하는 AI 전환 물결에 올라타 우리 조선업을 한 단계 업그레이드 할 수도 있을 것이다.

MASGA, 믿을 만한 짝부터 찾아라!

그 외에도 K-조선 3사는 미국 현지 조선소를 인수하거나 새로 세우는 방식으로, MASGA 프로젝트 취지를 따라 미국 조선업을 되살릴 계획이다. 우선 컨테이너선이나 탱커 같은 상선 관련 첨단기술을 제대로 전수하고 실현하면, 나아가 보안 강도가 높은 군함·잠수함으로 확대될 수도 있지 않겠는가.

HD한국조선해양은 현지 조선소를 둔 ECO(Edison Chouest Offshore: 에디슨 슈에스트 오프쇼어)와 MOU를 맺고 중형급 LNG 이중연료 컨테이너선을 공동 건조한다. 선박 설계, 기자재 구매, 건조 기술 지원 등을 모두 HD한국조선해양이 맡는다.

HD현대중공업은 미국 HII(Huntington Ingalls Industries: 헌팅턴 잉걸스)와 생산성 향상, 비용·납기 개선, 디지털 조선소 구축, 공동 투자 등을 위한 MOU를 체결하고 단짝이 되었다. 이로써 미국 내 기반을 다질 요량이다. HII는 미 해군의 이지스 구축함과 같은 전투함, 항공모함, 핵잠수함 등을 건조하는 수준이다. 덧붙여 AI 방산 기업 팔란티어와는 '미래형 조선소(FOS: Future of Shipyard)'를 공동 개발하고 Anduril Industries(안두릴)와는 무인 함정을 개발할 계획이다.

삼성중공업은 나중에 설명하게 될 FLNG 중심으로 현지 조선소와 손잡는 방안을 모색해왔는데, MASGA 프로젝트가 구체화하면서 MRO 전문 조선사 Vigor Marine Group(비거 머린 그룹)과 전략적 파트너십을 결성했다. 삼성 측은 조선·해양 기술력, 운영 노하우, 최적화 설비 등을 기반으로 해군 MRO 사업에 참여한다. 향후 상선·특수선으로 협력 범위를 확대하고 공동 건조를 추구하는 것도 장기계획에 들어 있다.

비켜, MASGA 사업의 글로벌 기점은 여기야

2025년 9월 HD한국조선해양은 페르디난드 마르코스 주니어 필리핀 대통령이 참석한 가운데 현지법인 HD Hyundai Philippines Shipyard의 Subic(수빅) 조선소에서 첫 상선 건조를 알리는 행사를 열었다. K-조선이 3년 이상의 일감을 이미 확보해 국내 독이 모자라는 상황에서, 이처럼 해외 선박 건조가 그 해법으로 쓰이고 있다. 수비크조선소는 HJ중공업이 인수했다가 다시 미국계 사모펀드에 매각된 내력이 있는데, HD현대는 그 일부를 10년간 임차해 사용 중이다. 중국에 밀리고 있는 일반 상선 시장에서 경쟁력을 회복할 거점으로 삼겠다는 전략이다. 고부가가치 선박은 국내에서, 가격 경쟁력이 떨어지는 상선은 동남아에서 분산 생산함으로써 효율을 극대화하려는 것이다.

그러나 수빅은 K-조선에 좀 더 중요한 경제적 함의를 안고 있다. 최근 필리핀 정부가 수빅 조선소를 미 해군 함정 건조의 핵심 거점으로 활용해달라고 제안했기 때문이다. 한국·미국·필리핀의 전략적 삼각 협력이 이루어질 거란 전망도 나온다. 지리적 특성상 조선업이 발전할 수밖에 없는 필리핀은 1960년 중반부터 20여 년간 빛나는 호황기를 구가했다. 지금이야 노동력만 풍부할 뿐, 경쟁력은 모두 잃었지만. 그러나, 아니, 담론은 거기서 끝나지 않는다. 수빅이 단순한 해외 생산기지를 넘어, MASGA 프로젝트의 중요 거점이 될 수도 있다는 얘기다. 하긴 과거에도 미 해군의 군사기지 및 함정 MRO 시설이 있던 곳 아닌가. 이미 베트남에서 연간 10여 척의 선박을 건조하는 동남아 최대 조선소를 키워낸 경험이 있는 HD현대는 앞으로 8,000억 원 정도를 투자해 설비를 재정비하고 벌크선과 탱커 등에 주력하며, 향후 MRO 사업까지 확대해 나갈 예정이다.

MASGA에 쓰일 선박 모듈 유닛은?

배 부품들을 조립해 레고 블록처럼 만든 것을 '**선박 모듈 유닛**(module unit)'이라 부른다. 예전에는 직접 배 위에 올라가 밸브니, 피스톤이니, 부품을 일일이 조립해야 했기에, 효율도 떨어지고 안전사고가 잦으며 공기 지키기도 어려웠다. 하지만 지금은 부품들을 육상에서 미리 조립해 유닛을 만들어 한 묶음씩 배에 싣기만 하면 된다. 바로 모듈 유닛이다.

조선 기자재 기업으로는 드물게 증시 상장을 추진 중인 SB선보는 K-조선 삼총사 모두에 모듈 유닛을 공급한다. 국내산 모듈 유닛의 80%가 이 회사 제품일 정도다. MASGA 프로젝트 성공을 위해선 이런 조선 기자재 중소기업들도 같이 미국에 진출해야 한다. SB선보는 LNG에 이어 수소 등 차세대 에너지 분야에서도 물을 분해해 수소를 만드는 '수전해' 상용화를 이뤄낼 계획이다.

마이너스 요소들, MASGA를 '좌초시킬' 수도

MASGA 프로젝트는 순식간에 대중의 관심을 집중시켰지만, 사실 겨우 닻을 올린 단계다. 꼭 성공시켜야 할 텐데 넘어야 할 산이 많다. 무엇보다 먼저, 심하게 망가져 있는 미 조선업의 생태계를 되살리는 일이 큰 숙제다. 2025년 현재 미국 조선업의 실정을 안다면, 그것이 절대 개별 기업 차원에서 풀릴 수 있는 사안이 아니란 걸 금세 깨달을 것이다. 양쪽 정부가 각각 자국의 업체들과 긴밀히 협조하고 발을 맞춰야 함은 말할 것도 없고, 두 정부 사이에서도 완벽한 조정과 협력이 이루어져 '찰떡같이' 함께 움직여줘도 극복할 난관이 한둘이 아니다.

배 한 척을 만들려면 블록 제작, 특수 강재 공급, 기자재 제조 등 수백 수천 개의 협력사가 힘을 합쳐 일사불란하게 움직여야 한다. 그것이 조선업의 특성이다. 미국은 너무 오랫동안 '큰 배'를 만든 적이 없어 제조 능력 자체도 실종됐거니와, 부품·기자재 공급망도 없고 용접·설계 엔지니어 같은 필수 숙련공도 태부족이다. 조선 생태계가 그야말로 쓰러져 있는 상태다. 쓸데없는 자존심은 살아 있어서 군함은 미국 내에서만 만들라는 식의 비현실적인 법과 규제만 넘쳐난다. K-조선은 한 조선소에서 상선, 이지스함, 잠수함을 다 건조할 수 있지만 미국은 조선소마다 1년에 1척도 만들기 어려운 실정이다. 미 조선업의 원만한 부활을 돕자면 K-조선업체들이 요소마다 한국의 장인들을 데려와 가르쳐야 하는데, 이건 또 복잡한 비자 문제랑 엮여 있다.

미 조선업의 생산성부터가 K-조선과는 비교 불가다. 한국 조선소가 지난 10년 상선 2,405척을 생산하는 동안, 미국은 37척 만드는 데 그쳤다. K-조선이 6억 달러 정도면 뚝딱 만들어내는 이지스함, 미국에서 만들려면 16억 달러가 투입되어도 힘들다. 선박 계약 단계부터 납기 일정이 정확히 나오고 건조 현황을 실시간 모니터하는 시스템은 한국에선 당연한 노릇이지만, 미국에선 상상하기도 힘든 그림의 떡이다. 한국 조선소에서 상선이나 군함을 모듈 형태로 만들어 미국으로 옮긴 뒤 이를 현지 조선소에서 조립하는 모듈형 협력 시스템도 거론되는데, 역시 난관이 많다. 필리 조선소에만 7조 원을 투자하겠다고 발표한 한화에 얼마나 많은 시간이 필요할지, 그 고민이 이해되기 시작한다.

중국의 인해전술식 공세도 MASGA를 위협하는 또 다른 (다소 간접적인) 요소다. 중국의 압도적인 저가·물량 공세가 K-조선의 경쟁력을 빠르게 갉아먹는다면, 한·미 간 이견이나 불협화음이 생긴다든지 사업이 지연되어 MASGA 프로젝트 자체를 무력화할 수 있다. 중국이 노골적인 정부 지원을 등에 업고 기나긴 소모전에 들어가면, 한국도 일본도 조선업의 쇠퇴를 피하기 어렵다. 당연히 예상된 일이지만, 미국과 해양 패권을 두고 경쟁하는 중국은 MASGA 프로젝트를 '한국의 위험한 도박'이라고 비난하며 경계심을 숨기지 않았다.

· 3장 ·
고부가가치·친환경 선박, 배라고 다 같은 배가 아니다

LNG 운반선

무엇보다 LNG 위상이 높아졌다. 러·우 전쟁으로 에너지 안보에 대한 경각심이 커진 데다, AI 산업 확산으로 인한 전기 수요가 폭증하며, 세계적으로 화석연료 대신 LNG 사용량이 대폭 늘었기 때문이다. 2025년 초를 기준으로 세계 각지에서 진행되고 있는 LNG 프로젝트 사업은 약 26건이다. LNG 수요는 앞으로 연평균 5%씩 늘고, 이에 대응하려면 10년간 LNG 운반선 243척이 필요하다는 예상도 있다. 노후 선박 교체까지 합하면 400척에 달한다.

그 위에 미국에서 불어오는 LNG 훈풍이 만만찮다. 미국 내 LNG 투자가 확산하리란 것은 트럼프 2기 행정부 출범부터 이미 예견됐던 바다. 2025년 안에 최종 투자 결정이 예상되는 프로젝트만도 모두 연산 1억 톤에 달한다. 이들이 실행되면 미국은 2030년 글로벌 LNG 수요의 40% 이상을 공급하게 된다. 미국과 관세 협상을 타결한 주요국들이 LNG 등 미국산 에너지 제품을 수천억 달러씩 사겠다고 했으니 운반선 수요 급증은 불 보듯이 빤하다. 2030년까지 북미 프로젝트에서만 170척의 신규 LNG 운반선이 필요해 보인다.

최근 미국 LNG 기업 Venture Global(벤처 글로벌)은 LNG 프로젝트를 추진하며 1단계로 연산 2,800만 톤 생산 계획을 확정했다. 미국 내 단일 프로젝트로는 사상 최대 규모다. 이를 위해 조만간 12척(약 4조5,000억 원)의 LNG 운반선 발주가 이어질 전망인데, HD한국조선해양·삼성중공업·한화오션이 유력한 수주 후보로 떠올랐다. 극저온 기술력으로 액화 가스를 옮기는 고난도·고부가가치 LNG선을 안정적으로 건조하는 나라는 한국·중국뿐인데, 미국의 대중 제재 덕분에 K-조선이 독식할 수 있는 구조다.

IMO의 노후 선박 규제도 LNG 운반선 수요를 부추긴다. 통상 LNG 운반선의 수명은 20년 안팎. 지금 바다 위에 떠 있는 운반선 880척 중 220여 척이 곧 폐선되거나 개조시장으로 나가게 되며, 연료·적재 효율이 크게 떨어져 이미 운항을 멈춘 60여 척은 결국 해체될 운명이다. 2025년 상반기 전 세계에서 해체된 LNG 운반선은 8척으로, 매년 늘어나는 추세다. 2030년엔 35척이 해체될 걸로 보는 조사기관도 있다. 아무튼 오래된 운반선이 줄줄이 퇴역하면서 용선료도 치솟아, LNG 운반선 신조 시장에 활기가 돌고 있다. 친환경 선종에 경쟁력을 지닌 K-조선에는 혜택이 될 것이 확실하다.

2025년 상반기 주춤했던 K-조선의 LNG선 수주가 2026년엔 반등할 수 있을까? 국내 대형 3사의 2025년 상반기 LNG 운반선 발주는 8척으로 지난해 같은 기간의 8분의 1에 불과했다. 그러나 미국에서 대규모 LNG 프로젝트가 추진되면서 글로벌 LNG 운반선 수요가 되올라갈 가능성이 커지고 있다. K-조선은 LNG 운반선을 좋아한다. 척당 2억 6,000만 달러(약 3,760억 원)에 달하는 고부가가치 영역인 데다, 현재 운항 중인 750여 척 중 700척 이상이 K-조선 작품일 정도로 중국을 압도하는 몇 안 되는 선종이어서다.

한화오션, 세계 최초로 LNG 운반선 200척 인도

1995년 LNG 운반선을 처음 인도했던 한화오션이 마침내 200척을 건조하는 기록도 세웠다. 100척까지 21년 걸렸고, 추가 100척 인도까지는 9년으로 훨씬 짧아졌다. 한 개의 독에서 4척을 동시에 건조하고, 연간 최대 25척을 만드는 혁신 기술 덕분이다. 글로벌 에너지 시장에서 LNG의 중요성이 갈수록 두드러지는 가운데, 한화오션은 LNG 운반선 외에도 쇄빙 LNG 운반선, LNG 재기화선박, LNG 부유식 가스저장·재기화 설비 등 다양한 LNG 관련 선종을 구축해왔다. 특히 쇄빙 LNG 운반선 분야에선 세계 최다 21척 건조 실적까지 보유하고 있어, 알래스카 LNG 사업에 속도가 붙으면 뜻밖의 수혜를 기대할 수도 있다.

최초의 미국산 LNG 운반선도 한화의 몫?

필리 조선소의 공정 효율화, 시설 개선, 자동화 시스템 도입 등으로 건조 역량을 7배 가까이 늘릴 계획인 한화는 LNG 운반선도 미국에서 사상 최초로 건조할 요량이다. 더불어 고부가가치 상선, 군함 등을 수주해 10년 내 매출 40억 달러(약 5조6,000억 원으로 2024년 한화오션 전체 매출의 절반)의 중대형 조선사로 키울 청사진도 만들었다. 한·중·일에 밀려 1980년대부터 대형 상선 제조를 모두 포기한 미국 정부가 오매불망 원하는 바를 모두 한화의 필리가 추진하는 셈이다. 당연히 많은 혜택도 따를 것이다. 미국이 국적 전략상선단을 250척까지 늘리기로 한 데다, 이들을 반드시 미국 조선소가 짓도록 한 법률까지 있어서다.

필리 조선소에서 한화가 이익도 충분히 낼 수 있을까? 인건비가 한국의 1.5배인데? 생산성도 한국을 따라잡지 못할 텐데? 그러나 구세주는 한국의 3배가 넘는 미국 내 신조선가다. 높은 가격을 받음으로써 여러 불리한 점을 극복할 수 있다는 평가다. 또 과감한 현지 투자와 제조로 인해 MRO 등 파생 비즈니스 확보에 훨씬 유리해지는 점도 무시할 수 없다. 한화는 미국 내 다른 조선사에 블록을 납품하는 사업에도 진출할 계획이다.

우리도 있어, 인도 조선 시장

인도 조선산업이 가파르게 성장 중이다. 원유 수입 세계 3위인 인도는 자체 선대를 갖추기 위해 2040년까지 100억 달러(약 13조 6,690억 원)를 투자해 원유 운반선 112척을 발주할 계획이다. 인도는 모든 선박을 자국에서 건조한다는 계획이지만, 엔진을 비롯한 핵심 부품은 한국 기업에서 조달할 가능성이 크다. 인도가 원하는 건 조선업의 부양이지만, K-조선의 수혜도 예상된다. 인도 국영 조선소와 합작사를 검토 중인 HD현대중공업이나 삼성중공업과 한화오션 등이 모두 기대를 품을 만한 상황.

HD현대중공업은 2024년 3조350억 원의 선박 엔진 등을 수출했고, K-조선 전체로는 핵심 설비 수출이 연간 수조 원에 달했다. 중소형 선박용 디젤 엔진과 이중연료 엔진 등을 만드는 HD현대마린엔진과 선박용 엔진·부품을 만드는 한화엔진 등도 수출이 호조다. HD한국조선해양은 국영 CSL(Cochin Shipyard: 코친조선소)와 '조선 분야 장기 협력을 위한 MOU'를 체결했다. 인도 최대 규모의 코친조선소는 소규모 상선부터 항공모함까지 건조하고 수리할 역량을 갖춰, 첫 자국산 항공모함도 만들고 해외에 총 47척을 팔기도 했다. HD현대는 한국 조선 기술을 전수해 인도 현지 시장에서 입지를 강화하고 향후 해외 시장에서 선박 수주 기회도 모색할 생각이다.

넘어야 할 산, 원천기술 확보와 상용화

K-조선의 민간 부문 경쟁력은 압도적이어서, 고부가가치 선박의 대명사로 통하는 LNG 운반선 수주를 독식하고 있다. 그러나 넘어야 할 산이 많다. 국산화율은 약 90%에 달하지만 핵심 기술은 여전히 해외에 의존하고 있어서다. 선박의 두뇌라는 '통합 제어 시스템(IAS)'이 대표적이다. 노르웨이 방산 기업 Kongsberg Defence & Aerospace(콩스버그)가 LNG선 IAS 시장의 90%를 장악하고 있다. K-조선 막내 에스엔시스가 같은 IAS를 개발했으나 점유율은 고작 10% 수준이다.

또 있다. LNG 운반선의 핵심 설비인 LNG 보관 화물창은 프랑스의 GTT(Gaztransport & Technigaz)에 전적으로 의존해, 탱크를 만들 때마다 GTT에 한 척당 5%(약 180억 원)의 로열티를 낸다. 소위 'GTT 세금'이다. 재주는 한국이 부리고, 돈은 GTT가 거둬가는 것이다. 그뿐이랴, K-조선 자체 기술이 없으니 문제가 생기면 GTT만 쳐다본다. AS도 영락없이 GTT의 몫이다. 말이 조선 강국이지, 허울뿐이다.

조선업에선 발주자(글로벌 선사)의 영향력이 절대적인 데다 이미 검증된 제품을 선호하는 경향이 워낙 강해, 국산품이 개발돼도 곧 쓰이는 경우는 드물다. 게다가 국내 개발사가 대개 영세하고 무명인지라 해외 선사의 선택을 못 받는 약점도 있다. 이런 식으로 원천기술이 상용화되지 못하면 K-조선 생태계는 막대한 자본으로 무장한 중국에 언제든지 추월당할 수 있다.

LNG 운반선처럼 원유 운반선도 태부족

VLCC(very large crude carrier)로 불리는 초대형 원유 운반선 수요도 늘어나고 있다. 최근 노르웨이의 어떤 선주사는 150척 이상의 VLCC가 2026년까지 추가로 필요하다고 밝혔다. 척당 가격이 1억2,900만 달러

(약 1,860억 원) 정도라고 하니, 발주가 이루어질 VLCC 전체 규모가 28조 원에 이를 것이란 얘기다.

이처럼 VLCC 신조 시장이 커지는 까닭은 뭘까? 트럼프 대통령 취임 이후 글로벌 원유의 공급망이 새롭게 짜이고 있기 때문이다. 새 행정부의 정책 전환으로 2026년이면 미국·캐나다 등의 원유 생산량이 하루 114만 배럴까지 늘어날 전망이다. 게다가 대미 수출 물량 하루 약 400만 배럴을 파이프로 보내왔던 캐나다는 미국이 촉발한 관세전쟁에 해상운송으로 '기름길'을 돌리고 있다. 이란에 대한 미국의 제재 강화도 영향을 줄 수 있다. 예전에는 중소형 유조선들을 동원해 이란산 원유를 인도·중국 등으로 수송했지만, 이 수요가 걸프만에서 나오는 원유로 대체되면서 VLCC가 추가로 필요하게 되는 것이다.

액화 이산화탄소 운반선, 미래 먹거리 될까?

최근 HD현대미포의 액화 이산화탄소 운반선 진수식이 언론에 보도되었다. 세계 최대 규모인 2만2,000㎥급으로, 몇 가지 추가 의장 작업과 시운전 과정을 거쳐 2025년 말 인도 예정이다. 그리스의 어느 선주가 발주한 이 초대형 선박은 길이 160m에다 높이는 아파트 6층 정도인데, 영하 55도의 극저온 환경에서 액화 이산화탄소를 저장·운송하는 탱크 3기를 탑재했다.

'액화 이산화탄소 운반선(LCO2c: liquefied carbon dioxide carrier)'은 문자 그대로 액체 형태로 농축된 이산화탄소를 운송하는 선박이다. 2024년 초 이후 소강상태였던 LCO2c 시장이 다시 살아나는 분위기다. 세계 주요국들이 탄소 감축을 추진해나감에 따라 탄소의 포집·저장 시장이 확대되기 때문이다. 해운사들에 돌아가는 경제적 이득도 높아, 발주량 급증의 기대감이 크다. 2050년까지 2,500척 규모의 액화 이산화탄소 운반선이 줄줄이 발주될 거란 얘기까지 나온다. 이 시장에서도 K-조선이 중국과 치열한 수주전을 벌이고 있다.

특기할 만한 점은 LCO2c가 LPG, 암모니아, LCO2 등 3가지 화물을 다 운송할 수 있다는 사실이다. 그렇기 때문에 초기에는 LPG 운반을 위해 활용하고, 이후 탄소 포집·저장 시장이 커지면 액화 이산화탄소 운송용으로 쓰기 위해 LCO2c를 발주하는 추세다. 이건 해운사들이 보기에도 경제적으로 이득이 된다. LPG나 암모니아를 LCO2c에 싣고 목적지에 하역한 다음, 돌아올 때 이산화탄소를 운송해오는 화물 왕복 운송이 가능하기 때문이다. 실제로 2023년 전후로 암모니아 운반선에 대한 발주가 일제히 늘어난 적이 있었는데, 이 역시 LPG도 실을 수 있고 암모니아도 운송할 수 있다는 똑같은 이유에서 생긴 현상이었다.

액화수소 운반선, 수소경제를 선점하라

수소는 궁극의 청정에너지원이요, 수소경제 시대의 핵심 인프라인 액화수소 운반선은 LNG 운반선에 버금가는 시장으로 성장할 전망이다. 한국이 기술우위를 누리는 LNG선과 같은 계열의 선박 아이템으로 꼽힌다. 그래서 K-조선도 운송 효율을 10배 이상 높일 수 있는 액화수소 운반선 분야를 선점해 미래 먹거리를 확보하고자 한다. 기체 수소를 영하 253℃로 액화, 부피를 800분의 1로 줄여 장거리 운송하는 방식이다. 우선 생산지에 대규모 액화 플랜트를 갖추는 건 기본 중의 기본이다. K-조선으로서는 극저온 화물창, 수소 증발 관리, 누출 감지, 독성 중화,

특수 용접, 스마트 안전 설루션 등을 갖춘 선체를 과연 국산화할 수 있느냐가 관건이다. 이렇듯 기술 난도가 매우 높은 동시에 부가가치도 대단히 크다. 실제로 대형 액화수소 운반선을 상용화한 나라는 아직 하나도 없다.

우선 한화오션이 이런 '무탄소 액화수소 운반선'에 대한 노르웨이 선급 인증을 이미 따내고, R&D에 박차를 가하는 중이라고 한다. 가장 골칫거리는 저장탱크 기술이다. 한국의 주력 선종인 LNG 운반선도, 대부분은 프랑스 GTT의 특허를 적용한 저장탱크를 쓰며 연간 수천억 원의 사용료를 낸다. 한국가스공사와 K-조선이 힘을 모아 한국형 LNG 탱크를 개발하긴 했으나 구조적 결함으로 아직 수출용 선박엔 못 쓴다. 선주사가 한국형 탱크를 선택해주지 않으면 끝이니까. 그렇지만 우리 정부는 조선사·기업·연구기관 등을 불러 모아 저온 수소용 저장탱크 R&D에 계속 고삐를 죄고 있다. 어떻게든 2027년까지 세계 최대 규모의 실증 선박을 건조하고, 5년 내 초대형 액화수소 수송선을 만들 계획이다.

국제에너지기구(IEA)는 전 세계적으로 2050년까지 5억 톤의 수소가 생산·사용될 것으로 예측한다. 그리고 이를 기반으로 2050년까지 액화수소 운반선이 200여 척에 이를 거라고 본다. 아무튼 장기적인 수소의 운반 수단으로 사용될 액화수소 운반선 시장은 커질 것이다. 이 시장을 노리는 대표적인 기업이 일본 川崎重工業(가와사키 중공업)이다. 세계 최초로 소형 액화수소 운반선을 건조해 호주로부터 액화수소를 운반한 이력도 있다.

FLNG, 남들 다 포기해도 끝까지 버틴다

삼성중공업은 FLNG라는 선박(혹은 건조물)에, 시쳇말로, '꽂혀' 있다. 굳이 번역하자면 '부유식 액화천연가스 생산 설비'라 할 수 있는 'FLNG(floating liquefied natural gas)'는 선박이라기보다 차라리 바다에 둥둥 떠 있는 복합시설이다. 축구장의 2.5배 크기로 한 자리에서 천연가스를 액화·정제·저장·하역까지 하는 구조물이다. 바다 밑 천연가스를 뽑아내고, 액화 처리하고, 보관하고, 운반선에 옮겨 싣는 설비를 다 갖춘 올-라운드 플레이어다. FLNG를 만들려면 상선 건조에 들어가는 인력의 세 배가 필요하지만, 대신 이익률도 두 배가 넘는 최첨단 고부가가치 설비다. 건조 기술도 극히 어려워서 제조할 수 있는 회사가 삼성중공업과 중국 惠生集團(Wison Group: 위슨) 조선소, 단 둘뿐이다. 그런데 2025년 초 미국이 위슨을 거래금지 기업으로 지정하는 바람에 글로벌 수요가 삼성중공업 한 곳에 쏠리고 있다.

8조 원 규모 FLNG 수주, 인내와 기다림의 끝?

삼성중공업은 미국 Delfin Midstream(델핀)으로부터 FLNG 4기 수주를 눈앞에 두고 있다. 모두 8조 원가량으로 2024년 매출의 80%에 이르는 덩치다. 트럼프 정부의 화석연료 회귀 정책에다 중국 기업 규제가 수주 가능성을 한껏 높이고 있다. 전체 사업이 지연될 수 있다든가 물량이 6기로 줄어들지 모른다는 소문이 돌긴 하지만, 수주는 시간문제로 보인다.

미국 외에도 이탈리아, 캐나다, 노르웨이 기업에 FLNG를 납품하기 위해 세부 조건을 협의 중이고, 아르헨티나와도 신규 FLNG 건조를 논의 중이다. 특히 이탈리아의 ENI가 발주한 모잠비크 FLNG 프로젝트

◆ 미국 델핀이 계획하는 FLNG 프로젝트

는 25억 달러(약 3조6,000억 원) 수준으로 원래 2024년 말까지 마무리될 것으로 예상되었지만, 모잠비크의 정국 불안이 길어지면서 계약체결이 지연되고 있다. 다만, 모잠비크와는 개발 프로젝트의 사전 예비 계약도 체결했고 이미 FLNG 설계까지 진행 중이어서, 사실상 수주한 것이나 다름없다는 평가이긴 하다.

한때 HD한국조선해양과 한화오션도 FLNG 사업을 추진했지만, 글로벌 조선업이 움츠러들고 해양 플랜트 수요가 없어지면서 중도 포기해버렸다. 하지만, 삼성만큼은 방대한 손실에도 불구하고 계속 끈덕지게 매달렸다. 시행착오와 손실도 두려워하지 않고 FLNG를 키워놨다가 트럼프 시대를 맞아 마침내 달콤한 결실을 누리게 된 것이다.

삼성중공업은 FLNG 중에서도 '연안 FLNG'라는 타입에 주력하고 있다. 먼바다 가스전 위에 설치돼 천연가스를 추출·액화·저장하는 '심해 FLNG'와 달리, 연안 FLNG는 액화·저장에 특화된 일종의 해상 LNG 터미널이다. 육상 터미널의 경우처럼 부지를 구하고 주민 동의를 얻는 데 시간과 돈을 쓸 필요가 없으며, 운반선이 쉽게 접안할 수 있다. 한 기당 가격은 2조 원 안팎으로 3조~4조 원에 달하는 심해 FLNG보다 저렴하다. 이런 장점 때문에 삼성만의 독특한 연안 FLNG 수요가 최근 들어 크게 늘었다. ENI를 제외하고 미국, 캐나다, 노르웨이가 발주한 것은 모두 연안 FLNG다.

FLNG만으론 부족해, 그 '심장'까지 만들어줘

삼성중공업의 욕심은 FLNG에 그치지 않고 그 심장에 해당하는 천연가스 '액화 장비' 개발의 성공까지 이어졌다. 액화 장비는 FLNG 건조 비용의 35%를 차지하는 핵심 기자재지만, 최근까지 국산화가 이뤄지지 않아 주로 미국 Honeywell(하니웰) 제품이나 유럽산을 써왔다. 하지만 앞으로 납품할 FLNG엔 자체 개발한 액화 장비를 탑재한다. 트럼프 정부의 LNG 개발 붐에 따라 FLNG 수요가 늘고 있는데, 삼성중공업이 액화 장비까지 따낸다면 명실상부 FLNG 최강자가 될 수 있다.

LNG 운반선도 그랬지만, 선박 핵심 기자재의 국산화는 K-조선의 숙원 사업이다. FLNG에서도 핵심 기술 없이는 '알짜배기'를 선진국에 내줘야 한다. 대신 개발에 성공해서 일단 납품만 성사되면, 급속도로 확산할 수 있는 비즈니스다. 삼성은 액화 장비 후발주자이긴 하지만, 전력 소모량이 최대 14% 적고 장비 크기도 작아서 유리하다. FLNG를 건조하면서 하니웰 제품을 따로 사서 장착하는 것보다 가격 경쟁력도 훨씬 높다. 에너지 기업들이 검증된 미국 기자재만 찾아서 아직 납품 기회가 없었지만, 이제 상황이 바뀌었다. FLNG 수요가 늘어나며 건조 가격이 오르자 가성비 좋은 삼성의 액화 장비를 들여다보기 시작한 것이다. 이탈리아 측은 이미 삼성 액화 장비의 납품을 요청했다.

SMR 추진 컨테이너선, 아직은 '개념 승인'까지

HD한국조선해양이 SMR 추진 선박과 선박용 수소연료전지를 개발하기 위해 3,000억 원을 투입하고, 2030년까지 선박용 SMR 모델 개발을 완료한다. 원자력으로 움직이는 SMR 추진선은 ①연료 효율이 높고 ②탄소를 배출하지 않으며 ③연료탱크·배기 기관 등이 필요 없으므로 컨테이너를 더 넣을 수 있어 경제성까지 좋다. 게다가 ④원자력 에너지 생산 비용도 낮고 유가 급등락을 걱정하지 않아도 된다. ⑤맹추격해오는 중국 조선소들과 기술 격차를 벌리는 건 덤이다. [중국은 이미 K-조선과 치열한 주도권 싸움 중이다]

호황으로 곳간이 넉넉해진 HD한국조선해양이 SMR의 최강자 미국 테라파워에 3,000만 달러를 투자한 이유도 이 '초격차 선박' 개발을 위해서였다. 하지만 그땐 땅 위에 SMR 만들기도 어려웠던지라, SMR 추진선은 그림의 떡이었다. 그런데도 SMR 추진선 개발의 꿈을 놓지 않았다. 시간이 흘러 SMR 기술이 하나둘 자리 잡자 칼을 빼 들었다. 때마침 국제해사기구(IMO)가 핵 추진 상선 안전 규범을 고치는 작업에 착수하면서 SMR 추진 컨테이너선 시대가 닻을 올렸다.

HD한국조선해양은 2025년 2월 SMR 컨테이너선 설계 모델로 미국 선급협회의 '개념 승인'까지 받았다. 연료 사용 주기가 20년~30년이라 선박의 나이와 잘 어울리고, 크기도 아담한 70MW급 SMR 추진선을 개발하겠다는 목표다. 이미 여러 해 해상 부유식 SMR을 개발 중인 삼성중공업도 최대 800MW급 부유식 원전 설비 모델을 구축해 상용화할 계획이다.

SMR 추진선의 가장 큰 장벽은 높은 가격이다. 땅 위에 SMR(300MW짜리)을 지으면 1조~3조 원이 든다. HD한국조선해양이 개발하는 선박은 70MW짜리임에도 수천억 원이 든다. 2025년 초 컨테이너선 판매가(약 4,000억 원)에 비해 너무 비싼 편이다. 상용화를 위해선 규모의 경제를 갖춰야 한다. 원자력으로 움직이는 선박이라 안전성도 큼직한 변수다. 행여 문제라도 생기면 발주처에 물어줘야 할 배상금도 천문학적이리라.

쇄빙선, 트럼프가 수요를 부추겼다고?

북극 패권 확보를 향한 트럼프 대통령의 욕심은 그린란드를 달라, 아니, 사겠다, 하는 반농담으로 화제가 되었다. 그러나 덕분에 북극 자원 탐사와 항로 개척에 꼭 필요한 쇄빙선이 비즈니스 목록에 올랐다. K-조선이 장기적으로 혜택을 받을 수 있다는 기대감도 나온다. 트럼프 대통령이 대형 쇄빙선 건조를 사실 지시했다는 얘기도 돌아다닌다.

'쇄빙선' 하면 역시 30척을 보유한 러시아의 영향력이 가장 크다. 미국이 북극에서 운영하는 쇄빙선은 고작 3척. 게다가 러시아는 20여 년 동안 북극 기지도 21곳으로 늘려놨지만, NATO와 미국의 기지는 33곳으로 제자리걸음이다. 그린란드를 내놓으라는 트럼프의 막무가내가 우습지만은 않다.

쇄빙선으로 K-조선이 당장 수혜를 보기는 어렵다. 우선 미국 연안을 항해하는 배는 반드시 미국에서 만들어라, 미국 항만의 화물은 미국인 선원이 탑승한 미국 배에만 실어라, 따위의 규제가 문제다. 게다가 쇄빙선은 일반 선박보다 30%~50% 비싸다. 배를 사기보다 차라리 러시아의 쇄빙 서비스를 이용하는 게 낫다. 쇄빙선 발주가 당장 크게 늘기 어려운 이유다.

그러나 미국이 이런저런 법과 규제도 고치고 북극 패권 경쟁이 본격화하면, 장기적으로 우리에겐 호재가 될 수 있다. 트럼프 대통령이 캐나다·핀란드를 제치고 한국을 콕 집어 쇄빙선 건조에 협력해달라고 요청한 것도 고무적이다. 실제 쇄빙선 주문이 늘어나면 쇄빙 LNG 운반선을 만들어본 한화오션, 그리고 러시아 조선소와의 협력 경험이 있는 삼성중공업이 혜택을 볼 것 같다. 러·우 전쟁이 끝나면 쇄빙선 수주가 늘 것이라는 분석도 있다.

쇄빙선과는 별도로 연구 목적의 '쇄빙연구선'도 있다. 우리나라는 2009년에 이미 만든 적이 있다. 특수한 선체 구조로 일반 선박이 접근할 수 없는 극지 해역에서 두꺼운 얼음을 부수는 기능이 있어, 극지방 연구에 없어서는 안 될 핵심 장비다. 2025년 7월 정부는 2,500억 원 규모 차세대 쇄빙연구선 건조 사업을 한화오션에 맡겼다. 현재 우리가 보유한 것의 두 배가 넘는 크기에 영하 45도의 극한 추위까지 견디고, 1.5m 두께의 얼음도 깰 수 있도록 설계된다. LNG 이중연료 전기추진 시스템을 탑재해 탄소 배출도 줄이고, 생활 시설도 최고급 여객선 수준으로 꾸민다.

물 위에 둥둥 뜬 '바다 위 정유공장'

한화오션은 특이하게 'FPSO(floating production storage and offloading: 부유식 원유 생산·저장 설비)' 수주에 정성을 들이고 있다. FPSO는 유전·가스전에서 원유와 가스의 생산·정제·저장·하역까지 전 과정을 처리하는 대규모 복합 해양 설비다. 그야말로 바다 위의 정유공장이라고나 할까. 고정되어 있지 않고 떠 있는 구조물이라 쉽게 이동할 수 있어서 심해 유전 개발에 핵심 설비다. 이 비즈니스를 위해 한화오션은 싱가포르 부유식 해양 설비 전문 제조업체 Dyna-Mac Holdings(다이나맥 홀딩스)를 인수하는 등 역량을 강화해, 2025년 말이면 브라질 심해 유전 개발에 쓰일 FPSO 입찰에 참여할 예정이다. 최근 몇 년간 FPSO 가격은 가파르게 오르는 추세다. 브라질 국영 석유업체 Petrobras(페트로브라스)의 2024년분 계약 자료만 봐도 2021년보다 약 75% 올랐다.

페트로브라스는 심해 유전 개발에 쓸 목적으로 FPSO 1기 건조를 공개입찰로 발주한다. 중국, 싱가포르, 밀레이시아, 브라질 등 해외 조선소들이 참여해 경쟁하고 있으며, K-조선에선 한화오션만 참여한다. [삼성중공업은 위에서 언급했듯이 FLNG에 역량을 모으고 있다] 지금은 설계·조달·시공을 위한 1단계 입찰이 진행 중이다. 한화오션은 이 분야 경험이 적지 않다. 과거 총 8기의 FPSO를 수주해 7기까지 인도했다. 페트로브라스로부터도 이탈리아 업체와 함께 이미 FPSO를 수주한 바 있다.

WTIV, 해상풍력 발전을 위한 특수 선박

조선업에 관심이 있다면 익혀두어야 할 특수 선박이 또 있다. 해상풍력 발전기를 바다로 운반해서 설치까지 하는 특수 선박인데, 'WTIV(wind turbine installation vessel: 풍력터빈 설치선)'라 부른다. 지금까지 한화오션 4척, 삼성중공업 3척의 건조 경험밖에 없는 이 WTIV 시장은 K-조선의 새로운 먹거리다. 척당 가격이 7,000억~8,000억 원에 달하는 고부가가치 선박인 데다, 빌리는 용선료도 1년 새 24% 올랐다. 그런데도 이걸 건조할 수 있는 나라는 한국과 중국뿐이다. WTIV를 설치할 때는 해저 지형을 살펴보는 게 필수일 정도로 국가 안보와도 얽힌다.

그나저나 국내 상황이 문제다. 국내 에너지·건설업계가 보유한

WTIV는 중소형 터빈 설치용 선박 1척뿐. 글로벌 WTIV 흐름이 15MW급 대형으로 완연히 바뀌면서, 중소형뿐인 한국은 해상풍력 건설시장을 중국·유럽에 내줄 판이었다. [기억하는가, 중국 국적의 *WTIV*가 허가도 없이 전남의 해상풍력 현장에 무단 진입했던 사건?]

다행히 최근 한화오션 등 두 조선사가 국내 대기업으로부터 대형 WTIV를 한 척씩 수주했다. 이 프로젝트가 한국 해상풍력 시장의 자립 토대를 마련했다는 평가 속에, 내수 시장은 2030년 100조 원, 2036년 182조 원 규모로 커질 전망이다. 개발·운영⇨ 제조⇨ 금융으로 이어지는 해상풍력 전 과정에서 시장을 해외에 내주고 있었지만, 이제 정부도 다양한 방식으로 생태계를 키우려 하고 있다. 터빈 제조는 어떨지 몰라도 WTIV는 정부 지원만 뒷받침되고 K-조선이 대형 WTIV 수주 실적을 쌓아나간다면 세계 시장에서도 해볼 만하다.

자동차 운반선, 이젠 우리도 자율운항 시대

길이 229.9m, 폭 32.2m, 높이 36m. 자동차 7,000대를 싣는 선박. 복싱 선수에 비유하자면 영락없는 헤비급. 현대·기아의 수출용 자동차를 수송하는 현대글로비스의 최신 'PCTC(pure car & truck carrier: 자동차 운반선)' 얘기다. 재미있는 건 이런 배에 자율운항 시스템을 탑재한다는 점인데, 계획대로라면 2026년 상반기 즈음 '세계 1호 자율운항 PCTC' 타이틀을 얻는다.

현대차그룹의 현대글로비스는 PCTC의 자율운항 기술을 직접 개발하지 않고 HD현대그룹의 아비커스를 이 분야 파트너로 선택했다. 말하자면 선박·해운 시장의 미래를 잡으려고 사촌 기업이 힘을 합친 것이다. 아비커스의 자율운항 설루션을 활용하는 게 더 효율적이라고 판단했을 터이다. 글로비스가 PCTC를 90척 넘게 보유하고 있으므로, 이 설루션을 탑재하는 선박 수는 점차 확대될 가능성이 크다.

    PCTC에 최적 항로와 연료 소모 최소화 운항법 등을 아우르는 자율운항 시스템을 전면 도입하는 건 현대글로비스가 세계 최초다. 그리고 파트너인 아비커스는 자율운항 업체로 세계적인 명성을 누리고 있다. 1단계(선박 일부 기능 자동화) ⇨ 2단계(일부 원격 제어) ⇨ 3단계(완전 무인 원격 제어) ⇨ 4단계(AI가 모든 판단·결정)로 나뉘는 선박 자율운항 기술 중 아비커스는 2단계까지 완료했고, 2022년 이를 LNG 선박에 적용해 대서양 시험 횡단에도 최초로 성공해 자율주행 시스템 적용을 확산했다. 아직 완전 무인 시스템은 아니어도, 항해사들의 피로도를 낮추고 운항 효율을 극대화한다. 2025년 말까진 완전 무인 3단계에 진입할 계획이다.

· 4장 ·

K-조선 소·부·장, 여전히 부족하지만 꿈은 크게

선박 엔진, 20년 만에 독자 개발 60개국 수출

배를 움직이고 전력을 생산하는 초대형 내연기관인 엔진은 그야말로 선박의 심장. 프로펠러를 달아 선박을 추진하는 '대형엔진'과 발전기를 달아 전력을 생산하는 '중형 엔진'으로 나뉜다. 보통 선박에는 대형 1기와 중형 3기~6기가 장착된다.

 대형엔진 세계 1위(점유율 35%)는 HD현대중공업. 직접 설계하진 않아도 생산량과 품질에서 단연 압도적이다. 연간 300대 정도, 거의 하루에 한 대씩을 척척 만들어낸다. 10개 제조사가 합쳐서 연 700대를 생산하는 중국과 비교해보라. 출력과 연료 효율을 높이고 온실가스 배출은 줄인 고압 직분사 방식의 암모니아 이중연료 엔진도 세계 최초로 개발했다. 암모니아는 불이 잘 붙어 위험하고 고압 직분사는 무척 어려운 기술인데도! 요즘 신규 건조 시장의 60%~70%는 이처럼 부가가치 높은 첨단 이중연료 엔진이다.

HD현대중공업은 '힘센엔진'이란 이름의 중형 엔진(60%가 이중엔진)도 만든다. 이런 중형 엔진은 지금까지 핀란드·독일·일본 세 나라만 개발해냈다. 그런데 겨우 20년 이력인 HD현대중공업이 독자 개발은 물론, 심지어 점유율 1위까지 정복했으니 놀랍지 않은가. 힘센엔진의 부품도 대부분 국산이다. 협력사의 부품을 모듈 형태로 받아 몸체에 조립한다. 국가 핵심 기술로 지정된 힘센엔진은 선박용뿐 아니라 육상발전에도 들어가는데, 20년 전엔 힘센엔진이 탑재된 육상발전 설비 588기를 쿠바 전역에 공급한 적도 있다. [쿠바는 10페소짜리 지폐 뒷면에 힘센엔진 육상발전소를 그려 넣었다!]

중국도 엔진은 한국에서 살 수밖에 없어

지금 한국의 선박 엔진 제조업체들이 신났다. 중국에서 엔진 주문이 무섭게 늘어나 콧노래를 부른다. 선박 수주 실적이야 훌륭한 중국도 엔진만큼은 아직 기술과 경험에서 한국에 뒤져 있기 때문이다. 중국 엔진을 장착한 LNG선이 태평양 한가운데서 고장 나 폐선된 사건도 있었다. 이후 선박을 주문할 때 엔진만큼은 한국산을 쓰라고 지정하는 선주들이 많아졌다. 중국 해운사와 중국산 선박에 입항 수수료를 부과하기로 한 미국의 결정도 기대감을 더한다.

　2025년 들어 5개월 사이 중국으로 수출된 엔진이 전년보다 23% 늘어난 4억1,764만 달러(약 5,660억 원)에 이를 정도다. HD현대중공업은 2029년 납품 물량까지 주문을 확보했다고 한다. 국내 '선박 엔진 빅2' 중 다른 하나인 한화엔진도 두 달 만에 작년 수주 실적의 절반 이상을 채우고, 2029년까지 2,160억 원 규모의 선박 엔진을 중국으로 보낼 계획이다. 시장점유율이 가장 낮은 막내 HD현대마린엔진조차 두 달 만에 지난해 매출의 약 90% 가까운 일감을 확보했다.

이중연료 추진 엔진은 기존의 디젤 엔진보다 설계도 복잡하고 제작 기간도 더 길지만, 세계적으로 주문이 빠르게 늘면서 중국 조선사들의 맘이 급해진 것이다. 국내 엔진 제조업계도 고부가가치 선박용 엔진 중심으로 틀을 짜고 있다. K-조선과 함께 선박 엔진 업체의 실적 호조도 한동안 이어질 것 같다. 해운 온실가스 감축 등 환경 규제가 강력해지면서, 25년~30년이었던 노후선 교체 사이클이 크게 앞당겨지고, 친환경 선박 수요로 엔진 제조업체의 수익성은 더욱 좋아질 터이다.

윙 세일, 21세기판 '돛'을 아세요?

우리가 익히 알고 있는 '돛' 모양의 선박 구조물로, 날개 상·하단에 장착돼 바람에 의해 양력이 발생하는 원리로 추진력을 얻는 친환경 보조 추진 장치가 '윙 세일(Wing Sail)'이다. 배에다 윙 세일을 설치하면 무한·무공해 자원인 풍력으로 추진 효율을 높일 수 있다. 돛은 증기기관이 나오면서 대부분 사라졌지만, 최근 IMO가 탄소 배출 규제를 강화하면서 윙 세일 같은 친환경 보조 추진 장치가 다시 주목받고 있다. 윙 세일을 쓰면 주 엔진의 연료 소비량을 약 5%~10%까지 줄일 수 있다고 한다.

HD현대는 국내 최초로 바람으로 선박 추진력을 만드는 친환경 장치 윙 세일을 개발했다. 높이 30m 폭 10m 규모로, 주 날개 양측에 보조 날개를 장착해 추진력을 한층 더 높인다. 2025년 하반기 실제 선박

◆ 윙 세일을 장착한 선박

에 장착해 테스트를 마친 다음 상용화 단계로 진입한다.

삼성중공업은 한국선급으로부터 윙 세일이 적용된 LNG 운반선의 기본 설계를 인증받았다. 윙 세일과 더불어 '세이버 윈드(SAVER Wind)'라는 공기 저감 장치까지 설치해 바람 저항을 줄이고 풍력을 활용함으로써 연비를 높이고 탄소 배출도 효과적으로 줄였다. 글로벌 풍력 추진 기술 시장이 2050년 3조5,000억 원 규모로 커질 것으로 전망되는 가운데, 삼성중공업은 암모니아, 이산화탄소 운반선과 같은 친환경 선박에 풍력 기술 적용을 확대해 나갈 계획이다.

항만 크레인, 중국의 독점을 깨부수라

알고 있는가, 미국 주요 항구에 설치된 크레인의 80%가 중국산이라는 사실을? 전부 중국 정부의 지원금을 등에 업고 수입됐다. 전방위적인 '중국 견제' 모드에 들어간 미 정부는 5년간 200억 달러(약 27조 원)를 들여 이 크레인을 교체할 계획이다. 최근 HD현대그룹이 미국 항만에 크레인을 공급하겠다고 제안한 것도 그래서다. 한·미 조선업 협력 방안의 일부로 한국산 크레인 제품을 제시한 거다. 중국산 독점 문제 해결이 K-조선의 비즈니스 기회가 될지 모르겠다.

미국이 이 제안을 받아들이면, 크레인 제작은 현대힘스가 맡는다. 얼마 전부터 항만 인프라 사업 확대에 공을 들이고 있는 현대힘스는 항만 크레인 전문 외주 제작사로 이미 생산에 돌입해 있다. 최근 부산의 신항 공사에 들어갈 크레인을 수주한 바도 있다. 선박 블록을 제조하면서 구축한 현대힘스의 정밀 제작 기술과 해양구조물 제작 역량이 시너지를 발휘해 항만 크레인 비즈니스를 성공적으로 수행할지 지켜볼 일이다.

기타 K-조선 소·부·장

보냉재, LNG 운반선 뱃값의 10%를 차지

부피가 큰 천연가스는 액화함으로써 600분의 1로 줄여 운송한다. 액화점은 영하 163도, LNG 저장탱크의 내부 온도는 이보다 낮아야 한다. 이런 저온 유지를 위해 탱크 벽면에 입히는 단열재가 바로 '보냉재'다. 이는 최첨단 제작 기술을 요구하는 LNG 운반선의 핵심 자재로, 뱃값의 약 10%를 차지한다. 동성화인텍은 LNG 운반선 내 화물창용 초저온 보냉재를 생산한다. LNG는 운송 도중 약 0.15%가 자연 증발('기화')하는데, 동성은 이 기화율을 0.125%에서 0.07%로 줄였다. 이것이 세계의 선주들을 매료시킨 핵심 기술력이다. 덕분에 전 세계 LNG 운반선 650여 척 중 40%가 동성의 보냉재를 쓴다.

러·우 전쟁으로 러시아 천연가스 파이프라인이 끊긴 EU 국가들이 해상 LNG 공급을 늘리고 LNG 운반선 선가와 발주량이 급증하면서 동성은 주된 수혜자가 되었다. 2027년까지 생산 가능량을 모두 수주했고 2028년 물량까지 상당량 받았다. 공장은 커지고 2025년 매출은 7,000억 원을 넘을 전망이다. 이 분야에서 한국을 부지런히 좇아오고 있는 중국은 아직 선박 자체나 기화율 측면에서 상당한 격차로 뒤처져 있다.

선박 조명만큼은 우리가 1등

'선박 조명(marine lighting)'은 배에 들어가는 전기 부품 가운데 상당히 큰 비중을 차지한다. 첫인상과는 달리 기술 개발과 검증 조건이 까다롭고 검사 절차만도 6개월씩 걸린다. 바닷물에 잠기기 일쑤여서 물, 진동, 염분, 폭발을 견뎌야 한다. 엔진으로 인한 진동에 조명이 꺼져도 안 되고, 작은 스파크나 인화성 가스로 불이 붙어도 안 된다. 영하 60도부터 영상 50도까지 극한 환경에도 부식되면 안 된다.

선박 조명 분야에서 대양전기공업은 남다른 기술력으로 글로벌 점유율 1위다. 독일·일본 등에서 전량 수입하던 선박 조명의 국산화에 10여 년을 바쳤다. 전 세계 컨테이너선, 유조선, LNG 운반선, 군함까지 이 회사 조명을 써, 매출액 절반이 수출에서 나온다. 최근엔 세계적으로 스마트 선박이 늘면서 수요가 급증하고 있는 스마트 조명 제어시스템의 국산화에도 성공했다. 선박 구역에 따라 저절로 조도가 조정된다든지, 복도 조명은 사람이 오갈 때만 켜지고, 엔진룸에선 시간에 따라 조도가 자동으로 변하는 식으로 탄소를 절감하는 기술이다. 또 조명 기술을 넘어 바다의 97%를 탐사할 수 있는 무인 잠수정도 개발했고, 군함의 신경망으로 불리는 '함 내외 통합통신 시스템(ICS)'도 자체 기술로 만들어냈다. 우리 해군 함정의 100%가 대양의 ICS를 쓰고 있다.

선박용 베어링 부품 시장에서 독보적인 1위 기업도 눈에 띈다. 1953년 설립된 대창솔루션이다. 충격에 강하고 쉽게 용접되는 철·탄소 합금인 주강품을 3대째 생산하고 있는데, 그 가운데 선박 엔진의 핵심 부품인 베어링, 내연기관 부품, 금속 구조물 등이 주력 제품이다. 특히 MBS로 통하는 '메인 베어링 서포트'는 세계 최고로 인정받으며 세계 시장점유율 45%를 자랑한다. 고도의 기술력과 품질 경쟁력으로 국내외 주요 조선사들을 고객으로 확보하며 견고한 입지를 다졌다. 최근에는 해양 플랜트 시장의 변동성에 대비해 원전 폐기물 저장장치라는 신성장 사업을 키우고 있다.

K-조선 소·부·장 생태계

2024년 조선 분야에서는 고부가가치 선박에 납품하는 협력사를 중심으로 실적 개선세가 뚜렷했다. 선박이 원래 설계된 대로 연료·냉각수·가스 등이 원활히 공급되도록 공장에서 사전에 배관을 조립한 모듈을 '파이프 스풀'이라 부르는데, 동방선기라든가 동화엔텍이 이 분야의 전문업체다. 모두 매출과 영업이익 등 실적이 30%~60% 성장했다. 저렴한 가격을 앞세운 중국·인도 등이 뛰어들어 경쟁이 치열해지고 있지만, LNG선 같은 고부가가치 선박에선 K-조선 기업들이 여전히 기술적 강세를 보인다. LNG 선박용 패널을 만드는 한국카본과 엔진 밸브를 제조하는 케이에스피 역시 모두 호황을 누렸다.

반대로 주로 범용 선박 관련 부품사라든지 부품 교체 주기와 맞지 않은 기업들은 부진을 면치 못했다. 흔히 BWTS로 통하는 '선박 평형수 처리 장치'는 선박의 무게중심을 잡기 위해 배 안에 채워 넣는 평형수를 소독해 방출하는 장치인데, 이 시장을 선도하는 케이티마린이 그렇게 매출·영업이익 감소를 겪었다. 국내 최초로 BWTS를 개발했다는 테크로스도 마찬가지로 부진했다. 부가가치가 낮은 제품을 만드는 기업도 우울한 해였다. 선체에 부착되는 철 의장품을 제조하는 일승과 액체 측정기 등 단순 선박 부품을 납품하는 한국미부 등이 그랬다.

Part Three

K-반도체

반도체 시장, 덩치 작은 메모리가 주도

반도체 무역 통계기구(WSTS)는 2025년 세계 반도체 시장 규모를 전년보다 11.2% 증가한 7,008억7,400만 달러(약 952조 원)로 예측한다. 크기로는 웬만한 다른 산업을 압도한다. 2026년에는 다시 8.5% 성장해 7,607억 달러에 이를 전망이다. 계속되는 AI의 발전으로 HBM 수요가 늘어, 한국이 강점을 지닌 메모리 역시 2025년 11.7%, 2026년 16.2%의 성장이 예상된다. 원래 메모리 시장은 2025년 하반기에나 살아날 거란 전망이 주류였지만, 아무래도 본격적인 반등이 다소 앞당겨지는 분위기다. AI, 클라우드 인프라, 첨단 가전 등에서 늘어난 메모리 수요는 2026년에도 반도체 성장을 주도할 것이다. 또 차세대 HBM 주 공급사의 경쟁과 더불어 HBM의 용도 또한 다양해지면서 업계의 진화와 K-반도체의 미래를 더욱 가늠하기 어렵게 만든다.

◆ 글로벌 반도체 시장 단기 전망

2025		2026
7008억7400만	전체 시장(달러)	7607억
11.2%	전체 성장률	8.5%
1848억4100만	메모리 시장	2148억2600만
11.7%	메모리 성장률	16.2%

※성장률은 전년 대비
출처: WSTS

최대 격전지는 고부가가치 메모리 HBM 시장. 지금까진 SK하이닉스의 독주였지만, 이를 막기 위해 차세대 HBM4 경쟁이 여간 치열하지 않다. SK하이닉스·삼성전자는 2025년 하반기, 마이크론은 2026년 양산이 목표다. HBM4의 공급 능력이 향후 경쟁에서 핵심 차별화 요소로 부상할 것이다. 최근 엔비디아가 사우디아라비아와 첨단 GPU 대량 공급 계약을 맺으면서 다시 한번 AI 칩 붐이 일 것이라는 얘기도 들린다.

시스템 반도체 부문이 걱정이다. K-반도체의 경쟁력이 오히려 뒷걸음질 치고 있어서다. 조사업체 Omdia(옴디아)가 알아본 바로, 시스템 반도체 시장에서 한국 점유율은 2019년 3.2%에서 2024년 2.1%로 떨어졌다. 이런 추세가 반전할 기미도 보이지 않고 더 하락할 거란 전망이 우세하다.

D램 가격, 어떻게 움직일까?

메모리 반도체의 가격 강세에는 이견이 없다. 제조사들이 HBM용 웨이퍼와 DDR5 웨이퍼를 3 대 1의 비율로 투입하는 등, 생산능력을 HBM에다 집중하고 있는 것이 가장 기본적인 이유다. HBM 이외 메모리(특히 범용 DDR4)의 공급이 빠듯해지고 있는 것. 삼성과 하이닉스 모두 범용 D램 가격을 2025년 상반기에만 두 자릿수 높였다. 전문가들은 DDR4의 고정거래가격이 3분기에도 40% 이상 뛰고, 상대적으로 물량이 넉넉해진 DDR5도 평균 5%~10% 상승할 것으로 내다본다. 범용 제품 가격에 민감한 삼성전자로는 하반기 실적 반등의 계기가 될 수 있다. 가격 상승세의 몇 가지 이유를 생각할 수 있다.

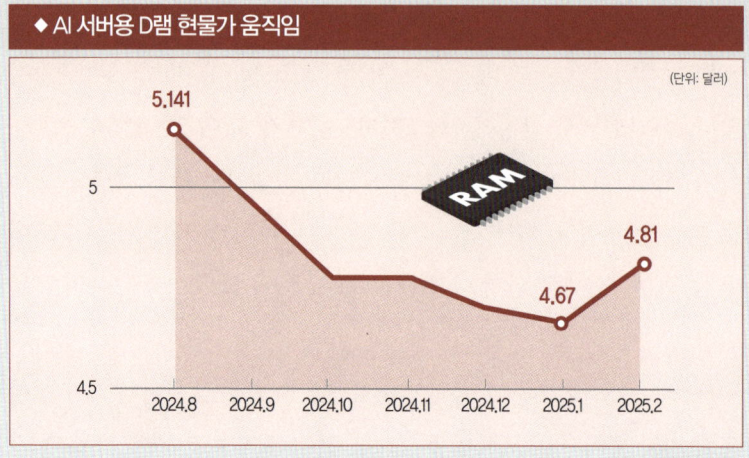

①삼성전자·SK하이닉스·마이크론이 2025년 내 DDR4 생산 중단과 DDR5 생산 집중을 선언한 데다, 중국 长鑫存储(CXMT: ChangXin Memory Technologies, 창신메모리)마저 'DDR4에서 DDR5로 전환'을 공식화해, 범용인 DDR4는 가격이 크게 뛰었다. 현물 시장에서 일부 DDR4가 신형 DDR5보다 비싸게 팔리는 기현상도 벌어진다. ②미국의 관세 협박에 기업들이 재고 확보에 나선 것도 영향을 미쳤다. ③중국산 저비용·고성능 AI 모델 '딥시크' 이후 글로벌 AI 경쟁이 격해지고 서버용 DDR4 모듈 수요가 커지면서 PC용 DDR4 공급이 더 줄어든 것도 한 요인이다.

낸드플래시는 어떨까. 낸드플래시 범용 제품의 매출은 2025년 상반기에만 20% 가까이 하락했을 것으로 보인다. 글로벌 IT 소비 침체가 이어져서 그렇다. 그래도 가격은 강세를 유지할 모양새다. 2025년 2분기에 3%~8% 올랐던 낸드 가격이 3분기 역시 AI 서버용 eSSD, 소비자용 SSD, 스마트폰용 등의 용도에 따라 5%~10% 상승할 것 같다. DDR4와 마찬가지로 제조사의 감산과 재고 축소가 계속되고 있어서다. 데이터 저장장치인 eSSD 시장은 최근 성장세가 약간 둔화했지만, 중·장기적으론 HDD를 대체하며 꾸준히 성장하고 낸드플래시 기업 간 경쟁도 치열해질 거라 본다.

K-반도체를 불안하게 만드는 복병들

단, 반도체 업황의 본격 회복을 거론하기에는 찜찜한 측면이 없지 않다. 미국이 터뜨린 관세 전쟁 영향이다. 전무후무한 관세에 경제성장률이 하락할 경우, 특히 중국의 소비 시장이 침체할 경우, 메모리 수요 증가세도 부득불 꺾일 수 있다. 예상했던 D램 가격 상승이 하향 조정될 수 있다는 얘기다. 싫지만 받아들여야 할 불확실성이다.

PC·스마트폰 쪽도 걱정이다. 이미 상당한 D램 재고가 쌓여 있기 때문이다. 여차하면 가격 하락의 요인이 될 수 있다. 2025년 1분기 글로벌 PC 출하량이 전년보다 5%가량 늘긴 했지만, 하반기엔 쪼그라들 수 있다. 미국 정부의 IT 기기에 대한 관세율 정도에 따라 D램 가격 또한 영향을 받을 전망이다.

그뿐인가, K-반도체가 끊임없이 경계하고 조심하고 주목해야 할 경쟁자, 중국의 반도체 산업이 어떻게 발전하느냐도 더할 나위 없이 커다란 걱정거리다. 게다가 호시탐탐 반도체 부활을 노리는 일본 역시 한순간도 허투루 볼 수 없는 위협 요소가 아닌가.

중국·일본·미국, K-반도체를 가만 놔두지 않는다

①중국 최대 메모리 제조사 CXMT는 24년 12월 삼성·하이닉스의 주력인 첨단 DDR5 양산에 돌입했다. K-반도체보다 딱 4년 늦었다. 이대로라면 창신메모리의 D램 생산량은 마이크론을 바짝 추격하고 [2025

년 중 전년 대비 68% 성장 예상], 곧 SK하이닉스의 절반 수준에 이를 것이다. ② 파운드리 대표주자 SMIC는 이미 2년 전 미국의 규제 때문에 최첨단 노광 장비를 못 구해 '구닥다리' 장비로 7나노 공정의 첨단 칩 양산에 성공했으며, 2024년엔 5나노 공정 개발에도 성공했다. 변변한 장비도 없이 7나노급을 양산하게 된 덕에 화웨이는 첨단 AI 칩을 만들 수 있게 됐다. ③ 낸드 분야에서도 중국의 약진은 거침없어, YMTC는 낸드플래시 294단까지 양산하는 적층 기술 강자로 유명하다. 128단에서 286단으로 넘어가기까지 걸린 시간을 보면, 삼성이 4년 7개월가량 걸린 데 반해, YMTC은 3년 5개월 정도였다. 품질도 한국 기업 못지않다. ④ 화웨이가 설계하고 SMIC가 제조하며 알리바바·텐센트 등의 데이터센터에 들어가는 AI 가속기 칩의 수율이 1년 만에 수익성 확보 수준까지 올라왔다.

중국 반도체 약진을 상징하는 예가 더 필요하겠는가?

손해를 보면서도 정부 지원으로 개발과 제조를 이어온 중국 AI 반도체 산업은 완전히 자립에 성공했다. 메모리 분야에서도 급성장해 K-반도체를 위협할 정도다. 아니, 2024년 하반기부터 우리 대중 수출이 줄면서 '중국의 K-메모리 산업 잠식'은 이미 현실이다. K-반도체 기업의 기술을 빼내거나 한국인 기술자를 대거 고용하는 등 수단 방법 가리지 않는다. D램의 핵심적 성능도 한국산보다 되레 높다. 정부 보조금 덕택에 가격 경쟁력까지 월등하다. 더 뼈아픈 건 첨단 반도체 부문에선 중국이 한국을 완전히 앞질렀다는 사실. 한국은 5개 첨단 영역 중 패키징을 뺀 4개 부문에서 중국에 뒤졌다. 한국과학기술기획평가원(KISTEP)이 확인해준 사실이다. 미국의 대중 기술 제재가 당최 쓸모없다는 뜻일까.

한국 메모리 점유율도 흔들리고 있다. 트렌드포스의 자료를 빌자

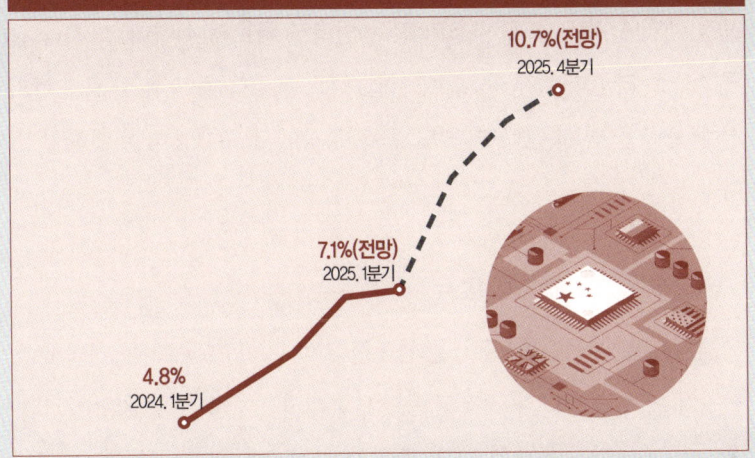

◆ 세계 메모리 반도체 시장에서 중국산 점유율

※2025년은 전망치   출처: 트렌드포스

면, 삼성전자의 메모리 점유율은 2023년 4분기 45.5%⇨ 2024년 3분기 41.1%⇨ 4분기 39.3%로 꾸준히 내려왔다. 반도체 불황으로 감산이 불가피할 때를 제외하고 40%대를 벗어난 건 드문 경우다. 반면 중국 메모리의 점유율은 2025년 말 10%대까지 상승할 전망이다. 이렇듯 중국 내 반도체 자급이 늘면서 한국 메모리 수출의 절반가량을 차지하던 대중국 수출은 빠르게 쇠퇴할 수밖에 없다.

일본의 도전장, '2나노 전쟁'이 뜨거워진다

일본은 한때 세계 반도체 시장을 석권했다. 그러니 일본의 '반도체 산업 부활' 야망은, 현실성이 충분하냐의 여부를 제쳐놓고, 당연하다.

일본 반도체 재기를 위해 8개 기업이 출자한 라피더스가 브로드컴에 2나노 시제품을 가까운 장래에 공급한다. 아직은 TSMC와 삼성전자만이 양산 준비가 된 2나노 공정의 치열한 경쟁에 일본이 뛰어드는 셈이다. 성공할 수 있을까. 기술 진입장벽이 몹시 높고, 시험 생산에 성공해도 양산에 들어가기 전까지 수십조 원이 투입돼야 하며, 새로운 공정 개발과 생산 프로세스의 전문 인력도 확보해야 한다. 그러나 궁극적으로 라피더스가 AI 수혜 기업으로 큰 주목을 받는 브로드컴의 발주 물량을 받게 된다면, 첨단 공정 경쟁에서 존재감이 뚜렷해질 것이다.

낸드 부문, 한국에 한발 앞서

일본 키옥시아는 332단 적층 낸드플래시[시제품이긴 하지만]를 개발했다. 전원이 꺼져도 정보가 저장되는 낸드플래시는 단수가 높을수록 고용량인데, 지금까지 공개된 낸드 제품 중 가장 높다. 이전 제품과 비교해 데이터 전송 속도 33% 향상, 저장 용량 59% 증가, 전력 효율 10% 개선이란 평가다. 삼성전자가 35% 이상을 점유하고 있는 낸드 시장에서 고전하던 일본 반도체가 모처럼 앞선 기술을 드러낸 부활의 조짐이었다. 낸드 시장의 57%가량을 장악한 K-반도체에 미국·중국에 이어 일본까지 추격해 온다. 초격차를 유지할 뭔가를 서둘러 개발해야 하게 됐다. 사실 일본은 1990년대까지 낸드 시장 최강자였다. 시차를 두고 '한국은 일본을 따라잡고, 중국은 한국을 따라잡는' 현상은 아주 많은 경제·비즈니스 영역에서 목격해온 바가 아닌가. K-반도체는 이 점을 늘 염두에 두어야 할 것이다.

◆ 글로벌 낸드플래시 시장점유율

기타 4.2%
웨스턴디지털(미국) 10.7%
마이크론(미국) 14.2%
키옥시아(일본) 15.1%
SK하이닉스(한국) 20.6%
삼성전자(한국) 35.2%

출처: 트렌드포스

이 와중에 미국은 또 왜 이래?

트럼프가 재집권할 때 어느 정도 예상은 했지만, 그의 충동적인 반도체 정책 변화로 불확실성은 커졌고 그 충격을 최소화하겠다고 벼르는 우리 기업들은 여전히 갈피를 못 잡는 실정이다. 더구나 K-반도체가 미·중 경쟁의 한복판에 서 있어서 여간 불안한 게 아니다. 글로벌 제조사들의 미국 내 생산을 압박해오던 트럼프는 자기네 산업 보호에만 집착해 급기야 인텔 지분을 인수했고, 삼성·하이닉스도 지분 요구 가능성에 긴장하지 않을 수 없게 만들었다. 안보든 경제든 전부 미국의 이익을 최우선시해 결정하겠다는 그의 욕심은 흔들리지 않을 터인즉, 중국에 몇몇 생산 거점을 둔 삼성전자와 하이닉스는 이래저래 타격이 불가피하다.

하늘이 무너져도 중국이 앞서는 것만은 못 참는다는 미국이 첨단 반도체 장비도 첨단기술도 일절 중국으로 보내지 못하게 가로막고 있으니, K-반도체의 중국 공장 운영에 불확실성이 커질 수밖에 없다. 게다가 '다른 나라보다 불리하지 않게 대우'하겠다고만 했을 뿐 아직 확정되지 않은 K-반도체에 대한 관세 역시 모호해 불확실성만 키우고 있다. 이러다가 중국의 장비 업체들이나 미국 마이크론만 득을 보는 게 아닐까.

중국은 삼성 낸드플래시 물량의 35%, 하이닉스 D램 생산량의 40%를 담당하는 핵심 생산기지다. 공급물량만 많은 게 아니다. 중국은 세계 최대 반도체 수요처이기도 해, 미·중·일의 빅 테크들이 거점을 갖고 있다. 2010년 이후 두 회사가 중국 공장에 집어넣은 돈이 적어도 50조 원이다. 그런데 미국은 이렇게 윽박지른다. "현상 유지를 위한 중국으로의 장비 반출은 허용하지만, 기술 업그레이드나 역량 확대를 위한 장비는 절대 안 돼!" 반도체 장비 영역에서 시장의 50% 이상을 차지하는 미국이 말이다. 일본·유럽산으로 대체하기도 어려워 미국 장비 없이는 삼성·SK 중국 공장이 제대로 굴러갈 수 없음을 아니까 그럴 것이다. 우리의 공든 탑을 아예 무너뜨리겠다고 나선 것이다.

국익을 앞세우는 거야 어느 나라든 마찬가지이니 욕할 것도 아니지만, 어떤 산업 분야든 트럼프가 권좌에 있는 한 그 고약한 탐욕과 야심에 휘둘리지 않을 도리는 없다. 우리 나름의 발 빠른 대응과 현실적인 전략으로 그 탐욕과 야심을 요리조리 이용하는 길을 찾아내는 수밖에.

· 1장 ·
HBM,
이걸 빼고는 K-반도체를 이야기할 수 없다

HBM(high bandwidth memory: 고대역폭 메모리)은 D램을 여러 층 쌓아 만든 고성능 메모리 반도체로, AI 학습용 가속기의 핵심 부품이다. 현재 5세대 HBM3E까지 상용화됐고, 2026년부터 6세대 HBM4가 주력이 되면서, 앞으로 15년~20년간 K-반도체를 이끌어갈 것으로 평가된다. 지금까지 HBM의 성능은 D램을 얼마나 더 얇게, 더 많이 쌓느냐의 싸움이었다. 그러나 앞으로의 경쟁은 표준화 제품의 성능이 아니라 얼마나 고객 맞춤형으로 만들 수 있느냐이다. 그래서 HBM의 맨 아래 '기판(base die)'을 고객 희망대로 [즉, 파운드리 공정으로] 만든다는 점이 전 세대와 가장 큰 차이이며, 이 기판의 성능이 HBM의 성능을 좌우한다. 그리고 설계 능력이 없으면 맞춤형 HBM도 공급하기 어렵다.

앞으로 HBM은 어떤 모습을 띨까?

- 갈수록 데이터 처리량이 급증하므로, 데이터 전송 능력이 관건이다. 현재는 HBM의 주요소인 D램이 12단 높이로 쌓이지만, 궁극적으로 HBM8 단계엔 24단만큼 적층하게 될 전망이다. 또 엔

비디아가 출시할 B300 등 신제품은 HBM 탑재량이 129GB에서 288GB까지 커질 것이다.

- 데이터 처리가 많아지면 소모 전력도 늘어나고 발열도 심해진다. 절전을 위한 설계와 열을 식히는 기술들이 중요해진다. AI 데이터센터에서 급선무로 논의되는 다양한 냉각 기술과 궤를 같이한다.
- 앞으로 HBM은 LPDDR 같은 주변의 다른 메모리와 직접 연결되며 성능이 대폭 개선될 것이다. 또 낸드플래시를 여러 층 쌓은 칩도 탑재된다. 그 결과, 뜻밖의 기술 혁신이 생기지 않는 한, AI 반도체에서 HBM이 맡는 역할은 더욱 공고해질 것이다. 특히 빅 테크들이 추론에 특화된 맞춤형 AI 가속기를 개발하면서 고성능 HBM을 요구할 것이다.

HBM, 얼마나 큰 시장이기에

무엇보다 AI 구축(현실적으로 AI 가속기 확산)과 HBM 수요 간의 관계는 매우 분명하다. 그럼, AI 가속기 시장은 어떤 규모일까? 다소 의견이 분분하지만, Grand View Research(그랜드 뷰 리서치) 등의 조사기관들은 전 세계 AI 가속기 시장이 지금의 260억 달러 정도에서 2030년 2,400억 달러(약 332조9천 원)로 커질 것으로 예상한다. 여기에 새로운 수요가 더해지는 만큼 시장 규모는 더 커질 수 있다는 분석도 있다.

이에 따라 몇몇 시장조사업체들은 세계 HBM 시장이 2023년의 40억 달러에서 2025년 370억 달러로 급등하고, 2026년 580억 달러, 2030년 900억 달러(124조8천억 원)까지 성장할 것이라 본다. 물론 여기서도 전망치는 다양하다. 아무튼 '큰손' 엔비디아의 구매가 늘어나는 데다, 엔

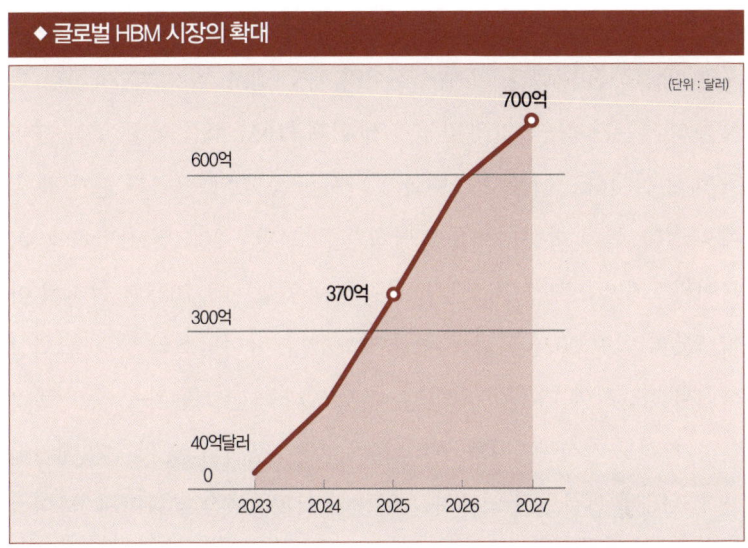

◆ 글로벌 HBM 시장의 확대

(단위: 달러)

출처: 가트너, 트렌드포스

비디아 의존도를 낮추려는 구글·아마존·메타 등이 스스로 AI 칩을 개발하며 대형 고객으로 등장해 HBM 수요를 이끌 것이다. SK하이닉스 경영진도 견고한 AI 수요, 컴퓨팅 기업들의 AI 부문 지출 확대, 고객들의 맞춤형 솔루션 요청 등을 HBM 성장을 낙관하는 이유로 들면서, 2030년까지 매년 30% 성장이란 전망조차 보수적이라고 평했다. 실제로 2026년만 하더라도, HBM3E와 HBM4의 총공급 물량은 일찌감치 매진될 거란 이야기가 돌고 있다.

차세대 HBM, 가격은 어떻게 될까?

SK하이닉스는 2025년 상반기 5세대 HBM3E 12단을 엔비디아에 독점 공급하기 시작했다. 그때 가격 프리미엄을 인정받아 하이닉스의 실적도 치솟았다. 2026년 납품될 HBM4 12단에 대해서도 최초물량 협상을 맨 먼저 마무리했다. 설계와 공정 난도가 올라갔음을 고려해 가격은 5세대보다 70% 정도 비싼 500달러 대로 합의했다는 애기도 돌았지만, 확인하긴 어렵다. 그게 사실이라 해도 엔비디아는 추가 물량 협상을 미루는가 하면, 가격을 낮추기 위해 HBM 핵심 부품 로직 다이를 직접 설계하고 납품사 다변화에 나서는 등 소위 '공급사 군기 잡기'에 나섰다. 특히 하이닉스를 압박하는 모습이다. 2024년 상반기엔 SK하이닉스가 2025년 HBM 물량 완판을 공언했는데, 2025년 들어선 마이크론이 먼저 2026 물량 완판을 발표했다. 하이닉스와 물량을 협상하면서 경쟁사에 더 많은 양을 줄 수도 있다는 신호를 자꾸 흘리는 것이다. 가격도 가격이거니와, 엔비디아는 GPU 생산과 AI 가속기 패키징을 TSMC에 전적으로 의존하고 있는데, HBM 핵심 부품마저 '하이닉스 설계-TSMC 제작'이라는 틀에 맡기기가 불안하다.

HBM4 양산을 앞두고 엔비디아의 가격 인하 압박은 더 거세질 것이다. 업계는 HBM4 납품 단가가 HBM3E 12단보다 20%~40% 뛸 것으로 예상하지만, 엔비디아는 10% 정도 인상을 검토하고 있다는 애기도 나온다. 분명한 건 하이닉스의 HBM 독점 지위가 오래갈 수 없고 가격 협상력에도 의문부호가 붙게 된다는 점이다.

HBM 1차 대전에서 패했던 삼성전자 역시 가만 있을 리 없다. 품질 테스트 통과가 예상되는 가운데 우선 5세대부터 시장 가격보다 낮게 공급한다. 이미 2025년 2분기부터 가격 인하가 시작됐다는 애기도 나온다. 주지하다시피 삼성은 AMD에 HBM3E를 공급 중이고, 브로드컴의 테스트도 통과해 납품이 시작될 전망이다. 또 엔비디아에 대한 HBM3E 공급도 시간문제다. 수요가 늘어나는 속도보다 공급 증가 속도가 더 가파를 테니, 시장 가격도 떨어질 걸로 보는 것이다. 그 위에 2026년 HBM4까지 나오면 구형 모델이 될 HBM3E의 가격은 더 내려갈 수밖에 없어 보인다. 삼성의 '가격으로 시장 흔들기'는 HBM4에도 이어질 것이다. D램도 5세대와 다른 걸 사용하고 공정도 경쟁사보다 앞선 만큼 6세대 제품에 거는 기대가 막대하므로, 삼성은 가격까지 무기로 사용하는 걸 주저하지 않을 것이다.

HBM, 누가 필요해서 사가나?

HBM의 고객은 엔비디아·AMD 같은 AI 가속기 업체와 구글·아마존 AWS 같은 데이터센터로 크게 나뉜다. 그러나 앞으로는 주문형 반도체 기업이 엔비디아 못지않은 큰손 고객으로 부상할지 모른다. 주문형 반도체(ASIC: application specific integrated circuit)란 특정 제품·시스템의 특정 기능을 위해 맞춤 제작된 집적 회로, 그러니까 특정 용도를 위해 '맞춤 설계'된 반도체다. 한 가지 AI 서비스에 성능을 집중시킨 ASIC 시장이 급성장하면서, 아마존·구글·메타·브로드컴 등 ASIC 설계 기업들이 HBM 시장의 주요 고객으로 떠오르는 중이다. 무슨 의미일까? AI 가속기 기업에 쏠렸던 수요처가 다양해진다는 뜻이다. 즉, HBM 제조사들의 ASIC 기업 대상 HBM 공급량이 늘고 '엔비디아 의존도'가 낮아진다는 뜻이다. 흥미로운 변화가 아닐 수 없다.

주문형 반도체 ASIC 부문이 왜 HBM 구매자로 부상할까? 한마디로 특정 AI 모델에 특화된 맞춤형 반도체 수요가 늘어서다. 엔비디아·AMD의 AI 가속기는 범용 제품이라 비싸기만 할 뿐, 소요 전력 대비 성능 효율이 낮아 불편하다. 그래서 JP 모건은 2025년 글로벌 AI ASIC 시장이 30% 넘게 성장할 것으로 전망했다. 2026년 ASIC 출하량이 엔비디아의 AI 반도체 물량을 넘어설 것이란 예상도 눈에 띈다. 당연히 HBM 제조사들은 새 전략 짜기에 바빠졌다. 선두주자 하이닉스는 브로드컴·아마존·구글 등의 ASIC 칩에 HBM을 대량 공급하고 있으며, 엔비디아 때문에 애를 태우는 삼성전자도 브로드컴 등에 이미 HBM3E를 공급하고 있다. 물론 아직은 HBM 시장에서 10% 안팎의 물량에 불과하지만 말이다.

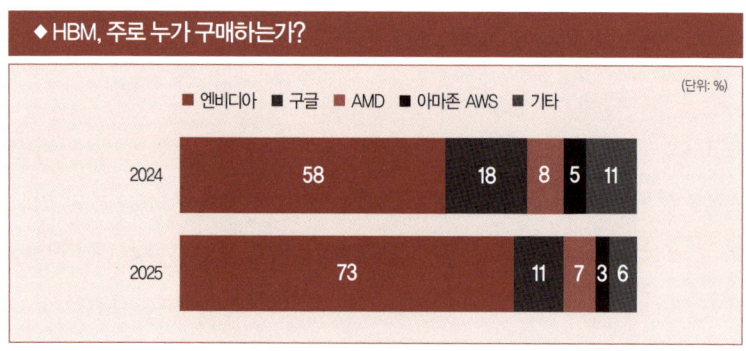

◆ HBM, 주로 누가 구매하는가?

※출하량 기준의 예상치　　　　　　　　　　　　　　출처: 트렌드포스

진짜 흥미로운 건 고객 맞춤형인 6세대 HBM4가 시장을 주도할 2026년부터다. 6세대부터는 두뇌 격인 '로직 다이'를 고객사 희망대로 만들게 돼, 각각의 ASIC에 딱 어울리는 HBM 공급이 가능해지기 때문이다. 본격적으로 HBM 고객 다변화가 이뤄질 거란 얘기다. 이에 따라 HBM 공급 3사 모두 시장 확대에 대비한 설비 투자를 본격화한다. 씨티증권은 AI 가속기 시장 내 ASIC 비중이 2028년엔 20%~30%에 이를 것으로 전망했다.

ASIC를 개발 중인 브로드컴은 일찌감치 하이닉스·삼성에 HBM4를 공급해달라고 요청한 터이다. 엔비디아 AI 가속기가 턱없이 비싸, 이에 질린 빅 테크들이 ASIC에 HBM을 붙이는 자체 AI 가속기 개발에 나섰고, 그 설계를 브로드컴이 맡은 것이다. 또 하이닉스의 공급만으로는 차세대 엔비디아로 성장하는 브로드컴 수요를 다 맞출 수도 없다.

엔비디아 한 곳만 쳐다보던 삼성·하이닉스도 혜택을 누리지 않겠는가.

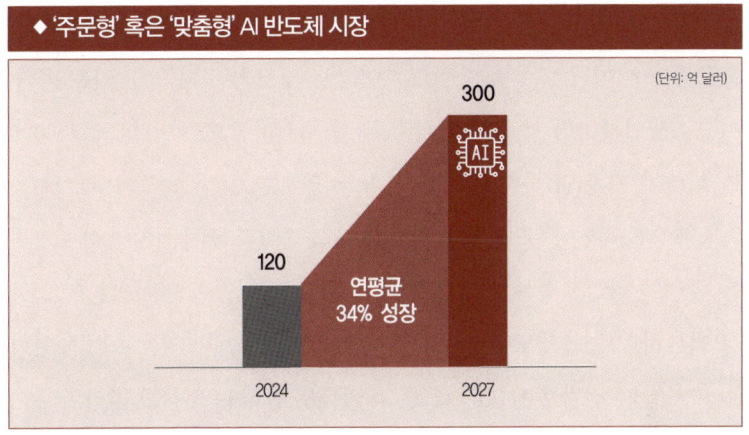

출처: 모건스탠리

딥시크의 영향도 적지 않아

2025년 초 중국 딥시크가 저비용-고성능 AI 기술을 구현하면서 엔비디아 AI 인프라 투자의 거품을 어느 정도 걷어냈다. 천정부지로 가격이 치솟고 있는 엔비디아 GPU만이 능사는 아니고 저사양 반도체로도 첨단 AI 서비스가 가능하다는 것이 확인된 것이다. 아마존, MS, 메타 등은 일부 데이터센터에 낮은 사양의 HBM이 탑재된 딥시크 모델을 활용해 비용 효율화에 나선다. 이런 추세의 함의는 무엇일까? 단기적으로는 고성능 HBM에 사활을 거는 K-반도체에 악재인 동시에, 중·장기적으로 엔비디아 의존을 벗어나 고객사 다변화의 멋진 기회가 될 수도 있다. 무엇보다 고객 맞춤형 사업 전략을 강화해야 한다는 목소리가 나온다. 참고로 2024년 HBM 총구매의 18%를 차지했던 중국은 미국의 규제 영향으로 올해 그 비중이 4%로 쪼그라들 것 같다.

HBM, 누가 만들어 공급하나?

AI 가속기나 HBM 같은 용어는 일반 상식이 되었고, 현재 HBM의 주 공급사가 하이닉스·삼성·마이크론이라는 것도 누구나 알고 있는 바다. 시장조사업체마다 조금씩 다른 통계를 제시하고 있지만, 대체로 2025년 상반기 기준 SK하이닉스가 HBM 시장 62%(HBM3E만 고려하면 70%)를 차지해 압도적인 선두를 지키고 있다는 의견이다. 전년까지만 해도 2위를 달리던 삼성전자는 17%로 떨어진 반면, 꼴찌였던 마이크론이 21%를 기록하며 놀랍게도 삼성을 추월했다. 다만 2025년 전체로는 하이닉스 57%, 삼성전자 24%, 마이크론 19%를 예상하는 기관도 많다.

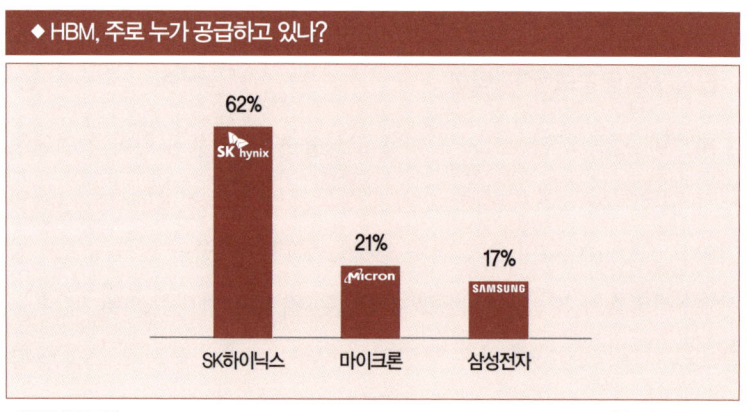

◆ HBM, 주로 누가 공급하고 있나?

※2025년 2분기 기준 출처: 카운터포인트 리서치

하이닉스, 주도권을 놓지 않을 거야

2026년부터 시작될 다음 세대 HBM4 역시 하이닉스가 먼저 엔비디아 물량 일부를 따내고 브로드컴·AMD와도 구체적으로 협의하는 등, 경쟁사들보다 앞서나가는 것 같다. 그들의 요구사항을 반영해 이미 맞춤형 7세대 HBM4E 설계 작업에도 들어갔다. 맞춤형 HBM 제작에 꼭 필요한 파운드리 선단 공정은 TSMC가 제공하며 하이닉스가 패키징 기술을 다듬을 수 있도록 돕는다.

AI 반도체 수요는 상당한 기간 강력한 성장을 멈추지 않을 터이다. SK하이닉스가 계획대로 2026년 하반기 HBM4 양산을 추구하면서 결국 D램 매출 가운데 HBM 비중은 44%를 넘길 것으로 전망된다. 다른 메모리 제품에 견주어 HBM의 수익성이 워낙 좋아서, 이를 위주로 투자를 이어간다는 원칙을 유지하지 않겠는가.

2025년 9월 12일 마침내 하이닉스는 세계 최초로 6세대 HBM4 개발을 마무리하고 양산 체제를 갖췄다고 발표했다. HBM4 양산 공정에는 10나노급 5세대 D램 기술을 적용한다. 다만 이는 내부 개발의 완료를 의미할 뿐, 엔비디아 등 고객사 품질 검증은 남겨뒀다. HBM4가 이 품질 검증을 통과한다면 2026년에 출시될 엔비디아의 최신 AI 반도체 '루빈'에 탑재된다. HBM4 양산 체제 구축은 AI 인프라의 한계를 뛰어넘는 상징적인 전환점이 될 수 있어, 업계는 하이닉스가 차세대 HBM 주도권 싸움에서 우위를 점했다고 평한다.

그러나 엔비디아 덕택에 HBM의 절대강자로 군림해온 하이닉스는 엔비디아의 장악력 약화가 두렵다. 왕좌를 지키려면 삼성·마이크론의 반격을 막아내면서 더욱 다양해지는 HBM 고객들을 찾아내서 잡아야 한다. 이건 하이닉스에 풀기 힘든 고차방정식이다. 2026년 엔비디아와의 물량 협상도 HBM4를 포함해 진행 중이다. 2026년엔 하이닉스의 HBM 비즈니스가 경쟁사보다 약한 14% 정도 성장할 거라는 일부 증권사들의 전망은 그래서 나오는 것 같다.

세계 최고의 노광 장비로 1등을 지키겠어!

2025년 9월 SK하이닉스가 '하이 NA EUV'라는 네덜란드 ASML

사의 노광 장비를 메모리 업체 최초로 도입했다. 33년 만에 차지한 메모리 시장 1위를 단단히 지키려는 승부수다. 한 대에 5,000억 원을 넘는 초고가 장비라고 하니, 보통 사람들은 그 기능을 상상조차 하기 어렵겠지만 [아니, 상상할 필요도 없겠지만] 현존 장비 중 가장 미세한 회로 패턴 구현이 가능해 반도체 선폭을 줄이고 집적도를 높이는 장비라고만 이해해두자. 삼성전자·TSMC·인텔 같은 반도체 기업만이, 그것도 나노 공정 기술 개발용으로만, 보유하고 있다.

4년 전 10나노급 D램 공정에 EUV를 처음 도입한 이후 최첨단 D램 제조에 이 장비의 적용을 계속 넓혀온 하이닉스는 희귀한 양산용 차세대 노광장비 확보를 통해 차세대 메모리 개발 속도를 높여 HBM 성능과 경쟁력을 한층 강화할 생각이다.

삼성, 차세대 HBM부터는 반드시 이길 거야

널리 알려진 바와 같이 엔비디아에 대한 삼성전자의 HBM3E 12단 납품은 지연되고 있어 2025년 하반기에나 실현될 전망이다. 그러나 주문형 반도체 기업 브로드컴에 대한 HBM3E 공급은 이미 확정돼 곧 시작될 뿐 아니라, 브로드컴의 공급망에는 삼성이 50% 이상을 차지하는 최대 공급사로 진입할 예정이다. 범용인 가속기를 만드는 엔비디아와 달리 주문형을 만드는 브로드컴은 발열 기준이 그다지 까다롭지 않아서, 삼성의 공급이 빠르게 확정되었다고 한다.

나아가 삼성전자의 HBM3E 12단은 세계 2위 AI 가속기 업체인 AMD의 신형 'MI350' 시리즈에도 장착됐다. 이제 AMD와 손발을 맞추었으니, 차세대 가속기에도 HBM을 공급할 가능성이 크다. 나아가 이런 경험 덕에 엔비디아 납품이 성사될 가능성도 역시 커진다. 비로소 HBM4 시장에서 하이닉스·마이크론과 승부를 다툴 토대가 마련됐다는 평도 나온다.

엔비디아 제품보다 싸고 운영 비용도 덜 드는 AMD의 AI 가속기는 오픈AI의 데이터센터에 장착된다. 바로 이 점이 또 하나의 호재다. 오픈AI가 미국에 5,000억 달러짜리 데이터센터를 짓는 '스타게이트' 프로젝트는 삼성 HBM에 대한 수요를 엄청나게 확대할 수 있으니까! 이런 긍정적 요소에 브로드컴 수주까지 고려한다면, 압도적 1위인 SK하이닉스와의 격차를 많이 좁힐 수 있다.

삼성전자에도 버팀목은 HBM이다. HBM3E의 엔비디아 납품을 넘어 반전을 노리는 HBM4 시장에서 최대한 많은 물량을 따내야 한다. 비결은 공정이다. SK하이닉스·마이크론은 5세대 공정으로 HBM4를 만들지만, 삼성은 한 단계 위 6세대 공정으로 만들 작정이다. HBM4부터 주로 고객 맞춤형이 되면서 메모리와 파운드리를 동시에 하는 삼성의 강점을 십분 활용할 수 있다. 가령 하이닉스가 외부 협력사와 협업하는 것보다는 한 지붕 아래 빠르고 효율적·유기적으로 작업하는 게 훨씬 유리하지 않겠는가.

한 가지만 덧붙이자. 중국에는 HBM을 팔지 말라는 미국의 통제도 삼성엔 악재다. 하이닉스는 HBM을 미국에만 팔고 있으나, 삼성은 적잖은 물량을 중국에 팔고 있기 때문이다. 실제로 중국·홍콩 대상의 반도체 수출 금액은 줄곧 감소 추세다.

맞춤형 HBM 시대에 달라지는 공급 지평

지금까지 AI 가속기의 공급은 엔비디아, HBM의 공급은 SK하이닉스가 (거의) 독점해왔다. AI 가속기에 대한 수요가 폭증을 거듭하며 공급이 절대적으로 부족했고, 그 부품인 HBM의 공급 역시 부족했다. 그러나 이런 셀러즈 마켓(seller's market) 잔치는 끝나고 있다. 너도나도 엔

HBM은 아니지만, 제2의 HBM이라고?

마이크론의 'SOCAMM(소캠)'이 화제다. 최신 LPDDR5X을 쌓아 만든 메모리 모듈인데, 제2의 HBM이라 불리며 엔비디아에 공급된다. HBM이 AI 가속기에서 GPU를 지원하는 D램 뭉치라면, 소캠은 CPU에 따라붙어 가속기의 최고 성능을 지원하는 D램 뭉치. 삼성·하이닉스도 소캠 개발을 완료했지만, 아직 납품은 성사되지 않았다. 메모리 만년 3위였던 마이크론이 자랑하는 저전력 D램 기술로 먼저 공급사가 되었으니, 향후 '메모리 3강' 경쟁 구도에 변화가 생길 수도 있다.

소캠뿐 아니라 마이크론의 개선된 경쟁력은 전력 효율 극대화를 지향하는 저발열 기술에 있다. 삼성의 최신 스마트폰에 저전력 D램의 초도 물량을 공급한 것이나, 앞서 아이폰15에 장착한 것도 마이크론이었다. 세대를 거듭할수록 적층에 발열이 심한 HBM에서 마이크론의 점유율 상승이 점쳐지는 이유다.

소캠은 확장성이 높아, 엔비디아가 개발 중인 '개인용 슈퍼컴퓨터'에도 쓰일 거라고 한다. 개인용 슈퍼컴퓨터가 널리 퍼지면 소캠 수요도 폭발적으로 늘어난다는 뜻이다.

마이크론이 개발한 '소캠'

비디아의 비싼 가속기만 찾던 AI 기업들은 하나둘 '내 입에 맞는 대안'을 찾아 떠나고, 하이닉스에 의존했던 HBM 공급도 빠르게 다변화하고 있기 때문이다. AI 가속기와 HBM을 못 구해 발을 구르고 아우성치던 분위기는 '옛이야기'가 되고 있다.

맞춤형 HBM 시대의 도래! 그저 D램을 높게 쌓는 HBM이 아니라, 맨 밑 베이스 다이에 고객이 원하는 특별한 로직 회로를 넣은 HBM이 필요하다. 제조사가 고객과 오랫동안 함께 연구·개발하고 막대한 검증

비용을 부담해야 한다. 신뢰할 수 있는 파트너가 아니고는 어렵다. 그래서 마이크론은 앞으로 HBM 공급사가 한두 개로 줄어들 거란 '공급사 축소'를 주장하기도 한다. 그러면서 이 같은 흐름을 타고 '만년 3위' 꼬리표를 떼고 선두가 되겠다는 야망을 품고 있다. 마이크론은 벌써 '2026년 HBM 물량 완판(sold out)'을 떠벌리는 상황이다.

마이크론의 공세에 삼성전자의 셈법도 한층 복잡해졌다. 삼성은 이미 단기전은 포기한 상태. 때늦게 HBM3E 12단을 엔비디아에 납품해봤자, 전체 물량의 10%밖에 차지하지 못할 것이다. 이미 놓친 시장인 셈이다. 진짜 승부처는 HBM4 시장. 여기서는 점유율을 30%까지 끌어올리자는 게 삼성의 전략이다. 그 정도만 성취해도 삼성의 2026년 HBM 매출은 올해보다 2배 이상 성장한다. 어쨌거나 삼성으로선 고난도의 방정식이다.

맞춤형 HBM 시장은 전혀 새로운 잠재적 공급사를 불러온다. 고객이 원하는 HBM을 설계·제작하려면 시스템 반도체 역량이 중요해지기 때문이다. 최근 대만 기업들이 HBM 생태계에 속속 진입하는 것도 바로 이런 이유에서다. 대만 메모리의 대표 南亞科技(Nanya Technology: 난야 테크놀로지)가 2026년 맞춤형 HBM 출시를 선언했고, 팹리스의 상징 聯發科技(MediaTek: 미디어텍)은 로직 다이의 설계자산(IP)을 공급하겠다고 나섰다. 위협 수준은 아닐지 몰라도 직·간접적인 경쟁은 될 수 있다. 요컨대 HBM 시장에서 시스템 반도체에 대한 의존도는 커질 것이 확실하다.

게임의 규칙이 바뀔 때마다 승자와 패자가 엇갈리는 건 어떤 산업이든 마찬가지. HBM에서도 '누가 더 좋은 걸 더 많이'에서 '누가 더 고객 입맛에 딱 맞게'로 전환할 것이다.

로보틱스 반도체, 새 시장이 열리나?

엔비디아가 GPU 블랙웰을 기반으로 하여 로봇의 두뇌 격인 새로운 칩 모듈 'Jetson AGX Thor(젯슨 AGX 토르)'를 출시했다. 이전 모델보다 메모리 용량, AI 컴퓨팅 성능, CPU 성능이 현저히 향상된 로봇용 시스템온칩으로, 물리적 세계에서 움직이는 피지컬 AI에 최적화되어 있다. 3,499달러(약 486만 원)짜리 이 칩 모듈은 다이내믹한 현실에서 실행하기에 너무 느렸던 업무 흐름에 속도를 붙여 휴머노이드 로봇에 새로운 가능성을 열어줄 것으로 보인다. 현대차그룹의 로봇 계열사 보스턴다이내믹스를 비롯한 미국 로봇 기업들이 이미 젯슨을 사용하고 있다.

젠슨 황도 AI와 로봇공학을 미래 성장 기회 중 가장 큰 분야로 지목했거니와, 피지컬 AI 시장이 커지면 K-반도체에도 새로운 성장동력이 될 것이다. 엔비디아는 앞서 설명한 마이크론의 소캠을 채택했고, 삼성전자·하이닉스로부터도 소캠을 공급받을 전망이다. 여기에 엔비디아가 로보틱스 반도체 시장까지 본격 확장에 나서면, K-반도체 기업의 수혜 가능성도 그만큼 커진다.

중국, 우리도 HBM 만들어야 해

중국의 AI 산업 성장을 두려워하는 미국은 중국이 첨단 AI 반도체와 첨단 장비를 구하지 못하도록 계속 어깃장을 놓고 있다. 답답해진 중국은 모든 수단을 동원해 고성능 반도체의 기술 자립화와 내재화에 몰두하고 있다. HBM도 그 하나다. 창신메모리가 팔을 걷어붙이고 나서, 4세대 HBM3 개발을 위해 신규 장비를 대거 도입할 것이란다. 업계가 예상하는 2026년 CXMT의 HBM 생산능력은 삼성전자·하이닉스의 20%~25% 수준이다.

여러 산업 영역에서 그랬듯이 HBM에서도 중국이 큰 영향을 미치게 될까? 전문가들의 대답은 '노'다. 중국 메모리 업체들이 빠르게 발전하고 있지만, 생산력과 기술적 정교함에서 여전히 K-반도체에 뒤처진다는 이유에서다. 기실 중국이 개발하는 HBM은 구형인 데다, 여기에 들어가는 D램도 3년 전 K-반도체 양산 제품에 뒤진다. 결국, 단기간 내 영향을 끼치기는 어렵다.

· 2장 ·
하이닉스 VS 삼성, 언제 봐도 흥미진진한 두뇌 싸움

하이닉스, '삼성'이란 아성을 무너뜨리다

1992년 이후 한 번도 D램 왕좌를 내준 적이 없었던 삼성전자도 대단하지만, 2025년 1분기 그 기록을 깨뜨리고 글로벌 D램 시장점유율 36%로 1위를 기록한 SK하이닉스도 보통내기는 아니다. 2024년 1분기만 해도 삼성전자 점유율은 41%로 압도적이었지만 AI 붐에 따른 HBM 수요 폭발로 연말 경엔 양사의 격차가 급격히 좁혀졌다.

　2년 전만 해도 9조1,375억 원의 어마어마한 순손실을 기록한 SK하이닉스가 환골탈태해 소위 '넘사벽'이던 삼성전자를 33년 만에 넘어선 배경은? 10년 넘게 몰두해 경쟁사들을 압도하고 가장 큰손인 엔비디아에 사실상 독점 공급을 이룩한 HBM 덕이다. 만년 2위의 역전 이유는 또 있다. 삼성이 크게 의존해온 범용 D램의 수요가 확 줄어든 것이다. 따라서 삼성은 중국의 저가 D램 공세에 고스란히 노출됐지만, 하이닉스는 그다지 영향받지 않은 것이다.

　2025년 2분기에 하이닉스는 9조 원이 넘는 사상 최대 영업이익을 달성했다. 이익률이 출중한 HBM이 전체 매출에서 40% 이상을 차지했기에 영업이익률도 경이로운 41%를 기록했다. 증권가가 예상하는 2025년 전체의 영업이익은 전년보다 30% 늘어난 31조6,000억 원 정도. 삼성전자 반도체 부문의 예상 영업이익 약 15조 원과 대조적이다.

정상에 오르니 걱정이 시작되네

이렇게 되자 하이닉스를 향한 투자자들의 불안이 투영되기 시작한다. HBM에 너무 의존하는 게 아니냐는 얘기다. 크게 두 가지 이유에서다. 마이크론·삼성전자가 6세대부터 생산능력을 강화하므로 2025년 하반기부터는 공급과잉으로 바뀔 수 있다는 '설'이 그 하나다. 거기엔 당연히 HBM 판매단가 하락과 이익 감소를 우려하는 목소리가 뒤따른다. 다른 하나는 하이닉스의 매출에서 HBM 비중이 너무 커서, HBM이 흔들리면 받쳐줄 마땅한 대안이 없지 않은가 하는 걱정이다. 화려한 실적 행진에 브레이크가 걸리면 어떡하냐는 얘기다.

SK하이닉스도 이런 우려를 모르지는 않을 테다. 선두주자의 생각

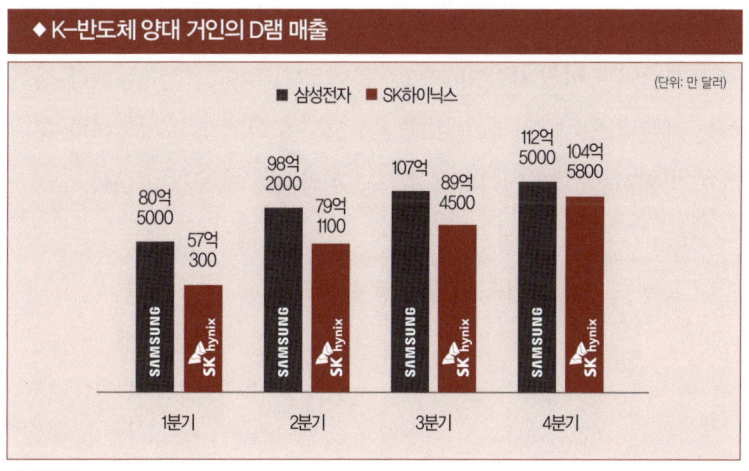

Part Three K-반도체 187

은 이렇게 요약할 수 있지 않을까. "메모리 시장은 HBM이 주도하고, HBM 선도 기업이 협상력을 가지는 환경 아닌가. 우리는 개발, 양산, 고객 지향적 사고, 탄탄한 팀워크를 바탕으로 HBM 리더가 됐다. 우리 경쟁력은 남들이 쉽게 모방할 수 없을 것이다. AI 추론과 에이전트 등 여러 분야에서 HBM 수요는 증가세다. 초기만큼 급속하진 않더라도 높은 성장성은 계속된다." 흥미롭게 지켜볼 일이다. 하긴 대규모 데이터센터 구축이 급증하면서 HBM 수요가 커지고, 나라마다 소버린 AI에 맞춰 투자를 이어가는 현 상황도 동력이 되고 있다. 2025년 하반기부터 웨이퍼 투입량을 줄이려는 삼성전자와는 달리, 하이닉스는 선제 투자를 감행해 HBM 매출을 2배로 키우겠다는 욕심이다. 일단 2025년 내내 D램 점유율 1위를 유지하면서 하이닉스의 고공행진은 이어질 것 같다.

다만 HBM4부터는 경쟁이 심화할 조짐이다. HBM3E에서 참패한 삼성전자가 최첨단 공정으로 HBM4 개발과 생산능력을 강화하고 있어서다. '하이닉스 1강' 구도가 '3사 공급' 체제로 개편될 경우, 납품단가 낮추기 싸움이 벌어져 HBM 프리미엄이 줄어들 수도 있다. 실제로 골드만삭스는 2026년 HBM3E 가격이 30% 하락하고, 신제품 HBM4 가격 프리미엄도 이전 세대의 45% 수준에 그칠 것이라고 예상했다. 물론 이는 하이닉스뿐만 아니라 HBM 3사 모두가 안고 있는 고민이다. 공급망이 다변화할수록, 엔비디아의 가격 협상력도 강해질 테니까. 어쨌거나 HBM 가격 결정권이 공급자에서 수요자로 넘어가는 분위기가 짙어지면, K-반도체에는 더욱 난처한 상황이 된다.

세계 최초 321단 낸드플래시도 개발했지

SK하이닉스는 세계 최초로 셀(저장 공간)을 321개 층 쌓은 2테라비트 용량의 QLC 낸드플래시를 개발, 2026년 1분기 양산에 들어간다. 모바일 기기에 들어가는 낸드플래시를 300단 이상 만든 것은 처음이며, 현존 최고의 집적도를 자랑한다. 기기의 멀티태스킹 능력을 좌우하는 랜덤 읽기·쓰기가 빨라졌고, 전력 효율도 7% 높아졌다. 하이닉스의 이 낸드플래시는 상대적으로 뒤처진 낸드플래시 시장에서 추격을 강화하는 계기가 될 수 있다. 구체적으로는 PC용 SSD 시장 ⇨ 데이터센터용 초고용량 eSSD 시장 ⇨ 스마트폰용 제품까지 영역을 확대하겠다는 전략이다.

HBM에서의 고공 행진은 전체 메모리 매출(D램+낸드플래시)에서도 하이닉스를 삼성전자와 함께 공동 1위에 올려놓았고, 업계는 2026년 1분기까지 하이닉스의 메모리 독주가 계속될 것으로 본다. 엔비디아 AI 가속기에 탑재되는 HBM3E의 75%는 하이닉스 몫이고, 2026년분 HBM 공급 역시 하이닉스가 1순위로 맡을 가능성이 크기 때문이다. 2026년 1분기 HBM 공급 계약은 아마 2025년 9월 안으로 마무리될 거라고 한다.

하이닉스가 안고 있는 리스크는?

- 무엇보다 갈수록 치열해지는 삼성·마이크론과의 경쟁이다. HBM 5세대까진 거의 독점을 누렸으나 조만간 그런 특혜는 끝날 조짐이고, 6세대에 들면 우세를 장담하기 어렵다. 게다가 AI 반도체 시장에서 엔비디아 자체의 영향력이 줄어들 전망인지라, 엔비디아의 등에 업혀 온 하이닉스의 불안도 심해지고 있다. 하물며 HBM의 활용 영역(잠재적 구매자)이 다양해지면 하이닉스의 입지는 더욱더 좁

아진다. 국내 증권사들은 2026년 HBM 매출 증가율을 삼성전자 105%, 마이크론 33%, SK하이닉스 14%로 예상한다.

- 엔비디아가 HBM의 근간인 베이스 다이를 하이닉스에 맡기는 대신 직접 만들면 어떻게 될까? 이것도 위기 요인이다. 엔비디아의 하이닉스 의존도가 확 떨어지기 때문이다. 단, 여기에는 반론도 있다. 그런 경우 SK하이닉스가 엔비디아의 맞춤형 HBM 파트너로 격상되어 더 유리해질 수도 있다는 논리다.
- 노조 리스크도 있다. 물론 이는 SK하이닉스만의 문제는 아니다. 그나저나 기본급의 1,700%를 성과급으로 주겠다는 하이닉스의 제안에도 노조 측은 더 많은 성과급을 요구하고 있어, 합의는 아직 요원하다. 노사 교섭이 장기화하면 빠르게 바뀌는 시장에 유연히 대응하지 못하고, 어렵게 구축한 경쟁력도 한순간에 잃을 수 있다.

이를 어쩌나, 삼성

반 토막!

2025년 2분기 삼성전자는 매출은 74조5,663억 원을 기록했다. 영업이익은 4조6,000억 원에 그쳐 작년 같은 기간보다 55.2% 감소한 '어닝 쇼크'였다. 반도체 부문만 떼어 보면 영업이익은 2023년 4분기 이후 최악인 4,000억 원이었다. 주된 이유는? HBM 경쟁력 하락, 파운드리 고객 확보 차질과 가동률 하락, 낸드플래시와 기업용 SSD 가격 정체, 미국의 기본관세 10%, 자산 평가손실 충당금 반영, 환율 하락, 관세전쟁이 불러온 시장 불확실성 등이 언급된다. 그나마 약 5,700만 대에 이르는 스마트폰 판매가 실적을 방어했다. 어쨌거나 2025년 상반기까지 삼성전자의 반도체 비즈니스는 스텝이 꼬여도 심각하게 꼬였다.

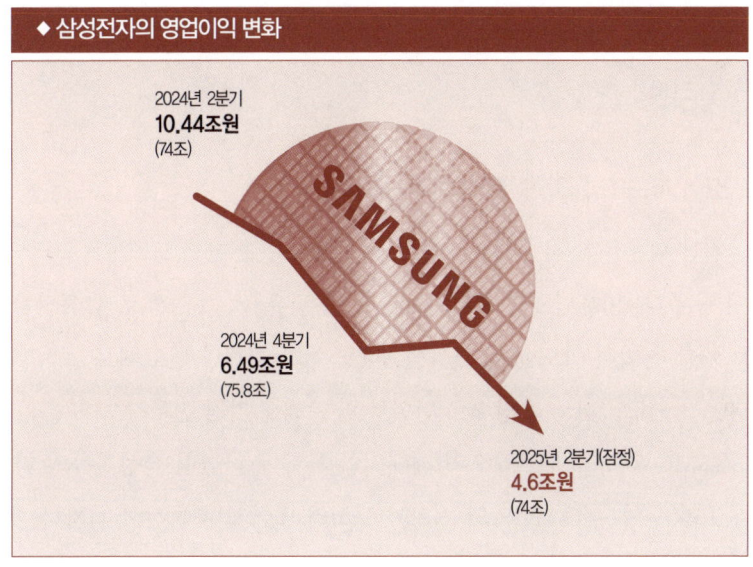

◆ 삼성전자의 영업이익 변화

2024년 2분기
10.44조원
(74조)

2024년 4분기
6.49조원
(75.8조)

2025년 2분기(잠정)
4.6조원
(74조)

※괄호 안은 매출액

출처: 삼성전자

    이처럼 저조한 실적에도 삼성은 2025년 하반기 이후를 자신한다. 하긴 업계에서도 2분기 실적은 바닥이었고 최악의 상황은 지나갔다는 평이 주를 이룬다. 3분기 영업이익이 8조 원에 이를 거라는 성급한 전망도 있다. 왜? ①메모리 반도체의 3대 시장인 스마트폰, PC, AI 서버에서 수요가 회복되고 있다. 스마트폰에선 온디바이스 AI 확산으로 고성능·고용량 메모리를 더 많이 찾게 되고, PC의 경우는 윈도 10 서비스 종료로 교체 주기가 다가오며, AI 서버 부문도 반도체 수요는 더욱 빠르게 증가할 모양새다. ②골치를 썩이던 HBM과 파운드리에서 성과가 드러나기 시작하고 있다. 우선 삼성 HBM3E에 대한 엔비디아 인증이 2025년 3분기 중에 해결될 것으로 보인다. AMD·브로드컴을 향한 HBM 납품도 하반기 본격화할 것 같다. HBM 등 고부가가치 반도체로 수익성을 개선한다는 삼성의 계획도 확고하다. ③하반기 D램 가격은 더 큰 폭으로 상승하고, 낸드플래시 가격도 3분기에 반등할 보는 전문가들이 많다. ④1년이 넘은 내부 체질 개선 작업이 성과로 나타날 가능성도 크다.

삼성 파운드리, 막힌 '혈'이 뚫리는가!

첨단 파운드리 시장에서 TSMC의 아성은 튼튼한 정도가 아니라 거의 독주다. 2025년 1분기 기준 TSMC의 점유율은 67.6%로 삼성전자(7.7%)를 완벽히 압도한다. 대상을 5나노 이하 최첨단 반도체로 좁히면 90%를 넘고, 2나노 공정으로 범위를 더 좁혀도 가장 선두다.

TSMC 추격을 부르짖으며 대대적인 투자에 나섰던 삼성전자의 파운드리 사업은 TSMC와의 격차가 오히려 벌어지며 여전히 적자다. 3나노 이하 최첨단 공정에서 낮은 수율과 기술력 문제를 극복하지 못한 게 컸다. 최근 언론에 오르내렸던 '삼성 위기'의 뿌리엔 파운드리의 부진도 큰 요소였다. 오죽하면 파운드리 부서를 떼어내 독립시키자는 말까지 나올까.

반도체의 선폭이 좁을수록 집적도가 높아져 반도체 성능은 좋아지고, 웨이퍼 하나에서 나오는 칩도 많아진다. 선폭이 2나노 밑으로 내려가면 첨단 반도체가 되어 AI 반도체 등 첨단 칩 제조에 쓰인다. 현재 반도체 기업들의 양산은 3나노까지 와있다. 그러나 2나노 공정의 잠재 수요가 3나노 공정을 크게 웃도는 실정. TSMC는 애플·퀄컴·엔비디아와 2나노 공정에서 협업을 진행하면서 이미 60% 수율을 달성해 2026년 초 양산에 들어갈 예정이다.

이에 비해 삼성전자의 2나노 공정 수율은 40%를 넘어 TSMC를 추격하면서, 퀄컴의 AP와 엔비디아 GPU 물량 수주를 따내려고 노력 중

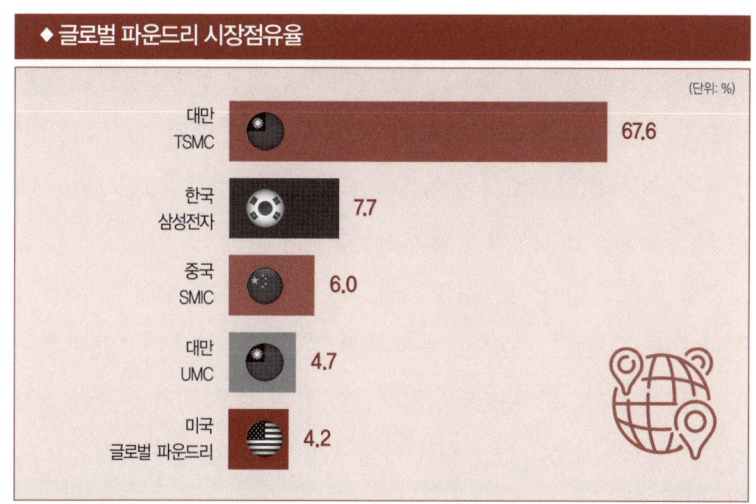

이다. 글로벌 고객사들도 TSMC에만 공급을 의존할 순 없다. 대만 해협의 지정학적 리스크가 갈수록 심각해져서다. 또 저조했던 삼성의 수율이 현저히 개선되면서 미래 비즈니스 전망도 점차 좋아지고 있다. 최근 일본 AI 반도체 기업 PFN의 2나노 물량을 수주하는 등, 고객사들을 조금씩 늘려나가고 있다.

여기서 삼성 파운드리의 무기는 유연한 칩 설계로 성능과 전력 소비 효율을 높이는 '하이퍼 셀'이라는 기술이다. 고객이 원하는 형태에 맞춰 칩을 설계할 수 있고 작은 면적과 높은 성능을 동시에 달성할 수 있도록 고안되어서, 향후 파운드리 시장에서 40% 이상을 차지할 고성능 컴퓨팅에서 활용도가 높을 것으로 전망된다.

참으로 오랜 가뭄 끝에 맛보는 단비?

2025년 7월 말 삼성전자는 테슬라로부터 165억4,416만 달러(약 22조 7,647억 원)의 위탁생산 계약을 따냈다. 2나노 공정으로 테슬라의 차세대 자율주행용 AI 칩 'AI6'를 2033년 말까지 공급하는 내용이다. 일론 머스크가 자신의 X에 이 계약을 직접 공개해 다채로움까지 더했다. 심지어 그는 이 금액이 '최소치에 불과'해 실제 생산량은 몇 배 더 많을 거라든지, 이 뉴스의 중요성을 이해하는 이는 극소수이며 2년~3년 후에야 그 중요성을 알 것이라고 해 호기심을 부추겼다.

말할 필요도 없이 이는 삼성 파운드리 사상 최대의 단일 수주다. 더구나 2나노 최첨단 공정으로는 전례가 없다. 최근 2년 새 TSMC에는 AI 반도체 활황으로 파운드리 고객들이 줄을 섰고, 가격은 계속 올라갔다. 그런데도 삼성 파운드리는 어째서인지 고객의 신뢰를 못 얻고 내부 물량만 근근이 소화하느라 2024년에도 4조 원 넘는 적자를 견뎌야 했다. 대형 고객사와 장기 계약이 없다 보니, 선제적 투자도 할 수 없었다. 세계 2위임에도 불구하고 TSMC의 승승장구를 보며 아픔만 달래야 했다.

테슬라의 발주가 삼성의 꽉 막힌 '혈'을 뚫어줄까? 단언할 순 없지만, 적어도 '고객 없음⇨ 투자 중단⇨ 공장 멈춤⇨ 노하우도 쌓지 못함'이라는 그간의 악순환을 끊는 계기는 될 것이다. 2025년 들어 삼성전자는 1.4나노 양산을 대폭 미루고 2나노 공정의 완성도 높이기를 새 전략 목표로 잡았다. 첨단 공정 양산 경쟁보다 안정적인 품질로 고객사를 유치하고 만족시키는 게 더 바빴다. 이건 중요하면서도 벼랑 끝의 기회다. 이번에 기술·서비스 혁신의 부족을 극복하지 못하면 삼성의 파운드리에는 (인텔에 그랬던 것처럼) 치명적일 수 있기 때문이다.

애플의 변심, 삼성의 기술력은 대체 불가라니까

테슬라 AI 칩 수주 소식이 전해진 지 며칠 안 돼, 삼성전자는 또 하나의 빅 뉴스를 터뜨린다. 이번엔 애플이다. 삼성이 설계하고 삼성의 오스틴 공장에서 만든 고성능 이미지센서를 애플에 공급하는 계약을 체결한 것. 이미지센서는 렌즈로 들어온 빛을 디지털 신호로 변환하는 첨단 반도체로 전력 효율성과 성능을 최적화하는 '스마트폰의 눈'이다. 아이폰에 들어가는 이미지센서는 지금까지 일본 소니가 독점 납품했다. 알다시피 삼성은 스마트폰 왕좌를 두고 치열하게 싸우는 애플의 경쟁사다. 그런데도 소니를 제치고 굳이 경쟁사의 반도체를 사서 쓰겠다는 애플은 이미지센서에 관한 한 삼성의 독보적 기술력을 대체하기 어렵다고 판단한 것이다. 삼성 갤럭시가 아이폰보다 카메라 성능만큼은 네 배나 우월함을 알만한 사람은 알지 않는가.

삼성이 누릴 수혜는? 우선 애플 공급망 진입으로, 최근 자율주행차·휴머노이드 등 수요처가 늘어나 반도체의 미래 먹거리로 꼽히는 [2024년 시장 규모 29조 원 육박] 이미지센서 시장에서 도약의 발판을 마련하게 됐다. 또 업계는 이번 거래로 삼성 반도체가 연간 수조 원대 매출을 올릴 전망이다. 더욱 중요한 건 삼성의 시스템 반도체(비메모리) 실적이 개선될 거란 점이다. 게다가 애플 물량을 독점한 덕에 15년간 이미지센서 1위 기업인 소니와의 격차도 본격적으로 줄일 수 있다. 삼성은 이미 샤오미, 오포 등 세계 주요 스마트폰을 고객사로 확보한 터라, 소니의 시장 지배력은 한층 약해질 수 있다. 나아가 테슬라·애플 공급으로 확실한 품질 인증을 받았으니 추가로 대형 고객이 등장할 가능성도 커졌다.

2나노 공정, 삼성과 TSMC의 용호상박

2025년 하반기에 상용화할 최첨단 반도체용 2나노 공정은 오로지 삼성전자와 TSMC만 기술을 보유하고 있어, 어차피 이 둘의 싸움이 된다. 그런데 경제외적인 이유로 인해 삼성에 추가적인 기회가 올 것이란 분석이 나와서 흥미를 끈다. 이 두 파운드리 강자의 2나노 공정 전략이

엇갈리고 있다는 요지다.

우선 삼성전자는 2026년 가동을 목표로 미국 텍사스주 공장에 2나노 공정용 양산 설비를 도입하고 있다. 이 공장은 2030년까지 370억 달러(약 52조 원) 이상이 투입되는 삼성전자 미국 파운드리 거점으로, 여기서 테슬라의 AI6가 2나노 공정으로 양산된다. 삼성이 미국에 초미세 공정을 펼치는 건 현지 수요의 급증도 확실하지만, 트럼프 대통령이 반도체 관세 100%를 협박하며 미국 내 생산을 압박하기 때문이다. 빅 테크들도 대통령의 등쌀에 못 이겨 미국산 AI 서버용 반도체를 구매해야 할 상황이다. 한국에서도 변화의 조짐이 보인다. 갤럭시 Z플립7에 들어갈 AP를 3나노 공정으로 양산한 데 이어, 하반기엔 갤럭시 S26용 AP를 나노 공정으로 만들 계획이다.

그렇다면, 그동안 이런 수요를 충족시켜온 TSMC는? 그들의 대만 공장에는 2025년 하반기에 나노 공정이 도입된다. 그러나 미국 공장의 2나노 도입은 2028년 이후에나 가능하고, 도입되더라도 TSMC 전체 물량의 30%만 배정받는다. 한국과 미국에 2나노 라인을 거의 동시에 구축하는 삼성과는 사뭇 다른 모습이다. 왜 TSMC는 이처럼 '대만 기지 우선 전략'을 고수하는 걸까.

TSMC는 정부가 최대 주주다. 정부 입김이 너무 강하다. 게다가 대만 국민은 칩 생산기지를 대만에 둬야 미국이 중국의 위협을 막아주므로, TSMC를 '조국을 지키는 신령스러운 산'으로 여긴다. 이러니 TSMC의 해외 진출이 쉬울 수 없다.

미국 내 생산시설을 둔 반도체 기업이 워낙 드물어 삼성전자 몸값은 높아지고 있다. 테슬라와 애플의 대규모 계약이 이를 보여준다. 같은 이유로 퀄컴이 TSMC에 위탁해온 최첨단 칩의 일부를 삼성으로 넘기고, 갤럭시 차세대 프리미엄 AP를 삼성 나노 공정에 맡길 거란 관측도 나온다. 2025년 상반기 4조 원이 넘는 영업적자를 낸 파운드리 사업부가 이제 좀 달라질까.

10나노 1c D램을 둘러싼 머리싸움

삼성전자가 이제부터 차츰 제자리를 찾아갈까?

적어도 반도체 부문에서는 최첨단 제품인 10나노 6세대 '1c D램'의 양산과 활용에 많은 것이 좌우될 것 같다. 그 결과에 따라 3분기부터 실적이 오름세를 탈 수도 있을 것이다.

우선 자체 개발한 10나노 6세대 1c D램은 품질 테스트를 통과해 곧 양산에 들어간다. 이는 곧 생산할 HBM4의 코어 다이로 쓰인다. 5세대 D램을 쓰는 경쟁사와 격차를 벌리려는 승부수다. 1c D램은 범용 반도체와 HBM4에 모두 쓰이므로 실적 개선에 이바지할 수 있다. 이후 2026년에는 10나노 7세대 '1d D램'을 공개하고, 2027년엔 10나노 미만 1세대 '0a D램'을 도입할 계획이다. 증권가도 삼성의 영업이익 전망치에 이런 점을 반영했다.

2026년부터 본격화할 10나노 6세대 1c D램 사업을 두고 삼성과 하이닉스는 엇갈린 전략을 구사하고 있다. 앞 세대에서의 부진을 만회하기 위해 1c에 목숨 건 삼성이 속도전을 택했다면, 상대적으로 느긋한 하이닉스는 1c D램 기술은 충분히 안정됐어도 계속 1b D램을 쓰면서 수익성부터 확보해놓고 나중에 신규 투자한다는 방침이다. 아무튼, 삼성이 1c D램 설비 투자로 HBM4의 엔비디아 납품에 성공할 경우, 30년 만에 1위를 내준 D램 사업에서 역전의 실마리를 찾을 수 있다. 일단 물량 공세와 생산성 경쟁 국면에 들어가면, 삼성전자의 '체급' 자체가 한 수 위이기 때문이다.

GDDR, AI 가속기에 HBM 대신 들어가

삼성전자는 AI 가속기용 '그래픽 D램(GDDR)'에도 기대를 걸고 있다. 엔비디아가 중국 수출용 가속기 'B40'에 HBM이 아니라 최신 GDDR 제품 'GDDR7'을 적용하기 때문이다. 미국 정부는 사양 높은 AI 가속기를 중국에 수출하려면 특별히 허가받으라는 규제를 내놔, H20의 중국 수출이 어렵게 됐다. 그러자 HBM을 빼고 GDDR7을 넣어 B40의 대역폭을 낮춘 것이다. GDDR은 HBM처럼 D램 8개~12개를 수직으로 쌓는 고난도 기술이 필요하지 않고 가격도 HBM의 절반 이하다.

GDDR의 부상은 성능과 생산능력 면에서 우월한 삼성전자에 유리하다. 2025년 GDDR7 생산 일정과 용량에서 앞서나가 점유율 70% 정도를 차지할 거란 전망도 나온다. 실제로 엔비디아의 게임용 그래픽카드에 들어가는 GDDR7도 가장 먼저 납품했다. B40용 GDDR7도 최우선 공급해 연간 약 3억8,400만 달러(약 5,300억 원)의 매출을 올릴 수 있다. 메모리사업부의 연 매출 80조 원 안팎에 비하면 대단치 않지만 자신감 회복의 계기가 될 수 있다.

CXL: 메모리 삼총사의 다음 격전지

CXL은 '컴퓨트 익스프레스 링크(Compute Express Link)'의 준말. CPU, GPU, D램 같은 여러 반도체를 연결하는 장치다. 이 기술은 데이터 전송용 통신 규격을 표준화해 시간 지연 문제를 해결한다. AI 데이터센터 폭증으로 데이터를 효과적으로 처리할 차세대 메모리 기술이 중요해져, AI 반도체 전선이 CXL 분야로 넓어지고 있는 것. 가장 적은 반도체로 최대 효과, 서버 구축 비용 절약, 용량 증대, 데이터 전송 속도 향상 등, AI 시대에 HBM과 함께 가장 주목받는 기술이 됐다.

CXL 기술을 향한 주목과 관심은 AI 모델의 초점이 '학습'에서 '추론'으로 넘어가는 것과 관련돼 있다. 이제 중요한 건 확보한 데이터의 빠르고 효율적인 처리라는 얘기다.

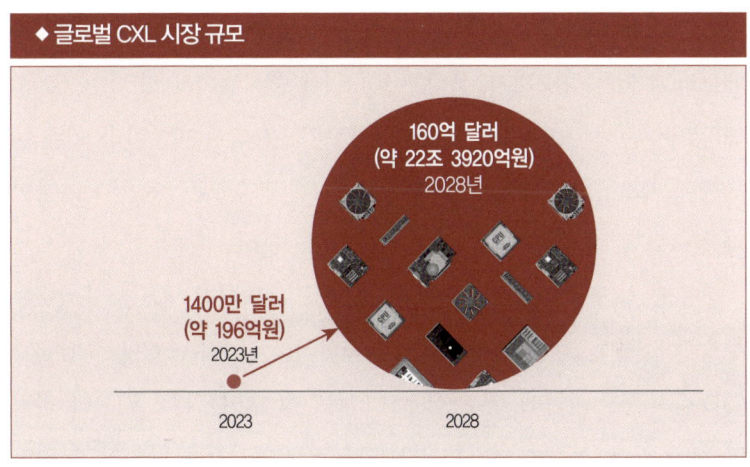

◆ 글로벌 CXL 시장 규모

1400만 달러 (약 196억원) 2023년

160억 달러 (약 22조 3920억원) 2028년

출처: 욜

세계 메모리 3사 모두 CXL을 선점하기 위해 개발과 제품 양산에 속도를 내고 있다. 특히 삼성전자는 HBM에서의 실수를 반복하지 않기 위해 CXL만큼은 시장을 주도해나갈 계획이다. SK하이닉스도 이에 질세라 우수한 D램 기술력과 HBM 우위를 바탕으로 CXL 시장에서 경쟁할 심산이다. CXL을 활용하면 비싼 HBM· GPU 없이도 CPU·메모리만으로 서버를 운용할 수 있어, AI 업계와 빅 테크들도 CXL 확산을 반긴다. 시장조사 업체 욜에 따르면 글로벌 CXL 시장은 2023년 1,400만 달러에서 2028년 160억 달러(약 22조3,920억 원)까지 급성장할 전망이다.

Z낸드, 고성능 낸드플래시의 부활

낸드 부문은 어떨까? 삼성은 8세대 V낸드로의 공정 전환에 속도를 붙여 원가 경쟁력을 확보하면서 서버 수요에 대응해 고용량, 고성능 SSD 판매를 확대할 방침이다. 또 AI 시대에 맞춰 고성능의 비휘발성 메모리 수요가 급증하자, 삼성은 2018년에 출시했다가 시장성이 부족해 엉거주춤해온 고성능 낸드플래시 'Z낸드'를 다시 개발한다. 기존 낸드플래시보다 처리 성능은 15배 높이고, 전력 소모는 5분의 1로 줄인다는 목표다.

대규모 AI 모델이 등장하면서 빠른 속도로 데이터 세트를 불러오는 수요가 크게 늘었다. 지금의 GPU가 데이터를 읽으려면 CPU ⇨ D램 ⇨ SSD 순서를 거치는데, 이 과정에서 병목현상이 발생해 느려진다. 하지만 Z낸드에서 직접 데이터를 읽게 만들면 지연시간을 단축할 수 있다는 것이다.

덩치는 작아도 K-반도체 유망주

리벨리온, NPU에 승부 걸다

리벨리온은 엔비디아처럼 AI 가속기 등을 설계하는 AI 반도체 팹리스다. 2024년 말 사피온을 합병하고 '리벨리온'이란 사명으로 공식 출범했다. 양사 모두 매출은 미미하고, 갈 길은 멀지만, 기업 가치 약 1조 3,000억 원으로 평가받아 국내 첫 AI 반도체 유니콘이 됐다. 하지만 덩치 외의 다른 중요한 의미도 있다. 우리나라 AI 반도체 설계의 미래가 이 합병의 성공 여부에 걸려 있다 해도 과언이 아니기 때문이다. AI가 활용되는 영역이 무궁무진 늘어나고 쓰임새도 다양해지는 골든 타임 아닌가. 제대로 된 AI 반도체 설계를 못 한다면, 앞으로 글로벌 AI 생태계에 들어가기 어려운 노릇이다.

리벨리온의 미래는 'NPU(neural processing units: 신경망 처리장치)' 반도체. AI 모델의 '학습(방대한 데이터 입력)'보다 '추론(적절한 해답 내놓기)'에 안성맞춤인 AI 반도체다. 5년~6년 전부터 개발해왔고 최근 본격적인 양산 단계에 들어갔다. 지금 학습용 AI 반도체는 사실상 엔비디아의 독점이지만, 추론용 반도체 시장은 이제 막 문을 연 상태라, 아직 확실한 시장 지배자도 없고 제약이 없는 상상의 영역이다. AI 개발사가 모두 값비싼 엔비디아 제품을 쓸 수도, 써야 할 필요도 없다. 확대일로 AI 반도체 시장에서 생기는 빈틈을 선점해야 한다. 가령 주력 제품 '리벨'은 매개변수 650억~700억 개 소형 모델에 최적화돼 있으므로 여기에 가격 경쟁력까지 더하면 리벨리온이 차지할 시장은 분명히 생긴다. 그래서인지 해외에서 더 많은 관심을 보인다. 최근 사우디아라비아에서 벌어진 투자 유치 경쟁에서 국영 석유회사 아람코로부터 약 200억 원을 투자받아, 유망한 AI 팹리스로 인정받기도 했다.

리벨리온은 또 영국 반도체 설계 업체 ARM, 삼성전자 등과 손잡고 새로운 AI 'CPU 칩렛'을 개발한다. [칩렛: 반도체를 레고 블록처럼 연산·저장·통신 등 기능별로 쪼개 원하는 용도대로 다시 조립하는 것] 이 CPU 칩렛은 삼성전자가 2나노 공정으로 생산하는데, LLM 연산에서 기존보다 두 배 이상의 에너지 효율을 보일 전망이다.

네이버와 손잡고 사우디아라비아 소버린 AI 구축을 위한 사업도 추진한다. 네이버는 미국·중국 빅 테크를 제외하고 LLM을 효율적으로 운용하는 유일한 기업으로 평가받는데, 리벨리온과 함께 사우디 문화·언어에 최적화된 AI 모델을 구축해 다양한 설루션을 제공할 계획이다.

LLM과 NPU, 함께 엔비디아 생태계 벗어나자

우리나라 토종 LLM 기업과 팹리스 사이의 협업에 속도가 붙고 있다. 가령 SK텔레콤은 리벨리온의 NPU를 적용한 대규모 AI 추론용 AI 반도체 '아톰 맥스'를 자사의 다양한 AI 서비스에 적용할 계획이다. 국산 LLM이 국산 NPU(AI 반도체)로 제공되는 소버린 AI가 구현되는 셈이다. 이것은 기술적 완성도를 따지기 이전에 국내 AI 생태계의 자립이라는 의미를 담고 있다.

NPU 원팀, 언제까지 엔비디아에 질질 끌려다닐래?

세계를 휩쓸고 있는 기술 패권 전쟁에서 AI 칩은 가장 강력한 무기다. 하지만 여기서 한국은 가야 할 길이 멀다. BCG(보스턴 컨설팅 그룹) 같은 기관은 미국·중국 등 상위 5개국에 밀려난 한국 AI 산업을 '2군'이라 부르지 않는가. 특히 AI 서비스 구현에 필수인 AI 반도체는 해외 의존도가 심각해, 엔비디아의 GPU를 하나라도 얻어걸리려고 진땀을 흘린다.

몇몇 스타트업이 NPU 같은 AI 반도체로 엔비디아의 아성에 도전하지만, 그 견고함에 좌절하는 상황. 게다가 각자 알아서 생존하려는 우리네 별난 문화는 문제 해결을 더 어렵게 만든다. 서버 회사가 이런저런 이유로 기존 GPU를 고수한다면, 우수한 AI 칩을 개발해봐야 무슨 소용인가. 미국의 노골적인 규제로 첨단 AI 칩 구매가 막혀버린 중국은 어떻게 대응했나? 마치 한 몸처럼 움직이고 서로 원하는 스펙을 공유하며 전방위로 협력해 설계·실행·검증 과정을 최적화했다. 서구도 깜짝 놀라는 중국의 AI 칩 기술 발전 속도는 그래서 가능했다. 이와 비슷한 협업을 요구하는 목소리가 국내에서도 작지 않다.

그래서일까, 2025년이 가기 전에 NPU 협의체를 발족하자는 목표로 산·학·연이 뭉쳤다. NPU 업체에선 리벨리온·퓨리오사AI·하이퍼엑셀이 참여했고, 클라우드 업체로 삼성SDS·LG AI연구원·네이버·KT 등이 함께했다. 말하자면 'AI 반도체 독립'을 추구하는 첫걸음이다. 투명한 정보 공개를 통해 금융투자업계의 자금이 AI 칩 개발로 들어오는 긍정적 효과도 기대된다.

또 AI 모델 개발 기업인 업스테이지는 다른 팹리스 퓨리오사AI와 손잡았다. 업스테이지의 자체 LLM인 솔라를 퓨리오사AI의 NPU '레니게이드'에 최적화해 탑재하겠다는 취지다. 나아가 NPU 기반으로 구동하는 '온 프레미스 AI' 구축 사업을 함께 추진하고 해외 시장도 공략한다.

퓨리오사, 우리 이젠 '유니콘'이야!

'세계 시장 점유율 1%. 연 매출 1조 원 돌파한 기업은 딱 하나'

팹리스 영역에서 한국의 현주소는 그렇게 요약된다. 물론 나아지고는 있다. AI, 자율주행, 초고속 저장장치 등 미래 반도체 수요 급증으로 한국 팹리스의 존재감도 차츰 커지고 있다. 특히 기존 GPU·CPU보다 AI 연산 효율이 월등히 높은 NPU를 설계하는 퓨리오사AI가 단연 돋보인다.

학습보다 추론에 특화된 퓨리오사의 2세대 AI 반도체 '레니게이드'는 경쟁력에서 엔비디아에도 밀리지 않는다. 성능은 H100의 절반 정도지만 전력 사용 효율성이 두 배고, 시스템 구축 비용은 50%다. LLM 등의 효과적인 작동을 위해 설계됐다. 업계 일각에서 제기되어온 엔비디아 독점의 붕괴가 실현되면, 퓨리오사에 다양한 사업 기회가 생길 것이다. 실제로 퓨리오사AI는 LG의 LLM '엑사원'과 공식적인 파트너십을 체결한 데 이어, 2024년 9월 사우디아라비아 아람코와 MOU를 체결하고 대규모 데이터센터에 사용할 AI 반도체를 개발 중이다.

2025년 3월 더 큰 뉴스가 언론을 달구었다. 메타가 퓨리오사를 8억 달러(약 1조2,000억 원)에 인수하겠다고 제안한 것. 이후 의견 차이를 좁히지 못해 최종 결렬되긴 했지만, 퓨리오사는 이 사건으로 더욱 유명해졌다. 인수합병 대신 스스로 성장하고 성공하는 길을 택한 퓨리오사는 8

월 초 1,700억 원의 징검다리 투자를 유치함으로써 '유니콘'의 자리에 오른다. 자립의 의지가 허튼 꿈이 아님을 이제부터 보여줘야 한다.

딥엑스, 전력 효율 높은 NPU 칩으로 시장 공략

딥엑스 또한 NPU 분야의 신흥 강자로 떠오르고 있다. 2025년 8월 중국 바이두의 드론과 로봇에 들어갈 온디바이스 AI 반도체 'DX-M1'를 공급한다는 소식으로 화제의 주인공이 됐다. 이 칩을 장착한 로봇이 다양한 시나리오에서 오랜 시간 정확하게 움직일 수 있다는 사실을 바이두가 인증했다. 엔비디아 GPU와 비교할 때 성능·전력 효율이 더 낫더라는 평가도 나왔다. 바이두는 딥엑스의 이 칩을 드론 제조업체 등 자사 고객사 20곳에 납품한다. 또 삼성전자 파운드리와 2나노 칩 개발 협력도 시작했다.

2025년 상반기 양산을 시작한 DX-M1은 휴대용 기기에 들어갈 수 있을 만큼 성능·가격·열효율이 뛰어나고, 유통업에 적용되면 자동으로 상품을 인식하고 정확한 가격 태그를 부여할 수 있어 100% 무인화가 가능해진다. 이 기술을 로봇에 탑재해 무인화 공장 시스템으로 확장할 수도 있다. 게다가 경쟁사의 NPU가 10나노대에서 생산되지만, 딥엑스 제품은 삼성전자가 5나노 공정으로 생산하며 이미 90%에 달하는 수율을 확보한 상태다. 실제 사용자 기기나 산업 현장에서 서버 없이 구동되는 AI 기기 시장에서 경쟁력 우위를 가질 거란 평가다.

MCU, AI 시대엔 우릴 지켜봐야지

NPU에 이어 'MCU(micro controller units: 마이크로 컨트롤러 유닛)'도 눈여겨봐야 할 때인 것 같다. MCU는 센서에서 받은 정보를 처리하고 모터·디스플레이 같은 기기의 부품을 제어하는 소형 컴퓨터 칩이다. 그러니까 CPU나 GPU와 마찬가지로 시스템 반도체의 한 영역이다. 기술적인 세부 사항은 제쳐놓고, MCU가 저전력·저비용으로 전자제품의 두뇌 역할을 한다는 점이 중요한 경제적 함의다. MCU 기술이 빠르게 고도화하면서, 첨단 MCU를 장착한 가전제품은 인터넷 연결 없이도 음성 명령을 인식하고, 로봇은 이미지만 보고 불량품을 가려내는가 하면, 자동차는 자율주행의 핵심인 ADAS(첨단운전자보조시스템) 기능까지 구현할 수 있다. 또 MCU에다 앞서 언급한 NPU를 내장해 'AI MCU'가 되면, 기기 자체에서 AI 연산이 가능해져 막대한 전력을 소모하는 클라우드 서버를 거치지 않아도 데이터를 처리하게 된다. 빠르면서도 전력 비용이 절감된다는 뜻이다. 글로벌 MCU 시장은 소비자 가전용 40%, 산업용 30%, 차량용 30% 정도로 구성되고, 스위스·네덜란드·독일·일본·미국이 전체 시장의 80% 이상을 공급한다.

    우리나라는 아직도 차량용·산업용 MCU는 해외 의존도가 높다. 세계적으로 연평균 11.7% 성장해 2030년 699억 달러(약 93조 원)에 이를 전망인 MCU 시장에 도전하고 있는 국내 기업은 어디일까? 우선 국내 최대 팹리스이며 디스플레이 구동칩을 주력으로 개발하는 LX세미콘이 가전용 MCU 개발에 전력 질주하고 있다. 또 이미 가전용 MCU 분야에서 세계 4위인 어보브반도체는 차량용·산업용 MCU 시장을 정조준하여 2025년 내 상용화를 목표로 'AI MCU'를 개발 중이다.

· 3장 ·
반도체 소·부·장,
K-반도체와 함께 가는 용감한 동반자들

삼성과 하이닉스를 중심으로 반도체산업협회에 가입한 소·부·장 기업만 300개가 넘는다. 여기에 원료·부품 공급사까지 아우르는 넓은 의미의 반도체 공급망엔 700개 이상의 회사가 포함된다. 삼성과 하이닉스라는 견고한 수요처와 산업 인프라를 갖고 있다는 것은 한국 소·부·장의 큰 강점이다. 전·후공정을 가리지 않고 반도체 공급망을 온전히 갖춘 나라는 한국·미국·일본·중국·대만뿐이다. K-반도체 소·부·장 기업은 2023년의 극심한 침체를 지나 2024년 대체로 우상향 곡선을 경험했다. 다만, 그 실적을 가른 핵심 변수는 HBM이었다. 특히 그 혜택은 전공정(데이터 처리)보다 후공정(칩을 묶고 쌓는 과정) 업체에 집중됐다. 이와는 반대로, 파운드리 관련 소·부·장 기업은 HBM 호황에서 소외되거나 신규 투자가 줄어들며 부진의 늪에서 벗어나지 못했다.

2025년 들어 AI 반도체 수요 급증과 범용 반도체 업황 개선으로 반도체 투톱이 본격적인 상승 국면에 접어들자, 소·부·장 분야도 단연 활기를 띠고 있다. 주식시장에서 소·부·장 주가도 급등하고, 한국거래소의 다양한 소·부·장 ETF도 일제히 상승 추세다. 국내 업황 회복과 함께 해외 고객사 수요가 갈수록 커지고 있어, 2025년 하반기 이후 당분간 상승세를 조심스레 예상한다. 바야흐로 소·부·장의 시간이 돌아온 모양새다.

반도체 굴기를 책임진 중국의 반도체 업체들이 시설 투자 확대를 위해 국내 소·부·장 업체들을 잇달아 찾는 것도 호재다. 웃돈을 주면서까지 제품을 사들이는 바람에 중국 매출 비중이 높은 코미코나 티씨케이 등의 실적이 급상승했다. 이런 흐름은 중국 반도체가 홀로서기에 성공할 때까지 계속될 것이라 K-반도체 소·부·장엔 기회 요인이다.

K-반도체가 완전한 독립을 이루려면 물론 넘어야 할 산이 아직 많지만, 생태계의 소재 자립·국산화는 동력을 잃지 않고 진행되고 있으며 틈새 전략으로 글로벌 점유율도 높이고 있다. SK실트론은 웨이퍼 생산에서 일본과 선두 경쟁을 벌이고 있으며, 식각 공정에서 포토 리지스트 찌꺼기를 제거하는 장비 분야에선 PSK가 글로벌 1위 자리를 지키고 있다. 우리에게 익숙한 이름인 한미반도체의 본딩 장비, 주성엔지니어링의 원자층 증착장비, 이오테크닉스의 레이저 어닐링 장비, 리노공업의 테스트 핀 등도 세계 최고 반열에 올랐다.

K-반도체를 빛내는 소재·부품

삼성전기, 우린 MLCC의 최강자

'삼성전기' 하면 곧 '적층세라믹커패시터(MLCC)'가 떠오를 만큼, 삼성전기는 MLCC의 세계적 강자다. '전자산업의 쌀'이라는 MLCC는 저수지처럼 전기를 보관했다가 조금씩 내보내는데, 얇은 두께에 많은 층을 쌓을수록 많은 전기를 담을 수 있다. 엔비디아가 최신 AI 반도체를 출시하며 삼성전기의 매출도 큰 폭으로 늘고 있다. 이전보다 10배의 MLCC가 서버에 투입되기 때문이다. 조사업체 MarketsandMarkets(마케츠앤마케츠)의 통계치에 의하면 글로벌 AI 서버 시장이 2030년 8,378억 달러(약 1,150조 원)까지 커질 것으로 전망되므로, 삼성전기의 수혜도 막대할 것 같다.

글로벌 MLCC 시장에서 삼성전기는 2025년 상반기 점유율 25%로 일본 무라타에 이어 세계 2위다. 제조 난도가 높은 AI 서버용으로 범위를 좁히면, 삼성 40%에 무라타 45%다. AI 서버용은 일반 MLCC보다 영업이익률이 3배~4배가량 높은 고부가 제품이어서, 2025년~2026년 영업이익도 대폭 커질 전망이다. 2025년 4분기부터는 고밀도 에너지 저장을 위한 반도체 패키지용과 고속 데이터 전송에 유리한 AI 서버용 실리콘 커패시터를 양산한다. 세라믹 대신 실리콘으로 제작하면 AI의 빠른 연산을 저전력으로 가능하게 하는 AI 반도체의 필수 부품이다.

AI 서버와 함께 또 다른 MLCC 성장동력은 자율주행 시장. 일반 IT 기기보다 비싼 고전압 MLCC가 대량으로 탑재되어서다. 2026년엔 매출에서 서버·자동차 부문이 차지하는 비중이 26%에서 35%로 확대될 것 같고, 4년 만에 '영업이익 1조' 클럽 복귀도 가능하리라 업계는 예상한다.

이름부터 복잡한 첨단 기판의 수율 싸움

반도체 기판에는 CPU, GPU 등이 둥지를 튼다. 기판에는 별의별 종류가 있지만, 최신 'FC-BGA(플립칩 볼그리드 어레이)'는 경쟁자를 찾을 수 없는 '끝판왕' 기판이다. 전송 속도가 높고 열도 잘 방출하며, 복잡한 회로를 넣기도 좋고 두께도 줄일 수 있어, AI 반도체 시대의 총아로 꼽히는 부품이다. 그런데 만들기 어려운 게 문제다. 수율이 보통 기판(95%)의 절반인 50% 안팎일 정도로 만들기 어렵다. 일본 이비덴과 신코덴키, 대만 유니마이크론, 오스트리아 AT&S, 삼성전기 등이 텃세를 부리고 있는 FC-BGA 시장에서 LG이노텍은 후발주자이지만 AI와 로봇을 활용한 수율 잡기로 승부를 보고자 한다. 사람 숨결이나 미세한 스크래치에도 불량이 생기는 FC-BGA의 특성을 고려할 때 로봇과 AI로 사람을 대체해야 불량률 감소와 생산성 향상을 성취할 것으로 판단한 것이다. 전 공정 자동화와 지능화 시스템으로 수율을 2027년께 90%로 끌어올릴 계획이다. 업계는 LG이노텍이 우선 인텔, 퀄컴, 브로드컴 등을 새로운 FC-BGA 고객사로 맞게 될 것으로 예상한다. 참고로 후지 카메라 종합연구소는 2030년이면 세계 FC-BGA 시장이 164억 달러(약 23조9,669억 원)로 커질 것으로 봤다.

유리기판은 또 뭐기에?

칩과 PCB를 잇는 매개체와 주기판에 실리콘 대신 유리를 사용한 기판이 '유리기판'이다. 열에 강해서 고열로 인한 휨 현상이 적고, 매끈한 표면에 미세회로를 구현하기 쉽다. 전기적 신호 전달이 최대 10배 많아서 고용량 데이터를 처리하는 AI 반도체 제조에 안성맞춤이다. 전력 소모를 30% 줄이면서 데이터 처리 속도는 40% 높일 수 있다. 반대로 약점은 충격과 압력에 약해 잘 깨진다는 것, 즉, 내구성이다. 그래서 관건은 유리의 한계와 수율 저하를 어떻게 극복하느냐다. 그러나 일단 이 시장에서 승자가 되면 첨단 반도체 경쟁의 판도를 흔들 수 있다. 시장조사기관 퓨처 마켓 인사이트는 유리기판 시장이 2034년 42억 달러 규모로 성장할 것으로 내다봤다.

이처럼 매력적인 유리기판 시장에는 지금 어떤 기업이 뛰고 있을

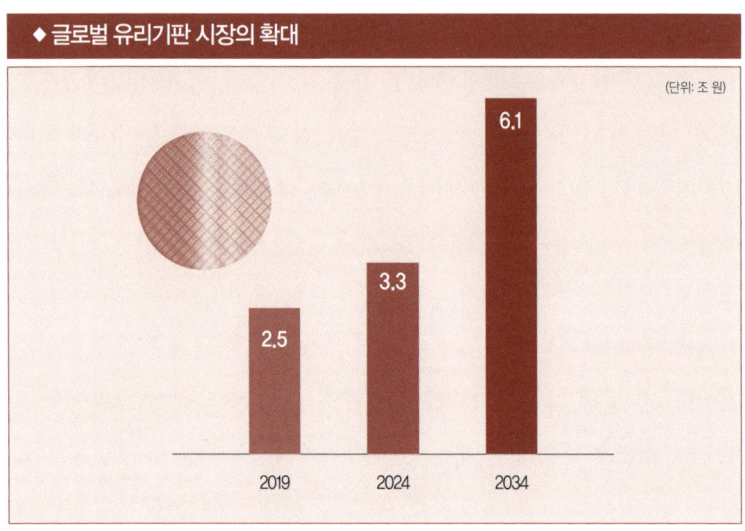

◆ 글로벌 유리기판 시장의 확대

(단위: 조 원)

출처: 퓨처 마켓 인사이트

까? 해외에선 인텔·AMD·브로드컴 등이, 국내에선 삼성전자·삼성전기·SKC·LG이노텍 등이 유리기판을 개발 중이며, 다수의 장비 기업들도 이 사업에 뛰어들어 있다. 투자심리가 개선되는 분위기고 장기적 관점에서 투자 가치는 높아 보인다. 10년 이상 걸릴 것이라는 애초 전망과 달리 기술 개발도 빠르게 이뤄지고 있다.

삼성전자는 자체 공급망을 구축해 유리기판 시장에 진출할 예정이며, SKC는 자회사 앱솔릭스를 통해 유리기판을 직접 만들 생각이다. 미국에선 유리기판 컨소시엄을 구성해, 첨단 패키징 제조 프로그램 R&D 보조금 1억 달러를 지원받기도 했다. LG이노텍도 소·부·장 기업과 협력해 유리기판 로드맵을 마련했다. 삼성전기는 2025년 유리기판 고객사 샘플 프로모션을 거쳐 2027년 양산 목표다. 기판의 균열을 막는 특수코팅제 등 4개 핵심 소재를 개발한 와이씨켐이나 최종 패키지 공정을 마친 반도체의 불량 여부를 판단하는 테스트 소켓을 공급해온

ISC 등의 소재·부품 업체들도 활발히 움직이고 있다.

이외에도 유리기판 관련 장비의 공급을 준비하는 업체로는 필옵틱스(고정밀 레이저 기술을 활용한 세계 최초의 TGV 장비와 절삭 장비)를 위시하여 기가비스(난도가 높은 초미세 검사장비), 이오테크닉스(유리기판용 UV 드릴러), HB테크놀로지(후공정 유지·보수 장비), 켐트로닉스(식각·절삭 장비) 등을 꼽을 수 있다.

강화유리에 관한 거라면 우리에게 맡겨

강화유리 제조사 제이앤티씨의 당찬 포부다. 꿈의 소재 TGV 유리기판을 글로벌 반도체 기업에 납품할 준비가 됐다는 것이다. TGV는 유리기판에 초미세 구멍을 뚫고 도금해 전기적 연결을 가능하게 하는 기술로, 기존 플라스틱 기반 PCB의 물리적 한계를 극복한다. 특히 고속 연산 시 발열 문제와 구조적 뒤틀림 현상을 현저히 줄이는 것이 최대 장점이다.

제이앤티씨의 TGV 유리기판은 평탄도가 높고 열 안정성이 탁월해 AI 및 고성능 연산 반도체에 적합하다. 20년 가까이 쌓아온 식각 기술 덕분에 흔들거나 충격을 가해도 기판이 깨지지 않는다. 반도체 유리기판 신사업을 미래 성장동력으로 삼고, 공정의 수직계열화로 핵심 생산 설비와 장비를 자체 설계·제작한다. 품질 및 원가 경쟁력도 높은 편이다. 회사가 계획하는 2025년 유리기판 매출은 200억 원 수준이다.

동박으로 엔비디아 'AI 반도체 공급망' 올라타

3년 전 동박 시장에 뛰어든 롯데에너지머티리얼즈가 마침내 엔비디아가 이끄는 AI 반도체 공급망에 진입했다. 직접 납품은 아니다. 롯데는 두산에 동박을 공급하고, 두산은 그걸로 동박 적층판을 만들어 대만의 PCB 업체에 넘기며, 대만 업체가 엔비디아에 PCB를 공급하는 흐름이다. 열 방출을 최소화하면서 더 많은 데이터를 빠르게 전달할 수 있는 AI 반도체를 만들려면 동박 성능의 극대화가 필수다. 엔비디아의 제품은 궁극적으로 데이터센터와 연결된 고성능 장비에 탑재된다. 덕분에 두산의 전자 사업도 처음으로 매출 1조 원을 돌파하며, 글로벌 AI 호황 흐름에 올라탔다. 핵심 반도체 장비 기업으로 재탄생하려는 두산은 비메모리 반도체 테스트 기업 두산테스나와 이미지센서 반도체 기업 엔지온을 자회사로 두고 있고, 세계 3위 반도체 웨이퍼 제조사인 SK실트론 인수에도 뛰어들어 있다.

롯데에너지머티리얼즈는 원래 전기차 배터리용이었던 동박을 고효율·저전력으로 업그레이드해 새로운 시장을 개척한 것이다. 전기차에 쏠렸던 매출 구조를 앞으로 AI 가속기용 등 고부가가치 제품으로 바꿀 요량이다. AI 가속기용 동박은 전기차용보다 물량은 적을지 몰라도 가격이 세 배 이상이기 때문이다. 앞으로 실적 구조에도 변화가 예상된다. 롯데에너지머티리얼즈는 전 세계에서 유일하게 AI 가속기용으로 사용되는 3세대~4세대 동박까지 생산하고 있다.

한계에 봉착한 미세공정 고도화

반도체 경쟁은 '나노 전쟁'에서 '패키징 싸움'으로 옮겨가고 있다. 미세공정의 고도화가 한계에 봉착하면서, 여러 칩을 패키지로 제조해 성능을 올리고 비용을 줄이는 첨단 패키징이 그 대안으로 부상하고 있다. 코스닥 상장사 하나마이크론은 웨이퍼에서 칩을 분리해 포장하고 조립·검사하는 반도체 후공정에서 국내 1위, 세계 9위다. 반도체를 쌓고 묶고 전자기기에 맞는 형태로 제작하는 공정이 주력이지만, 온디바이스 AI 칩 시장을 공략할 첨단 패키징 기술을 확보해, 중국·대만 경쟁사를 누르고 세계 5위권에 진입한다는 전략이다. HBM과 시스템 반도체를 수평으로 연결하는 '2.5D 패키징'도 개발 중이다.

소재 시장에서 일본 꺾고 세계 1위 되기

'3년 내 반도체 소재 시장에서 일본 꺾고 세계 1위 되기.' 반도체 칩을 부착하는 금속 기판인 '리드프레임'을 생산하는 국내 유일의 기업 해성디에스의 목표다. 세계 리드프레임 시장에서 세계 1위인 일본 미쓰이와의 점유율 격차는 겨우 1%포인트. 목표는 달성 가능해 보인다. 해성은 주기판인 PCB를 반도체 칩에 연결하는 반도체 기판도 제조하며, 후공정을 간소화하는 '초박막 팔라듐' 도금 기술도 세계 최초로 개발해냈다. 그리고 이런 기술력을 활용해 리드프레임보다 두세 배나 비싸다는 FT-BGA 기판을 생산한다.

전기차와 자율주행차 확대로 차량용 반도체 시장이 급격하게 커지면서, 높은 신뢰성이 요구되는 리드프레임 수요도 대폭 늘어날 전망이다. 올해 글로벌 리드프레임 시장은 전체적으로 14% 정도 성장할 것으로 추산된다.

삼양엔씨켐, 반도체 미세화의 첨병

삼양엔씨켐이 국내 최초로 국산화한 '폴리머'와 'PAG'는 반도체 회로를 새기는 데 필수인 감광액(photoresist: 포토리지스트)을 만드는 핵심 소재다. 2025년 이 회사가 설정한 단기 목표는 고부가가치 제품군의 확대다. 범용 제품에서 미세화된 반도체 공정용 소재로 포트폴리오를 넓히겠다는 뜻이다. HBM과 유리기판 공정에 쓰일 고순도 포토 리지스트 소재 개발이 그 일례다.

반도체 제조사의 가동률이 올라가면 전공정 분야 소·부·장도 덩달아 춤을 춘다. 2024년 케이씨텍이 공정 1단계인 웨이퍼 연마용 소재를 공급해 매출·영업이익의 급성장을 기록했고, 이엔에프테크놀로지는 웨이퍼에서 이물질을 제거하는 식각 공정용 소재를 판매해 영업이익이 갑절이 됐다. 2025년 내 코스닥 상장 계획인 씨엠티엑스는 실리콘 소재, 부품 가공, 재생까지 전 공정을 수직계열화한 국내 유일의 기업이다. 웨이퍼 위에 미세 패턴을 정밀하게 깎는 실리콘 전극과 웨이퍼 전면에 플라스마를 고르게 분포하는 실리콘 링을 공급하는데, 역시 실적 급성장을 기반으로 폐기되는 실리콘 부품의 리사이클 분야로 비즈니스 모델을 넓히고 있다.

CNT가 쓰이는 세계를 넓히겠어!

'CNT(carbon nanotube: 탄소나노튜브)'는 탄소 원자를 벌집 모양으로 연결한 물질이다. 강철보다 100배 이상 튼튼하고 구리만큼 전기 전도성이 좋은 꿈의 신소재다. 코스닥시장 상장사 제이오가 20년 전 양산에 성공해 한국·중국의 배터리업체들에 공급해왔다. 이제 제이오는 반도체 분야에서 CNT 공급을 늘리고자 한다. 반도체가 1나노~2나노로 미세화하면서 레이저 가공 온도가 높아지고, 고온을 견디면서 노광 공정의 먼지를 걸러낼 박막(필터)의 수요가 늘고 있는데, 바로 CNT가 그 소재로 적합하기 때문이다. 러·우 전쟁이 발발한 후로 러시아 CNT 업체의 수주 물량을 제이오가 넘겨받을 가능성이 크다. 참고로 제이오는 국내 투자자들에게 익숙한 이수페타시스에 최근 인수되었다.

'강소' 부품기업에서 AI 시대 에너지까지

아무리 미세한 진동에도 안 흔들리게 웨이퍼를 고정하는 'ESC(electrostatic chuck: 정전 척)'과 웨이퍼를 균일하게 가열하는 '세라믹 히터' 분야에서 독보적인 지위를 누리는 중소기업이 있다. 업력이 24년

남짓한 미코다. 세라믹 기술을 핵심 경쟁력 삼아 일본 기업들이 독점해온 세라믹 부품들을 국산화했다. 기술의 난도가 매우 높아 신규 진입이 어렵다. AI 칩과 HBM처럼 초미세화·고집적화가 이뤄질수록 반도체 공정에서의 역할이 커질 터이다. 반도체 초정밀 장비 성능을 최고로 유지해주는 세정·코팅 서비스도 제공한다.

미코는 최근 국내 에너지 기업 M&A 시장에 자주 등장하더니 굵직한 에너지 회사 두 개를 잇달아 인수해 눈길을 끌었다. AI의 시대가 곧 전력의 시대임을 믿고, 수소 시대가 급속도로 다가올 것으로 전망해, 일찌감치 에너지산업에 발을 들이민 것이다. 독자적인 수전해 기술, 폐열회수보일러, 탄소 포집·활용·저장, 수소 생산과 발전, 바이오매스 발전 등을 집중적으로 공략할 예정이다.

몰리브덴, 차세대 낸드 소재

미래의 반도체는 금속 배선 소재로 기존의 텅스텐 대신 몰리브덴을 사용할 전망이다. 삼성전자·하이닉스의 차세대 낸드플래시 공정에도 몰리브덴을 도입하고 있다. 집적도 경쟁(같은 공간에 얼마나 많은 칩을 쌓느냐?)이 치열해질수록 몰리브덴을 향한 관심이 커질 것이다. K-반도체 소·부·장 기업들이 그래서 몰리브덴 관련 사업에 뛰어들고 있다.

반도체 노광 공정 핵심 소재인 포토 리지스트 제조사 동진쎄미켐은 미국 첨단 소재 기업 Materion(머티리언)을 몰리브덴 파트너로 잡았다. 텅스텐 전구체를 생산해온 SK머티리얼즈, 후성, 한솔케미칼 등도 몰리브덴 사업에 속속 뛰어들고 있다. 글로벌 화학기업 독일 Merck(머크)도 2025년 내 한국에 몰리브덴 라인을 구축하겠다고 나섰다. 반도체용 몰리브덴 소재 시장 규모는 연 20조 원까지 급속도로 커질 것으로 전망되고, D램과 시스템 반도체로 확대 적용될 가능성도 있다.

이물질 씻어내는 특수가스에 1,000억 베팅

반도체를 만들 때 생기는 이물질은 특수가스로 씻어낸다. 스판덱스 섬유로 유명한 효성티앤씨가 이 특수가스 비즈니스를 두 번째 핵심 사업으로 키울 계획이다. 현재 6개인 특수가스 생산 품목을 2029년까지 15개로 늘리고 궁극적으로는 22개로 확대할 방침이다. 효성은 중국에 있는 특수가스 공장을 통해 삼성전자·SK하이닉스·LG디스플레이 등 국내 기업은 물론 현지 디스플레이 기업에도 납품하고 있다.

스크러버의 테슬라, 유해가스를 정화해줘

코스닥 상장사 지앤비에스에코는 반도체·태양광·디스플레이 등 산업 현장에서 나오는 유해 물질·가스를 정화하는 '스크러버'를 생산한다. 하이닉스 HBM 성장의 수혜자인 이 회사의 스크러버는 고객의 니즈에 따라 맞춤형으로 공급하는데, 하이닉스와 주성엔지니어링 등에 납품 중이며, 30여 개 글로벌 대형 기업과도 거래한다. 반도체 환경규제법으로 대당 25억 원을 호가하는 '디녹스(질소산화물 처리·저감 장치)' 수요가 늘어 2026년부터 본격적으로 판매량이 많아질 것으로 기대한다.

K-반도체를 든든하게 받쳐주는 장비

소재·부품 못지않게 장비산업도 K-반도체 발전에 필수 요소다. 반도체 산업에서 최첨단·최고가로 유명한 EUV 노광장비는 네덜란드 ASML의 100% 독점이다. 반도체에 전기적 특성을 입히는 이온주입 장비라든지 고난도의 전공정 장비는 대개 미국과 일본 기업들이 지배하고 있다. 아직은 그런 첨단 장비까지 개발하지 못했지만, 나름 경쟁력을 키워나가는 K-반도체 장비 제조사들은 대충 아래와 같이 요약해볼 수 있다.

①산화 공정: 원익IPS
②노광 공정: 장비 공급사는 전무함. 동진쎄미켐과 에스앤에스텍이 소재만 공급.
③식각 공정: 피에스케이, 한솔케미칼(소재 공급)
④증착 공정: 주성엔지니어링, 유진테크
⑤세정 공정: 제우스, 코미코
⑥검사 및 계측 공정: 파크시스템스(전자현미경), 오로스테크놀로지, 리노공업(부품), ISC(부품)
⑦패키징 공정: 한미반도체, 이오테크닉스

화제 만발, TC 본딩 장비

국내 주식투자자라면 누구나 알 법한 한미반도체. HBM 제조에서 칩을 수직으로 쌓는 데 필수 장비인 'TC(열 압착) 본더'를 SK하이닉스에 거의 독점적으로 공급해왔다. TC 본더는 2027년 15억 달러(약 2조 1,800억 원)로 커진다는 매력적인 시장이다. 이런 시장의 독과점을 가만히 두고 보겠는가. 한화가 먼저 침공을 시작해, 25년 초 한화세미텍이 자체 TC 본더를 선보였다. 한미반도체와의 신경전이 달아오르고 소송도 이어졌다. 한화는 뒤이어 하이닉스와 420억 원 규모의 TC 본더 공급 계약을 (그것도 더 높은 가격에) 체결하며 한미반도체를 뒤집어놨다. 한미반도체는 하이닉스에 25% 이상 가격 인상을 통보하고, 파견 나갔던 고객서비스 엔지니어까지 철수시켰다. 덕분에 '수퍼 을' 소리도 들었다. 최근엔 마이크론에도 납품했고, 중국 기업의 러브콜도 이어지는데 하이닉스에만 얽매일 필요가 없다는 걸까. 2024년 사상 최대의 매출과 45.7%라는 경이적인 영업이익률을 보이며 최고의 한 해를 보낸 한미반도체와 그 경쟁사 및 고객들의 향후 추이는 007시리즈의 후편을 기다리는 것만큼이나 흥미진진하다.

우린 하이브리드 본더로 직진한다

2025년 7월 LG전자가 차세대 HBM 제조의 핵심 장비라는 '**하이브리드 본더**' 개발에 착수한다는 뉴스가 떴다. 최근 활발해진 그들의 B2B 사업과 일맥상통하는 데다, HBM의 성장성이 워낙 탁월하기 때문이다. 이제 한미·한화의 치열한 경쟁에 LG라는 변수까지 끼어든 것이다. 물론 한미반도체의 TC 본더와는 사뭇 다른 하이브리드 본더이긴 하지만.

칩의 두께가 훨씬 얇아지고 발열도 확 줄어드는 하이브리드 본딩은 아직 HBM에는 상용화되어 있지 않다. 개발에 성공한다면 매출도 현저히 늘리고 단숨에 반도체 장비의 강자가 될 수 있다. 삼성전자는 HBM4 제조에 하이브리드를 사용할 예정이지만, 세메스라는 자회사를 통해 직접 개발하고 있다. 하이닉스는 HBM4E에 하이브리드 기술을 적용할 요량이다. TC 본더로 하이닉스와 밀월 관계를 유지해왔던 한미반도체 역시 하이브리드 본더를 개발하고 있음은 전혀 놀랄 일이 아니다.

본딩만 중요한 줄 알아? '디본딩'도 있지

본딩의 반대 개념인 '**디본딩**(de-bonding)' 장비 역시 그 중요성이 급속도로 커지고 있다. 디본딩은 여러 칩을 쌓아 올리는 HBM 공정에서 갈수록 얇아지는 웨이퍼가 휘어지지 않도록 고정한 임시 부품 '캐리어 웨이퍼(carrier wafer)'를 떼어내는 과정이다. 같은 공간에 더 많은 칩을 쌓으려는 웨이퍼 두께 줄이기 싸움이 치열해지더니, HBM4 시대를 앞두고는 아예 일부 웨이퍼를 떼어내는 디본딩 경쟁으로 이어졌다.

여기서 상세한 기술 측면을 설명할 수는 없지만, 디본딩 장비에는 크게 네 가지 타입이 있다는 것만 기억해두자. 물리적 힘으로 칩을 분리하는 '기계식', 화학약품으로 접착제를 녹이는 '화학식', 레이저로 접착제를 제거하는 '레이저식', 빛으로 칩을 분리하는 '포토닉' 방식 등이다. 가령 삼성전자와 SK하이닉스는 차세대 HBM4 단계에선 물리적 힘을 없앤 레이저 디본딩 방식을 채택할 방침이다. 그러나 웨이퍼 손상 없이 더 빠른 속도로 캐이어 웨이퍼를 분리하는 포토닉 디본딩이 첨단 패키징 분야 신기술로 꼽힌다.

불순물 제거용 세정 장비를 만들어온 국내 기업 제우스는 미국 업체와 함께 개발한 포토닉 디본딩 장비를 미국 기업에 납품할 예정이다. 그 외 디본딩 장비 개발업체로는 이오테크닉스, AP시스템 등을 들 수 있다.

첨단 디본딩 기술은 HBM뿐 아니라, 첨단 패키징 공정에도 도입되며 빠르게 확산 중이다. 디본딩의 안정성과 정밀성이 더욱 중요해지는 까닭이다. 디본딩 공정이 앞으로 반도체 패키징의 핵심 변수라는 얘기까지 나온다. 시장조사업체 WiseGuy Reports(와이즈가이 리포츠)는 반도체 레이저 디본딩 시장이 연평균 5.7% 성장, 2032년 35억 달러에 이를 것으로 본다.

원자현미경, 나노 전쟁의 핵심 장비

반도체의 초미세화 경쟁이 격해지면서 '원자현미경(AFM: atomic force microscopy)'이 핵심 장비로 자리 잡았다. 원자끼리 끌어당기는 힘을 감지해 시료의 표면을 나노 단위로 입체적으로 관찰하는 장비인데, 크게 연구용과 산업용으로 나뉜다. 기존 광학·전자 현미경으로는 볼 수 없는 미세 단위까지 측정해 20나노 이하 반도체 공정에선 꼭 필요한 계측 도구가 되었고, 원자현미경 수요는 급증하는 추세다. 시장조사업체들의 전망에 의하면, 글로벌 원자현미경 시장은 연평균 11%씩 성장해오고 있으며, 특히 산업용이 성장세를 주도하여 2029년엔 산업용 원자현미경이 연구용 규모를 뛰어넘을 예상이다.

한국의 파크시스템스는 글로벌 원자현미경 시장의 20%를 차지하며 미국·일본·러시아 등을 제치고 세계 1위다. 산업용 현미경 시장으로 국한하면 점유율은 80%, 그야말로 압도적이다. 기존의 접촉식 현미경 단계를 뛰어넘어, 탐침과 시료 원자 사이의 인력에 따른 미세 진동을 감지해 표면 형상을 측정하는 '비접촉식 원자현미경'을 세계 최초로 개발해 산업용 시장을 장악했다. 삼성전자·하이닉스·현대자동차 등 국내 기업은 물론 TSMC·인텔·마이크론 그리고 하버드·스탠퍼드 같은 세계적인 연구기관이 파크시스템스 현미경을 쓰고 있다.

파크시스템스는 경쟁사들의 추격에 맞서 기술을 향상하고 AI를 결합한 자동화와 융합 기술로 시간·비용 줄이기에 주력하는 한편, 독일과 스위스 첨단 업체를 잇달아 인수하며 제품 포트폴리오도 늘리고 있다. 원자현미경의 수요 자체가 반도체에서 2차전지, 바이오, 소재 등으로 확산하고 있어, 최근의 연속 최대 실적 행진을 이어갈 전망이다.

'반도체 제어 장비,' 하면 워트

반도체 생산 환경에는 온도·습도의 컨트롤이 필수다. 웨이퍼 표면에 감광성 물질을 균일하게 씌울 때 용액의 점도나 온·습도 조절에 실패하면 불량이 생기고 만다. 그래서 최근 HBM 공정에선 이런 제어 장비 수요가 크게 늘고 있다. 워트는 대당 2억 원 이상을 호가하는 초정밀 '온도·습도 제어 장비(THC: temperature & humidity controller)'를 제조해 20여 년 흑자 경영을 이어오고 있다. 특히 웨이퍼에 회로를 그려 넣는 포토 공정의 THC 분야에선 국내 1위다. 2025년 하반기부터 반도체 투자가 늘어날 것으로 보이는 데다, AI와 로봇·자율주행 등 첨단산업 발달로 반도체 훈풍이 부는 것도 호재다. 최근 THC 장비 기술력을 인정받아 중국 수출도 성사했고, 대만 업체와의 장비 공급 논의도 긍정적이다. 해외 시장 공략이 의도대로 되면, 압도적으로 높은(95%) 국내 매출 비중을 줄일 수 있다. 2026년부터의 실적 성장은 수출이 이끌 수 있을 것이다.

초미세 반도체 공정의 판을 바꾸다

웨이퍼 표면에 생긴 미세한 상처('계면 결함')를 치유해 전기적 특성을 복원하는 공정을 어닐링(annealing)이라 부른다. 코스닥 상장사 HPSP는 100% 수소, 초고압, 저온 환경에서 계면 결함을 제거하는 '고압 수소 어닐링'으로 10나노 이하 공정을 정복했다. 2나노 초미세 공정에도 쓸 수 있고 반도체 소자의 구동 전류를 최대 15% 향상한다. 위험하고 복잡해서 모두가 고개를 절레절레 흔들던 기술이 이젠 20여 글로벌 반도체 기업의 필수 공정이다.

글로벌 파운드리의 10나노 이하 공정 경쟁이 본격화하면서 HPSP의 매출은 폭발적으로 상승했다. 더욱 놀랍게도 영업이익률은 3년 연속 50%를 넘었다. 글로벌 고객사들의 각기 다른 요구사항을 충족시킨 경험과 설계 노하우가 독특한 경쟁력이다. HPSP라는 사명이 '고압 설루션을 제공하는 자'란 뜻이라고 하니, 초고압 수소와 압력 제어 기술은 필연적으로 이 회사의 자산 아니겠는가. 고압 수소 어닐링에 이은

HPSP의 다음 작품은 고압에서 실리콘 산화막을 성장시키는 '고압 산화(HPO)' 장비다. 웨이퍼에 산화막이라는 일종의 보호막을 형성해 회로 사이에 누설 전류가 흐르는 것을 차단한다. 여기서도 고압으로 낮은 온도에서도 산화막의 품질을 획기적으로 높일 계획이다.

테스트 소켓은 우리가 세계 최고

반도체 불량 여부는 어떻게 가릴까? 개발과 양산 과정에서 전기신호 테스트로 확인한다. 이때 쓰이는 부품이 '테스트 소켓'인데, 특히 고무 소재인 '실리콘 러버 소켓' 분야에선 한국 강소기업 ISC가 세계 최초로 양산했고 시장을 주도하며 점유율 1위를 지키고 있다. 공정의 100% 내재화는 물론, 핵심 소재의 원천기술도 보유하고 있다. 방열 기능을 강화하는 자체 설루션도 경쟁력이다. 실리콘밸리의 빅 테크들이 대부분 ISC 소켓을 쓰는 건 그래서다.

하지만, HBM을 위한 테스트 소켓은 아직 시중에 나와 있지 않다. ISC의 HBM 테스트 소켓은 아직 고객사의 최종 인증을 기다리는 상태로 2025년 하반기에는 양산할 수 있다고 본다. HBM 소켓 테스트가 상용화되면 그동안 걸러내지 못하던 HBM 오류를 ISC의 소켓이 잡아내, 비용 절감과 효율성 극대화가 가능해진다. K-반도체의 HBM도 더 튼튼한 경쟁력을 누릴 수 있음은 물론이다. ISC는 2023년 SK그룹 중간지주사인 SKC에 인수돼 그 자회사들과의 협업을 강화하고 있는데, 코스닥 상장사 가운데 처음으로 밸류-업 계획을 발표해 눈길을 끌었다.

핵심 장비 프로버 만드는 강소기업

웨이퍼에 전기신호를 보내 칩이 제대로 작동하는지, 회로가 규격에 맞는지, 등을 측정하는 '프로버(prober)'도 반도체 핵심 장비다. 반도체의 생산성·효율성과 직결돼 진입장벽이 높다. 반도체 검사장비의 절대 강자를 꿈꾸는 쎄믹스는 이 부문에서 일본 기업들에 이어 세계 3위를 달린다. SK하이닉스에 HBM용 프로버도 납품하고 있다. 특히 웨이퍼를 한 장씩 검사하는 싱글 프로버뿐 아니라 여러 장을 동시에 검사하는 그룹 프로버까지 개발했다. 더 나아가 기술적으로 난도가 높다고 하는 그룹 프로버 전용 테스트 장비 개발도 2025년 내 완성 예정이다.

그밖에 눈길을 끄는 반도체 장비 업체들을 간단히 둘러보자.

테크윙은 패키징 공정을 끝낸 칩의 불량품을 자동으로 걸러내는 테스트 장비를 만드는데, HBM과 일반 D램 수요 증가로 주력 제품 수주가 늘어나 매출뿐 아니라 영업이익도 탁월한 증가율을 보였다. 원자 단위로 박막을 만드는 ALD 장비 공급사 주성엔지니어링도 D램 미세화 수요가 회복되고 중국발 주문이 쏟아져 2024년 매출 급증을 만끽했다. HBM 공정에서 수율을 높여주는 오버레이 장비 제조사 오로스테크놀로지와 테스트 핵심 부품인 프로브 카드를 제작하는 티에스이, 증착(웨이퍼에 얇은 막을 입힘) 공정에 필요한 세라믹 히터 장비 제조사 코미코도 매출과 영업이익 개선이 두드러졌다.

메모리 선단 공정과 연계된 업체들도 고공행진에 참여했는데, 식각 장비 부품을 만드는 한솔아이원스, 증착 장비 공급사인 유진테크, 식각 관련 장비 공급사인 피에스케이 등이 여기에 해당한다. 또 반도체 공정에서 온도를 일정하게 유지하는 장비가 '칠러'인데, 코스닥시장 상장사 GST가 그 대표 기업이다. 차세대 친환경 설비 수요가 급증하는 가운데 GST는 미국·EU의 환경규제를 피할 수 있는 이산화탄소 칠러를 개발해 처음으로 미국 수출까지 이루었다.

반대로 파운드리 방면 매출 비중이 큰 기업이나 HBM 사업에서 고전 중인 삼성전자에 지나치게 의존하는 장비 업체의 분위기는 사뭇 달랐다. 가령 삼성 메모리사업부에 증착 장비를 공급하는 원익IPS는 2022년 이전 호황기 수준으로 회복하지 못한 채 간신히 흑자전환으로 만족했다. 삼성 파운드리의 핵심 협력사로 후공정을 담당하는 두산테스나와 네패스 역시 우울한 2024년을 보내야 했다.

유리기판 안 깨지는 에칭 장비

PCB 자동화 장비 세계 1위. 유리기판 장비 생산 본격화로 '1조 클럽' 가입. 기판 표면을 세정·건조하는 습식장비 제조사 태성의 목표다. 특히 유리기판에 닿지 않고도 휨, 크랙, 정전기 등의 문제를 획기적으로 해결한 유리기판 식각장비를 국내 최초로 개발한 점에 주목할 만하다. 유리기판 제조업체들이 2025년까지 투자하고 2026년 양산을 목표로 잡고 있어서, 2026년 하반기부터 관련 장비 수요가 폭발적으로 늘어날 것이 확실시된다. 코스닥 상장사 태성은 한 달에 14대의 유리기판 관련 장비를 생산할 수 있다.

Part Four
K-전력기기

'K-전력기기'라고?

미처 몰랐다, 2024년 초까지만 해도 전력기기·전선 업종이 방산, 조선, 반도체 등과 어깨를 나란히 할 정도의 관심과 박수를 받을 줄은! 하지만 우리 전력기기 산업은 지금 앞에다 'K'를 붙여줘도 부끄럽지 않을 위용을 갖추었다. K-방산이나 K-조선의 경우처럼 글로벌 전력 수요는 거침없이 늘어나는 데다, K-전력기기의 경쟁력은 가히 최고 수준이기 때문이다. 수치를 봐도 알 수 있다. 2024년 말 수주잔고가 1년 전보다 43.5% 증가한 30조 원에 육박했다. 이러한 호황은 오래갈까? 적어도 2030년까진 이어질 것 같다. 2025년 들어서도 순조로운 여정은 진행형이다. EU·미국 등에서 1분기에 역대 최대인 10조 원의 수주잔고를 돌파한 효성중공업이나 HD현대일렉트릭(8조6천억 원)과 LS일렉트릭(4조 원 육박)도 쾌조의 기록을 세우고 있다.

전력기기 세계 시장은 미국 GE, 독일 지멘스, 일본 히타치가 주도한다. 이들의 기술은 솔직히 한국 기업들에 조금 앞선다. 하지만 시장 수요가 터지면서 K-전력기기에 기회가 찾아온 것이다. K-전력기기 빅 3는 사실상 공장을 풀로 가동하고 있다.

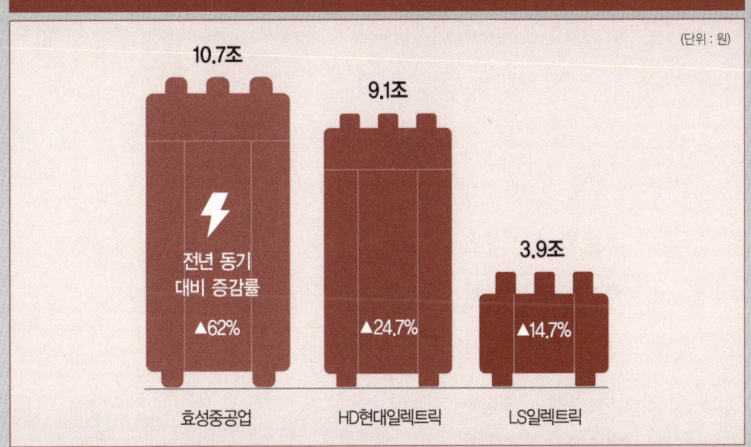

◆ 역대급 호황 맞은 K-전력기기의 수주잔고

(단위 : 원)

10.7조 / 전년 동기 대비 증감률 ▲62% / 효성중공업
9.1조 / ▲24.7% / HD현대일렉트릭
3.9조 / ▲14.7% / LS일렉트릭

※2025년 2분기 기준 출처: 각 사

천정부지, 하늘 높은 줄 모르는 전력 수요

역대급 호황의 배경은 뭘까? 크게 세 가지다.

첫째, AI 탓이다. 예전엔 다들 이렇게 생각했다. "선진국이 될수록 전기를 적게 쓴다." 그런데 지금은 아니다. 무엇보다 AI가 4차 산업혁명의 핵심이어서다. AI는 빠르게 연산하면서 엄청난 전기를 쓴다. 그뿐인가, 이때 발생하는 열을 식힐 때 또 엄청난 전기가 들어간다. 영락없이 전기 먹는 하마다. 또 AI 반도체 공장은 티끌 하나 없는 클린 룸 유지에도 엄청난 전력을 쓴다. 이런 괴물 수요를 뒷받침할 전력 인프라는 부족하다. AI 데이터센터 유치에 안정적 전력 공급은 필수다. 건설 예정인 데이터센터의 20%가 제대로 돌아가지 못할 거라든지, 전 세계 데이터센터가 일본보다 더 많은 전력을 소비할 날이 머지않다는 전망까지 나온다.

둘째, 탄소 중립 목표 때문이다. 태양광·풍력 등 신재생에너지 확대에 맞춰 세계적으로 대대적인 전력망 교체가 이뤄지고, 이 과정에 더 많은 전력기기와 전선이 필요해지는 것이다. 전력기기·전선 없이는 에너지 생산지와 사용처 사이의 '전력 미스매치' 문제를 해결할 수 없으니까.

셋째, 노후 설비의 문제도 있다. 데이터센터의 80% 이상을 보유한 북미의 변압기나 송·배전망은 대부분 1970년대에 조성돼 전력기기 교체가 시급하다. 실리콘밸리조차 노후 전선 망으로 강풍에 정전이 자주 일어난다. 트럼프 대통령도 그랬다. "노후 전력망으로 어떻게 중국 AI와 경쟁하겠는가. 전력 용량을 2배 늘려야 한다." 늘어나는 신규 발주 위에 교체 수요까지 더해져 전력기기와 전선 주문은 자연스레 늘어나고 있다.

블룸버그 신에너지금융연구소(BNEF) 같은 글로벌 에너지 관련 기관들도 글로벌 전력망 투자가 2020년 2,350억 달러에서 2030년 5,320억 달러, 2050년 6,360억 달러로 급증할 전망이라면서, 전력기기 시장은 이제 호황의 초입이라는 평가다. 10년 이상 호황이 이어질 거란 낙관론도 적지 않다. 과거 전력기기는 자동차·반도체 등을 뒷받침하는 내수 중심으로 바라봤지만, 최근 AI 데이터센터 증가로 전력 수요가 급증하면서 제대로 때를 만난 모습이다. 업계는 미국이 K-조선을 찾고, 유럽이 K-방산을 찾듯이, 우리 전력 인프라 기업들도 특히 선진국 사이에서 제2의 조선·방산이 될 걸 기대하고 있다.

K-전력기기 기업들은 적어도 당분간은 수주 걱정이 없다. 이 분야에서 위상을 끌어올리기 위해, 기존의 교류 송전보다 장거리 송전 때 전력 손실이 적고 신재생에너지 시대 호환성도 뛰어난 HVDC 등에 새로이 투자하기 시작했다. 효성중공업이 2024년 국내 최초로 200MW급 HVDC를 국산화하고, 3,300억 원을 들여 국내 최대 HVDC 공장을 짓고 있는 것도 그런 맥락에서다. 그런가 하면, HD현대일렉트릭은 초

고압 변압기 호황 후에는 전력을 분산·공급하는 배전 쪽 수요가 터질 것이란 판단에서, 배전망 사업에 미래를 걸고 있다. 세계 최초로 메가와트급 직류 배전 시스템을 상용화했고 직류 배전에 대한 연구도 진행 중이다.

초고압 기술이 K-전력기기의 경쟁력

초고압 기술은 전력 손실 없이 안정적으로 전기를 보내기 위해 꼭 필요하다. 전력을 보내고 받을 때 초고압에 맞는 기기를 만드는 것은 고도의 기술력을 요구한다. 바로 이런 초고압 분야에서 K-전력기기는 핵심적인 기술 경쟁력을 가지고 있다. K-전력기기 3사와 LS전선, 대한전선은 선진국의 어떤 기업과도 어깨를 나란히 할 정도로 우수한 경쟁력을 갖추고 있다.

또 미국·유럽 등이 우방으로 간주하는 한국 기업을 많이 찾는 점도 지정학적·정치적 강점이다. 전력 에너지는 조선·방산 분야에서처럼 국가 안보 문제와 직결되기 때문이다. 그 밖에도 K-전력기기가 일단 계약을 체결하면 납기를 확실하게 지키는 점도 바이어들이 선호하는 점이다. 방산이나 원자력 분야에서 한국이 과시하는 경쟁력과 같다.

흔히 '트렉 레코드(track record)'라고 하는 납품 실적과 경험에서도 K-전력기기는 부족함이 없다. 미국에서 공장 건설 붐이 불던 2020년부터 미국 내 여러 공장에 전력기기를 공급한 경험이 풍부한 것이다. 선진국에서 인정하고 높이 평가해주는 이유 중의 하나다.

· 1장 ·

전력기기 삼총사
물 만난 물고기가 따로 없네

K-전력기기 섹터는 주로 HD현대일렉트릭, 효성중공업, LS일렉트릭의 빅 3와 전선 분야의 LS전선과 대한전선이 이끌고 있다. K-전력기기 삼총사의 포트폴리오 중 최고의 인기 제품은 단연 변압기. 발전소에서 생산한 전기를 수요자에게 보내기 전에 전압을 높이거나 낮추는 기기다. 전력기기 영역에서 가격이 압도적으로 높아 업체들의 매출·수주잔고 증가에 크게 이바지한다.

위에서 설명한 여러 가지 상황으로 인해 K-전력기기 기업들의 상승세는 상당한 기간 계속될 전망이다. 특히 미국과 EU 시장이 집중적으로 노릴 만한 시장이다. 대규모 AI 투자가 발표되고 전력 인프라 수요가 계속 커지고 있어서다. 가령 '스타게이트' 프로젝트를 들어봤는가. 오픈AI, 오라클, 소프트뱅크가 참가하는 무려 5,000억 달러(734조 원) 규모의 AI 인프라 조성 프로젝트로, 일례에 지나지 않는다.

◆ K-전력기기 수주잔고 움직임

(단위: 조 원)

■ 2023 ■ 2024

- 효성중공업: 5.8 / 9.2
- HD현대일렉트릭: 5.3775 / 7.6466
- LS전선: 5.2431 / 6.2741
- LS일렉트릭: 2.3261 / 3.4477
- 대한전선: 1.7359 / 2.8232

※각 년도 12월 말 기준

출처: 각 기업 보고서

　이미 많게는 5년 치의 일감을 확보한 K-전력기기는 신규 투자에 나섰다. 기존 생산시설로는 늘어나는 주문에 도저히 대응할 수 없으니까. HD현대일렉트릭은 약 4,000억 원을 투자해 울산과 미국 앨러바마 공장을 증설할 계획이다. 8년 전 HD현대중공업에서 분사한 이래 가장 큰 금액의 투자다. LS일렉트릭은 부산 사업장 증설을 위해 1,000여억 원, 효성중공업은 창원과 미국 멤피스 공장 증설을 위해 1,000억 원을 쓸 각오다. 지금의 호황이 '일시적 수요 증가' 아닐까를 한동안 고민했지만, 이제는 확신을 품고 적극적으로 나서고 있다.

HD현대일렉트릭, 한 발 치고 나갔어

2025년 1분기에 사상 최초로 매출 1조를 돌파한 HD현대일렉트릭은 신바람 났다. 무게 200t이 넘고 대당 60억~130억 원에 이르는 초고압 변압기가 '날개 돋친 듯' 팔릴 줄은 몰랐다. 마켓닷US 같은 시장조사 업체는 글로벌 변압기 시장은 2024년 720억 달러(약 105조 원)에서 2033년 1,230억 달러(약 180조 원)로 커진다고 한다. 통상 변압기 수명은 30년 안팎인데 미국 내 변압기 가운데 25살 이상이 70%라는 통계도 있다. 수주는 계속 늘어나고 공장 증설이 끝나면 초고압 변압기 생산능력이 연 400개에서 510개 안팎으로 늘어난다. 일반 변압기의 제조 리드타임, 그러니까 수주부터 제품 인도까지 걸리는 기간은 130주 정도고, 대형 초고압 변압기의 리드타임은 120주~210주에 달한다. 전력기기는 공급자 우위 시장이란 뜻이다.

특히 초고압 변압기 분야에서는 HD현대일렉트릭의 기술 우위는 견고하다. 변압 과정에서 전력 손실을 최소화한다든지, 고장 난 변압기를 빠르게 복구하는 기술에서 경험과 지식도 충분하다. 신기술 개발에도 적극적이어서 친환경 특성의 변압기와 첨단기술이 가미된 에너지 최적화 변압기 등을 연구하고 있다.

초고압 변압기 스코틀랜드 첫 진출

스코틀랜드는 2045년까지 넷 제로 달성 목표를 세우고 신재생에너지 투자에 가장 적극적이다. 특히 세계 해상 풍력설비의 3분의 1이 몰려 있을 정도로 해상풍력에 몰두하는 지역이다. 그런 스코틀랜드의 전력회사 SP Energy Networks(에스피 에너지)에 초고압 변압기 4대를 공급하는 계약을 HD현대일렉트릭이 따냈다. 이 지역에선 처음인데, 수주 금액 등은 공개되지 않았다. 변압기는 2028년 스코틀랜드 중남부 변전소 증설에 투입된다.

스코틀랜드의 에너지 정책 특성을 고려해, 차제에 역내 다른 전력회사와도 거래를 크고 유럽대륙 공략도 강화한다는 전략이다. 유럽은 무척 보수적인 데다 기술적 진입장벽도 높지만, 주로 고부가가치 제품이 팔리는 시장이어서다. 실제로 HD현대일렉트릭의 유럽지역 수주액은 2020년 이후 연평균 44%의 증가세나. 북미·중동·국내와 디불이 유럽을 4대 핵심 시장으로 꼽고 있기도 하다. 참고로 HD현대일렉트릭의 북미 시장 매출은 2025년 1분기 3,890억 원 정도로 지난해 같은 기간보다 74.7% 증가했다.

유럽 내 데이터센터는 다 공략해!

HD현대일렉트릭은 모두 5곳의 데이터센터를 운영하는 노르웨이 데이터·통신 인프라 전문기업 Bulk Infrastructure(벌크 인프라스트럭처)와도 MOU를 맺고 데이터센터용 전력변압기나 고압차단기 등 기자재 부문에서 협력한다. 덕분에 벌크가 추진 중인 데이터센터 건설 프로젝트의 전력 기자재 입찰에 먼저 참여하게 됐다. 2024년 벌크가 운영하는 대형 데이터센터에 초고압 변압기를 공급하는 계약을 맺기도 했다.

덴마크 국영 전력회사 Energinet(에네르기넷)에 초고압 변압기 등을 공급하기로 계약을 체결한 것도 유럽 시장에서의 성과다. IEA가 2024년 미국·중국과 함께 세계 3대 데이터센터 전력 소비 지역으로 적시한 유럽은 아직도 개척할 여지가 많은 시장이다. 유럽 시장점유율 확대라는 목표에 더 가까이 다가서기 위해 스위스·헝가리 등 현지 연구소 중심으로 EU에 특화된 친환경 전력기기 개발에 집중한다는 계획이다.

효성중공업, 가장 무게 있는 K-전력기기 업체

신재생에너지와 송전망 투자를 높여가고 있는 스코틀랜드 시장으로 말하자면 10여 년 전에 진출한 효성중공업의 인연도 만만치 않다. 그동안 제품 공급, 유지·보수 등 토털 솔루션 공급업체로 인정받아왔다. 그리고 2022년부터는 영국 전체 초고압 변압기 시장점유율 1위를 차지해왔다. 2025년 5월에도 850억 원 규모 초고압 변압기 공급 계약 실적을 올렸다. 내륙과 해안의 풍력단지에서 생산하는 전력을 도심까지 보내는 데 사용될 변압기다.

효성중공업은 2025년부터 독일, 프랑스, 스페인 등에서도 잇따라 수주 성과를 내고 있다. 최근 독일 송전업체에 초고압 변압기, 리액터 등을 장기간 공급하기로 계약한 것은 K-전력기기 최초의 성과다. 또 프랑스 송전업체와도 2024년과 2025년 초 초고압 변압기 장기공급계약을

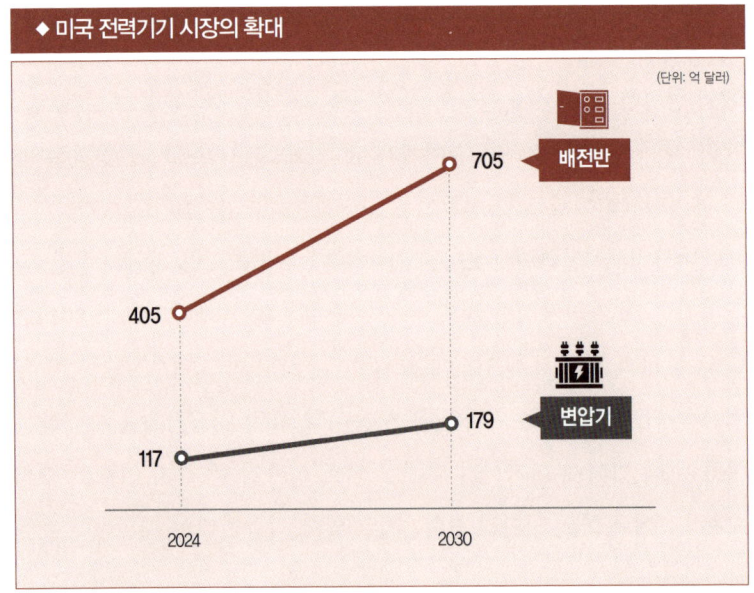

◆ 미국 전력기기 시장의 확대

(단위: 억 달러)

※ '배전반'에는 기타 전력기기 포함

출처: 변압기 및 배전반 업계

연이어 체결했다. 이외에도 스페인에서 초고압 전력기기 공급 계약을 체결하는 등 수주 범위를 넓히고 있는데, 유럽 물량은 창원공장에서, 북미 물량은 미국 멤피스 공장에서 맡는다. 효성은 2025년 1분기와 2분기 계속해서 수주잔고 10조 원을 넘기며 전년 같은 기간보다 62%나 증가했다.

미국의 경우, 효성중공업은 최근 현지 전력회사로부터 약 2,641억 원 규모의 초고압 차단기 장비를 수주했다. 초고압 차단기 단일 수주액으로 최고액이었다.

LS일렉트릭, HVDC 초고압 변압기는 우리뿐!

LS일렉트릭은 미국 시장에서의 활약이 두드러진다. 테슬라가 설립한 xAI에 데이터센터용 전력기기를 공급하고, 4대 빅 테크 중 세 곳에 대한 배전반(발전소에서 오는 전기를 제어해 데이터센터 등 최종 사용처에 배분하는 장치) 장기 납품이 성사 단계다.

2025년 상반기 LS일렉트릭의 배전반과 초고압 변압기 신규 수주 물량 가운데 북미 비율은 50%를 넘는다. 원래 이 시장은 이튼, 슈나이더, 지멘스, ABB 등 소위 '전력기기 빅 4'가 나눠 먹던 구도였다. 하지만 AI 데이터센터가 워낙 많이 들어서고 이들의 제품만으론 도저히 수요를 감당할 수 없게 되면서 이 구도가 깨지기 시작했고, 빅 테크 기업들이 드디어 한국 기업으로 눈을 돌린 것이다.

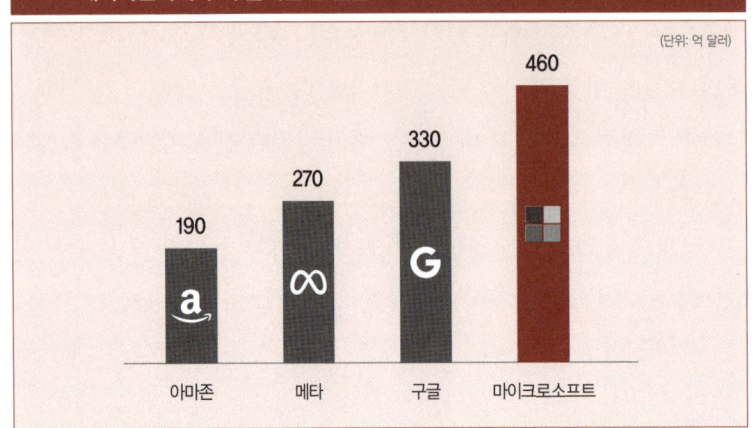

◆ AI 데이터센터에 투자 늘리는 '큰손들'
(단위: 억 달러)
아마존 190 / 메타 270 / 구글 330 / 마이크로소프트 460
*2024년 실적 기준 출처: JP모건/뉴스트리트 리서치

2025년 7월에는 미국 서부 여러 주의 신재생에너지 발전소에 초고압 변압기를 공급하는 사업을 수주했다. 1,700억 원 규모의 신재생에너지 프로젝트 사업이다. 2024년 초고압 변압기 생산시설 증설에 이미 1,600억 원을 투자한 LS일렉트릭은 국내외 공장을 증설해 이러한 수요에 대응할 생각이다. 특히 초고압 변압기 생산능력을 3배~4배로 늘릴 예정이다

들어봤니, HVDC 변압기?

AI 업계의 큼직한 화두 중 하나는 '전력 효율성의 극대화'. AI 데이터센터 운영에 너무 많은 전기가 쓰이다 보니 전기가 덜 들거나 전력 손실을 줄여주는 부품·소재 수요가 갈수록 커지고 있다. 대용량 전기를 큰 손실 없이 멀리 보내는 장거리 송전 기술인 '초고압 직류송전(HVDC)'이 요즘 화젯거리가 된 이유다. 전력 효율성은 훨씬 더 높아도 설치비가 비싸서, 그동안 시장에서 외면받아오다가 AI 확산으로 설비

수요도 급증해 반전의 계기가 된 것이다. 예컨대 미국 텍사스에 반도체 공장을 운영 중인 삼성전자는 남동부의 남아도는 전기를 텍사스 공장으로 가져오는 프로젝트를 진행하고 있는데, HVDC 전력망을 구축해 전력 수요가 급증하는 피크타임에도 전력을 안정적으로 공급받을 것으로 기대하고 있다. 시장조사업체들은 글로벌 HVDC 시장이 2023년 113억 달러에서 2030년 178억 달러로 연평균 6.68% 커질 것으로 전망한다.

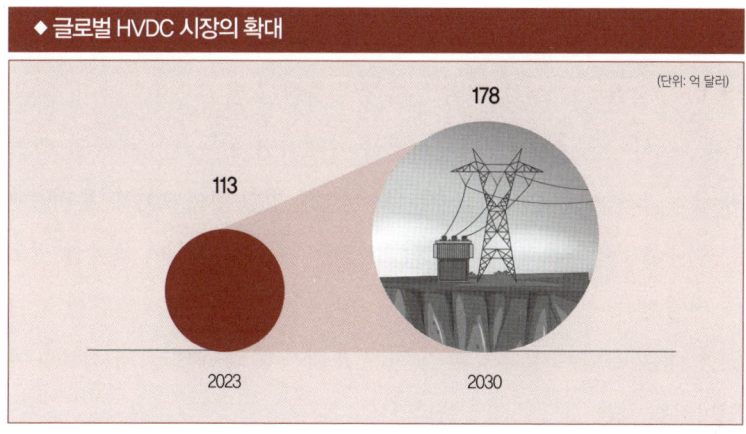

◆ 글로벌 HVDC 시장의 확대

(단위: 억 달러)

출처: 베리파이드 마켓 리서치

지금 미국 전역에는 HVDC 설치 붐이 일어나 있다. K-전력기기로선 맞춤한 뉴 비즈니스 기회가 아닐 수 없다. HVDC 제조에는 상당한 기술력이 필요해 진입장벽도 높은 편이다. 현재 HVDC 초고압 변압기를 제조·공급하는 한국 기업은 LS일렉트릭이 유일하다. 15년 전부터 HVDC 시장이 커질 것이라고 내다본 LS일렉트릭은 국내 최초로 부산에 HVDC 변압기 전용 공장을 세웠고, 최근 급증하는 수요에 대응하기 위해 1,600억 원을 들여 증설에 나섰다. 국내에서도 HVDC 초고압 변압기 공급 계약 중 최대 규모인 5,000억 원짜리 '동해안·수도권

HVDC 송전선로 건설' 사업을 수주하는 등 성과를 쌓아가고 있다.

기타 K-전력기기 용사들

일진전기, 변압기 3년 치 일감 확보했어

생산능력이 증대와 생산성 향상으로 초고압 차단기와 케이블 사업에서 신규 수주를 늘려 퀀텀 점프를 노린다. 초고압 케이블과 초고압 대형 전기설비를 모두 제조하는 세계 유일의 기업 일진전기의 이야기다. 다소 늦은 1998년 초고압 분야에 진출한 후발주자지만 북미, 유럽, 중동, 아시아 등 40개국으로 시장을 확대하며 선두와의 격차를 빠르게 좁혀나가는 중이다. 기술력 덕에 실적도 훨훨 날아, 2022년부터 3년 연속 매출 1조 원을 넘은 데 이어 2025년 매출이 2조 원에 육박할 것으로 전망한다. 현재 변압기는 적어도 3년, 케이블은 2년 치 일감이 쌓여 있는 데다, 트럼프 정부의 추가 관세 조치가 나와도 미국 내 점유율이 떨어지진 않을 것으로 자신한다.

변압기 꼬마 거인, 발전소 비즈니스를 꿈꾸다

변압기 생산 이력이 반세기에 이르는 IEN한창은 매출의 99%가 미국에서 나오는 특이한 기업이다. 거의 30년 전 미국에 진출해서 어느덧 1,000여 고객사를 개척했다. 대기업이 웬만하면 1년 걸리는 제품을 6개월 안에 만든다든지, 고품질은 기본이고 고객이 원하는 사양대로 맞춤 공급할 수 있는 것이 핵심 경쟁력이다. 유지·보수 등 서비스에도 공을 들여 신뢰를 얻은 데다, 이어 소형, 대형, 초고압 등을 가리지 않고 전부 다 잘 만드는 회사라는 평판을 얻었다.

미국 내 데이터센터, 태양광발전소, 산업용 전력시장 등에 들어가는 138kV 파워 변압기가 IEN한창의 주력 제품이다. 2024년 영업이익률이 무려 67.9%라니, 정말로 믿기 어려운 일 아닌가! 중간 유통 과정 없이 직접 고객사에 판매하기 때문에 그렇단다. 제조업의 영업이익률로는 놀라 자빠질 수치다. 최근엔 초고압 변압기 생산도 시작했고 중남미 지역에도 곧 판매를 시작할 계획이다.

IEN한창은 별난 꿈을 꾸는 회사다. 3년 내 미국에 아예 발전소를 짓고 싶다는 것이다. 아무리 전력 수요가 급증해도 변압기만 만들어서는 승부를 못 본다는 이유에서다. 그래서 실제로 케이블, 스위치 등 발전소에 필요한 전문 기업들과 협업하고 있다. 변압기 수명은 25년이지만 발전소는 한번 지으면 50년은 간다면서 말이다.

· 2장 ·
K-전선, 모든 종류의 케이블이 다 있다

해저케이블에 불어닥친 21세기 '골드러시'

AI 전성기를 맞아 몸값이 오른 산업은 전력기기만이 아니다. 통신용 해저케이블도 그에 못지않게 투자자들로부터 주목받고 있다. AI 서비스가 확산하면 트래픽 폭증은 당연한지라, 이에 대응하기 위해 빅 테크들이 자체 인터넷망을 구축하고 나섰기 때문이다. 그렇다고 해서 미 정부가 미국 전역에 중국산 케이블이 좍 깔리도록 내버려 두겠는가? 천만에. LS전선, 대한전선 등 국내 기업엔 이런 호재가 또 없다는 얘기다.

자체 통신망 구축에 가장 적극적으로 나선 것은 누구일까? 페이스북·인스타그램 탓에 전 세계 모바일 트래픽의 22%를 차지한다는 메타다. 그래서 메타는 북미-대양주-인도-아프리카를 4만㎞ 해저케이블로 연결하는 100억 달러(약 14조 6,000억 원)짜리 초대형 프로젝트를 구상하고 있다. 구글도 유튜브 트래픽 폭증에 대응하려고 10억 달러를 투자해 미국-일본을 해저케이블로 이을 계획이며, 호주-아프리카를 연결하는 프로젝트도 준비하고 있다. 아마존은 싱가포르-괌-미국 서부까지를 연결하는 방안을 추진하고 있다.

이런 배경이니 한국의 전선 기업들이 가만히 있을 리가 없다. 해저케이블 국내 1위 LS전선은 미국 주요 기업들과 통신케이블 공급을 협의하느라 바쁘다. 해저 광케이블을 직접 만드는 LS전선은 게다가 국내 유일의 해저 광케이블 매설 업체인 LS마린솔루션을 자회사로 두고 있어서, 해저케이블을 만들어 바다에 묻는 공정까지 완벽히 제공할 수 있다. 최근에야 해저케이블 사업에 뛰어든 대한전선도 포설선을 확보하고, 미국 내 케이블 공장을 지을 것인지 현지 업체를 인수할 건지 저울질하고 있다. 그러는 가운데 최근 캘리포니아에서 900억 원 규모의 HVDC 지중케이블 사업을 수주하며 미국 시장에 데뷔했다.

업계는 2025년 해저케이블에 대한 글로벌 수요가 땅 밑을 지나는 지중케이블 수요를 넘어설 것으로 예상한다. 이건 K-전선의 매출과 영업이익에 큰 영향을 미칠 수 있다. 해저케이블 가격이 지중케이블 가격보다 40%가량 높기 때문이다. 미국이 앞장선 중국산 해저케이블 퇴출 움직임이 전 세계로 확산하고 있는 점도 우리에겐 기회 요인이다. 그래서인지 2026년부터 배전시장 초호황을 예상하면서 최근 주가 상승에도 밸류에이션 여력은 여전히 충분하다고 보는 증권사들이 많다.

그냥 케이블이 아니라 HVDC 케이블 수주

전선은 크게 3종류로 나눌 수 있다. ①도서 지역 등의 소규모 전력 연계에 쓰이는 '배전케이블' ②주로 내부망이나 단거리·소규모 전력망에 쓰이며 초고압 교류 송전선을 의미하는 'HVAC 케이블' ③내구성과 절연성이 뛰어나고 대규모 해상풍력이나 장거리·대용량 송전에 적합한 초고압 직류송전선, 즉, 'HVDC 케이블'. 이 중 HVDC 케이블은 AI 확산으로 전력망의 효율이 중요해지면서 주목받는 기술이다. 태양광과 풍력 등으로 생성된 교류 전력을 직류로 변환해 장거리 대용량 송전을 가능하게 한다. 2029년까지 28조 원 규모로 확대될 것으로 전망되는 글로벌 HVDC 해저케이블 시장은 '수퍼-그리드'[국가 간 전력망 연결] 및 대규모 해상풍력발전 확대에 따라 가파른 성장세를 보이는 중이다.

2024년 12월 LS전선은 독일 기업 TenneT Offshore(테네트 오프쇼어)로부터 약 6억 유로(약 9,073억 원) 규모의 HVDC 케이블 공급 계약을 따냈다. 북해에 대규모 해상풍력단지를 건설하고, 독일과 네덜란드 내륙을 케이블로 잇는 대형 사업인데, LS전선은 이미 1년 전에도 1차로 1조5,000억 원의 공급 계약을 체결했고, 이번에 추가로 계약을 따낸 것이다. 총액으로는 전 세계에서 체결된 케이블 납품 계약 중 가장 크다. 또 최근 미국에서만 4,400억 원 규모의 HVDC 해저케이블 공급 계약을 따냈다.

장거리 송전용 해저케이블을 제조할 수 있는 기업은 LS전선을 포함해 세계적으로 딱 6개뿐이다. 그만큼 이 분야에서 강력한 선두주자로, 대만 1차 해상풍력단지에 사용된 해저케이블을 공급하면서 본격적으로 그 기술력을 인정받았다. 이번 공급 계약으로 LS전선은 2년 치 일감을 한 번에 확보했으며 지금까지 누적 수주액은 약 6조6,000억 원으로 늘어났다.

국내에선 서해안 에너지 고속도로 수주 경쟁

우리 새 정부의 재생에너지 송전 인프라 공약의 중심에는 서해안 해상풍력을 수도권으로 전송하는 사업비 11조 원의 서해안 HVDC 건설 프로젝트가 자리 잡고 있다. 말하자면 '에너지 고속도로'를 까는 것인데, 2030년 완공이 대선 당시 대통령의 공약이었다. HVDC는 여러 개의 전선을 묶은 다발 형태로 구성해, 보통 AC 케이블망에 비해 전력 손실이 적어서 장거리 송전 인프라의 핵심 설비다. 국내 양대 전선회사들의 치열한 수주전이 예상된다.

가장 적극적으로 나선 LS전선은 국내 최초로 HVDC 기술을 개발해 다양한 프로젝트를 진행해왔다. 강원도 동해시 공장의 HVDC 해저케이블 생산능력이 4배 이상 확대된 데다, 시공 전문인 계열사 LS마린솔루션과 팀을 이루어 제조부터 시공까지 세계적으로 드문 턴키 수행 역량까지 갖췄다.

한편 LS마린솔루션은 2025년 4월 대만의 해상풍력단지에서 해저케이블 매설공사를 수주함으로써 국내 해저케이블 업체 중 최초로 해외사업을 따냈다. 대만 정부가 2035년까지 총 20.6GW 크기로 조성하고 있는 해상풍력단지 중 제1단계의 핵심 공사다. 이번 수주는 1,580만 달러(한화 약 227억 원) 수준이지만, 약 2조5,000억 원 규모로 예상되는 전체 로드맵의 첫 발걸음에 불과하다.

한국, 북미, 아시아 각국을 잇는 해저 통신망을 구축하며 기술력을 쌓아온 LS마린솔루션은 향후 2·3단계 해저케이블 매설시장도 장악할 계획이다. LS전선이 같은 사업 1단계에서 약 1조 원 규모 초고압 해저케이블을 사실상 단독 공급했으므로, 이번 매설공사로 제조·시공을 아우르는 시너지 효과를 내고 글로벌 전력망 시장에 성공적으로 진입할 기회일 수 있다.

대한전선도 당진 해저케이블 공장 신설 등으로 대규모 송전망 구축에 대비하고 있다. HVDC 해저케이블 생산이 가능한 당진 공장 신설에 5천억 원에 이르는 투자를 결의하고, 전선을 깔기 위한 선박 '포설선'도 확보해 설계-생산-운송-시공-유지·보수까지 가치사슬 전체를 장악한다.

· 3장 ·
냉난방 공조, 스마트폰과 맞먹는 규모

'HVAC'는 아직은 다소 생소하지만 앞으로 보통 사람들도 기억해야 할 또 하나의 기술 용어다. heating(난방), ventilation(환기), air conditioning(공조)을 아우르는 '냉·난방 공조' 비즈니스 분야를 가리킨다. HVAC의 중요성과 성장성은 세계 전역에서 수백조 원 규모로 조성되고 있는 AI 데이터센터가 이끌고 있다. 세계적인 이상고온은 글로벌 HVAC 시장이 커질 수밖에 없는 또 하나의 이유다. 시장조사업체 포천 비즈니스 인사이트는 글로벌 HVAC 시장이 2024년 1,659억 달러에서 2032년 2,570억 달러(약 358조 원)로 54.9% 성장할 것으로 내다봤다. 10년 안에 세계 스마트폰 시장에 맞먹는 크기로 성장할 거란 얘기다. 나날이 치열해지는 HVAC 시장은 현재 아일랜드의 Johnson Controls(존슨 컨트롤즈), 미국의 Trane(트레인), 일본의 ダイキン工業(다이킨), 미국의 Carrier(캐리어) 등 전통의 강호들이 나눠 먹는 가운데, 5위 LG전자가 도전하는 상황이다.

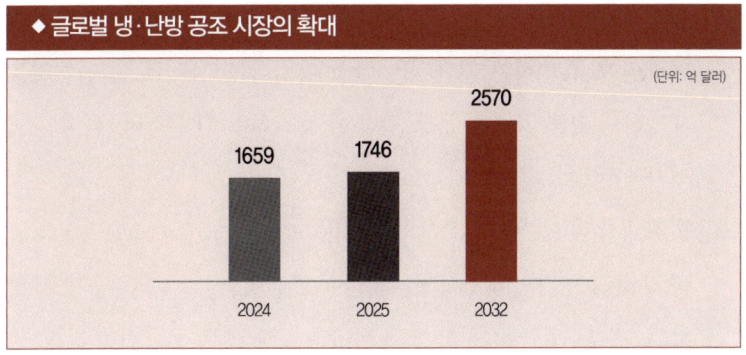

◆ 글로벌 냉·난방 공조 시장의 확대

(단위: 억 달러)

2024: 1659
2025: 1746
2032: 2570

※2025년과 2032년은 전망치

출처: 포천 비즈니스 인사이트

    생각해보라, AI 데이터센터에 반드시 장착돼야 할 큼직큼직한 필수품은 어떤 것일까. 엔비디아를 이 시대의 총아로 만들어준 AI 가속기가 먼저 필요할 터이다. 한국 기업들이 장악하고 있는 초정밀 고전압 변압기도 필수품으로 떠오른다. 여기에 꼭 추가해야 할 또 하나의 장비가 있으니, 바로 초대형 냉방기 '칠러(chiller)'다. 데이터센터에 장착된 수많은 가속기·반도체가 내뿜는 엄청난 열을 식히는 데 이만한 제품이 없다. HVAC 시장을 선점하려는 경쟁이 치열한 가운데, 특히 내부 열을 식히고 온도·습도를 일정하게 제어하는 냉각 기술이야말로 데이터센터의 성능과 수명을 좌우한다. 우리 정부도 AI 데이터센터 3대 수출 인프라로 (가속기의 주요 부품인) HBM, 변압기 그리고 HVAC를 지목했다. 전기차를 위시해 거의 모든 기계와 전기·전자 장비, 심지어 각종 무기체계에도 냉각 장치는 필수다.

AI 데이터센터 핵심은 액체냉각

    얼마나 적은 에너지로 얼마나 효율적인 냉각을 제공하느냐? 이것이 데이터센터의 성능을 가르게 됐다. 그렇다면 지금 시중에는 어떤 냉각의 기술이 있을까.

①공기냉각: 팬과 냉각 코일 등을 활용하는 전통적인 공기 기반의 냉각방식. 효율적인 열관리가 다소 어렵다. 건물이나 설비의 열을 제거하기 위해 차가운 물을 만들어 공급하는 대형 냉각 설비인 칠러가 이런 방식을 쓴다.

②액체냉각 혹은 '**냉각수 분배 장치**(CDU: coolant distribution unit)': 금속 재질의 냉각판(cold plate)을 발열이 많은 CPU나 GPU 등에 부착하고, 냉각수를 냉각판으로 흘려(공급·회수하여) 열을 식히는 방식. 냉각수 흐름을 정밀하게 조절해 에너지 사용량을 최적화한다. 공기냉각 방식에 비해 설치 공간이 작고 에너지 효율이 높아 차세대 기술로 주목받고 있다.

③'**액침냉각**(immersion cooling)': 서버 전체 또는 주요 부품을 비전도성 액체에 담가 냉각하는 방법. 각국 기업들이 활발하게 개발 중이며, MS 같은 기업은 아예 바닷속에 데이터센터를 구축하는 프로젝트를 추진하고 있다.

④추가로, 위와 같은 냉각 기술의 안정적 작동을 위해 AI 기반의 정밀한 원격제어도 필수다. 시스템 이상 징후나 고장을 미리 감지하고 예측·유지·보수하지 않으면, 일시적인 장애라도 치명적인 데이터 손실 등으로 이어진다. 빅데이터는 물론이고 IoT까지 동원한 원격 관리 시스템이나, AI 고장 예측 시스템 등이 도입되는 이유다.

냉각 기술 분야에선 지금 '유선전화가 무선전화로 바뀌는 수준'의 전환이 이뤄지고 있다.

HVAC, 산업 전반으로 확산

효율적인 열 관리는 높은 상품 경쟁력과 생산·운영비 절감을 의미한다. 그래서 HVAC 붐은 이제 데이터센터·반도체 등 첨단 제조업을 넘어 식품·유통업계로 확산하고 있다. 스마트 인버터 등으로 무장한 고효율 HVAC는 기존 냉·난방 시스템보다 적은 에너지로 원하는 온·습도를 선사할 뿐만 아니라, 탄소 배출량도 줄이고, 근로자의 온열 질환까지 예방한다. 대형 물류시설과 유통·식품사들이 앞다퉈 도입하고 있는 것이 전혀 놀랍지 않다.

동원그룹은 400억 원을 들여 HVAC 도입 사업장을 60여 곳으로 늘리고, 탄소 배출량을 지금의 절반으로 줄일 목적으로, 'HVAC 강자'인 LG전자와 손잡고 이미 냉·난방 공조 시스템을 순차적으로 도입했다. 그 결과, 설비 운전 상태를 최적화함으로써 에너지 소모량을 최소화하고 이산화탄소 배출량도 줄일 수 있었다. HVAC는 결국 탄소 중립 달성이란 ESG 로드맵 이행의 핵심적인 도구가 됐다.

대형 유통업체들도 온열 질환 예방을 위해 적은 비용으로 사업장 온도를 낮추는 고효율 HVAC를 앞다퉈 도입하고 있다. 가령 쿠팡은 고효율 HVAC 제품인 차폐식 냉방 시스템을 전국에 설치하고, 물류센터 곳곳에 대형 실링 팬을 설치해 냉기를 퍼뜨리고 있다.

LG전자, HVAC는 우리가 선도함

LG전자가 일찌감치 미래 성장동력으로 낙점했던 HVAC 사업을 본격적으로 밀어붙인다. 2030년까지 HVAC 사업 매출을 20조 원으로 끌어올리고, 이를 앞세워 전체 사업 중 B2B 비중을 45%까지 확대하겠다는 계획이다. LG전자의 대표적인 HVAC 제품으로 앞서 설명한 CDU, 마찰·소음을 줄이고 에너지 효율을 높이는 인버터 터보 칠러, AI 데이터센터에 최적화한 하이브리드 솔루션 등이 있다. 냉·난방 설비가 커지고 복잡해짐에 따라 이를 통합 관리하는 스마트 플랫폼도 중요해지고 있다. LG전자는 수십~수백 개의 냉난방 장비를 AI 기반으로 제어하고 장비 고장도 사전에 감지·대응하는 '비컨 클라우드(BECON Cloud)' 플랫폼을 운영하고 있다.

우리도 엔비디아 공급망에 들어갈래

LG전자가 2025년 들어 MS의 AI 데이터센터와 칠러 공급 계약을 맺고, HVAC 세계 1위 일본 다이킨을 제치며 싱가포르 초대형 물류센터 사업을 따내더니, 뒤이어 엔비디아에 AI 서버용 액체냉각 솔루션을 공급하는 방안을 협의하고 있다. 2025년 내 통과를 목표로 품질 인증이 진행 중인 제품은 냉각수를 순환시키는 핵심 장치인 CDU다. AI 서버의 액체냉각은 HVAC 시장의 최대 격전지로 꼽히며, 엔비디아도 2024년부터 기존의 공랭식(바람)에서 냉각효율이 높고 전력 소모도 적은 수랭식으로 바꿨다. 엔비디아와 이런 제품을 협의한다는 건 LG전자의 HVAC 사업이 고부가가치 첨단산업으로 올라섰다는 얘기다. 냉장고·에어컨 등 가전사업에서 쌓아 올린 높은 기술 덕에 HVAC 부문에서도 잇따라 성과를 내는 것이다. 국내에선 LG유플러스의 데이터센터에 액체냉각 솔루션을 공급했으며, 2025년에도 AI 데이터센터용 냉각 솔루션과 칠러 매출의 급등을 예상한다.

내친김에 온수 관련 기술까지

LG전자는 2025년 6월 HVAC 핵심 기술 내재화와 신속한 유럽 시장

침투를 위해 노르웨이 온수 솔루션 기업 OSO(OSO Hotwater)를 100% 인수했다. 100년 역사를 자랑하는 OSO는 화석연료를 쓰지 않는 난방의 필수 기술인 '스테인리스 워터 스토리지' 부문 유럽 1위로, HVAC의 마지막 퍼즐인 온수 관련 핵심 기술(고효율 히트 펌프 솔루션)을 LG에 안겨주었다. 노르웨이와 스웨덴에 생산시설이 있어 적기 납품도 가능하다. 히트 펌프를 냉·난방원으로 사용하는 730조 원 규모의 유럽 시장 공략의 채비를 이제 마친 셈이다.

삼성, 공조 사업을 그냥 둘 순 없지

HVAC 사업에 공을 들이기는 삼성전자도 마찬가지. 2024년 미국 HVAC 1위 기업인 Lennox(레녹스)와 손잡고 그들의 탄탄한 북미 유통망을 활용해 북미 시장 공략에 나섰다. 이어 2025년 5월엔 15억 유로(약 2조4,000억 원)를 들여 유럽 최대 HVAC 업체이며 액체냉각 방식에서 최고 수준의 기술을 자랑하는 독일 플랙트그룹(FläktGroup)을 인수했다.

다소 뜻밖이다. 왜 삼성이 공조 비즈니스일까. 데이터센터의 가파른 성장을 확신했기 때문일까. 워낙 시장 자체의 급성장이 확실한 데다, 여러모로 진입장벽이 높아서일 수도 있다. 공항·쇼핑몰·공장 등 대형 시설을 위한 중앙공조 시장은 연평균 8%, 특히 데이터센터 부문은 연평균 18%의 높은 성장률이 점쳐진다. 100년 넘게 축적된 기술력, 맞춤형 제품·솔루션, 설계 역량까지 갖춘 유럽의 공조기업을 인수함으로써 삼성은 여러 장벽을 단번에 극복하려는 요량이다.

지금까지 플랙트는 대형 데이터센터부터 유동 인구가 많은 공항·터미널이나 항균·항온·항습이 중요한 대형 병원은 물론이고 심지어 고서·유물을 관리하는 박물관과 도서관에 이르기까지 고품질·고효율의 공조 설비를 공급해왔다. 특히 글로벌 데이터센터에 제공하는 뛰어난 제품과 저탄소·친환경까지 배려하는 믿음직한 서비스야말로 빠른 성장세의 기반이었다. 플랙트의 냉각수 분배 장치인 CDU 역시 업계 최고 수준의 냉각용량·냉각효율을 뽐낸다.

우리 액체냉각 시스템도 엔비디아 공급망에

AI 서버에서 생기는 열을 물로 식히는 액체냉각이 2034년 18조 원 규모로 성장할 황금의 시장으로 꼽히는 가운데, AI 서버 시장의 90%를 장악한 엔비디아 제품에 LS일렉트릭의 액체냉각 컨트롤 시스템이 들어가게 돼 화제다. 세계 최대 액체냉각 솔루션 기업 Vertiv Holdings(버티브)에 전력 제어 기기를 대량 공급함으로써 간접적으로 엔비디아의 공급망에 편입된다. 빠른 성장이 보장된 셈이므로 액체냉각 시장은 이 기업의 신성장동력이라 불러도 손색이 없다. 실제로 납품 규모는 수년간 수천억 원에 이를 것으로 전망된다.

AI 서버의 성능을 논할 때 '열 관리'는 없어선 안 될 키워드 가운데 하나다. 방대한 정보 처리 과정에서 뿜어져 나온 열을 제때 식히지 않으면 전력 소모만 커지면서 AI 서버 성능은 떨어지기 때문이다. 지금까진 팬으로 바람을 보내는 공랭식이 주력이었다. 하지만 공랭식보다 효율이 뛰어나고 전력 소모도 적은 액체냉각이 등장해 AI 서버 열 관리의 대세가 되고 있다. AI 서버 내부의 GPU·HBM 등 수많은 반도체 사이사이에 수로를 깔고 냉각수를 일정하게 순환시킨다. 엔비디아도 AI 서버 성능 향상과 비용 절감을 동시에 얻을 수 있는 수랭식으로 바꾸었다.

AI 데이터센터는 소모 전력 전체의 최대 20%를 냉각용 팬 돌리기에 쓴다. 액체냉각 방식으로 바꾸면 이 비율을 5% 이내로 줄일 수 있다. 그런 액체냉각의 품질은 안정과 내구성에 달려 있다. 검증과 선택에 깐깐하기로 유명한 버티브가 LS 제품을 장착하기로 한 건 그만큼 기술력·안정성을 높게 평가했다는 얘기다. 보기 드물게 빠른 납기와 신속한 애프터세일즈 서비스도 그런 결정을 북돋웠다는 후문이다. LS는 버티브를 파트너 삼아 구글·MS·메타 등 빅 테크에도 시스템을 납품하며 미국 공략을 강화할 계획이다.

액침냉각, 아직은 의견이 분분함

뜨거워진 전자 장비나 배터리를 아예 비전도성 액체에다 푹 담가 열을 효율적으로 제거하는 것을 '액침냉각'이라 부른다. 친환경적이고 효율적인 데다 기존의 공랭식이나 수랭식보다 전력 소모를 30% 이상 절감해주고 장비 수명을 연장하는 효과도 있어, 다음 세대 냉각 기술로 박수받는다. 데이터센터·전기차 배터리·ESS 등에 적용해 안정성을 높여주는데, 특히 데이터센터 수요 폭증으로 액침냉각의 성장세는 더욱 가팔라질 전망이다.

액침냉각 분야에선 국내 정유업계가 경쟁력 확보에 속도를 내며 성장동력으로 지목하고 있다. 잠재 고객들과 실증 테스트를 진행하고, 해외 인증 획득에도 열중해 있다. GS칼텍스, 현대오일뱅크, SK엔무브 등 주요 정유사들이 주목하는 첫 번째 시장은 대형 데이터센터. 전 세계 데이터센터가 소비하는 전력량의 약 40%가 냉각에 쓰인다고 하니 그럴 법도 하다.

GS칼텍스는 자체 개발한 액침냉각유를 출시한 데 이어 이를 데이터센터, 전기차 배터리, ESS 등 4개 그룹으로 나누어 용도에 따라 특화했다. HD현대오일뱅크의 액침냉각 제품은 공랭식에 비해 냉각 비용을 95% 절감하며 공간 효율도 높여준다고 하는데, 향후 네이버클라우드에 공급하기 위해 성능 검증과 고도화를 진행 중이다. 또 국내 최초로 냉각액 개발에 뛰어들었던 SK엔무브는 미국의 관련 기업에 지분 투자도 했고, SK온과 협력해 전기차 배터리용 액침냉각 기술 개발에도 박차를 가하고 있다.

쿨런트(냉각유)에 담가 열을 식히는 액침냉각을 부정적으로 보는 의견도 있다. 전자 제품을 기름에 담가 처리하기를 5년 이상 계속하면, 연화 작용 등 뜻밖의 문제가 발생할 수도 있고, 또 냉각 과정에서 뜨거워진 기름을 다시 냉각시켜줘야 한다. 그래서 액침냉각은 실제 도입도 힘들고 상업화도 요원하다는 얘기다.

Part Five
K-바이오

2024년 K-바이오가 지나온 환경은 '위축'이라는 말로 요약할 수 있다. 고금리와 세계 경제 불확실성 속에서 신규 투자가 감소하고 기업공개도 냉각되면서, 특히 R&D에 많은 자금이 필요한 크고 작은 바이오 기업들이 힘들어했다. 하지만 그런 어둠 속에서도 K-바이오는 저력을 과시하며 기술 수출이 늘고 바이오시밀러·CDMO가 성장을 이어갔다. 비만치료제, 세포·유전자 치료제 등 신약 개발의 의지와 투자도 식지 않았다.

2025년 상반기는 이런 흐름을 이어가면서 기술력을 바탕으로 한 성과가 더욱 두드러져, 2026년을 향한 전망을 한층 더 밝혔다. 8조 6천억 원 이상의 전례 없는 기술 수출을 기록했고 하반기에는 10조 원 돌파에 대한 기대감이 커지고 있다. 대기업 중심의 R&D 투자 확대는 미래 경쟁력 확보를 약속하며 K-바이오의 질적 성장을 견인했다. 다만, 기업 간 양극화가 심해지며 일부 대기업과 기술력 탄탄한 바이오텍에 비즈니스 성과가 집중되었다. 이는 K-바이오 내에서 '옥석 가리기'가 빠르게 진행되고 있다는 얘기도 된다.

이제 K-바이오는 경제의 새로운 핵심 동력

그럼 2026년 K-바이오의 모습은 어떨까?

새해는 경쟁력을 갖춘 선도 산업으로 도약하는 중요한 전환점이 될 터이다. 단순한 수치상의 성장을 넘어, 제대로 경제의 새로운 동력이 될 전망이다. 팬데믹 이후 강화된 보건 안보의 중요성이며 디지털 기술과의 융합 가속화는 혁신을 촉진하고 있다. 정부도 적극적인 지원을 약속했고 민간 투자도 크게 확대될 전망이어서, K-바이오 생태계는 더 튼튼해지고 R&D 성과의 상업화는 더 많이 더 다양하게 이루어질 것이다.

특히 K-바이오가 개발 중인 면역항암제와 세포·유전자 치료제의 임상 성공 소식이 이어지며, 2026년에는 상용화나 기술 수출이 본격화될 것이다. CDMO와 바이오시밀러가 안정적인 성장세를 유지하면서, 미국과 유럽 시장에서의 신규 제품 출시와 시장점유율 확대도 예상된다. AI와 빅데이터 기술이 어우러진 진단·치료·예방 설루션 개발이 활발해지며, 정부의 규제 완화 움직임과 맞물려 원격 의료 및 개인 유전 정보 기반의 맞춤형 건강 관리가 상용화 단계에 진입할 수 있다. 스마트워치 등 웨어러블 기기에서 수집된 생체 데이터를 활용한 건강 관리 서비스도 좀 더 대중화되지 않을까. 관련 바이오 스타트업들의 성장을 이끌면서. 또 기능성 화장품에다 바이오 기술을 결합한 소위 'cosmeceutical(코즈머수티컬)' 제품들이 확산할지, 흥미롭게 지켜볼 일이다.

여기저기 도사리고 있는 K-바이오 위협 요인

인류의 건강·복지와 미래에 워낙 직결된 산업이어서, 글로벌 경쟁은 더욱 심해지고 있다. 미국과 EU 등 선진국의 바이오 기술력과 중국의 공격적인 투자에 맞서, K-바이오는 R&D 효율성을 극대화하고 특화된 기술력을 확보해야 하는 어려움을 안고 있다. 그럼에도 혁신적인 바이오 기술의 상용화를 가로막는 마구잡이 규제와 삐뚤빼뚤 정책은 여전히 산재해 있다. 우선 유연하고 합리적인 규제 체계가 필수적이다. K-

바이오가 2026년 이후에도 지속적인 성장 궤도를 그리며 우리 경제를 견인하는 핵심 동력이 되도록 말이다.

중국은 신약 발굴, 일본은 기초연구

세계적인 컨설팅 기업 McKinsey & Company(맥킨지)는 한·중·일 바이오산업을 비교한 최근의 보고서에서 대충 아래와 같은 동북아시아 바이오산업 지형도를 그리고 있다. 아시아 최대 신약 기술 수출국으로 부상하는 중국과 이미 글로벌 제약사를 보유한 일본이 치열하게 경쟁하는 가운데 창업 생태계가 우수한 K-바이오도 분투하는 모습이다.

◆ 아시아 전체 혁신 신약 파이프라인

	중국	한국	일본
혁신 파이프라인 건수	2,124(68%)	474(15.2%)	373(11.9%)
VC 및 PE 바이오 투자 누적액	35조6,800억 원	10조 원	3조 원
IPO 평균 유치액	2억5,800만 달러	1억1,000만 달러	2,000만 달러

※2024년 기준 / 아시아 전체 혁신 신약 파이프라인: 3,124건

중국의 강점은 무엇보다 신약 임상 환경이다. 인구가 세계 2위여서 환자 모집 속도가 웬만한 나라의 2배~5배 빨라 임상 진입까지 걸리는 시간이 최대 절반 정도로 줄어든다. 정부도 이 영역에선 친기업 성향이라 기초연구, 후보물질 발굴, 개발 과정에서 중국 바이오 특유의 속도감이 유별나다. 일본은 어떨까. 글로벌 매출 상위 30개 글로벌 빅 파마 중 5개가 일본 기업이다. 그러니 한국·중국에는 없는 이 거인들이 바로 일본 바이오의 힘이다. 일본은 항체 생성, 줄기세포, 암 치료 등에서 성과가 탁월하다. 허가 절차 간소화 등 일본 정부의 혁신 치료제 지원사격도 부러운 수준이다.

그러나 중국·일본의 강점보다 약점을 먼저 언급하는 전문가도 적지 않다. 중국은 미·중 갈등으로 자꾸 커지는 지정학적 리스크, 일본은 오랫동안 경직된 창업 구조와 장기적인 경쟁력 추락이 발목을 잡는 형국이다. 바이오산업을 향한 벤처캐피털·사모펀드의 투자 위축은 중국에도 해당한다. 기실 위 표에 나타난 중국 바이오의 투자 유치액도 2021년에 비해 1/3 수준으로 쪼그라든 것이다. 이런 틈새를 K-바이오가 노려야 한다는 목소리가 높다.

K-바이오, 강점은 무엇일까?

그렇다면 K-바이오는 어디서 강점을 찾아 일본·중국보다 빠르고 역동적인 성장을 이룩할 수 있을까. 우선은 기초연구와 임상 개발을 꼽을 수 있다. 2023년까지 7년 연속 임상 건수 1위를 기록하는 등, K-바이오는 환자 모집이 빠르고 의료 접근성이 좋다는 평가다. 우리 연구자들은 연 500편 이상의 '상위 1% 인용 논문'을 쏟아내고 있다. 코스닥 중심의 기술특례상장 제도가 강점이라는 얘기도 들린다.

반도체, 자동차, 가전, 조선, 원전 등의 산업에서 치열하게 갈고닦은 첨단 제조 경쟁력도 고스란히 K-바이오의 큰 강점이다. 치밀하고 정확하게, 한 치의 오차도 없이, 그러면서도 빠르고 저렴하게, 뭐든 만들어 내는 능력이다. K-바이오가 그런 내력도 없이 짧은 기간에 바이오시밀러나 CDMO 영역을 정복했겠는가.

글로벌 빅 파마에 기술을 수출하는 국내 기업이 늘어나는 가운데 미국의 대중국 규제 압박은 K-바이오에 소중한 기회가 될 수 있다. 가령 미 하원의 문턱을 넘은 바이오 보안법(Biosecure Act)이 시행되면, 미국 기관·기업과 중국 바이오 기업의 거래가 제한되고 CDMO 세계 2위인 药明生物(WuXi Biologics: 우시 바이오로직스)는 몇 년 안에 미국 시장에서 쫓겨

난다. 이 빈자리를 삼성바이오로직스가 차지할 수 있지 않을까. 트럼프 2기엔 특히 CDMO와 바이오시밀러 분야 중심으로 K-바이오에도 큰 기회가 찾아올 것 같다. 물론 시행까지 긴 시간이 남았고 미국 내 생산시설을 갖춘 우리 업체들이 많지 않긴 하지만 말이다.

바이오, 안 할 이유가 없잖아

대기업, 바이오 진출 '2차 러시'

제조업 중심의 사업구조에 한계를 느낀 걸까?

조선, 식품 등 전통 제조업 내 대기업과 중견기업이 K-바이오 영역에 속속 도전장을 내밀고 있다. 웬만큼 규모 있는 기업치고 바이오 진출을 고려하지 않는 곳이 없을 정도다. 기존 바이오 업체 인수나 바이오 계열사 신설이란 형태로 고부가가치 신약 개발에 뛰어드는 것이다. 한때 '대기업의 무덤'으로 불렸던 제약·바이오 사업에 무슨 일이 생긴 걸까. 간단히 말하자면, 글로벌 환경의 불확실성이 커지는 가운데 중·장기적으로 바이오 사업만큼 고부가가치를 누릴 구석이 어디 있겠느냐는 판단이다.

예컨대 치료제 '휴미라'는 2003년 출시 때부터 특허 만료 직전 2022년까지 2,190억 달러(약 323조 원)의 누적 매출을 기록했다. 신약 하나로 20년 동안 해마다 꼬박꼬박 10조 원 이상을 벌어들였다는 얘기다. 아무리 개발엔 10년 세월이 걸리고 드는 비용도 수천억 원이라지만, 이 정도로 수익이 나오고 또 20여 년 특허 보호까지 받는다면 욕심이 안 날 수 없다. 블록버스터 반열에 오르기라도 하면, 기업 가치는 수백 배로 불어난다. 제조업 중심 사업 모델에 한계를 느낀 중견·대기업이 너도나도 바이오 사업에 뛰어드는 이유다. 산업통상자원부가 발표한 '산업별 부가가치율'에서 의약은 63.6%로 조선(27.8%), 철강(25.3%), 석유화학(25.2%) 등 기존 제조업을 압도한다. 영업이익률도 20%~50%로 제조업(6%)보다 월등히 높다.

블록버스터, 영화 이야기가 아닙니다

연 1조 원 이상 매출을 올리는 의약품을 '블록버스터'라 부른다. 글로벌 제약사 상위 20개가 창출한 블록버스터가 이들 총매출의 70%를 차지하니, 제약사 실적은 블록버스터 의약품이 끌어간다는 말이 실감 난다. 압도적인 매출 외에 또 다른 의미도 있다. 즉, 블록버스터는 R&D로 인한 손실을 메운다는 점에서 중요하다. 즉, 성공률이 낮은 신약 개발을 지속하도록 하는 원동력이라는 얘기다.

블록버스터는 신약에서도 나올 수 있고, 바이오시밀러 부문에서도 나올 수 있다. 전 세계 150여 개 의약품만이 이 명성을 누린다. 가령 26년 전에 나온 존슨앤드존슨의 류머티즘·관절염 치료제 '레미케이드'는 연 매출 5조 원을 돌파했다. 그런데 이 약품의 바이오시밀러인 셀트리온의 '램시마'도 2024년 매출 1조2,680억 원을 찍으며 국내 첫 블록버스터 자리에 올랐다. 램시마는 100여 국가 품목허가도 획득하며 유럽(60% 점유)과 미국(30%) 등을 장악한 자가면역질환 치료제가 됐다. 하지만, 국산 신약 중에서는 아직 블록버스터가 없다.

다음 타자는 '신약 블록버스터'?

램시마를 이을 블록버스터는 누구일까? 다른 바이오시밀러일까, 아니면 한국산 신약 블록버스터의 '때'가 됐을까?

- 우선 블록버스터에 오를 1순위로는 24년 FDA를 통과한 유한양행의 국산 1호 항암제(비소세포폐암) '렉라자'가 꼽힌다. 탁월한 효능으로 폐암 표준치료제가 될 가능성이 커서다. 2027년까지 매출 1조 원을 달성하는 것이 목표지만 유럽 등에서 시장 침투가 빨라지면 2026년으로 목표 달성이 당겨질 수 있다. 이 약의 상업화 권리를 넘겨받은 존슨앤드존슨(J&J)은 향후 연 50억 달러(7조 원) 이상의 매출을 낼 것으로 보고 있다.
- SK바이오팜의 뇌전증 신약 '세노바메이트'도 강력 후보다. 흔히 '간질'로 불리던 뇌전증 증상인 발작을 줄이는 치료제다. 미국의 복용 환자가 정보 포털에 "이 약을 먹고서야 처음으로 발작이 멈췄다. 24년 만에 운전도 할 수 있다."라는 후기를 올려 입소문이 퍼졌다. 직접판매 전략을 동원한 미국 매출은 2024년 4,200억 원 정도다. 아시아에도 진출시킬 계획으로 중국과 일본에서 승인 절차를 밟고 있다.
- HK이노엔의 위식도 역류질환 치료제 '케이캡'도 후보지만 매출 1조 원에 이르기까지 시간이 좀 걸릴 것 같다. 2024년 처음 매출 1,000억 원을 웃돌았고, 2025년 2,000억 원을 넘을 전망이다. 세계 최대(4조 원 이상)라는 중국 시장을 포함, 15개국에 출시돼 있다. 계획대로 2025년 4분기 FDA에 품목허가를 따내면 가파르게 매출이 늘어날 수 있다. 2028년까지 100개국에 진출해 2030년까지 글로벌 매출 2조 원을 달성하겠다는 목표다.
- 코오롱티슈진의 골관절염 치료제 '인보사'의 이력은 참으로 파란만장하다. 세계 최초의 골관절염 '유전자 치료제'로 국내 식품의약품안전처 품목허가를 일찌감치 얻고 환자들의 호평까지 받았으나, FDA 임상 과정에서 성분 착오로 임상이 중단되며 국내 품목허가가

도 취소됐다. 이후 소명 절차를 거쳐 2,000억 원을 들인 미국 임상 3상을 재개했고, 다시 환자를 모집해 투약을 마쳤다. 회사는 2026년 7월까지 추적 관찰을 마친 후 FDA 품목허가를 받아낼 계획이다. 이런 굴곡에도 불구하고 골관절염의 근본적인 치료제가 없으므로, 임상에만 성공하면 블록버스터가 될 것으로 기대한다.

업계는 한국도 5년 안에 블록버스터 신약을 5개 이상 보유할 것으로 전망한다.

제약사 최초 매출 4조 돌파, 목표 6조 원!

유한양행이 2014년에 매출 1조 원을 넘은 뒤 10년 만에 국내 제약사 중 처음으로 연 매출 2조 원 고지에 올랐다. 다만 신약 R&D 비용이 급증하는 바람에 영업이익은 감소세로 돌아섰다. 성장의 주역은 역시 2024년 8월 FDA 허가를 따내 미국까지 성공적으로 진출한 폐암 신약 렉라자다. 앞서 체결한 최대 9억5,000만 달러(약 1조3,800억 원) 규모 기술 수출 계약에 따라 절차대로 기술료와 로열티 등이 차곡차곡 들어오고 있다.

2024년 국내 제약·바이오 기업 최초로 연 매출 4조 원을 돌파한 삼성바이오로직스는 2025년 들어서도 글로벌 제약사들과 잇따라 CMO 계약을 체결하며 상반기 또다시 실적 신기록을 달성했다. 영업이익은 1조 원에 육박했으며 연간 총매출 목표는 약 6조 원으로 올려잡았다. 수주 실적도 5개월 만에 전년도 전체 수주액의 60%를 초과하며 누적 수주 3조 원을 돌파했다. 생산능력, 포트폴리오, 글로벌 거점이라는 3대 확장 전략을 바탕으로 2025년 수주 규모는 25% 이상 성장해 6조 원에 육박할 공산이 크다. 최근 삼성그룹 안에서는 삼성바이오로직스의 기업 가치가 최대 상승률을 보였고 실적 증가세 또한 압도적이다.

· 1장 ·

CMO·CDMO
우리한테 맡겨, 의약품 대신 만들어줄게

세계 최대 바이오의약품 생산 도시가 어딘지 아는가? 한국의 인천이다. 의약품 위탁 생산의 대표 주자 삼성바이오로직스를 위시해 CDMO 기업이 밀집한 인천의 바이오의약품 생산력은 116만L로 2위 미국 매사추세츠(65만L)와 초격차를 유지하고 있다. 글로벌 CDMO 시장은 2023년 약 196억 달러(약 28조 원)에서 2029년 약 438억 달러(약 63조 원)까지 커질 것으로 전망된다.

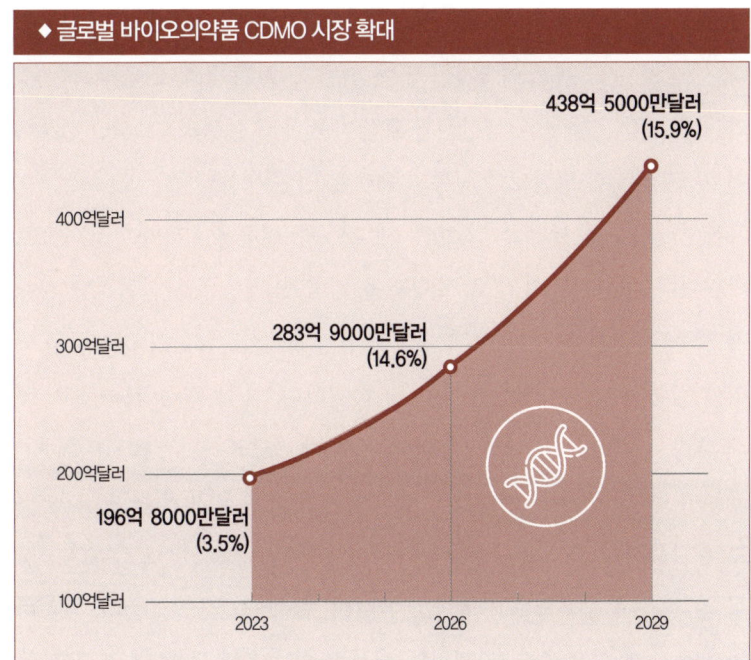

◆ 글로벌 바이오의약품 CDMO 시장 확대

※괄호 안은 전년 대비 증가율

출처: 프로스트 앤드 설리번/한국바이오협회

삼성바이오로직스, 세계 최고의 생산능력

삼성바이오로직스의 실적 신기록은 현재 진행형이다. 2025년 상반기에만 매출 2조 원을 돌파하고 영업이익은 1조 원에 육박했다. 자회사 삼성바이오에피스를 빼고도 그랬다. 2년 전 가동을 시작한 4공장이 빠르게 생산량을 확대한 영향이 크다. 2025년 매출 목표는 6조 원으로 전년 대비 25%~30% 높다.

매출 확대의 주인공은 CDMO 사업. 2025년 1월 유럽 제약사와 맺은 2조747억 원 규모의 위탁 생산 계약으로 언론을 달구더니, 이 책이 출간되기 직전인 9월 초에는 미국 제약사와 창사 이래 두 번째로 큰 12억

9,464만 달러(약 1조 8,001억 원) 규모의 항체의약품 CMO 계약을 체결했다. 이로써 2025년 들어 8개월 만에 전년도 수주 금액에 육박하는 성과를 기록함과 동시에, 생산성과 효율성 면에서 삼성의 CDMO 경쟁력이 미국 내 직접 생산보다 월등히 높다는 걸 증명했다.

삼성바이오는 세계 상위 20개 제약사 중 17곳을 CDMO 고객으로 확보했다. '톱 40'까지 주요 고객군을 넓히겠다는 목표가 허황해 보이지 않는다. 짧은 시간에 이게 어떻게 가능했을까? 삼성의 경쟁력은 어디에 있을까? 우선 생산능력이 세계 최고다. 품질 경쟁력도 높고, 고객 대응이 신속한 데다, 이 분야의 트랙 레코드도 풍부하다. 배치(바이오의약품 1회분을 생산하는 단위) 생산 성공률은 99%로 업계 평균 90%~95%보다 월등하다. 이 같은 제조 능력과 경쟁력 우위로 인천 CDMO 공장이 전 세계 항체의약품의 핵심 생산기지로 자리 잡는 가운데, 삼성바이오는 현재 수요 증대에 대비해 생산력 확대에 속도를 내고 있다. 굵직굵직한 글로벌 규제기관으로부터 이미 356건의 제조 승인을 획득한 데다, 총 78만4,000L이란 세계 최대 생산능력까지 확보해놓았다. 계획

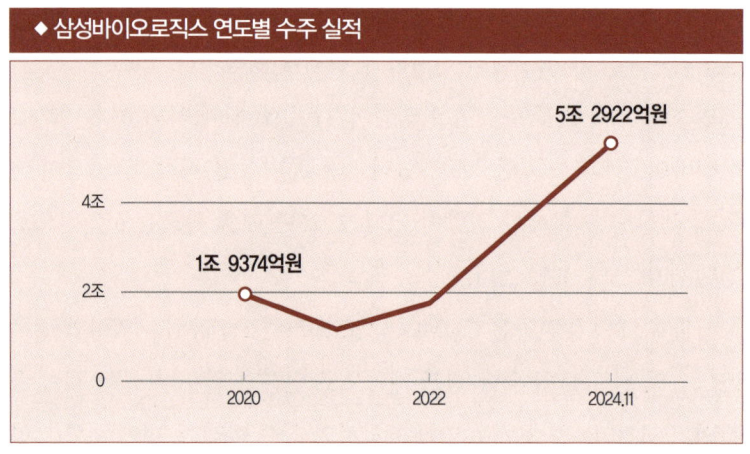

출처: 삼성바이오로직스

대로 2032년 제2 캠퍼스가 완공되면 132만L 규모를 갖추게 돼 스위스 Lonza(론자), 일본 후지필름, 중국 우시 바이오로직스 등 경쟁사를 압도할 것이다.

트럼프 정부의 관세 집착이 삼성바이오의 CDMO 비즈니스에도 악영향을 미칠까? 우선 삼성바이오의 수출 가운데 미국 25%, 유럽 65% 정도의 비중이어서 미국 관세 영향은 제한적이다. 그뿐인가, 삼성바이오에 대한 유럽 등의 수요는 오히려 더 확대될 수 있다. 미국 내 CMO 공장들이 관세 때문에 물량을 수출 대신 내수용으로 전환할 가능성이 크기 때문이다.

포트폴리오, ADC로 확산

삼성바이오의 CDMO 포트폴리오는 '항체' 중심에서 유도미사일처럼 암세포만 골라 공격하는 ADC로 확대된다. 지금도 삼성바이오에 발주하기 위해 세계 제약사들이 줄을 서 있다.

전방산업인 항체의약품 시장은 항암제, 자가면역질환 치료제, 희귀의약품처럼 생명과 직결되는 터라 전망이 밝다. 그런데 대형 제약사들은 미국의 약가 인하 정책 때문에 비용 절감이 절박해지면서, CDMO에 더욱더 의존하는 추세다. 게다가 ADC 시장이 커지면서 항체 시장 성장세는 계속될 것이다. 미국 규제의 직격탄을 맞은 중국 우시 바이오로직스가 백신 공장과 의료기기 사업을 매각하기로 한 것도 호재로 작용할 전망이다.

삼성은 2025년 5월 삼성바이오로직스를 위탁 생산 전문기업으로 남기고, 신약·복제약 개발 부문은 '삼성에피스홀딩스'라는 신설 법인을 세워 분리하는 깜짝 구조 개편안을 내놨다. 삼성바이오는 세계 최대 시설로 글로벌 제약사 주문을 소화해 삼성의 핵심 사업인 위탁 생산을

'바이오의 TSMC' 꿈꾸는 삼바

오늘날 '주문자상표부착생산(OEM: original equipment manufacturer)'으로 부르는 위탁 생산의 시초는 포드가 시작한 자동차 외주 생산이다. 이후 OEM은 IT, 의류, 신발 등에서 대세로 자리 잡았다. 1990년대 들어서는 개발 역량까지 겸비해 제품 설계·디자인까지 해서 제조하는 단계로 진화한다. 이를 OEM과 구분해 '제조자설계생산(ODM: original design manufacturer)'이라 불렀다. 제조 능력에다 디자인 능력까지 갖춘 아시아 기업들이 ODM으로 활약했다. 한국의 ODM을 대표하는 태광산업, 영원무역, 한국콜마, 코스맥스 등이 빛난 시기였다.

그런데 반도체 제조는 달랐다. 반도체 만들기는 워낙 어렵고 복잡해 웬만한 위탁 생산으로는 해결되지 않는다. 설비 건설에 드는 돈도 천문학적 수준이다. 진입장벽도 워낙 높아 세계에서 반도체 위탁생산을 해낼 수 있는 기업은 손에 꼽을 정도다. 이처럼 일반 OEM·ODM과는 차원이 달라 위탁생산을 가리키는 용어도 '파운드리(foundry)'를 썼다.

바이오도 반도체 못지않게 위탁으로 제조하긴 어렵다. 생산 설비에 수조 원이 투입된다. 인간의 목숨이 걸린 분야라, 필요한 기술력 또한 어마어마하다. 이런 특성이 있다 보니, 바이오에서는 OEM·ODM 대신 '의약품 위탁생산'(CMO: contract manufacturing organization)과 '의약품 위탁개발생산'(CDMO: contract development & manufacturing organization)이란 그들만의 용어를 쓴다. 워낙 특수 영역이라 10여 년 전만 해도 스위스 론자와 독일 베링거인겔하임이 CMO를 양분했다. 지금은 삼성 바이오로직스가 글로벌 3대 CMO·CDMO에 들어가 있다. 머지않아 바이오 업계의 TSMC로 호령할 날이 올지 모른다.

신약 개발 과정 중 세포주 개발부터 임상 1상 물질 생산 같은 '개발' 단계에 필요한 서비스를 제공하는 '사업위탁개발(CDO: contract development organization)'도 있고, '임상시험위탁개발(CRO: contract research organization)'도 있다.

맡고, 에피스홀딩스는 오롯이 R&D에 집중하며 M&A와 파트너십 확대로 외연을 넓힌다는 복안이다. 위탁 생산은 한마디로 정밀한 제품을 고객이 원하는 대로 만들어주는 사업이다. 그런 업체 안에 R&D 부서가 있으면, 핵심 공정·기술 정보의 유출 가능성에 고객들이 불안하지 않을까. 삼성이 위탁 생산과 연구·개발을 분리해 따로 성장할 발판을 만들겠다는 이유다.

SK, 우리가 'P 프로젝트'를 괜히 시작했겠나

비만약도 이제 '메이드 인 코리아'

삼성바이오가 항체의약품 분야의 강자라면, 저분자·펩타이드 분야에서 CDMO 능력을 키우고 있는 SK팜테코도 주목할 만하다. SK그룹의 이 회사는 24년 12월 글로벌 제약사(아마도 일라이 릴리)로부터 최대 2조 원 규모 펩타이드 계열 비만약 CDMO를 수주했다. 연 매출의 두 배가 넘는 규모다. 글로벌 제약산업 역사를 다시 쓰고 있다는 평을 받는 GLP-1 계열 비만약에도 이제 메이드 인 코리아 딱지가 붙게 된 것. 현재 GLP-1 비만치료제를 생산할 수 있는 국내 기업은 SK팜테코뿐이며 이번 계약을 위해 3,100억 원을 투입해 저분자·펩타이드 생산 공장을 증설한다.

의약품 CDMO 분야에서 가장 높은 성장률을(6년 뒤 125조 원 규모) 보일 전망인 비만치료제 시장에서 추가 수주도 얼마든지 가능할 것이다. 고품질 비만치료제에는 상당한 제조 능력과 기술이 필요해 신규 진입 자체가 어렵다. 갈수록 치열해지는 개발 경쟁 와중에 CDMO 업체들은 10년 이상 혜택을 누릴 것 같다.

CDMO 영토를 확 넓히다

SK팜테코는 꿈의 항암제로 불리는 첨단 의약품 '세포·유전자 치료제' 분야에도 투자를 확대하고 있다. 최근 미국 기준 인증 생산 6개월 만에 스위스 제약사의 방광암 유전자치료제의 CDMO 계약을 따내 시장을 놀라게 했다. 이 밖에 질병의 근원인 유전물질을 표적으로 하는 올리고핵산 치료제와 ADC 항암제 생산도 검토 중이다.

알고 보면 SK그룹의 바이오 육성은 햇수로 31년째. 그룹의 새 성장 동력으로 일찌감치 의약품 사업을 점찍고 pharmaceutical의 앞글자를 따 'P 프로젝트'를 시작했다. 바이오산업에 대한 개념 자체가 없어 안팎으로 반대도 많았고, 복제약이나 만들던 제약사들의 견제도 심했다. 하지만 남의 약을 베끼는 게 아니라 신약을 개발하겠다고 시작한 P 프로젝트는 오늘날 SK바이오팜을, 그리고 뇌전증 신약 '세노바메이트'를 낳았다. SK그룹은 국내에서 볼 수 없었던 공격적인 해외 CDMO 기업 M&A로도 주목받았다.

세포 · 유전자 치료제 분야의 CDMO

흔히 'CGT(cell and gene therapy)'로 통하는 '세포·유전자 치료제'는 바이오 투자의 후행 지표로서 의미가 남다르다. 그런데 환자 맞춤형이라는 특성과 까다로운 허가 심사 때문에 접근성이 낮았던 CGT 개발이 최근 재개되면서, 업계에서는 막혀 있던 바이오 자금이 다시 돌고 있다는 평이다. CGT CDMO 업황이 바닥을 찍은 것일까. 이 분야 세계 최대인 스위스 론자도 회복을 기대하고 있다. 국내 CGT CDMO 분야 대표 기업은 이엔셀인데, 2025년 하반기엔 수주가 증가하면서 작년 실적을 넘어설 전망이다. 7월엔 한국생명공학연구원과 57억 원 규모의 CDMO 계약을 맺으면서, 이 거래 하나만으로 전년도 매출의 80%를 채웠다. 한 기업의 이야기를 넘어 임상에 진입한 신약벤처가 늘고 최근 투자 유입으로 개발에 나서는 사례가 많아졌다는 사실이 CDMO 비즈니스에 중요한 점이다.

해외에서도 CGT CDMO 수주와 관련한 투자 확대가 뚜렷하다고 한다. 텍사스에 둥지를 튼 차바이오텍의 미국 자회사는 2025년 수주 목표를 200억 원으로 올렸고, 녹십자홀딩스 미국 자회사는 최근 뉴저지에서 CGT 생산 거점을 마련했다. 미국·EU 대기업들을 중심으로 첫 임상부터 상업화까지 이어지는 장기 프로젝트 협의가 늘고 있다.

셀트리온, 이젠 CDMO도 우리 영역이야!

바이오시밀러 분야를 질주하고 있는 셀트리온은 2024년 셀트리온바이오솔루션스를 설립하고 2025년 상반기 첫 삽을 뜨면서 CDMO 사업에도 발을 담갔다. 국내외 바이오 기업으로부터 후보물질 공정 개발과 생산을 지원해달라는 요청이 꾸준히 있었고, CGT에 특화된 서비스를 해달라는 세계적인 암 병원들의 주문이 많아 CDMO 사업을 진행하게 됐다. 항체의약품뿐 아니라 이중·삼중 항체, 피하주사(SC) 제형, 세포·유전자 치료제 등 다양한 치료와 서비스로 기존의 CDMO와는 차별화한다는 전략이다. 2031년까지 CDMO 법인으로만 매출 3조 원을 달성하겠다는 목표다.

바이오 업계는 2026년 미국에서 바이오 보안법이 통과되면 앞으로 셀트리온과 삼성바이오로직스의 기대 이익이 커질 것으로 보고 있다. 이 법이 본격적으로 시행되면 2032년 이전에 중국 CDMO 기업들은 미국 시장에서 퇴출당하고 K-바이오에 기회가 온다는 얘기다.

CDMO 시장에 뛰어든 국내 제약사는 셀트리온뿐만이 아니다. 대웅바이오는 최근 바이오 공장을 완공하며 CDMO 진출을 예고했고, 유한양행, 한미약품, 보령 등도 이 비즈니스에 힘을 쏟고 있다. 휴온스는 바이오의약품 기업을 인수하는 방식으로, SK바이오사이언스는 독일의 백신 위탁생산 기업의 지분 인수를 통해 며 CDMO 사업에 출사표를 던졌다.

· 2장 ·
바이오시밀러, 바야흐로 황금기에 접어들다

글로벌 제약사들의 오리지널 의약품 특허가 줄줄이 끝나면서 '복제약'(generic: 일반 화학합성 의약품의 복제품)과 '바이오시밀러'(biosimilar: 바이오의약품의 유사 성능 제품) 비즈니스는 바야흐로 황금기를 맞았다. 빅 파마들은 2025년부터 2029년까지 오리지널 의약품의 특허 만료로 경쟁력을 잃으며 2,200억 달러(약 306조 원)에 달하는 손실을 볼 것으로 전망된다. 반면 환자들의 하루 평균 치료비용은 29.66달러까지 감소할 것이다.

이제 바이오시밀러는 국가전략산업이다. K-바이오도 발 빠르게 움직이고 있다. 삼성바이오에피스과 셀트리온은 2023년 세계 매출 1위였던 키트루다의 바이오시밀러를 위한 글로벌 임상 3상을 개시했거나 준비 중이다. 또 셀트리온, 동아에스티, 삼성바이오에피스는 각각 스텔라라 바이오시밀러를 개발 중이고, 휴미라 바이오시밀러는 셀트리온, 삼성바이오에피스, 에이프로젠 등이 준비하고 있다. 물론 오리지널 개발사들도 특허를 잃는다고 해서 두 손 놓고 기다리지는 않는다. 제형 변경이나 효능 개선 등의 방법으로 복제약·바이오시밀러를 필사적으로 견제할 것이다.

한국은 세계 최초로 항체 바이오시밀러를 만든 나라다. 지금은 시장에서 미국과 양강 구도를 형성한 가운데, 고난도 제조 기술, 글로벌 허가 경험, 탄탄한 공급망을 기반으로 세계 바이오시밀러 시장 지배력을 높이고 있다. 2024년 미 FDA는 단 5종의 바이오시밀러를 승인했는데, 이 중 셀트리온이 3개, 삼성바이오에피스가 1개로 전체의 80%를 차지했다. 누적 승인 건수로는 총 61종 가운데 한국이 14개(셀트리온 5종, 삼성바이오에피스 8종, 동아에스티 1종)로, 미국(26개)에 이어 세계 2위다. 스위스, 독일, 인도, 일본, 중국 등과 비교해도 압도적이다.

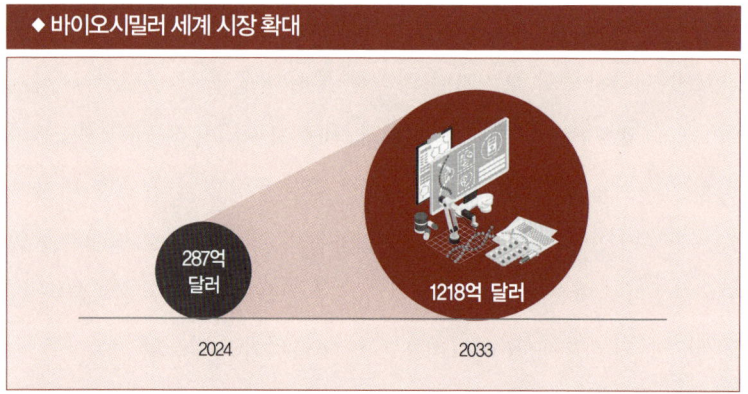

◆ 바이오시밀러 세계 시장 확대

287억 달러 (2024)
1218억 달러 (2033)

※연평균 성장률(CAGR) = 15.56%

출처: 스트레이트 리서치

유럽에서도 삼성바이오에피스와 셀트리온이 각 11종의 품목허가를 받아 암젠과 산도스를 제치고 나란히 1위에 올랐다. 극도로 까다로운 심사를 통과한 품목이 많다는 것은 그만큼 개발, 임상, 인허가 역량에서 세계 최고 수준이라는 얘기다.

국내 업체들은 바이오시밀러 개발 과정에서 임상 3상 소요 기간이 경쟁사에 비해 최대 1년 이상 빨랐다. FDA도 혀를 내두를 정도의 임상 속도는 이 분야 K-바이오의 경쟁력 그 자체다. 임상 1상은 보통 비환자

대상으로 안전성을 확인하는 반면, 임상 3상은 환자를 대상으로 효능과 안전성을 확인한다. 3상이 훨씬 중요하고 수백억 원이 투입되며 시간도 많이 든다. 그런데 임상이 빠르다는 것은 어떤 의미일까? 사고나 실패가 거의 없이 최적의 비용으로 약물의 효능과 안전성을 입증했다는 뜻이다. 설립된 지 10년~20년밖에 안 된 한국 기업들이 유구한 역사를 지닌 암젠(40년), 산도스(140년) 급의 경쟁력을 갖추어, 미국·유럽의 규제당국조차 그 속도와 효율에 감탄하는 분위기다.

셀트리온, 한국 바이오시밀러의 대부

셀트리온은 시장점유율에서도 성과가 뚜렷하다. 유럽에서 '램시마' 제품군으로 오리지널 의약품 레미케이드를 대체하며 71%의 점유율로 1위를 유지하고 있다. 사실 이 때문에 바이오시밀러 글로벌 경쟁이 뜨거워졌다 해도 과언이 아니다. 또 자가면역질환 치료제 '휴미라'의 바이오시밀러는 경쟁 제품보다 3년이나 늦게 출시되었음에도, 유럽 직판 체제가 성공을 거두며 24% 점유율로 1위를 목전에 두고 있다. 그 외 트룩시마와 허쥬마 등의 바이오시밀러도 준수한 실적을 보였고, 2025년 하반기 이후에도 5종의 바이오시밀러 출시를 앞두고 있다.

셀트리온의 바이오시밀러는 똑같은 효과를 지닌 고가의 항체의약품을 20%~30% 더 싸게 제공한 셈이다. 의사와 환자들이 몰려오기 시작한 건 당연한 일. 내로라하는 글로벌 제약사들이 줄줄이 바이오시밀러 사업에 뛰어들었고 K-바이오의 지형도 크게 변했다. 복제약에만 의존하던 제약사들이 신약 개발에 뛰어들었고 바이오벤처 창업도 크게 늘었다. 역대 최고를 기록한 2024년도 의약품 수출 약 34조 원 가운데 바이오의약품이 59.5%를 차지했다.

우리가 일라이 릴리 공장 인수할게

트럼프 관세 전쟁에서 K-바이오가 최혜국 수준의 관세 15%를 부과 받더라도 한국 바이오시밀러 수익성은 타격을 받을 수밖에 없다. 게다가 이런 정책은 차기 정부도 바꾸기 힘들 것이다. 그래서 셀트리온은 글로벌 제약사 시가총액 1위 일라이 릴리의 미국 공장을 인수해, 현지 생산으로 수익성 악화 위험을 완전히 제거할 계획이다. 이미 배타적 협상권을 확보해 뉴저지 공장 인수와 추후 증설에 천문학적 규모의 자금을 투입할 계획이다. 2026년 현지 생산에 들어가 짐펜트라, 유플라이마, 베그젤마 등 주력 제품을 생산하며, 인수 후 5년간 릴리의 바이오의약품을 독점적으로 CMO할 것으로 알려졌다. 현재 총 매출의 30%를 차지하는 미국 비즈니스는 의미 있는 확대를 기록할 것이다.

문턱 낮아지는 바이오시밀러

EU와 캐나다가 임상 3상의 면제를 추진하는 등 바이오시밀러에 대한 주요국의 허가 절차도 간소화하는 추세다. 자국 환자에게 도움 되고 건강보험 재정 부담도 줄게 되니, 당연한 흐름 아니겠는가. 미국도 바이오시밀러에 대해 우호적이다. 트럼프 1기 때 의료비 절감을 위해 저렴한 바이오시밀러 시장을 활성화했던 적이 있어서, 바이오시밀러를 주력으로 하는 K-바이오 기업들은 미국에서의 수혜도 기대하고 있다. 2기 행정부가 의약품 가격 인하로 의료비 절감에 나설 것으로 보이기 때문이다.

램시마의 성공은 바이오시밀러 경쟁에 불을 붙였다. 삼성이 먼저 뛰어들었고 화이자 등 글로벌 제약사가 재빨리 뒤따랐다. 셀트리온과 삼성의 바이오시밀러 비즈니스는 R&D 속도전을 펼친 끝에 이제 든든한 캐시 카우가 됐을 뿐만 아니라, 신약 개발 진출의 빌미도 제공했다.

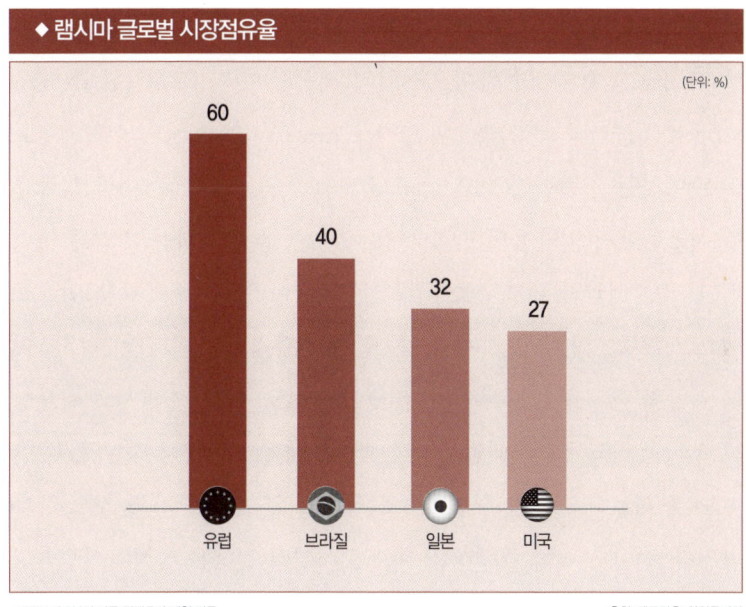

◆ 램시마 글로벌 시장점유율 (단위: %)

유럽 60 / 브라질 40 / 일본 32 / 미국 27

*2024년 2분기 기준 정맥주사 제형 기준
출처: 셀트리온, 아이큐비아

1세대 격인 화학합성 의약품의 신약 개발에 집중해왔던 대웅제약도 바이오시밀러 사업 진출에 시동을 걸었다. 신성장동력을 찾기 위한 움직임이다. 통상 제약사들은 다른 기업의 약을 맡아 유통망을 확립한 후에 그 시장에 직접 진출함으로써 신사업 진입 위험을 분산한다. 대웅은 이미 셀트리온과 LG화학의 바이오시밀러 의약품을 국내 유통하면서 노하우를 쌓아왔다. 새로이 바이오시밀러 개발에 뛰어들 때가 되었다는 얘기다. 아직 사업 확대 방안이 구체적으로 정해지진 않았으나, 바이오시밀러에 초점을 맞춰 연구를 확대하고 있다.

바이오에피스, 미국 시장 절반 이상 접수했어!

삼성바이오에피스의 미국 공략법이 화제다. 자가면역질환 치료제 'Stelara(스텔라라)'의 바이오시밀러 제품을 현지 PBM 1위 Express Scripts(익스프레스 스크립츠)와 2위 CVS Caremark(CVS 케어마크)의 자체상표로 판매하는 전략이다. PBM(pharmacy benefit management)이란 미국 의료보험 시스템에서 의약품의 가격·사용·처방 등을 관리하는 기업을 가리킨다. 그냥 의약품 유통구조의 최상단 기업이라고 이해해두자. 익스프레스 스크립츠와 CVS 케어마크는 합쳐서 관리하는 환자만 2억 명, 미국 처방약 점유율 57%를 자랑한다. 이 바이오시밀러가 양사의 자체상표로 미국 전역에 출시되면서, 삼성바이오에피스는 약국 네트워크 7만여 개를 확보하고 연간 수천억~1조 원의 신규 매출을 올릴 것으로 추산된다. 적어도 미국 스텔라라 바이오시밀러 전쟁은 삼성바이오에피스 승리로 끝났다고 해도 좋겠다.

  EU 시장의 경우, 삼성바이오에피스는 프랑스·독일의 희소 질환 치료제 시장을 주도하는 등, 이미 스텔라라를 포함한 몇 가지 바이오시밀러 시장점유율 43%로 1위다. 참고로 삼성바이오에피스는 2025년 10월 지주회사인 삼성에피스홀딩스 아래로 편입될 예정이다.

· 3장 ·
신약 개발, K-바이오의 미래는 여기서 갈린다

FDA 신약 허가, 국제적인 인정의 바로미터

2003년 LG화학의 항생제 '팩티브'가 첫 FDA 승인을 얻은 후 10여 년간 국산 FDA 신약은 없었다. 그러다 2010년대 중반부터 2년~3년에 한 번꼴로 FDA 승인 신약이 나오면서 20여 년간 총 9종에 이르러, K-바이오의 기술력·상업성을 세계가 인정하는 분위기다. 현재 FDA 승인을 노리는 굵직굵직한 국산 신약은 다음과 같다.

- HK이노엔은 위식도 역류질환 신약 '케이캡'의 미국 임상 3상을 진행하고 있다. 약효가 빠르고 편리하게 복용하는 3세대 위장약으로, 2019년 출시 이후 누적 매출 6,500억 원이 넘는다. 2026년 상반기 중 임상 3상을 마무리하고 FDA 허가 신청을 진행할 전망이다.
- HLB의 신약은 간암 치료제 '리보세라닙'이다. 중국 의약품과 병용요법으로 FDA 허가를 신청했다가 보완 요구를 받고 재승인 서류를 FDA에 제출한 상태. 2026년 초까지 승인 여부가 결정된다.
- 한올바이오파마의 근무력증 치료제 '바토클리맙', 아리바이오의

치매 치료제 'AR1001' 역시 이르면 2026년 임상 3상을 마무리하고 FDA 허가에 도전한다.
- 최근 한미약품은 사우디 대표 제약기업과 호중구감소증[일종의 백혈구 수치가 감소해 면역력이 떨어지는 질환] 치료 바이오신약 공급 계약을 체결했다. 항암 분야 바이오신약으로는 국내 제약사 최초로 미 FDA 승인을 따냈던 약이다. 3년 전 미국 시장에 출시돼 누적 매출 2,000억 원을 달성했다. 2025년에도 꾸준하게 매출이 늘어나는 추세다.

블록버스터 신약을 향해서

K-바이오의 역량만으로 FDA 신약 허가를 따기는 여전히 어렵다, 그래서 정부 차원의 지원이 절실하다는 지적이 없지 않다. 상당 부분 수긍할 수 있는 평가다. 무엇보다 FDA 허가 절차에 대해서 대다수 국내 업체는 경험이 부족하다. 직접 신약 허가에 도전하는 대신 해외 제약업체에 기술을 이전해버리거나 파트너십을 맺고 함께 개발을 마무리하는 건 그래서다. 게다가 K-바이오 업체들이 동원할 수 있는 R&D 자금은 글로벌 빅 파마에 비해 절대적으로(아예 견줄 수가 없을 정도로) 적다. 다만 신약 '공동' 개발이 국제적으로 표준이 돼가고 있는 데다, 시간과 비용을 현저히 줄여주는 첨단 AI 기술의 도움까지 받게 되면서 투자 규모가 작은 K-바이오 업체들에도 기회가 되고 있다.

미 FDA는 국가 전략에 부합하는 기업이 신약 승인을 신청하면, 우선 심사받을 수 있는 바우처 발급 방식으로 10개월~12개월 걸리던 심사 기간을 1개월~2개월로 줄였다. 더 다양하고 의미 있는 치료법이나 혁신 치료제를 국민에게 더 싸게 제공하려는 의도다. 중국도 임상 가치가 높은 핵심 의약품의 신약 임상시험 검토 기간을 60일에서 30일로 단축했다. 이처럼 신약 허가 문턱을 낮추는 주요국의 추세 역시 해외 시장을 개척해야 할 K-바이오 기업에는 기회가 될 수 있다.

K-바이오 신약 개발 경쟁력, 어느 정도지?

1999년 식품의약품안전처가 허가한 국산 신약 1호 명예를 SK케미칼의 '선플라주'가 차지한 이래, K-바이오는 2024년 12월 진통제 '어나프라주'까지 38개의 신약을 창조해냈다. 이 중 31호 폐암 치료제 렉라자(유한양행)는 미 FDA 허가까지 받아냈다. 신물질 발굴에서 임상까지 전 과정이 국내에서 이뤄져야 '국산 신약'으로 인정된다.

업계는 2025년의 39호 신약 후보로 동아에스티의 방광 치료제와 LG화학의 통풍 치료 신약 등을 꼽았지만, 뜻밖에도 GC녹십자의 탄저백신이 먼저 품목허가를 획득하면서 '39호 국산 신약' 타이틀을 가져갔다. 생물테러 같은 위기 상황에 대비해 질병관리청과 함께 개발한 탄저병 예방 백신이었다.

- 이렇게 되자 관심은 40호의 유력한 후보에 쏠리고 있다. 첫 번째 후보는 앞서 블록버스터 신약을 설명할 때 언급했던 SK바이오팜의 '세노바메이트'. 누적 처방 환자 수가 14만 명을 넘어선 만큼, 2025년 내 식약처가 승인해줄 거란 중론이다. 이 약의 허가·판매·생산 과정은 SK바이오팜으로부터 생산 기술을 이전받은 동아에스티가 총괄한다.
- 큐로셀의 2025년 하반기 출시 예정인 CAR-T 치료제 '림카토' 역시 식약처에 품목허가 신청을 완료한 후보다. CAR-T는 한 번 투여

해 암세포를 대량 사멸할 수 있다고 하는 소위 기적 같은 항암제인데, 큐로셀은 약효와 안전성을 확보해 말기 혈액암 환자들의 희망이 될 것으로 기대를 모으고 있다.

또 하나의 40호 신약 후보로 꼽혔던 LG화학의 통풍 치료제는 회사가 임상 3상 시험을 '자진' 중단하면서 파이프라인 자체가 불발로 끝났다.

최고는 아니지만 얕볼 수준은 아니야

K-바이오의 신약 경쟁력은 결코 얕볼 수준은 아니다. 제약 정보 기업 Citeline(사이트라인) 통계를 보자. 2024년 K-바이오 기업은 미국·중국에 이어 셋째로 많은 3,233개의 파이프라인[R&D 중인 신약 개발 프로젝트]을 보유하고 있다. 같은 해 국내 제약사의 R&D 비용은 약 3조2,000억 원으로 선진국들에 비할 바는 못 되지만 1년 사이 32%가량 늘었다.

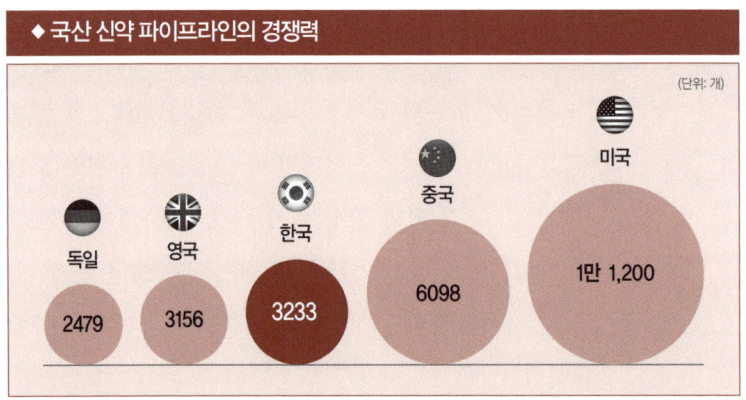

◆ 국산 신약 파이프라인의 경쟁력 (단위: 개)

- 독일 2479
- 영국 3156
- 한국 3233
- 중국 6098
- 미국 1만 1,200

※2024년 기준

신약 허가를 받는 데 얼마나 시간이 걸릴까? 지금은 평균 400일 전후가 걸린다. 하지만 식약처는 심사 인력을 늘리고 절차를 효율화해 그걸 295일로 줄이겠다고 했으니, 허가 소요 기간도 대폭 짧아질 전망이다. 기업 투자, 정부의 R&D 지원, 규제 개선 등의 도움으로 국산 블록버스터 신약이 나오기를 꿈꾼다.

ADC: 단연코 항암제의 대세

인류가 치른 암과의 전쟁에서 큼직한 이정표는 ①2010년대 환자의 면역세포가 암세포를 스스로 공격하도록 유도하는 '면역항암제'가 등장해 한 차례 패러다임을 바꾼 것, 그리고 ②2020년대 ADC가 나타나 탁월한 항암 전사가 된 것이다. 'ADC(antibody-drug conjugate: 항체·약물 접합체)'란 항체와 독성 약물을 링커로 연결해 암세포만 골라서 공격하는 유도탄이다. 특히 ADC를 기존의 면역항암제와 함께 써서('병용') 탁월한 치료 효과가 나오자, ADC는 암과의 전쟁에서 차세대 핵심축으로 자리 잡고 있다. ADC는 이미 암 환자의 장기 생존 가능성을 획기적으로 늘리면서 다양한 암종의 치료 옵션을 넓혀왔다.

셀트리온도 삼성도 ADC 신약 개발사로 대변신

바이오시밀러에서 신약 개발로 정체성 전환을 추구하는 셀트리온은 ADC 분야에서 진입장벽이 비교적 낮은 '바이오베터(biobetter)'부터 개발해 성공 가능성을 높인다는 전략이다. [바이오베터는 기존 약에 새 기술을 더해 대상 환자군을 넓히거나 부작용을 줄인 신약으로 바이오시밀러와 혁신 신약의 중간 단계] 곧바로 혁신 신약에 도전하는 대신 차근차근 접근하겠다는 취지다.

실제로 미국 애브비의 위암 치료제에 대한 바이오베터 후보물질이 임상 1상 진행 중이라고 한다. 그러면서 2028년까지 13개 신약후보물질을 확보하겠다고 발표하기도 했다. 바이오시밀러 회사로 구축한 명성에 이제 신약 개발 성과를 구체적으로 추가한 것이다. 비소세포폐암과 방광암을 비롯한 고형암을 대상으로 ADC를 개발 중인 셀트리온은 2025년 중 임상시험계획서를 제출하며, 이외에 ADC 신약 1종과 이중항체 신약도 발굴하고 있다.

DAC, 암세포만 골라 태워버리는 정밀 드론

그런데 ADC의 경우, 암세포를 죽이는 것이 독성 약물이어서 정상세포에까지 영향을 줄 수 있다. 장기간 반복 투여가 필요한 만성질환에는 어울리지 않는다는 얘기다. 2025년 초 상장한 오름테라퓨틱은 독성 약물 대신 질병 유발 단백질을 분해하도록 설계된 소위 'DAC(항체 접합 분해제) 플랫폼'을 개발해 이 분야 글로벌 리더가 되고 있다. 암세포만 정밀하게 제거해 부작용을 최소화할 수 있는 플랫폼이다. 기존 항암제가 무차별 화염방사기라면 DAC는 잡초만 골라 태우는 정밀 드론이라고나 할까.

오름테라퓨틱이 개발한 두 개의 DAC 후보물질 중 혈액암 치료제는 약 1억8,000만 달러(약 2,500억 원)에 미국 BMS(Bristol Myers Squibb: 브리스톨 마이어즈 스퀍)로 기술 이전 되었다. BMS는 최근 환자를 세 배로 확대하는 등 개발에 박차를 가하고 있다.

삼성바이오에피스도 바이오시밀러 기업 이미지를 벗고 4개의 ADC 신약 파이프라인을 발굴해신약 개발사로 탈바꿈하는 중이다. 특히 ADC 기반 기술 중에서 항체와 약물을 연결하는 '링커' 기술 확보에 공을 들이고 있다. 항체가 암세포에 도달하기 전에 약물이 엉뚱한 데

떨어지는 부작용을 막으려면 링커가 제대로 작동해야 하기 때문이다. 그밖에 삼성바이오에피스는 유전자 치료제 개발도 이미 시작했다.

유한양행의 토종 항암 신약 렉라자가 FDA 승인으로 전 세계에 출시되면서 K-바이오의 항암제 신약 개발에도 제대로 불이 붙었다. 그 속도에선 국내 기업이 글로벌 선두권이란 평이다. 가령 신약 개발사 보로노이, 제이인츠바이오, 테라펙스 등은 폐암 치료제 강자인 '타그리소'의 내성을 극복하기 위한 차세대 신약 개발이 한창이다. 타그리소는 연간 매출 9조 원에 다가가는 블록버스터지만, 환자의 15%에 내성이 생겨 더는 약이 듣지 않기 때문이다.

'ADC 1위'의 내성 잡기와 제형 변경

일본 다이이찌산쿄의 '엔허투'는 연 매출 3조4,000억 원을 자랑하는 세계 최고의 ADC다. 그러나 내성이라는 한계에 맞닥뜨려 있다. 투약 환자의 24%가 1년 안에 내성이 발생하는 것. 하지만 ADC 내성을 치료하는 약은 아직 없다. 국내 1위 ADC 기업 리가켐바이오는 바로 이 ADC 내성 시장에서 글로벌 선두가 되겠다는 목표로, ADC와 면역항암제 병용요법 개발을 서두르고 있다. ADC와 면역항암제를 함께 쓰면 면역항암제의 효능도 증폭하면서 동시에 ADC의 내성까지 해결할 수 있어서다.

또 엔허투는 약물이 빠르게 흡수되는 알테오젠 기술을 접목하여 기존 정맥주사 제형을 피하주사(SC)로 바꾸는 신약의 임상 1상 시험에 진입했다. ADC 가운데 SC 제형 개발에 나선 것은 엔허투가 처음이다. 다만 세 가지 성분이 묶인 구조 탓에 제형을 SC로 바꾸려면 넘어야 할 기술 장벽이 높다. 알테오젠 기술로 이 장벽을 넘어 '엔허투SC'가 성공적으로 출시된다면, 후발 ADC에는 SC 제형 전환이 최대의 무기가 될 것이며 관련 시장의 급팽창이 예상된다.

SC로의 전환은 특허 절벽을 넘어서는 전략도 된다. 오리지널 제약사가 SC 제형을 먼저 출시하면 환자도 편해질 뿐 아니라, 시장 주도권도 계속 잡을 수 있다. 가령 2028년 특허 만료를 앞둔 연 매출 41조 원의 면역항암제 키트루다에 알테오젠의 기술을 도입해 2025년 10월 '키트루다SC'를 출시하려는 머크가 그런 경우다. 미국 바이오젠과 일본 에자이가 개발한 치매약과 유한양행의 '렉라자'와 병용하는 존슨앤드존슨의 폐암 치료제도 SC 제형을 준비 중이다.

약 좋다고 모든 환자에게 듣는 건 아니잖아

70만 명이 사용하는 AstraZeneca(아스트라제네카)의 '타그리소'는 세계 1위 비소세포폐암 치료제다. 최근 타그리소의 약효가 나타날 환자군을 걸러내는 AI 진단회사에 의료 AI 기업 루닛이 선정됐다. 경쟁 입찰에서 단독 파트너사로 뽑혀 글로벌 초대형 제약사와의 '동반 진단'에 나선 것이다. 효과도 못 누릴 환자에게 엉뚱한 약을 처방해봤자 불필요한 의료 비용만 발생하고 적절한 치료 시기도 놓친다. 그래서 약을 쓰기 전에 효능이 있을 환자군을 미리 골라내는 동반 진단은 꼭 필요하다. 이제 세계 최상위인 루닛의 AI 기술이 어떤 환자군에 타그리소가 약효를 나타내는지, 어떤 환자군에는 소용없는지, 빠르고 정확하게 가려내게 된다.

비만치료제, 더 많이 더 안전하게 살 빼기

글로벌 빅 파마들의 비만치료제 경쟁이 점입가경이다. 체중 감량 효과는 더 크고 부작용은 더 적은 약품을 향한 혈투다. 비만이 암, 심혈관 질환, 당뇨병 등 200여 질병을 유발하다 보니, 업계는 체중 감량 외에 여러 질환 치료 효과를 지닌 비만치료제에 주목한다. 도파민 분비 제어로 배고픔을 억누르는 효과를 넘어 '니코틴·마약에 대한 갈망까지 억제하는' 효과도 활발히 연구 중이다. 거의 21세기 만병통치약으로 도약할 기세다. 그래서일까, 컨설팅 기업 맥킨지가 보기에 비만치료제는 AI, 로봇, 사이버 보안처럼 미래에 치열한 경쟁이 벌어질 분야 18개 중 하나다. 시장 전망도 밝다. 맥킨지는 비만치료제 시장이 2040년 2,800억 달러(약 386조 원) 규모로 커질 거라고 전망했다. 2022년의 12배 수준까지 고속 성장할 거란 뜻이다.

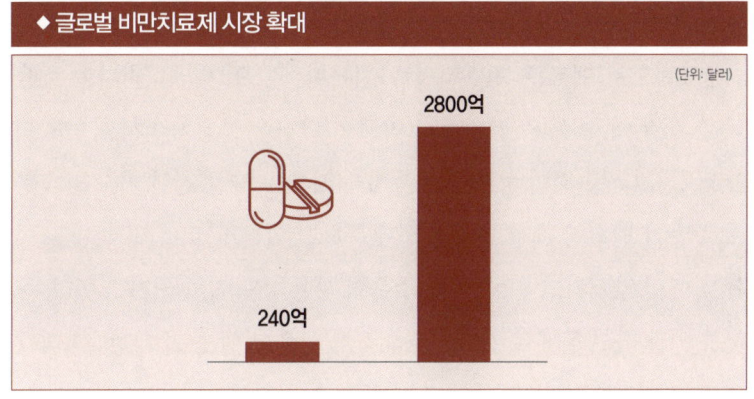

◆ 글로벌 비만치료제 시장 확대

(단위: 달러)

출처: 맥킨지

아닌 게 아니라, 세계 비만 인구는 이미 10억을 넘어 2035년 20억 명에 육박할 전망이고, 비만 합병증에 따른 사회적 비용도 2035년 4조 3,200억 달러까지 불어날 수 있다. 비만치료제가 인류 수명 연장, 건강 증진, 삶의 질 개선 등에 여러 효과를 낼 수 있다는 뜻이다. 비만치료제의 비싼 가격 문제도 서서히 해소될 것이라는 게 중론이다. 예컨대 위고비 주성분(GLP-1)에 대한 독점권은 2030년대 초 만료된다. 복제약이 나오면 비만치료제 가격도 크게 낮아질 것이다.

살을 얼마나 빼는가? vs 얼마나 자주 투약하는가?

그러나 글로벌 비만치료제 시장을 이끄는 Novo Nordisk(노보 노디스크)와 일라이 일리는 미래의 핵심 경쟁력이 '장기 지속형 기술'일 것임을 강조한다. 앞으로는 체중을 얼마나 빼느냐가 아니라, 한 번 투약으로 약물 효능이 얼마나 계속되느냐가 관건이란 얘기다. 위고비가 전 지구에 비만약 열풍을 일으켰음에도 '주 1회 스스로 주사'라는 제형의 한계는 최대의 약점으로 남아 있다. 그런데 장기 지속형 기술을 보유한 기업이 극소수에 불과하고 세계적으로 이렇다 할 성과가 아직 없는 가운데, K-바이오는 이 기술의 선두주자 중 하나로 꼽힌다.

대표적으로 펩트론, 인벤티지랩, 지투지바이오, 디앤디파마텍 등을 들 수 있는데, 이들은 펩타이드 약물의 단점을 보완하면서도 약효의 안정적이고 지속적인 방출을 가능하게 해주는 약물 전달 기술을 바탕으로 장기 지속형 제형 플랫폼을 구축하고 있다. 글로벌 빅 파마도 이들을 예의 주시하고 있어, 기술 수출의 가능성도 점차 커지고 있다. 이런 흐름을 타고 실제로 펩트론과 미국 임상을 진행 중인 디앤디파마텍은 최근 아슬아슬한 정도의 주가 폭등을 경험하기도 했다. 전문가들은 장기 지속형 비만약이 2026년부터 상용화되며 시장 판도에 근본적인 변화가 일어날 것으로 예상한다.

비만치료제, 맞고 먹고 붙이고...

노보노디스크의 위고비로 시작된 비만치료제 글로벌 판매폭등에 소위 GLP-1 계열 약물이 시장을 장악했다. 이젠 효능과 기술보다는 편의성을 확대하는 제형 변경에 초점이 맞춰지고 있다. 다만 직접 약물을 투입하는 주사제 형태와 달리 경구용이나 패치제는 인체 내 약물 흡수율, 즉, '생체이용률'이 어느 정도인지가 중요하다. 때마침 탁월한 생체이용률을 보여준 경구용 치료제나 패치제로 시장을 공략하는 K-바이오 기업들이 있어 주목할 만하다. 편의성 확대라는 측면에서도 호응을 얻고 있어 글로벌 제약사들이 예의 주시하고 있다.

한미약품은 주 1회 투여로 충분한 GLP-1 주사제의 임상 3상을 진행 중이다. 한 번 투여해도 약효가 오래가도록 개발했으며 메스꺼움 같은 위장 부작용을 줄였다는 점을 내세운다. 2025년 9월쯤 임상 마무리 2026년 하반기 출시 계획인데, 국내 생산이어서 가격에선 경쟁력이 있을 듯하다. 위고비가 달마다 4번씩 주사 맞아야 하는 데 비해, 한 달에 한 번 맞는 주사제를 개발하는 인벤티지랩도 흥미롭다. 이 지속형 주사제 전문기업이 유한양행과 함께 연구 중인 신약은 GLP-1 계열로 2025년 중 첫 임상시험을 신청할 계획이다. HK이노엔은 중국 바이오 기업으로부터 임상 3상에서 요요현상 개선이 확인된 신약 물질을 도입하고 국내 임상 3상에 들어갔다. 국내 출시는 2030년쯤으로 잡고 있다.

어디, 먹는 비만치료제 없나?

하루 한 번 복용하는 알약 형태의 비만치료제 임상 3상에서 효능을 입증한 일라이 릴리를 위시해 먹는 비만약 개발도 국내외에서 뜨겁다. 40주 복용했더니 체중이 7.3kg 줄었다는 결과도 있어 흥미롭다. 다만 경구용은 용량이 높아 가격이 비싸고, 복용하기 전에 장을 완전히 비워야 하는 흠이 있다. 최근 일라이 릴리가 이런 단점을 극복하긴 했지만 말이다. 어쨌거나 미래의 비만약은 주사제와 경구제로 크게 나뉘어, 신속한 극단적 체중 감량은 주사제로, 점진적이고 느린 살 빼기는 경구제로 갈 거란 전망도 나온다.

한국에선 '아로나민'으로 친근한 일동제약(자회사 유노비아)이 먹는 비만약 성과를 올리기 시작했다. 비타민처럼 하루 한 번 섭취하는 형태다. 주사제 중심이던 시장에서 높은 안전성과 값싼 생산 단가의 먹는 약으로 돌풍을 일으킨다는 목표다. 일동제약의 후보물질은 임상 1상을 거친 한 모델에서 4주 만에 6.9% 감량 효과가 있었다는 중간결과가 미국당뇨병학회(ADA)에서 발표됐다. 일라이릴리 약물에 버금가는 효과다. 구조가 단순해 제조 단가를 경쟁 약물의 10분의 1로 줄일 수 있다는 평가와 함께, 2026년 상반기 2상에 진입하고 기술을 이전하는 성과가 목표다. 10kg 넘게 살을 빼려는 이들보다는, 3~5kg 정도 감량을 원하는 소비자층을 먼저 겨냥할 속셈이다.

인벤티지랩도 '주 1회 주사' 아니면 '매일 1회 복용'이라는 기존의 옵션을 넘어 '주 1회 복용'하는 경구용 비만치료제 동물실험 결과를 발표했다. 경구용은 인체 내 환경을 통과하면서 약물이 빨리 녹아, 인체 흡수율 혹은 생체이용률이 낮다는 문제가 심각하다. 하지만 인벤티지랩 비만약은 물성을 그대로 전달하면서도 분해되지 않아, 생체이용률이 24.3%에 달했다. 굳이 약물이 많이 들어가고 비싼 고용량 치료제로 만들 필요가 없다는 뜻이다.

디앤디파마텍이 개발한 GLP-1 기반의 먹는 비만 신약 후보 물질은 이미 2023년 미국의 멧세라에 기술 이전돼 임상 1상이 진행 중이다. 2024년 11월에는 첫 환자 투약까지 완료됐다.

삼천당제약 역시 주사제를 경구제로 전환하는 플랫폼 기술을 이용해 먹는 비만치료제를 개발 중이다. 최근 노보 노디스크의 '리벨서스(Rybelsus)' 특허를 회피하면서도 생물학적으로 똑같은 효능임을 증명해, 투자자들의 주목을 받았다. 이 회사의 자체 플랫폼은 흡수율도 높고,

흡수율 조절 기술력도 정밀한 것으로 평가받는다.

붙이기만 하면 살 빠진다고?

대웅제약이 마이크로니들 비만 패치의 파일럿 임상에서 무려 80% 이상의 생체이용률을 확인하며, '붙이는 비만약' 국산화에 성큼 다가갔다. 이 패치는 미세 바늘이 피부에 닿아서 녹으며 약물을 방출한다. 위고비 성분에다 대웅이 자체 개발한 약물 전달 기술 플랫폼을 적용한 결과다. 약물 전달률이 너무 낮아 고민인 경구용에 비하면 160배 높은 비율이다. 또 약물의 균일성·안전성이 아주 높아서 오염의 우려 없이 정밀하게 투여할 수 있다. 다만 패치의 초기 R&D 데이터가 썩 좋아도, 후기 임상 결과가 만족스럽지 못한 경우가 대부분이다. 아직 불확실성이 크다는 얘기다.

라파스도 마이크로니들 기반의 비만 패치 임상 1상 결과를 발표했다. 마이크로니들을 활용한 제형의 개발로는 세계 최초. 이 제형은 진피층을 뚫고 인체 안으로 약물이 들어가야 해서 굉장히 난도가 높은 기술인데, 라파스의 임상 1상에서 체내 약물 노출도의 증가가 확인됐다. 특히 비만 치료 효과를 나타내는 생체이용률이 약 30%에 달해 노보 노디스크의 1일 1회 경구용 치료제인 리벨서스에 비해 약 60배 높은 효율을 나타냈다. 라파스의 마이크로니들 기술이 주사제를 대체할 수 있음이 입증된 셈이다.

'15초 주사'로 치매 잡는다?

여전히 미궁에 빠져 있는 치매

인간은 치매의 원인을 추측할 뿐 정확히는 아직 모른다. 원인을 모르니 확실한 약이나 치료도 없다. 치매는 여전히 미궁에 빠져 있다. 그럼에도 치매 정복을 향한 대장정은 지금도 멈출 줄을 모른다. 15초 만에 투여하는 항체 치료제, 혈액만으로 정확하게 알츠하이머를 진단하는 검사법 등 여기저기서 난치성 뇌 질환 극복을 위한 신기술이 개발되고 있다. K-바이오도 연간 9조 원에 육박하는 알츠하이머병 신약 시장을 선점하려고 구슬땀을 흘린다. 지금까지의 연구는 대부분 치매 유발 물질 등이 혈액을 통해 이동한다는 내용이었다. 하지만 뇌를 둘러싼 뇌혈관 장벽(BBB)을 어떻게 넘어서느냐, 하는 의문에서 한계에 부딪힌다. K-바이오는 이런 측면에서 세계 의학계에 참신한 화두를 던질 정도로 앞서 있다.

아리바이오가 개발 중인 먹는 알츠하이머 신약후보물질은 임상 3상 단계에 진입해 있다. 26주간 복용으로 인지기능이 개선되고 치매 유발 단백질 중 하나인 '타우' 수치가 낮아져, 기존 항체 신약과 비슷한 효과일 가능성이 크다는 걸 입증했다. 또 복용한 환자 중 41.8%는 치매 등급이 악화하지 않았는데, 이는 일라이릴리의 항체 신약이 보여준 비율보다 높은 수치라고 한다. 부작용 때문에 약물 활용에 제약이 생긴 사례도 전혀 없어 안전성도 확보했다. 아직 중간 경과 데이터지만 2026년 상반기 글로벌 임상 3상 톱라인 발표를 앞두고 업계의 관심이 크다. 동아에스티는 타우 단백질이 뒤엉켜 뇌 속에 쌓이는 걸 막는 신약후보물질의 전임상 성과를 공개한 상태다. 국내 임상 1상 단계인 이 약물의 초기 데이터는 2025년 4분기 발표된다. 에이비엘바이오는 BBB를 넘어

뇌까지 약을 효과적으로 전달하는 '그랩보디-B'를 개발 중이다.

세계적인 대형 제약사들도 치매의 치료·진단 시스템을 바꾸는 기술 개발에 분주하다. 치매약의 대명사가 된 항체 신약 '레켐비'를 개발한 미국 바이오젠과 일본 에자이는 기존의 정맥주사 제형을 피하주사 제형으로 바꾸고 있다. 스위스 로슈는 진단받기까지 평균 2.8년 걸리는 양전자 단층촬영 방식의 검진을 혈액 검사로 대체해 한계를 극복하는 기술 개발에 매달리고 있다. 대상포진 백신을 맞으면 치매에 걸릴 위험이 50% 정도까지 줄어든다는 영국 글락소스미스클라인(GSK)의 연구 결과도 눈에 띈다.

AI, 이걸 빼고 신약 개발이 되나?

2021년 코로나 치료제 개발 당시 화이자가 AI를 활용해 최대 4년씩 걸리던 약물 설계를 수개월로 단축했다든지, 300만 종 가까운 신약후보 물질을 600종으로 줄였다는 얘기는 익히 알려져 있다. 머크도 신약 개발에 AI 플랫폼을 적극적으로 활용해 성공률을 현저히 높이고 연구 기간·비용도 줄였다. '알파폴드'라는 딥마인드의 단백질 예측 AI 모델과 '바이오니모'라는 엔비디아의 AI 신약 개발 플랫폼도 성능을 높이고 생태계를 넓히는 기술로 알려져 있다.

이런 추세는 국내도 마찬가지, AI 플랫폼을 구축해 신약 개발에 뛰어드는 기업들이 빠르게 늘고 있다. 기존 방식으로는 평균 15년이란 시간과 1조~2조 원이 들지만, AI를 통한 신약 개발은 기간과 비용을 획기적으로 줄이고 성공 확률도 크게(1상 임상시험 성공률 40%~65% 수준에서 80%~90%까지) 높여준다. 상당히 의미 있는 확률이다.

LG그룹은 'ABC'(AI·bio·clean tech)로 요약되는 미래 비즈니스의 한 축으로 'AI 기반의 바이오 기술로 난치병 신약 개발하기'를 꼽았다. 서구의 빅 테크가 주도하는 AI 헬스케어 전쟁에 참전한 것이다. 알츠하이머와 암의 진단·치료에 활용할 예측 AI 기술을 연구 중인 LG AI 연구원의 성과는 LG화학이 추진 중인 바이오 사업과 보기 드문 시너지를 낼 수 있다. 사실 LG화학으로 말하자면 국내 최초로 당뇨병 치료제를 개발했던 K-바이오의 '기술 대장' 아닌가. 업계가 LG의 잠재력을 높이 평가하는 이유다.

일찌감치 바이오 분야를 미래의 희망이라 불렀던 삼성도 혁신 바이오 벤처에 대한 투자를 통해 AI 활용 신약 개발이 한창이다. 최근 투자한 미국 Generate Biomedicines(제너레이트 바이오메디슨즈)는 AI와 기계학습 등을 활용한 단백질 디자인 기술과 대규모 데이터 축적 역량을 보유하고 있어, 앞으로 이 분야의 전략적인 협력 파트너로 선택되었다. 한편 SK바이오팜은 북미 시장에서 AI 기반 뇌전증 관리 플랫폼을 사업화하기 위해 남미 제약사와 미국 내 합작사를 설립할 계획이다.

클라우드 컴퓨팅 기반의 독자 플랫폼을 갖춘 신테카바이오도 주목받고 있다. 특히 암 백신, 항체 신약, 합성신약 등의 유효물질 발굴 분야에 범용성을 갖춘 AI 기술이어서 경쟁력이 있다고 한다. 또한, 신테카바이오는 맞춤형 암 백신 개발에 유용한 플랫폼에다 저전력·고효율·친환경 AI 바이오 수퍼컴퓨터 센터까지 갖춘 국내 유일의 기업으로, 미국의 5,000억 달러짜리 AI 인프라 프로젝트 '스타게이트'의 수혜자가 될 수 있다.

2029년 1,484억 달러(약 215조 원)로 커질 AI 의료시장의 매력에 빠진 다른 K-바이오 기업에는 일찌감치 자체 개발 AI 플랫폼 '제이웨이브'를 알렸던 JW중외제약이나 네 가지 AI 플랫폼을 동시에 구축해온 대웅제약도 포함된다. 또 유한양행은 AI 신약 개발 전문업체와 손잡고 신약후보물질의 치료 반응성을 예측하고 효과를 정밀하게 예측한다. 동아에스티는 신약 개발 기업 및 AI 의료 설루션 업체와 손잡고 디지털 헬스케어 연구를 진행하고 있다. K-바이오의 관심을 잘 아는 정부도 2028년까지 348억 원을 투입해 AI 신약 개발의 고도화를 돕겠다는 계획이다.

· 4장 ·
기술 수출,
적당한 선에서 기술 팔고 위험 분산하기

K-바이오, 이제 우리 기술의 수출까지!

바이오 업계에서는 신약 개발의 중간 단계에서 후보물질이나 원천기술을 다른 제약사에 넘겨주고 계약금, 마일스톤(개발 단계에 따른 기술료), 로열티(판매 수익의 일정 부분) 등을 받는 것을 '기술 수출'이라고 한다. 기술 수출은 신약 개발의 끝까지 가는 것보다 위험 부담이 작고 안정적 수익이 확보된다는 장점이 있다. 임상시험부터 출시까지 신약 개발의 전 과정을 책임지려면, 막대한 시간과 인원과 비용이 들기 때문이다.

미국·유럽에서 수백 년 축적한 기술을 빠르게 따라잡은 K-바이오는 내로라하는 글로벌 제약·바이오 기업, 뷰티 기업, 투자사들의 사랑을 받고 있다. K-바이오의 강점은 약물 전달체나 장기 지속형 같은 플랫폼 기술, 그러니까, 특정 신약후보물질이 아니라 여러 약물에 두루 적용할 수 있는 기술에 있다. 예컨대 에이비엘바이오가 영국에 이전한 '그랩바디-B'는 약물이 뇌 안쪽까지 도달하도록 돕는 플랫폼 기술이다. 약물이 더 잘 작용하도록 하거나 약물 주입 방식을 바꿔주는 '제

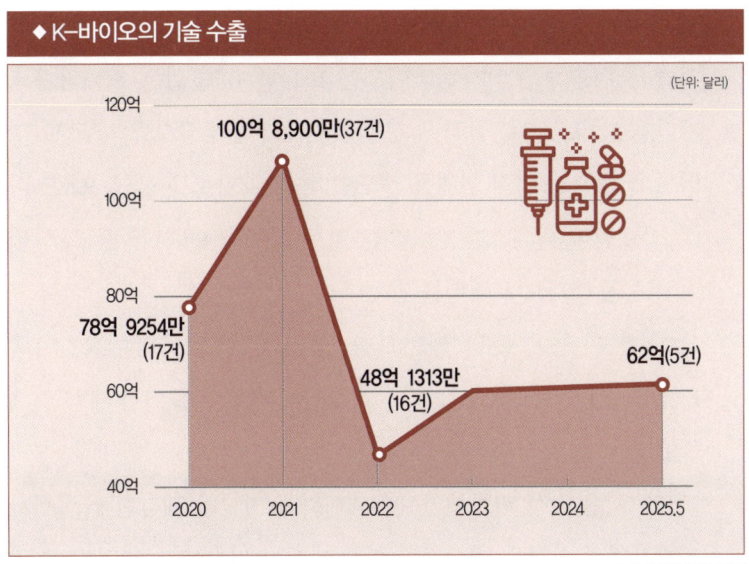

형' 변경 역시 플랫폼 기술이다. 아울러 한국 특유의 빠른 실행력과 창의적 역량도 커다란 강점으로 다가온다. 이에 따라 그동안 중국·일본에 비해 도외시되었던 한국이 개방형 혁신의 아시아 허브가 되리라는 기대도 커지고 있다. 그러나 일본 같은 나라와 달리 기초과학 기반이 다소 약해 K-바이오의 갈 길이 아직 멀다는 평가도 나온다.

국내 제약 바이오 기업들이 잇따라 대규모 기술 수출에 성공하면서 2025년 7월까지 K-바이오의 기술 수출 실적은 공개 금액 기준으로 총 10조 2,941억 원. 사상 최고였던 2021년 기록까지 넘본다. 특히 불안정성이 높아 고도의 기술력이 필요하다고 알려진 RNA 치료제 개발사들의 성과가 두드러져, K-바이오의 기술과 임상 경쟁력을 증명해주었다. 상반기 실적 5건 가운데 3건은 매출 기준 세계 상위 10위 안팎의 빅 파마인 미국의 Eli Lilly(일라이 릴리), 영국의 아스트라제네카, GSK(글락소스미스클라인) 등과 계약한 것이다.

- 세계 유일의 ADC 파이프라인을 구축했고 2019년부터 매년 ADC 기술을 수출해온 리가켐바이오는 2024년 10월 일본 오노약품과 계약을 맺고, ADC 항암제 신약 파이프라인의 글로벌 개발 및 상업화에 대한 독점적 권리를 양도했다. 그 대가로 선급금, R&D 마일스톤, 판매 마일스톤 등 최대 7억 달러(약 9,435억 원)를 받고, 상업화 이후엔 추가로 로열티를 받는다.
- 2025년 기술 수출의 테이프를 끊은 건 에임드바이오. 미국 Biohaven(바이오헤이븐)과 ADC 후보물질에 대한 기술이전 계약을 체결했다.
- 2월엔 '짧은 간섭 리보핵산(siRNA)'이라는 기술을 개발한 올릭스가 지방간염과 심혈관·대사질환 치료제 신약 기술을 9,117억 원에 일라이 릴리로 수출했다. siRNA 제품은 '혁신(first-in-class) 신약', 즉, 너무나 독특한 원리로 만들어져 경쟁 약조차 없는 의약품이 될 가능성이 크다. 기존의 항체치료제가 이미 생성된 질병 단백질을 억제한다면, siRNA는 질병 단백질의 생성 자체를 막는다. 수도꼭지를 잠그듯이 아예 질병 단백질을 막아버리는 근본적인 치료법이다. siRNA 치료제 시장은 연평균 16% 성장해 2031년엔 52억8천만 달러에 도달할 전망이다.

탈모 치료제 후보물질을 siRNA 기반으로 개발 중인 올릭스는 이어 2025년 6월 다국적 기업 로레알과도 계약을 맺고, 피부·모발 화장품·샴푸 등을 개발한다. 로레알과의 공동 연구 계약이어서 다양한 가능성이 열려 있다. 세계 바이오벤처를 세밀히 검토해온 로레알의 선택을 받은 올릭스는 선급금으로 받을 수백억 원대 자금을 활용해 지방조직과 중추신경계(CNS) 분야 치료제 개발에 들어갈 계획이다. 하반기 추가 마일스톤도 받게 돼 2025년 내 수백억 원의 수익이 예상된다. 올릭스는 또 최근 중국 제약사로부터 신약후보물질에 대한 첫 기술료 300만 달러를 받기도 했다.

- 4월 들어 에이비엘바이오가 큼직한 뉴스를 터뜨린다. 영국 GSK에 신약 개발 플랫폼 그랩바디-B를 이전하고 함께 퇴행성 뇌 질환 치료제 개발에 나선 것. 계약금과 단기 마일스톤만 1,480억 원에 이르고 향후 최대 4조1,000억 원을 단계별로 받는다. K-바이오 역사상 두 번째로 큰 규모다. GSK는 이 기술을 알츠하이머·파킨슨병 치료제에 적용한다. 그랩바디-B는 치매 치료에 최대 난관인 뇌혈관 장벽을 잘 통과해 약물을 전달하는 기술이다. 뇌세포로 침투하는 일종의 '입장권'을 제공하는 셈이다. 이 기술을 적용하면 필요한 약물의 양도 적어져 부작용 위험까지 줄어든다. 퇴행성 뇌 질환 치료의 판도를 바꾸어 차세대 신약 파이프라인에서 핵심축이 될 것으로 보인다.

에이비엘이 3년 전 약 1조4,600억 원에 수출했던 퇴행성 뇌 질환 치료 이중항체 후보물질도 2024년 임상 1상을 끝내고 2025년부터 사노피 단독으로 임상 2상이 이루어져 결과가 주목된다. 임상 성과로 볼 때 블록버스터 신약이 되기에 부족하지 않다는 평이 나오는 이 후보물질은 에이비엘의 중장기 비전에서 성장의 핵심으로 꼽힌다. 2026년 폭발적인 성장의 기점이 될지도 모르겠다.

- 5월은 코스닥 상장을 준비 중인 알지노믹스의 달이었다. RNA 기반의 유전성 난청 치료를 위한 후보물질을 발굴해주고, 이후 개발

은 일라이 릴리가 스스로 진행하는 구조로 기술 수출을 계약했다. 향후 릴리가 모든 옵션을 행사한다면 규모는 총 1조9천억 원이 넘으며, 상업화를 이루고 매출이 생기면 로열티도 받게 된다. 알지노믹스의 후보물질이 유효성·안전성에서 합격점을 받았고, 새 항암제 파이프라인이 FDA 패스트트랙에 지정되는 등 그 기술이 또한 세계에서 유일하므로 수출이 가능했다는 평이다.

- 6월 초 아리바이오는 UAE 국부펀드가 설립한 글로벌 제약사 Arcera(아르세라)와 최대 8,130억 원 규모의 경구용 알츠하이머 치료제 신약 기술 수출 계약을 체결했다. 비상장사인 아리바이오가 이 물질과 관련해 확보한 글로벌 기술 수출은 모두 약 1조9,400억 원에 이른다.
- 에이비온은 자사 항체신약을 기반으로 한 5가지 단백질 표적에 대해 공동 개발 및 글로벌 기술 이전 계약을 체결했다. 계약 상대방은 비공개다. 선급금 250만 달러(약 34억 원), 개발 마일스톤 2억9,000만 달러(약 3,960억 원), 상업화 마일스톤 10억 달러(약 1조3,650억 원)로 구성돼, 총 13억1,500만 달러(한화 약 1조8,000억 원) 규모에 이른다. 이 항체신약은 암세포 표면의 단백질을 노리는 치료제로, 다양한 차세대 항암 플랫폼과 결합 가능성이 크다. 특히 결합 친화력이 강해서 ADC 치료제 개발에 적합한 플랫폼으로 꼽힌다.

SC, '제형 변경'이라는 매직

같은 의약품이라도 먹는 약, 바르는 약, 붙이는 약, 주사로 맞는 약 등 종류는 다양하다. 이처럼 사용 목적·용도에 가장 적절하게 만든 의약품의 형태를 가리켜 '제형(劑形,dosage form)'이라 부른다. 약효는 같을지 몰라도 정제, 산제, 연고제, 주사제 같은 제형 선택에 따라, 사용의 빈도, 걸리는 시간, 편의성 등이 어마어마하게 다를 수 있다. 간혹 제형을 바꾸는 혁신적인 기술이 수천억 원, 수조 원에 수출되는 이유다.

알테오젠, SC 제형은 그냥 우리에게 맡겨

알테오젠이 보유한 ALT-B4란 기술은 정맥주사(IV: intravenous injection) 제형을 '피하주사(SC: subcutaneous injection)' 제형으로 바꾸는 기술이다. IV 치료제는 환자가 병원을 찾아 4시간 넘게 주사 맞아야 하지만, SC 제형은 환자 스스로 집에서도 5분 내 간단히 주사할 수 있다. 기껏해야 주사 방식만 바뀌는 것 아니냐고? 천만의 말씀. 암 치료 방식을 혁신하는 새로운 옵션을 환자들에게 제공함으로써 환자의 삶의 질을 높여주기 때문이다. IV와 견주어볼 때 SC 제형에 어떤 장점이 있는지, 아래 표로 간략히 설명해두자. 쉽고, 빠르고, 간편한 주사 방식이 아닐 수 없다. 그러니 글로벌 SC 시장이 2024년 335억6,000만 달러에서 2034년 699억4,000만 달러로 대폭 커질 거란 프레시던스 리서치의 예상이 놀랍지 않다.

◆ IV 제형과 SC 제형 비교

	정맥주사	피하주사
투여 부위	정맥	피부 아래 지방층
흡수 속도	즉시 흡수	서서히 흡수
약효 발현	빠름	상대적으로 느림
투여 용량	많음	적음
투여 환경	병원, 의료진	가정에서 주사
투여 시간	4~5시간	5분

이처럼 치료제를 IV 타입에서 SC 타입으로 바꾸는 기술은 말처럼 쉬운 게 아니어서, 세계에서 딱 두 군데, 알테오젠과 미국의 Halozyme Therapeutics(헬로자임)만 보유하고 있다. 최근 알테오젠이 주식시장에서 개인·기관·해외 투자자들의 각별한 사랑을 받는 데는 다 이유가 있다.

알테오젠은 글로벌 매출 1위 의약품인 MSD(머크)의 항암제 '키트루다'를 SC 제형으로 개발하는 43억1,700만 달러 계약을 성사시키더니, 2024년 11월엔 다이이찌산쿄와 글로벌 블록버스터 ADC인 엔허투에 SC 제형 플랫폼 기술을 적용하는 계약을 맺었다. ADC를 SC 제형으로 개발하는 세계 최초의 사례로 당시 큼직한 이야깃거리가 되었다. 이어 불과 넉 달 후인 25년 3월 영국 아스트라제네카의 자회사 MedImmune(메드이뮨)과 SC 타입 항암제 개발 계약을 체결함으로써 또 한 번 K-바이오 기술 이전의 새 역사를 쓴다. 단계별 마일스톤을 포함해 총 2조 원대, 즉시 수령액만 660억 원에 이르는 규모다. 세계적인 혁신 치료제 개발사들이 K-바이오의 기술력과 안정성에 '엄지 척'을 해준 것이다. 유한양행 렉라자와 짝을 이뤄 병행 치료에 사용되는 존슨앤드존슨의 비소세포폐암 치료제 리브리반트 SC 제형도 다른 예다. 알츠하이머병 치료제 레켐비도 FDA에 SC 제형 허가를 신청했다.

ALT-B4가 글로벌 제약사들에게 큰 인기인 이유가 또 있다. 자사 항암제 특허 만료가 다가오는 경우, SC 제형 전환 기술을 활용하면 새로운 특허로 재탄생되어 특허를 방어할 수 있기 때문이다. 가령 키트루다에 알테오젠의 기술을 적용해 SC 제형을 개발한 머크는 FDA에 '키트루다 SC' 이름의 새로운 품목허가를 신청했다. 계획대로 키트루다 SC가 2025년 10월 출시되면 알테오젠은 3년 내 1조4,000억 원에 이르는 마일스톤을 받으며, 이후부터는 매출의 약 5%를 로열티로 받는다. 머크의 기존 키트루다 IV 시장은 2028년까지 절반 이상이 SC로 대체

될 전망이다.

SC 제형 원료도 이젠 '메이드 인 코리아'

자신을 얻은 알테오젠은 이제 ALT-B4를 아예 국내에서 직접 생산하기로 맘먹었다. 예전처럼 해외 CMO 업체에 의존하는 대신 글로벌 공급을 직접 주도해, 비용 절감은 물론이거니와 경영 자율성과 전략적 유연성도 확보하겠다는 전략이다. 공장 건설에 투입될 자금은 2,500억 원. 2028년 완공해 2029년부터 시험 생산과 글로벌 수출에 들어간다. 이 공장에서는 키트루다 SC, 엔허투 SC 등 블록버스터 항암제의 SC 제형 원료와 항체의약품 및 바이오의약품 개량신약 같은 자체 개발 파이프라인을 만든다.

K-보톡스, 기업 실적에 생긴 주름까지 편다

우리에겐 얼굴 주름 펴주는 '보톡스'로 통하는 보툴리눔 톡신은 한국이 압도적인 기술력·경쟁력을 자랑하는 분야다. 화장품과 미용 기기로 대표되는 K-뷰티가 해외에서 전례 없는 인기를 끌며 보톡스 비즈니스에도 긍정적 영향을 주고 있다.

이름부터 사업 영역을 드러내는 메디톡스는 2025년 1분기부터 역대 최대 실적을 올리며 내달리고 있다. 보톡스 매출이 42%나 성장했다. 2분기에도 신제품이 해외 허가를 획득하면서 호실적은 계속될 것 같다. 역시 보톡스 위주로 성장해 온 휴젤이 2025년 들어 분기마다 최대 실적을 달성하고 있는 것도 톡신의 위력이다. 대웅제약의 경우, 보톡스는 전체 매출에서 큰 비중이 아니지만, 2025년 상반기 실적은 톡신 제제 '나보타'의 매출 성장이 크게 기여했다.

이처럼 K-보톡스의 매출이 일취월장하고 점유율이 늘어나는 데는 한국 문화에 푹 빠진 젊은 세대로 수요가 확대된 영향이 컸다. 과거에는 주로 주름 펴기에 쓰였던 톡신의 수요가 턱 근육 축소 등으로 확대되면서 젊은 세대가 유입된 것이다. 가격 경쟁력을 앞세운 공격적인 현지 영업 전략도 한몫했다. 특히 동남아에서 인기 높았던 K-보톡스는 이제 북미·남미·중동으로 퍼져나가고 있다. 4년 전 미 FDA 승인을 획득한 대웅제약은 현지 점유율을 13%까지 올렸다. 휴젤도 2024년 FDA 품목허가를 얻어 미국 진출을 본격화하면서 중동 시장도 두드리고 있다. 메디톡스는 브라질로 해외 시장을 넓혀가고 있다.

· 5장 ·
의료기기와 정밀의료

의료기기, AI와 디지털을 만나다

"최근 100년을 통틀어 가장 큰 변화가 이제부터 10년 안에 일어날 수 있는 것이 헬스케어 분야다." 메디컬 전문가들은 그렇게들 말한다. 병원과 의사의 역할이 무엇인가, 하는 것도 재정의될 거란다. 왜? 의료가 '치료' 중심에서 '예측' 중심으로 바뀌기 때문이다. 물론 AI 첨단기술로 훨씬 더 정확한 진단·치료가 가능해지고 AI와 수술 로봇이 일상화한다는 가정, 그리고 의료 데이터가 끊기는 일 없이 순환한다는 가정 하에서다. 아무튼 지금이 헬스케어의 중대한 전환점이라는 얘기다. 이렇게 되면 의사는 예전 같은 일회성 진단과 치료를 넘어서서 환자의 건강 여정을 함께하는 길벗이 될 것이다.

초음파 진단, CT나 MRI 같은 영상 진단, 환자 모니터링, 인체 내부 장기의 조영 등의 서비스를 수행하는 의료기기가 AI 등 기술 혁신을 통해 갈수록 빠르고 정밀·정확해지고 있다. 2024년까지 미 FDA가 허가한 AI 의료기기가 천 개를 훌쩍 넘을 정도로 AI를 적용한 의료기기의 가짓수도 급증하고 있다. 또 이런 의료기기와 장비는 행정 부담을 줄이고 의료진의 과로·탈진이라든지 치료 접근성 문제도 해결해준다. 기기들이 편리하게 모듈화돼 업그레이드도 쉬워지고 있다. 기존 장비를 교체하지 않아도 그걸 상위 버전으로 업그레이드해 각종 비용을 줄일 수 있다는 얘기다.

한국, 세상에 둘도 없는 의료기기 벤치마크 시장

한국도 초음파 진단기부터 다양한 의료기기를 개발·제작하는 R&D 및 생산의 핵심 허브다. 그리고 전 세계 주요국이 주목하는 벤치마크 시장이기도 하다. 굴지의 의료기술 회사인 GE헬스케어가 6개 사업장을 두고 있을 정도다. 글로벌 의료기기 시장은 전반적인 고령화 및 만성질환 인구 증가로 꾸준히 성장할 것이다.

의료기기 가운데 한국은 특히 미용 의료기기 영역에서 강하다. WSJ(월스트리트 저널)이 보도했듯이, 한국은 오랫동안 '스킨케어 마니아들의 성지'가 아니었던가. 소위 K-뷰티 열풍을 타고 전 세계에 이름을 떨친 피부재생 의료기기 '리쥬란'의 제조사 파마리서치가 최근의 좋은 사례다. 2025년 9월 초 코스닥 상장사 중 시가총액 3위를 차지해 화제가 되었던 그 회사다. 연어나 송어에서 추출한 물질을 피부에 주입해 재생을 유도하는 리쥬란 시술은 외국 여자들에게도 인기 만점이란 소문이다. 2025년 들어서만 주가가 160%가량 급등한 것도 빠른 속도로 증가해온 실적을 고려하면 놀랍지 않다. 최근 프랑스의 미용 의료 기업 Laboratoires Vivacy(비바시)와 880억 원 규모의 리쥬란 공급 계약을 맺는 등 유럽 시장 공략도 본격화하고 있다.

다른 피부 미용 의료기기 기업들의 매출도 큰 폭으로 성장하고 있다. 대표적으로 클래시스는 2025년 1분기 매출액과 영업이익이 전년 같은 기간보다 각각 53%, 46% 증가했다. 사상 최대 실적을 올린 것이다. 이 회사는 초음파를 쏴 피부 탄력을 높이는 미용 의료기기 등에 주력하고 있다. '메디큐브'라는 뷰티 브랜드를 보유하고 있는 에이피알 역시 우리 증시의 신데렐라라고 해도 과언이 아니다. 전년 같은 기간보다 97%나 증가한 역대 최대 분기 실적은 집에서도 피부 관리가 가능한 홈케어 미용 기기로 이룩했으며, 수출이 전체 매출에서 70% 이상을 차지한다.

K-바이오의 미용 의료기기들은 해외시장에서 왜 이처럼 높은 인기를 구가하는 걸까. 전문가들은 믿을 만한 성능을 구현하는 기술력과 함께 가격 경쟁력을 먼저 꼽는다. 국내 기업들은 우수한 오리지널 장비의 특허가 만료되는 시점에 맞춰 그와 비슷한 성능을 지닌 의료기기를 낮은 가격에 제작·판매하는 전략을 펴고 있어서다.

뇌 영상 특화 PET, FDA 허가까지 받았어

브라이토닉스이미징은 국내 유일의 '양전자 단층촬영(PET)' 장비 기업이다. AI 분석 기술에다 세계 최고 해상도를 장착해 GE·지멘스 등 전통의 강자들이 구축한 아성을 흔들고 있다. 최근 의료 영상 장비 가운데 가장 비싸고(대당 40억 원대) 최첨단인 뇌 영상 특화 PET 장비 '파로스'에 대해 미 FDA 허가도 따내, 세계 최대 시장의 관문을 통과했다. PET 장비는 MRI나 CT로도 확인되지 않는 단백질(치매 유발), 포도당(뇌종양·뇌전증), 도파민(파킨슨병) 등 특정 분자 분포를 볼 때 쓰인다.

또 다른 PET 제품인 'SimPET'는 PET와 MRI를 동시에 찍음으로써 촬영 시간을 줄이고 방사선 노출을 최소화한 세계 최초의 전임상용 장비다. 미국 국립보건원과 몇몇 대학교, 국내 다수의 대학과 병원 등에 설치됐다. 'BTX 브레인'라는 PET 영상 자동 분석하는 소프트웨어도 개발해 AI 기반 PET 분석 소프트웨어 시장의 80%~90%를 석권했다. 치매·파킨슨병·뇌전증·뇌혈관 질환까지 볼 수 있는 세계 유일의 이 AI 소프트웨어는 이 회사의 미래 먹거리다. 연구용으로 중국 최대 의료 영상 장비업체에도 수출 중이며, 곧 FDA 허가까지 받아 연내 미국 진출 계획이다.

정밀의료, 시작은 빠르고 간단하고 정확한 진단

최근 언론에 조금씩 오르내리는 '정밀의료(precision medicine)'라는 바이오 용어는 유전정보나 생활 습관 같은 개인의 촘촘한 건강 정보를 토대로 가장 적절하게 진단하고 치료하는 걸 가리킨다. 여기 AI 기술이 보태지면서 질병을 예측하거나 조기에 진단하는 작업의 정확성이 비약적으로 높아지고 있다. 이 부문에서도 K-바이오의 경쟁력이 괜찮은 것으로 평가된다.

10여 년 전 Theranos(쎄러노스)라는 미국 바이오 스타트업이 전 세계의 언론을 들썩이게 한 적이 있었다. 피 한 방울로 암을 비롯한 250가지 질병을 15분 안에 진단하는 키트를 개발했다고 해서 엄청난 주목을 받으며 6조 원이 넘는 돈방석에 앉았던 회사다. 하지만 1년 만에 이런 주장은 모두 거짓으로 조사됐고 창업자가 구속되는 것으로 끝났다. 한 편의 '사기극'으로 막을 내렸던 그 '신기한' 진단 기술은 지금 현실이 되고 있다. 10년 전엔 상상도 못 했던 정교한 AI 기술을 만난 덕택이다. 이제 우리는 암이나 알츠하이머 등의 치명적 질환을 AI가 조기에 족집게처럼 밝혀내고 심지어 발병 전에 '예측'까지 해내는 혁신을 목격하고 있다. 세밀한 임상을 거쳐 그 정확성이 확인되면서 수준은 빠르게 발전하고 있다. 정밀의료가 서서히 K-바이오의 중요한 한 분야로 정착하리라는 기대가 나온다.

이 분야 스타트업인 아이엠비디엑스는 AI 초정밀 유전자 검사 분석 방법을 활용한 암 정밀 의료 조기진단 기업이다. '캔서 디텍트'라는 이름의 서비스로 혈액 속의 유전자를 분석해 암을 조기에 진단하고, 맞춤형 항암치료 가이드를 제공하는 정밀의료 기업이다. 환자의 암세포에 각인된 고유한 유전자 돌연변이를 혈액에서 탐지하는 방식으로 진단한다. 세계 최고 수준의 정확도라는 평이다. 또 암의 재발 여부를 최대 20개월 이상 조기에 확인해, 완치를 돕고 궁극적으로 환자의 생존율을 높이기도 한다. 특히 식도암, 췌장암, 담도암 등 재발률이 높고 생존율이 낮은 암종에 대한 임상·연구를 확대해, 암 환자와 의료진들에게 더 효과적 치료전략을 제공하고, 정밀의료 혁신을 가속화할 계획이다.

예측이면 예측, 치료면 치료까지

MRI 같은 의료영상을 첨단 AI 기술로 분석해 질환을 조기 진단하는 것이 우선 눈에 띄는 성과다. 가령 뇌동맥이 약해져 꽈리처럼 부풀어 오르는 질환을 뇌동맥류라고 하는데, 예전에는 의사가 영상 속의 혈관을 일일이 살펴보며 찾아내는 방식이라, 정확도도 그리 높지 않고 시간도 퍽 오래 걸렸다. 하지만 딥노이드가 개발한 AI 설루션은 복잡하게 꼬인 뇌 안의 혈관에서 파열 가능성이 큰 지점을 네모 모양으로 표시해준다. 영상 판독이 두 배 넘게 빠르기도 하거니와, 무엇보다 정확도가 현저히 올라갔다.

의료 AI 기업의 대표 격인 루닛은 유방암을 조기 진단하는 AI 설루션 개발로 투자자들의 관심을 끌어왔다. 환자의 유방 영상을 분석해서

종양이나 석회 등으로 의심되는 부위를 동그랗게 표시해준다. AI 기술로 심정지 위험을 감지하는 '딥카스'는 뷰노의 대표적인 의료기기인데, 환자의 체온·혈압·맥박·호흡 등을 분석해 심정지가 발생할 위험을 알려준다.

분석과 진단 혹은 예측을 넘어서 치료에까지 도움을 주는 AI 기술이 하나씩 등장하고 있다. 코스닥 상장사 로엔서지컬이 개발한 AI 신장결석 수술 로봇 '자메닉스'가 그런 경우다. 노트북 케이블 정도의 굵기인 내시경 로봇이 환자의 요도·방광·요관·신장까지 '자율주행'으로 이동해 타깃이 된 결석을 레이저로 제거한다. AI가 결석 크기를 추정하고 호흡까지 계산해, 레이저로 결석만 부수는 것. 기존 수술 방식들의 여러 단점을 극복한 획기적인 치료 도구로 호평이 자자하다. 국내 46만 명, 전 세계 1억 명에 달하는 요로결석 환자들에겐 단비 같은 소식일 수 있다.

Part Six

K-원전

원전, 사뭇 달라진 내러티브

'탄소 제로'는 바꿀 수 없는 시대의 요구. 하지만 재생에너지의 한계 역시 불가피하다. 그래서 원자력 에너지는 지속 가능 자원으로 다시 주목받고 있다. 안보와 국가 경쟁력 차원에서도 그 중요도가 높다. 기술과 논의의 깊이가 더해지면서 소모적인 논쟁도 수그러들었다. K-원전은 '수주·건설 ⇨ 운영·관리 ⇨ 사용후핵연료 ⇨ 해체'라는 원전 주기의 모든 단계에서 기술과 경험을 축적해 빼어난 경쟁력을 갖추었다.

에너지 위기가 고조되고 재생에너지의 문제들이 불거지면서 온 세계가 '탈원전' 외침을 거두고 원전 복귀·확대를 선언한다. 이탈리아·스위스가 일찌감치 탈원전을 종료하고, 벨기에가 22년 만에 원전 부활을 결정했으며, 풍력 강국 덴마크도 탈원전 40년 만에 SMR 도입을 검토한다. 영국·스웨덴은 새 원전을 짓고, 모든 원전을 중단했던 독일도 재가동 논의를 시작했다. 단계적 폐쇄를 추진하던 스페인도 2025년 봄 대정전 사태로 방침을 바꾸었다. 원전을 운영한 적이 없는 크로아티아도 SMR 제작·보급 계획을 추진하며 흐름에 가세했다. TSMC 중심의 전력 수요 폭증을 목격한 대만도 원전 운영 기한 20년 연장으로 탈원전에 종지부를 찍었다.

> **전 세계 원자력발전에 관한 몇 가지 통계치**
>
> 현재 가동 중인 원전 : 약 440기
> 원자력 에너지의 비중 : 글로벌 에너지 수요의 9% 정도를 충당
> 현재 계획·추진 중인 원전 : 약 430기
> 현재 건설 중인 원전 : 약 65기 (중국 29기, 인도 6기)
> 원자력발전 규모 순위 : 미국 ⇨ 중국 ⇨ 프랑스 ⇨ 러시아 ⇨ 한국
> 국가별 원전 의존도 순위 : 프랑스, 슬로바키아, 우크라이나
> [2025년 상반기 기준, 자료: 세계원자력협회(WNA)]

주요 빅 테크들도 원전 공급망 확보에 뛰어들어 있다. 메타는 원전기업 Constellation Energy(콘스털레이션 에너지)와 원자력 에너지 20년간 구매 계약을 체결해, 2027년 폐쇄 예정이던 원전을 살렸다. MS·구글·아마존도 원전기업과 계약을 체결했다. 모두 AI 시대 필수인 초대형 데이터센터 운영에 필요한 전력을 확보하기 위해서다. 미국 노후 원전을 되살린 동력 중의 하나다.

트럼프의 100조 원 원전 르네상스

에너지 수요가 가장 큰 미국을 보자. 에너지 비용을 낮춰 물가를 잡고 제조업도 재건하겠다는 취지로 원자력산업의 부활을 강조해온 트럼프 행정부. 2050년까지 원전 발전 용량을 현재의 4배로 확대하겠다, 즉, 앞으로 25년 동안 원전 300기를 짓겠다는 기본 구상이다. 이에 따라 우선 2030년까지 원자로 10기를 짓기로 하면서, K-원전 부흥과 호황의 기대감도 커지고 있다. 참고로 대형 원전 10기 건설 비용은 750억 달러(약 103조 원)로 추산된다. 미국 진출을 꿈꾸는 K-원전에 절호의 기회가 아니겠는가.

미국 자체의 공급망과 건설 능력만으로는 원전 르네상스는 어림도 없다. 국내 공급망이 너무 오래 망가져 있어서다. 웨스팅하우스가 원전 르네상스 정책의 최대 수혜자이겠지만, 이 회사 혼자서는 도저히 감당할 수 없다. 그럼, 누가 미국의 원전 건설을 도울 수 있을까? 경쟁력 측면에서 러시아·중국·한국·일본·프랑스 정도다. 하지만 중국·러시아는 정치적으로 아예 제외된다. 프랑스는 공사를 따놓고도 지지부진, 걸핏하면 시공 능력에 한계를 드러냈으며, 일본도 후쿠시마 사고 이후 급격히 위축되어 있다. 한국 외엔 손을 내밀 데가 없다는 얘기다. 특히 2025년 초 한·미 양국이 원전 동맹까지 맺고 협력을 약속한 상황이라, 미국의 원전 르네상스는 K-원전에 큰 기회가 될 수 있다. 40여 년 동안 국내에서만 원전 32기를 건설하며 시공 능력을 축적한 한국 아닌가. 미 해군력 증강에 K-조선이 주목받듯이, 미 원전 르네상스엔 K-원전이 팔을 걷어붙일 수 있다.

한편 K-원전은 나라 안팎에서 원전 기술력과 신속성과 서비스 품질과 실적·경험을 인정받고 있다. 국제원자력기구(IAEA) 보고서를 보면 세계 평균 원전 건설 기간은 190개월(미국은 심지어 171개월까지)인데 비해, K-원전의 건설 기간은 56개월로 3배 이상 빠르다. 또 한국은 SMR 분야에서도 미국 선진 기업에 투자하면서 원천기술 확보와 협력에 나서고 있다.

· 1장 ·
원전의 일생,
원전 비즈니스의 달라진 내러티브

원전의 설계수명은 대개 60년. 여기에 추가 운영을 허가받으면 최대 80년까지 원전을 돌릴 수 있다. 그럼, 원전의 탄생(가동)부터 죽음(영구 폐쇄)까지의 그 긴 세월 동안 얼마의 돈이 필요할까. 운영비, 관리비, 유지·보수에다 리모델링까지 포함해 적어도 수백조 원에 이른다고 한다. 전력값이 유독 저렴한 우리나라 기준으로도 원전 2기를 60년간 운영하는 데만 66조 원이 든다는 자료가 있다.

K-원전이 해외에서 원전을 수주해 지어주면 수십조 원의 부가가치가 발생하는데, 원전 운영·관리와 유지·보수 등 모든 서비스를 제공한다면 80년 동안 수백조 원을 기대할 수 있다. 긴 호흡으로, 오랫동안, 시시때때로 돈이 되는 비즈니스란 얘기다. 10년 주기로 교체하는 원자로 냉각재 펌프만 해도 100억~150억 원, 15년~20년 주기로 바꿔주는 변압기도 100억 원이 넘는다. 안정적인 원전 가동에도, 예기치 못한 고장 발생에도, 결국은 관련 기술을 보유한 기업이 투입될 수밖에 없고 비용은 주기적으로 혹은 시시때때로 생긴다. K-원전도 한번 해외 수주를 하면 수많은 영역의 수많은 국내외 기업들에 수시로 비즈니스가 창

출되기 마련이다.

가령 한국 스스로 개발한 수출형 원전 APR1400이 상업 운전을 시작한 UAE 바라카 원전의 경우, 주계약자는 한국전력공사지만 한국전력기술, 두산에너지빌리티, 현대건설, 한국수력원자력, 한전KPS 등 다수의 기업이 사업 전반에 참여하고 있다. 소위 '팀 코리아'로 엮여 장기 설계와 유지, 연료 등 원전 운영·관리, 심지어 지분투자에까지 관여해 하나의 작은 생태계를 만들고 있다. 그뿐만 아니라, 인력 공급 및 기술 교육, 유지·보수, 설비개선, 긴급 복구 등에서도 추가 매출이 일어난다. 발전소가 완공되었다고 이들이 국외자가 되는 일은 없다. 원전 건설에 참여한 업체의 기술력과 서비스는 원전이 죽어 폐쇄될 때까지 계속 활용될 수밖에 없다. 조그마한 부품·장비 하나도 걸핏하면 몇억 원 단위여서, 관련 기업의 인건비까지 포함하면 비즈니스의 가치는 더 커진다.

K-원전의 경쟁력

한국처럼 원전 소·부·장 공급망이 촘촘히 짜인 나라는 어디에도 없다. 삐뚤어진 애국심으로 하는 말이 아니라 전문가들의 평가다. 세상에서 가장 큰 원전 공급망이라 불리는 경남 창원국가산업단지를 가보면 알 일이다. K-원전의 대표주자로 꼽히는 두산에너빌리티의 협력사 424곳이 이곳을 중심으로 그 어느 나라보다 빠르게 원전을 '실현'한다. UAE와 체코 원전 입찰에서 미국·프랑스 같은 원전 선진국들을 제쳐버린 배경이 바로 그런 생태계라는 말도 들린다. 약속한 납기를 칼같이 지키고 약속한 가격에 딱 맞추어 납품한다는 의미의 '온 타임 온 버짓(on time, on budget)' 능력도, 고객 맞춤형 설계·제작의 융통성도, 모두 이처럼 협력사들이 한곳에 집결해 있어 가능하다. 예컨대 여름철이면 석 달씩 '개점휴업'인 프랑스는 이처럼 모여서 때를 가리지 않고 일하는 상황을 상상조차 하기 힘들 터이다.

"당장 배터리 주식 팔고 원전 주식을 사야겠어요!"

2025년 7월 우리나라 증권사들이 자주 들었던 말이다. 주식투자자들의 이런 고민이 원전 산업과 2차전지 산업의 현주소를 적나라하게 말해준다. 아닌 게 아니라 두산에너빌리티와 현대건설은 2025년 상반기 중에만 주가가 3배 이상, 한국전력 역시 2배가량 급등했다. 정치적 변수가 작용하긴 하지만, 원전 같은 압도적 에너지원은 워낙 전력을 많이 잡아먹는 AI의 시대에 대체재를 찾기 어려울 것이다. 한국 새 정부도 AI를 키우고 싶으면 당장은 원전을 기반으로 삼지 않을 수 없다.

어떤 회사들이 K-원전을 움직이고 있는가?

원전 업계는 앞으로 글로벌 원전시장의 43%를 K-원전이 차지할 것으로 예측한다. 블룸버그가 보도했던 내용이다. '원전을 짓고 싶으면 한국으로 가라'는 얘기가 나올 정도다.

K-원전의 해외 수주에서 대부분 계약 주체가 되는 한국수력원자력(한수원)은 한전산업·한전기술·한전KPS·한전원자력연료 등 한국전력그룹 멤버에다 두산에너빌리티, 대우건설 등 민간 기업들을 가담시켜 소위 팀 코리아를 구축했다. 이들을 비롯해 K-원전 생태계를 이끄는 주요 기업들을 기억해두자.

- 한수원: 이름에서 알 수 있듯이 국내의 거의 모든 수력발전소와 원자력발전소를 관장한다. [줄여서 흔히 한수원이라 불리기 때문에 '한국수자원공사'와 헷갈리는 사람들이 상당히 많다.]
- 한전산업: 원자력 수처리 설비 운전과 경상정비 공사 수행.
- 한전기술: 발전소·플랜트 관련 설계 및 엔지니어링 업체.
- 한전KPS: 원자력·화력 발전설비의 정비 분야 국내 최고 업체.

- 두산에너빌리티: 원자로 용기 제작이 가능한 단조설비를 갖춘 세계적인 회사로, 세계 4번째로 원전 핵심 기술을 보유하고 있다. 대형 원전뿐만 아니라 SMR을 위해서도 납품한다.

여기까지가 K-원전의 핵심으로 국내외 수주를 이끄는 대기업이다. 기타 400개가 넘는 원전 소·부·장 기업 중 굵직굵직한 중견기업들을 함께 살펴보자.

- 우리기술: 원자력발전소의 감시·경보·제어 시스템을 100% 자체 기술로 개발하여 공급. 특히 원전의 핵심 기술인 계측제어설비(MMIS) 국산화에 성공.
- SNT에너지: 배열회수 보일러, 복수기 및 대표적인 대기오염 성분인 질소 산화물을 저감시키는 SCR 설비 등 설계·생산
- 우진: 계측기 및 제어장치 공급사로 원전용 계측기가 핵심사업.
- 비에이치아이: 원자로에서 나오는 열을 보일러로 전달하는 열교환기를 비롯한 각종 주변기기와 보조 설비 전문.
- 수산인더스트리: 원자력 발전설비를 대상으로 정비용역 제공
- 일진파워: 기전 설비 수급사인 동시에 발전소 취수설비 정비 업체
- 한신기계: 원전용 공기압축기 공급
- 보성파워텍: 한국형 원자력발전소의 철골 구조물 생산·공급.
- 에너토크: 유체의 흐름을 제어하는 밸브를 구동시키는 장비 '엑츄에이터'와 감속기 제조
- 태웅: 원전 주 기기에 소요되는 단조품 생산

그리고 전통의 건설사인 현대건설도 원전에 발을 깊이 담그고 있어 원전 수주 소식에 심심찮게 등장하곤 한다. 국내외 한국형 대형 원전

36기 중 24기에 시공 주관사로 참여하는 등 원전 건설 경험은 누구보다 풍부하다. 여기에 향후 500조 원으로 추정되는 원전 해체시장까지 노크 중이다. 미국 내 원전 해체 프로젝트에 국내 기업 최초로 참여하기도 했다.

이와는 별도로 삼성물산 건설부문은 UAE와 MOU를 맺고 함께 세계 원자력 발전 시장 공략에 나선다. 삼성의 원전·인프라 수행 경험과 중동 지역 원전 패권을 장악한 UAE의 원전 리더십을 잘 버무려 글로벌 원전 개발을 선도할 계획이다. 협력 분야는 원전 건설·재가동, SMR 사업 투자·개발, 원자력 기반 수소 생산, 원자력 서비스·장비 업체 투자 등을 아우른다. 한편 루마니아에선 2025년 초 원전 설비개선 사업을 따내기도 했다.

K-원전의 길을 가로막을지 모른다

K-원전의 길이 마냥 꽃길일 수는 없다. 애당초 원자로 원천기술부터 미국 기업에 의존해야 했던 태생적인 약점이 고비마다 발목을 잡는다. 원자력 에너지에 대한 정부의 정책에 극도로 심하게 휘둘리는 산업의 특성도 안정된 성장을 방해한다. 국가의 안보와도 직결된 문제여서 나라 안에서든 밖에서든 생각지도 못한 장애물을 수시로 만난다.

①그릴 줄 알아야 한다: 원전을 잘 만들고 잘 가동하고 잘 해체할지는 모르지만, 애초 설계(그리기) 능력은 아득하다. K-원전의 모습이다. 원자로 설계 기술 확보, 꼭 넘어야 할 산이다. 민관 협력이 필요하다.

②'우리 것'으로 만들어야 한다: 냉각재와 터빈 발전기 등 아직 전량 수입에 의존하는 핵심 부품이 적지 않다. 원전 사고를 방지하기 위

해 핵심 변수를 감시하는 공정계측기기는 모두 미국에서 수입한다. 간신히 시제품 개발 상태인 냉각재 펌프 전동기와 특수 방출밸브도 독일에서 수입한다. 납기가 늘어나는 주원인이 되기도 한다. 국산화는 시급한 과제다.

③제발 정치는 빠져라: 에너지는 국운을 좌우한다. 최첨단 기술도 에너지의 뒷받침 없이는 무용지물이다. 유럽의 최강자였던 독일 경제도 최근 몇 년 에너지 정책 실패에 짓눌려 비틀대고 있지 않은가. 미국이 AI 패권을 잡으려고 에너지 비상사태를 선언하고 에너지 확보에 사활을 거는 것 또한 에너지의 중요성 때문 아닌가.

정작 글로벌 원전 르네상스에 K-원전이 올라타지 못하도록 방해하는 것은 정부의 변덕스러운 원전 정책이요, 각종 심사, 인허가, 규제 등이다. 문재인 정부의 '탈원전 대못'에 3년 새 원전 3기가 멈춰 서고 애써 키워왔던 K-원전 생태계가 하마터면 초토화할 뻔했던 것을 우리는 기억한다. 앞다투어 가동 연한을 연장하고, 새 원전을 추진하는 다른 주요국들과는 달라도 너무나 다른 모습이다. 나라 밖에선 26조 원의 원전 프로젝트를 수주하고 대미 관세 협상에서 원전 협력을 카드로 내밀면서도, 정작 국내에선 탈원전 정책 때의 규제와 인허가 절차에 묶여, 365일 24시간 날씨와 무관하게 가동할 수 있고 가장 유리한 에너지원인 원전을 그냥 놀려서야 될 말인가. AI 시대는 시시각각 다가오고 데이터센터 수요는 급증하는데 그 엄청난 에너지 수요를 어떻게 충족시키겠다는 확고하고 현실적인 계획은 세웠는가. K-원전은 에너지에 관한 한 정치와 이념이 완전히 뒷전으로 물러나 있기를 원한다.

· 2장 ·
K-원전,
유럽 뚫고 미국까지 진격

2025년 6월 K-원전의 한수원은 총사업비 4,000억 코루나(약 26조 원)의 체코 신규원전 사업의 본계약을 마침내 체결하면서 유럽 시장에 진출한 첫 한국 기업이 됐다. 그것도 원전 종주국인 미국과 유럽의 맹주 프랑스를 제친 쾌거다. 한국형 원전 APR1000 2기를 공급하는 내용으로, 2029년 착공, 2037년 완공, 최초 가동 연한 60년이다. 최근 국제적인 추세를 반영하면 100년까지 가동할 수 있다.

체코 원전 수주, 말도 많고 탈도 많았지만

이 사업은 체크공화국 내 이미 1호~4호기를 운용 중인 두코바니에 1,000MW급 5·6호기를 새로 건설하는 프로젝트다. 급격하게 늘어나는 전력 수요를 충족시키기 위함이다.

 2024년 7월 한수원이 K-원전의 경쟁력을 입증하며 우선협상대상자로 선정되고도 거의 1년이 걸렸다는 사실에서 추측할 수 있듯이, 본계약에 이르는 과정은 책을 두어 권 써도 모자랄 만큼 별의별 사건, 우여

◆ 체코 두코바니 원전 조감도

곡절, 시시비비, 논쟁과 협상, 법적 다툼 등으로 점철되었다.

입찰 초기에 탈락한 미국 웨스팅하우스는 '한국이 우리 기술을 자기 것인 양 써먹었어요' 식의 이의를 제기하며 발목을 잡았고, 끝까지 경쟁했던 프랑스 전력공사는 행정소송과 가처분신청으로 마지막 '발악'을 서슴지 않았다. 결국 체코 최고행정법원이 한수원 손을 들어주며 모든 장애물이 제거되고 거래는 완성되었다.

새 원전 건설은 에너지 안보와 탄소 중립을 달성하기 위해 필수적인 체코 현대사 최대 규모의 사업이다. 체코 정부는 이를 위해 최대 4기의 원전 건설을 추진하고 있으며 두코바니 5·6호기를 먼저 진행하고 추후 테믈린 3·4호기 건설을 결정할 계획이다. 그러므로 정부가 몇 년 안에 테믈린 원전 2기를 추가로 건설하는 경우, 한수원은 이것까지 수주할 수 있는 유리한 위치에 놓여 있다.

이번 두코바니 원전 본계약의 계약당사자인 한수원은 설계·구매·건설(EPC), 시운전, 핵연료 공급 등의 원전 건설 전체를 책임진다. 한수원을 중심으로 건설에 참여할 소위 팀 코리아에는 어떤 기업들이 들어 있을까? 설계 실무를 맡을 한전기술, 주기기의 제작과 시공을 책임질 두산에너빌리티, 시공사인 대우건설, 핵연료 담당의 한전연료, 시운전과 정비의 한전KPS 등이다. 일찍이 볼 수 없었던 대규모의 체코 원전 프로젝트를 확보한 것은 과거 탈원전 시기 고사 직전까지 몰렸던 K-원전 생태계에 큰 힘이 될 것이다. 증시에서도 원전 관련주의 강세는 당분간 이어질 거란 전망이 지배적이다.

추가로 K-원전을 지탱하는 설비와 주요 부품을 어떤 기업이 공급하는지, 궁금해할 독자들을 위해 대충 큼직큼직한 이름만 정리해보면 아래와 같다.

- 원자로 APR-1400: 우진(원자로 내 핵계측기)
- 핵 증기 공급 계통: 두산에너빌리티(증기발생기), 국제전기(전원 인버터), 공정계측기는 수입
- 터빈 발전기: 국제전기(펌프), 비에이치아이(복수기), 한일루브텍(증기 밀봉배출기), 경성전기(습분 분리재열기), 유압 시스템/블레이드/전기 구동기 등은 수입
- 원자로 냉각시스템: 펌프 구동기, 제어봉 집합체 등 모두 수입
- 계측·제어 시스템: 수산이앤에스(안전 분산 제어시스템), 우리기술(보조공정캐비닛 등 비안전 분산 제어시스템), 이투에스(제어기 설계)
- 보조 계통: PK 밸브(게이트 밸브), KNT(수소제어기), 안전 방출 밸브는 수입

26조 원 체코 원전, 저가 수주라고?

원전이든 선박이든 무기체계든 대규모의 주문을 어렵사리 따내고 나면, 혹시 수주 성과에 목을 매고 싸구려 가격을 제공한 '덤핑'이 아닌가 하는 논란이 따라다니기 일쑤다. 체코 원전 수주도 마찬가지였다. 과연 저가를 무기로 얻어낸 무리한 사업일까? 이에 대한 정답이 존재하긴 하겠지만, 그 정답을 드러내 밝힐 수는 없다. 여러 가지 이유에서다. 다만, 합리적으로 추측할 뿐이다.

유진투자증권의 조사 자료를 살짝 빌어오자. 체코 원전의 kW당 건설단가는 8,516달러. 이에 비해 2000년대 이후 건설단가는 미국 1만 5,667달러, 프랑스 1만2,593달러, 영국 1만1,024달러, 핀란드 1만190달러 등이다. 물가상승률 등을 고려할 때 체코의 경우가 저가 수주였다는 지적이 나올 법도 하다. 하지만 그렇게 단순 비교해도 될까? 미국·EU의 건설단가에는 안전 규제 강화 등으로 인한 각종 비용 증가가 숨어 있다. 한국의 원전 건설단가와 견주면 체코 원전은 오히려 2배 정도라고 한다. 덤핑으로 봐선 안 된다는 얘기다. 업계에서는 저가 수주로 보기 어렵다는 시각이 대다수다.

2011년 후쿠시마 원전 사고에 화들짝 놀란 유럽은 다양하게 안전 규제를 강화했고, 그 결과 비용은 커지고 공기는 늘어났다. 프랑스는 원자로 표준화를 통해 건설비를 줄이려고 안간힘을 썼으나 실패했고, 미국 역시 건설 비용과 리드 타임이 모두 올랐다. 하지만 K-원전은 국내 시공 경험과 운영으로 산업 생태계가 튼튼하며 기술 경쟁력도 여전하다. 신소재 적용 등으로 경쟁국 대비 비용을 많게는 58%까지 절감할 잠재력이 있다.

물론 가려진 비용도 만만찮다. 체코 수주를 위해 한수원이 웨스팅하우스와 어떤 조건(로열티 수준)의 계약을 맺었느냐가 관건이다. 체코 정부 꾸준한 요청처럼 체코 현지 기업을 참여시키게 되면, 현지화율에 따라 K-원전이 가져오는 몫이 달라질 수 있다. 반대로 웨스팅하우스와 정식으로 손잡고 수주할 수 있는 미래의 원전 사업은 숨어 있는 이익이 될 것이다. 이런 여러 가지 요소를 모두 고려하지 않고 함부로 덤핑이니 뭐니 떠드는 것은 바보짓일 수도 있다.

불가리아 20조 원전 사업, 현대건설이 땄어?

건설사가 원전 프로젝트에 포함되는 거야 이해하기 쉬운 일이지만, 직접 계약 당사자가 되는 일은 흔치 않을 듯하다. 하지만 국내 대형 원전 36기 중 24기 건설에 참여하며 막강한 경험을 축적한 현대건설은 2024년 11월 총사업비 20조 원 규모의 불가리아 원전 건설의 '설계 계약'을 직접 체결했다. 이 원전 프로젝트의 전체 사업비가 20조 원 규모인데, 현대건설이 수주한 EPC(설계·조달·시공)는 그 절반인 10조 원가량이다. UAE 바라카나 체코 원전 수주와 어깨를 나란히 할 만한 대박 수주 아닌가.

  이 지역에는 불가리아 최초의 원자력발전소 6기가 50년간 가동되며 불가리아 전력 생산의 3분의 1을 책임져왔다. 그중 4기는 노후화되어 이미 폐쇄됐고, 러시아산 가압경수로 2기가 아직 가동 중이다. 새로이 건설할 7·8호기에는 웨스팅하우스의 미국형 대형 원자로가 적용된다.

  여기서 K-원전의 역대 수출 실적을 한 번쯤 되돌아보는 것도 흥미로운 일일 것 같다. 지난 15년여 동안에 결코 적잖은 '트랙 레코드'를 쌓아 올렸다. 아래의 표에서 확인해보자.

◆ K-원전의 역대 주요 수출

시기	국가	내용
2009년 12월	아랍에미리트	바라카 원전 4기 건설 20조 원
2022년 8월	이집트	엘다바 원전 시공, 기자재 공급 3조 원
2022년 10월	폴란드	한국형 원전 2~4기 건설 협력의향서(LOI) 체결 10조 원~30조 원
2023년 6월	루마니아	삼중수소 제거 설비 건설 사업 2,600억 원
2023년 10월	루마니아	체르나보다 1호기 계속 운전 위한 리모델링 1조 원
2024년 7월	체코	두코바니 원전 2기 신규 건설 24조 원
2024년 11월	불가리아	코즐로두이 원전 2기 시공 10조 원 (총사업비 20조 원)
2024년 12월	루마니아	체르나보다 1호기 설비 개선 사업 1조2,000억 원 (총사업비 2조8,000억 원)

원전 리모델링일 뿐인데 1조2,000억 원!

체코 신규 원전의 우선 협상 대상자로 선정된 한수원은 5개월 후인 2024년 12월, 루마니아에서 원전 리모델링 계약을 따냈다. 실제로는 기존 원전의 설비개선 사업인데, 캐나다 및 이탈리아 기업과 컨소시엄을 구성해 1년여 만에 전체 사업비 19억 유로(약 2조8,000억 원)의 이 계약을 따낸 것이다. 이 가운데 한수원이 가져올 몫은 40% 수준인 약 1조2,000억 원이다.

말이 리모델링이지, 중수로 기존 설비의 개선 사업은 새로 원전을 짓는 것보다 오히려 더 까다롭다. 한수원도 40년 이상 국내에서 중수로형 원전의 건설·운영 경험을 쌓아왔기에 수주할 수 있었을 테다. 2025년 2월에 시작될 한수원의 설비개선 공사는 주기기·보조기기 교체를 비롯해 방사성 폐기물 저장시설 같은 인프라 건설을 아우르며 5년 넘게 동안 진행될 예정이다. 필요 설비를 제작하는 두산에너빌리티는 물론이고, 원전 유지·보수를 담당하는 한전KPS와 원전 사업 경험이 많은 현대건설, 삼성물산 등이 협력 업체로 시공·건설에 참여한다. 리모델링 프로젝트일 뿐이지만 그 낙수 효과가 중소·중견 원전 업체까지 확산하며 생태계 회복에 큰 도움이 될 것이다.

원전 정비 사업도 만만치 않거든!

그렇다, 원자력발전소 자체가 워낙 방대한 프로젝트이다 보니, 주요 자재나 설비 등을 '정비'하는 것만으로도 수천억~수조 원 규모의 비즈니스를 창출한다. 체코나 UAE 원전 같은 신규 원전 건설 말고도 원전 정비 분야의 수주 활동도 적극적으로 펼쳐야 하는 이유다. AI 확산과 전기차 보급 등으로 각국이 발전 능력 확보에 나서고 있어, 기존 원전의 정비 수요도 크게 늘고 있기 때문이다. 해외 원전 리모델링 프로젝트에 처음으로 참여한 K-원전도 앞으로 수출 방식을 다각화할 것으로 기대된다.

당장 루마니아는 최초 가동 연한이 끝난 원자로 1기의 재가동을 추진 중이라고 한다. 앞서 한수원은 삼중수소 제거설비 구축 프로젝트도 수주했고, 그 전엔 이집트 원전의 시공·기자재 공급을 위한 25억 달러 계약을 맺는 등의 경험이 있으므로, 루마니아에서 다시 한번 원전 정비 사업을 따내면 좋겠다. 루마니아·아르헨티나 등 '중수로 원전'을 운영하는 나라들을 대상으로 삼아야 할 것이다. 체코 등에 수출해 인정받은 경수로는 물론, 중수로에서도 원조 캐나다조차 K-원전에 손을 내밀 정도로 뛰어난 실력이 있지 않은가.

이젠 미국까지 진격

K-원전과 웨스팅하우스, 미워도 다시 한번

위에서도 짚어봤지만, K-원전과 웨스팅하우스는 그야말로 '애증의 관계'를 오래 이어왔다. 원천기술을 웨스팅하우스로부터 받아 한국형을 개발해낸 터라 해외 수주 현장에서 사사건건 부딪칠 수밖에 없다. 미국 측으로도 막상 시공과 유지·보수 능력이 탁월한 K-원전을 온전히 배제하고는 일이 제대로 풀리지 않으니 껄끄럽다. 원전 설계·건설·시운전·운영·유지·보수의 전 과정을 책임질 수 있는 곳은 전 세계에서 프랑스 EDF와 한수원뿐이 아니던가. 아무튼 만족스러운 합의에 이르기가 여간 어렵지 않다. 최근에야 마무리된 체코 원전 수주전에서도 웨스팅하우스의 '딴지 걸기'가 한바탕 시끄러웠다. 뒤늦게 불공정 계약이라느니 굴욕적인 계약이라느니 논쟁을 일으키게 될 합의와 계약을 맺고서야 비로소 체코 프로젝트가 K-원전에 넘어왔다.

다만, 이 과정에서 양측이 미국 원전 시장 진출 협력 방안을 논의했다는 점은 다행스럽다. 웨스팅하우스가 지식재산권이 있어도 시공 능력이 없어, 미국·유럽 등에 진출할 때도 K-원전과 협력하지 않을 수 없기 때문이다. 그래서 이러한 원전 시장 공략 방안은 양국 기업이 시너지를 낼 수 있는 윈-윈 모델이라는 평이다. 체코 원전 마무리 직전에 양측이 (다소 극적으로) 합의함으로써, 향후 상호협력이 탄력을 받는 모양새다. 좋은 소식이다. 이 원전 협력이 본격적으로 이루어지면, K-원전도 K-조선의 MASGA처럼 한·미 경제 안보 협력의 핵심 산업이 될 수도 있다.

◆ 미국 원전 시장 현황과 전망

(단위: %)

가동 원전 수	94기
전력 용량	약 97GW
원자력 발전 비율	18.6~19.0%
연간 발전량	약 782TWh
중장기 목표	신규 건설 등으로 전력 용량 300~400GW로 확대

※중장기 목표는 2050년까지

출처: 세계원자력협회

MASGA 프로젝트의 '원전 버전'?

한수원의 미국 진출은 어떤 식으로 이루어질까? 웨스팅하우스와 합작투자사를 세우는 방식을 원하는 것 같다. 실제로 한수원은 이미 합작사 설립을 정식으로 제안해놓은 상태다. K-원전의 단독 진출보다 성공 확률을 높이는 길로 평가된다. 트럼프 대통령이 대형 원전 300기 건설의 꿈을 천명한 가운데 이런 협력은 '원전 분야의 MASGA'가 될 수 있다. 한수원 측은 건설과 시운전 분야에 강점이 있고 웨스팅하우스는 현지 입찰 승인 과정을 주도할 수 있어서, 상당한 시너지를 볼 수 있다. 참고로 SMR과 달리 대형 원전은 미국 정부의 승인을 얻어야 한다.

사실 한·미 원전 협력은 트럼프 정부 출범 후 이미 탄력을 받고 올라가는 중이었다. 재생에너지만으로는 AI 데이터센터가 원하는 전력 공급이 어렵고, 중국과의 AI 패권 경쟁을 위해서라도 원전 재건은 시급한데, 미국의 원전 건설 능력은 거의 없고, K-원전의 역량은 이론의 여지가 없으니까. 그런데다 두 기업의 협상이 타결되고 합작회사까지 생긴다면 K-원전의 미국 진출은 그야말로 날개를 다는 셈이다. 체코 원전 체결 전후로 '굴욕 계약'이니 뭐니 하면서 급락했던 원전 관련주도 한·미 정상회담을 계기로 다시 고공 행진했음은 말할 것도 없다.

연구용 원자로까지 노리는 K-원전

'원전(power reactor)'은 실제로 전기 에너지를 생산한다. 그러나 '**연구용 원자로**(research reactor)' 혹은 '**연구로**'는 의료·산업·과학용 중성자를 생산한다. 우라늄 등 연료를 핵분열시켜 만든 이 중성자는 차세대 암 치료 의약품 생산 등에 쓰인다. 앞으로 신소재 개발이나 전력 반도체 소재 생산 등으로 쓰임새가 확대될 전망이어서, 세계적으로 연구로 도입이 빠르게 늘고 있다. 덩치는 작아도 연구로는 섬세한 기술력을 요구한다. 그래서 스스로 연구로를 자력으로 설계·개발한 국가는 세계에서 10개 정도다. 한국은 1959년 미국의 지원으로 연구로를 도입하면서부터 첫발을 뗐다.

그랬던 K-원전이 이제 미국 기업과 손잡고 종주국인 미국으로 연구로 설계 기술을 수출한다. 심지어 SMR의 선두주자로 잘 알려진 뉴스케일을 비롯해 6개 경쟁 컨소시엄을 눌러 이겼다. 한국원자력연구원·현대엔지니어링이 그 주인공이다. 초기 설계 목적의 이 계약은 1,000만 달러에 불과하지만, 이변이 없는 한 개념 설계와 기본 설계까지 따내면서 총 10억 달러에 달할 전망이다. 그보다 훨씬 더 소중한 경제적 함의를 어떻게 표현할까. 원전 수출이 원자력산업의 위상을 보여준다면, 연구로 수출은 우리 R&D의 위상을 상징한다. 연구로 구축 과정에서 양국의 기술 교류는 크게 활성화될 것이다.

수십조 원 규모의 블루 오션

전 세계로 시야를 넓혀보자. 현재 54개국에서 230기 정도의 연구로가 운영되고 있는데, 이 중 160기가량이 40년 이상 낡은 연구로여서 앞으로 20년간 많게는 50기의 신설·대체 수요가 예상된다. 연구로 1기 건설 비용이 2억~10억 달러이니까, 앞으로 수십조 원 시장이 기다리고 있다는 얘기다. 이 방대한 시장을 향한 K-원전의 연구로 수출에도 물꼬가 트일 전망이다.

또 다른 의미도 있다. 최근 미국 에너지부가 한국을 '민감 국가'로 분류하면서 두 나라 사이 원자력, 에너지, 첨단기술 같은 분야에서 심도 있는 협력이 어렵지 않을까 하는 우려가 나왔다. 그러나 이번 연구로 기술 수출이 전혀 문제없이 완료되자, 이러한 걱정을 크게 줄이는 효과가 있었다.

· 3장 ·
원전 해체,
없애기가 만들기보다 어렵다

생각해보라, 원전의 수명은 몇 년일까? 발전소가 완공되어 운영되기 시작할 때를 원전의 탄생으로 보고, 해체되어 없어질 때를 죽음으로 본다면, 원전의 수명은 75년~90년이다. 여기에 수주와 건설에 걸리는 10년~15년까지 포함하면 수명은 100년을 넘고, 해체를 제외해도 딱 60년이다. 참으로 긴 삶이다. 인간이 한평생 살아도 원전 수주부터 해체까지 다 목격하긴 어렵다.

◆ 원자력발전소의 생애주기

수주	10년
건설	10~15년
운영	80년
해체	15~30년
고준위방폐물처분장	20~40년

이것이 무엇을 의미하는가? 원전 발주-수주는 그냥 원자로의 매매가 아니라 '100년의 믿음'을 전제로 한다는 얘기다. 수출국의 첨단 '기

술력 더하기 신뢰'가 필수다. 그래서 원전 수주가 곧장 국가 경쟁력의 척도다.

어쨌거나 운영이 끝난 원전은 해체해야 한다. 해체 과정은 극히 길고도 어렵다. 방사성 물질의 안전한 처리와 복잡한 기술이 필요해, 해체는 건설보다 더 긴 15년~30년이 소요된다. 원전 해체는 그저 건물을 부수는 게 아니다. 전통적인 철거 기술부터 기계·화학·제어 기술에다 방사선 안전 및 폐기물 관리까지 총체적으로 융합된 기술을 요구한다. 해체 공정은 '영구 정지 ⇨ 설계·인허가 ⇨ 제염 ⇨ 해체 ⇨ 폐기물 처리 ⇨ 부지 복원' 등으로 분류된다. 이중 제염과 해체 과정이 고방사선의 극한 환경에서 이루어지므로 고난도로 분류된다.

미국·EU·일본은 1980년 전후부터 원전 해체 기초연구를 시작했고, 1996년에는 대규모 프로젝트인 해체 기술 실증사업(LSDDP)과 해체 현장에서의 경험 축적을 통하여 해체에 필요한 핵심 기술을 확보했다. 그래도 원전 해체 경험을 보유한 나라는 미국(17기), 독일(4기), 일본(1기) 뿐이다. 이에 비해 K-원전은 다소 늦게 해체 기술 습득을 시작해, 2022년 기준으로 해체 기술이 선진국의 82% 정도라고 한다. 그리 나쁘지 않은 기술 수준이다. 게다가 2025~2026년에 사상 최초로 국내에 원전 해체 현장이 생겨 실제 경험도 축적하게 되었다. 다만, 우리나라의 경우 집권 정당 이념에 따라 원전 건설과 해체에 차질이 생기고 생태계 자체가 흔들릴 위험이 여전히 있다.

원전 해체 비즈니스에서 K-원전이 누릴 수 있는 기회는 어마어마하다. 국제원자력기구(IAEA)에 따르면 영구 정지된 원전은 200기 이상(2022년 말)이지만, 해체 완료된 원전은 겨우 21기뿐이다. 세계적으로 2050년까지 500여 개의 원전이 해체될 전망이고, 미국에서만도 당장 해체가 필요한 원전이 29기라고 하니, 더 말할 필요가 있겠는가. 금액으로 따지면 글로벌 원전 해체시장은 무려 500조 원에 이른다. 이게 블루 오션이 아니면 무엇이 블루 오션이겠는가.

K-원전이 원전 수주·건설의 강자라면, 원전 해체와 그 이후도 책임져야 한다. 해체 기술은 상당 부분 축적해놓았다. 곧 경험도 쌓게 된다. 다만, 아직 커다란 약점이 남아 있다. '고준위방사성폐기물 처리장(방폐장)'이 없다는 것. 아직 방폐장은 염두도 낼 수 없고, 이제 겨우 그 준비 단계인 '고준위 방폐물 연구소'를 태백에 짓기로 결정했을 뿐이다. 고준위 방폐장은 폐기물을 10만 년간 격리하는 처리장인데, 부지선정, 설계와 인·허가, 건설, 시험·운영 준비 등 만드는 데만 40년이 걸린다. 원전 생애주기 전체에 대한 책임은 이토록 무겁고 엄중하다.

원전 해체: '경험한' 나라 딱 3개, 한국도 시작

인류가 택한 원자력 에너지는 참으로 놀라운 선물이다. 동시에 적어도 100년간의 모니터링 후 영구 폐쇄해 다음 세대에 넘겨주는 위험천만한 유산이기도 하다. 또 그 선물에는 중대한 과제가 따라온다. 원자력의 유해인 고준위방사성폐기물의 관리·처리 의무다. 원전 선진국의 행보를 참고할 만하다. 특히 고준위방사성폐기물 처리 분야를 이끌며 고유한 접근법으로 원전의 미래를 준비하는 프랑스와 스위스 등으로부터 철저히 배워야 한다. 원전이 전력 생산의 38%를 담당하는 스위스의 경우, 50년 전 모두가 원전 건설에만 집착할 때부터 방사성폐기물 처리까지 염두에 두고 준비해왔다.

한국도 마침내 원전 해체 첫발

2025년 6월 원자력안전기술원은 고리1호기 해체를 심사한 지 3년 반 만에 총 358건의 질의 및 답변을 거쳐 해체를 승인했다. '아직 충분히 쓸 만한 원전을 왜 40년만 쓰고 해체하느냐'라는 지적도 많았지만, 국내 원전 해체의 첫 사례가 탄생한 것이다. 한국이 이 해체 작업을 성공적으로 해내면 미국(대형 상업용 원전 해체는 미국뿐), 독일, 일본, 스위스 등에 이어 상업용 원전 해체 경험을 쌓은 국가 반열에 오르면서, 글로벌 해체시장에 진출하는 신호탄이 된다. 원전 건설에서부터 해체까지 전 주기 관리 역량을 갖추게 된다는 의미가 남다르다.

지금 바로 시작해 12년 뒤인 2037년에야 완료되는 고리1호기 해체 비용은 1조713억 원이다. 정부는 우리의 원전 해체 기술이 2019년 기준 선진국 기술의 82% 정도라고 평가했다. 스스로 고리1호기를 해체할 기술은 대체로 갖추었다는 얘기다. 그래도 해체 과정에서 여러 난제를 만나게 될 것이다. 방사성 폐기물 반출과 처리 시설은 가장 큰 난관이 될 수 있고, 대량 발생할 중·저준위 폐기물의 수용 공간이 부족할 수도 있다. 또 사용후핵연료를 꺼내 건식 시설로 옮기는 과정도 힘들거니와, 건식 시설에 대한 주민 반발도 예상된다.

사실 K-원전은 고리1호기가 영구 정지를 판정받은 2017년부터 해체 기술을 확보해왔다. 원전 해체를 흔히 보는 것도 아니어서, 관련 기술의 국산화보다는 해외 기술과의 전략적 협력에 기댔다. 두산에너빌리티는 폐기물 처리에 집중하면서 사용후핵연료 저장 용기를 개발해 미국에 수출하기도 했으며, 한국수력원자력(한수원)의 사용후핵연료 건식 저장시스템 종합설계용역을 따내기도 했다.

당연한 노릇이겠지만, 해체와 관련된 기업들도 크게 주목받고 있다. 먼저 원전 해체의 출발점이라는 방사능 줄이기 제염 용역은 한전KPS

의 몫이며, 고리1호기에서 중수로 원전 해체 실적을 쌓아 해외로 진출할 계획이다. 원전 계측기 공급사인 우진의 자회사 우진엔텍은 원전 점검과 해체 등을 맡는다. (고리1호기 해체가 승인된 직후 우진엔텍 주가가 왜 급등했는지 궁금했다면 이제 그 이유를 알 테다) 로봇 기업 빅텍스는 해체 현장에서 200kg 하중의 물체를 자유롭게 움직이는 로봇 '암스트롱'을 원자력연구원으로부터 이전받아 사용한다. 그 밖에 폐기물 저장장치를 생산하는 대창솔루션, 방사선 안전관리 기술을 보유한 오르비텍, 폐기물 제염기술 개발을 마친 수산인더스트리 등의 이름이 원전 해체 프로젝트에 묶여 있다.

한편 국내 최초로 미국 내 원전 해체를 직접 경험해본 현대건설은 화학 제염, 압력용기·내장품 절단 등 전반적인 과정에 참여하고자 한다. 핵심 해체 기술을 확보해온 대우건설도 증기발생기 교체 등 일정 역할을 맡을 수 있다.

원전 폐기물 저장

"원전 영구 정지⇨ 사용후핵연료 반출⇨ 오염구역 제염⇨ 건물·구조물 철거"로 이루어지는 원전 해체 과정에서 방사능이 유출되지 않도록 핵폐기물을 담는 건식 저장 용기를 'cask(캐스크)'라고 부른다. 핵폐기물은 통상 5년 동안 물로 채운 수조에 보관한 뒤 충분히 식으면 캐스크에 담는다. 원전 해체 총비용의 30%~40%를 캐스크가 차지한다. 특수 설계 기술과 풍부한 제작 경험이 필수여서, 전 세계에서 Holtec(홀텍, 미국), NAC(미국), Orano(오라노, 프랑스), GNS(독일) 등 극소수만 캐스크를 생산한다. 한국에선 두산에너빌리티와 세아베스틸이 이런 기술을 갖추고 막

시장에 들어섰다. 2026년~2027년 한빛원전, 한울원전, 고리원전 1호기에 필요한 1조1,000억 원 규모의 캐스크 공급을 놓고 승부를 겨룰 두 회사는 향후 우선 국내 물량을 잡은 뒤 이를 토대로 2033년 13조 원에 이를 세계 시장에 도전한다.

벌써 캐스크 입찰을 준비 중인 두 기업 중 유리한 고지는 두산이 점한 것으로 보인다. 고리1호기뿐 아니라 일본, 미국 등에 캐스크를 수출한 이력이 있고, 2023년 한수원의 캐스크 종합 설계 용역 입찰도 따낸 바 있어서다. 반대로 세아의 강점은 소재인 특수강 제조 경험이 풍부하다는 점. 2019년 원자력 소재 공장 문을 연 뒤 곧바로 프랑스 등에 캐스크를 납품했고, 한수원에도 소량 납품 기록이 있다.

해외 시장 진출도 가능할까. 시장조사기관들은 가동 중인 전 세계 원전 450기 가운데 30년이 넘은 발전소가 305기 정도라는 사실을 기반으로 현재 폐기물 저장시설 관련 시장을 70조 원 규모로 추산한다. 그 가운데 캐스크로 범위를 좁힐 경우, 전 세계에 쌓인 핵폐기물이 40만t 이상임을 고려할 때 시장은 2033년 98억 달러(약 13조 원)로 커질 것으로 예측한다. 어쨌거나 210기 이상의 원전이 해체를 앞두고 있어 캐스크 수요는 늘어날 수밖에 없다.

국내 원전 폐기물 처리 시장에 도전장을 내민 회사가 또 있다. 울산의 대창솔루션이다. 1953년 설립된 이 회사는 충격에 강하고 쉽게 용접되는 철·탄소 합금인 주강품을 3대째 생산하고 있는데, 특히 선박 엔진용 주강품이 주력 제품이다. 특히 MBS로 통하는 메인 베어링 서포트는 세계 최고로 인정받으며 세계 시장점유율 45%를 자랑한다. 그러다 최근 전혀 새로운 원전 폐기물 처리 시장에 뛰어들었다. 바로 2018년 세계 최초로 '**주강 타입 원전 폐기물 저장장치(RWC)**'를 상용화한 것. 대창의 RWC는 원전 선진국인 캐나다의 주문을 받으며 해외에서 먼저 러브콜을 받았다. 이렇게 되자 세계 최대 원전 운영국인 중국·일본에서도 도입 문의가 이어지고 있다. 대창은 2028년까지 조선 기자재 매출 비중을 40% 이하로 낮추고 대신 원전 폐기물 처리장치를 25%까지 끌어올리는 등 에너지·환경 중심으로 포트폴리오를 재편할 각오다.

'노후 원전 정비' 시장 진출

원전 핵심 설비 가운데 'ECS(energy conversion systems)'라는 게 있다. 자기장 안의 물체가 자기를 띠는 현상을 이용해 발전기의 출력전압을 조절하는 시스템이다. 이 시스템이 멈추면 발전이 정지돼 대형 사고로 이어질 수 있으므로, ECS는 원전의 핵심 설비에 속하는 대용량 발전기라고 기억해두자. 그만큼 신뢰성과 안전성이 중요하다. ECS 시장은 현재 GE, 지멘스, ABB, 미쓰비시 등이 장악하고 있는데, 여기 도전장을 내밀 수 있는 몇 안 되는 K-원전기업 중 하나가 제어시스템 개발사인 이투에스다. 원전 제어봉, 제어계통 전력함, 제어기 등을 국산화한 기술 경쟁력으로 글로벌 거인들과 비교해 품질은 비슷하면서도 가격은 3분의 1 수준인 ECS를 공급할 수 있다.

탈원전으로 일감이 끊긴 시기를 버텨내고 반등 중인 이투에스는 또 인도 시장에서 큰 기회를 포착할 수 있다고 본다. 현재 5GW 수준인 원자력 전력 생산량을 10년 내 10배 수준으로 끌어올린다는 인도 정부의 의지 때문이다. 또 GE와 지멘스에 맞서 노후 원전 정비 시장을 파고들 계획도 세웠다. 미국·일본 모두 원전 사고로 40년 가까이 신규 원전을 짓지 않아 원전 생태계가 무너졌지만, 가동 연한을 늘리려는 움직임 속에 노후 원전 정비 수요는 커질 것이라는 이유에서다.

· 4장 ·

SMR,
몸집 줄여 날렵한 원전

'꿈의 에너지원'
미래 전력난을 해소할 게임 체인저
에너지 효율 높고, 사고 확률은 거의 제로
대량으로 '찍어내는' 모듈 방식의 원전
이대로 가면 '제2의 반도체'
2035년 600조 원짜리 글로벌 마켓
어느 것도 못 따라올 저렴한 발전단가
전기 먹는 하마 AI의 전력난 해결

모두 전문가들이 '소형모듈원전(SMR)'에 바친 찬사다. 덩치를 줄이고 모듈화해서 만들기도 설치하기도 쉬우며, 사고 위험이 대형 원전의 1만분의 1에 불과한 데다, 건설 위치도 고민할 필요 없어 기동성도 만점인 소형 원자력발전소. 트럼프 행정부는 SMR 관련 인허가를 포함한 규제를 대폭 완화하고 불필요한 절차를 줄이면서 재정 지원까지 약속해 SMR 건립 붐을 예고했다. 화석연료 부활에 꽂힌 것만큼이나 SMR에도 호의적이라고 해서 화제다. SMR로 인한 경제 활성화 효과도 여기저기서 나타나고 있다.

트럼프는 왜 SMR 띄우기에 열심일까? 한 걸음만 멀리 생각하면, AI 산업에서의 패권을 놓치지 않기 위해서 그런다는 결론에 이르게 된다. 즉, AI 영역에서의 패권 확보는 전력 에너지 확보에 달려 있다는 얘기다. 데이터센터가 잡아먹을 그 엄청난 전력을 값비싼 화석연료나 신재생에너지에 어찌 의존하겠는가. 전기가 비싸거나 부족하면, AI에서 바로 중국에 밀린다는 얘기지 않은가. SMR은 이런 문제를 단번에 해결할 것이다. 발전단가가 석탄의 절반도 안 될 테니까. 한국전력의 자료를 빌자면, 대형 원전의 발전단가는 72원으로 유연탄(143원)과 태양광(131원)의 절반이다. 대형 원전의 발전단가에 비해서도 35%나 싸다. 게다가 대형 원전보다 월등히 안전하고 데이터센터 근처에 설치할 수도 있으니 더 말할 필요가 있을까.

미국에서 SMR 시장이 활짝 열리는 순간, 열풍은 곧장 다른 나라로 퍼져나간다. 영국 원자력연구원이 2025년 글로벌 SMR 시장을 약 12조 원으로 추산하면서 2035년엔 600조 원 규모가 될 것으로 내다본 이유도 거기 있다.

트럼프의 SMR '밀어주기'가 아니더라도 이미 SMR에 흠뻑 매료된 K-원전에는 이런 호재가 따로 없다. SMR 산업 구조가 반도체와 비슷한 측면이 많은 데다, 미국의 SMR 설계·운영 업체가 큰 그림을 그리고, K-원전이 시공에다 주요 시설·장비·부품까지 맡는 구조가 차근차근 형성되고 있기 때문이다.

SMR에 뛰어든 K-원전 업체들

대형 원자로를 34기나 제작한 원전 베테랑 두산에너빌리티. SMR

역시 이 회사를 빼놓고는 얘기가 안 된다. 8년 전부터 SMR의 잠재력을 확신했고, 선두주자 NuScale Power(뉴스케일 파워)를 파트너로 잡아 1억 달러 넘게 투자했으며 핵심 부품을 공급해왔기 때문이다. 세계 최초로 SMR 전용 일괄생산 시스템도 구축했다. TSMC가 반도체 파운드리에서 성취한 것처럼, 두산은 탁월한 단조 능력을 기반으로 'SMR의 1등 파운드리'가 되고자 한다. 뉴스케일의 사업이 커지면서 두산은 넘보기 힘든 트랙 레코드를 쌓아가고 있다. 한국에선 누가 뭐래도 SMR의 최고 유망주다.

그 밖에 지금 SMR 시장에 들어가 있는 국내 회사로 SK그룹, HD현대중공업, DL이앤씨, 삼성물산, 현대건설을 꼽는다. 두산과 HD현대는 테라파워 SMR에 원자로를 지지하는 구조물과 원자로 용기 등 핵심 부품을 공급한다. SMR 기본 설계에서 미국과 협력하고 있는 삼성물산은 화력발전소를 SMR로 교체하려는 루마니아를 중심으로 EU를 공략 중인데, 스웨덴·에스토니아에서 특히 SMR 사업을 키우고 있다. 루마니아 프로젝트에선 기본설계(FEED)까지 참여했고, 현대건설과 함께 시공권을 따내기 위해 노력 중인 것으로 알려진다. DL이앤씨는 MOU 파트너인 미국 X-energy(엑스에너지)의 SMR 모델 'Xe-100'에 대한 설계·조달·시공(EPC) 사업을 맡고 있다. 특히 SMR에서 생기는 높은 열로 수소·암모니아 등을 만들어 친환경 에너지 가치사슬을 구축하고자 한다. 덧붙여 한수원은 2030년을 목표로 한국형 SMR도 개발 중이다.

원전 정비 업체로 출발한 일진파워는 SMR, 핵융합 실험로 등 차세대 원전과 관련한 기술 개발에 적극적이다. 한수원의 차세대 원전 모델 '혁신형 SMR' 종합 효과 시험장치의 제작·설치 계약을 따내기도 했다. 일찍이 캐나다에 이은 두 번째 삼중수소 저장장치 상용화로 주목받았고, 이를 기반으로 삼중수소 저장·공급시스템에도 관여하고 있다.

일진파워는 울산 토박이 중소기업이지만, SMR 등 차세대 원전 분야에선 세계적으로 주목받는 강소기업이다.

SMR 개발에서도 한·미 동맹을

트럼프 2기 정부에서 SMR은 조선업과 비슷한 상황이다. 미국 경제와 안보에 꼭 필요하다, 중국과 경쟁이 뜨겁다, 손잡을 데는 한국뿐이다, 등의 관점에서 그렇다. 뭣 때문에 미국의 눈에 K-원전이 예뻐 보이는 걸까? SMR에 들어가는 주요 설비를 들여다보면 감이 잡힌다. SMR은 크게 원자로(에너지 생산), 발전설비(터빈 돌리기), 각종 안전 관련 설비로 구성된다. 실전 경험이 풍부해 노하우가 넘치는 K-원전은 이 중에서 가장 중요한 원자로 설비 기자재를 아주 잘 만든다. 제조 능력이 워낙 탁월하다. 원전 설비 경쟁력의 핵심인 안전성도 검증받았다. 생산설비·공급망 등 원전 인프라뿐만 아니라, 숙련된 기술 인력까지 고루 갖춘 나라가 한국 외에 더 있겠는가.

또 있다. K-원전 용사들은 뉴스케일, 테라파워, 엑스에너지 등을 일찌감치 알아보고 수천억 원을 투자하지 않았던가. 게다가 SK그룹처럼 AI 기술을 활용해 SMR 에너지를 효율적으로 송전하는 등 SMR을 활용한 파생 사업까지 만들어간다. K-원전을 어찌 예뻐하지 않을 수 있겠는가. 이렇듯 한국 같은 파트너를 찾기 어려운 미국과 SMR을 둘러싼 밀월 관계는 길고도 달콤해질 수 있다. 안보 측면에서 묶여 있는 관계라 더욱 그렇다. SMR 분야에서 K-원전은 반도체 분야에서 TSMC가 구축한 것과 똑같은 관계를 형성할 가능성이 크다.

그러나 SMR에 대해 부정적인 혹은 회의적인 시각이 없진 않다. SMR은 기껏해야 '실험실 속의 연구과제'야, 그러니 너무 기대하지 않는 편이 좋아, 하는 경계의 목소리다. 하긴 SMR 개발에만 의존하는 회사들이 대부분 적자에서 벗어나지 못하고 있으니, 그런 회의도 무리는 아니다. 미국 증시에서 자산 증식을 꿈꾸는 소위 서학개미들이 좋아하는 뉴스케일 파워도 아직 흑자에 도달하지 못한 걸로 알려진다.

Part Seven

K-배터리

· 1장 ·

K-배터리 삼중고;
트럼프, 전기차 캐즘, 그리고 중국

2025년에 이어 2026년도 K-배터리 사업 환경은 암울하다.

2차전지 시장은 크게 전기차와 ESS(에너지 저장시스템)로 나뉜다. 규모로는 전기차 분야가 크지만(68%), 성장 속도는 ESS 분야가 가파르다. 친환경 재생에너지 생성이 급증하면서 이를 저장할 ESS 수요가 꾸준히 증가하기 때문이다. 그런데 가장 큼직한 전기차용 시장이 여전히 안개 속이다. 몇몇 대안이 있긴 하지만, 전기차용 배터리 수요가 회복되지 않고선 근원적 해결이 어렵다. 실제로 2025년 상반기 K-배터리 3사의 공장 가동률은 절반 수준(51.3%)으로 뚝 떨어졌다. 증권사들은 2025년 K-배터리의 예상 출하량이 생산능력의 절반에도 못 미칠 것으로 전망한다. 설비가 놀면서 고정비는 증가하고 수익성은 낮아지는 악순환에다 차입금은 전반적으로 늘고 있다.

이런 도전적 상황과 불안은 언제쯤 해소될까? 어려운 가운데 R&D 투자가 계속 늘어나고는 있지만, 한때 반도체에 이어 세계 시장을 장악할 것으로 기대되던 K-배터리의 반전은 기대하기 어려워 보인다. 적어도 2026년에는. 실적 부진에 직접 영향을 미친 전기차 캐즘은 2025

년에도 진행 중이고 내년에도 이어질 것 같다. 글로벌 전기차 연간 판매 증가율은 2021년 113%에서 2024년 17.5%에 그쳤고, 전기차 보조금 폐지를 추진 중인 트럼프 행정부는 시장을 더욱 위축시킬 것이다.

그나마 2차전지 수요처가 넓어져 2025년 하반기부터 상황이 나아지고 2026년부터는 본격적으로 다시 성장할 거란 낙관론도 없진 않다. 여태 삼원계만 바라보던 K-배터리가 LFP, LMR 등으로 빠르게 영역을 넓히고 있는 점도 고무적이다. 대표주자 LG에너지솔루션은 2025년 2분기 미국 IRA에 따른 보조금을 제외하고도 5,000억 원에 가까운 영업이익을 기록해, 실낱같은 희망을 보여줬다. 특히 ESS 부문의 흑자전환에서 K-배터리를 위한 탈출구가 보였다고 할까.

K-배터리의 전기차용 배터리 시장점유율은 2025년 상반기 16.4%, 전년 대비 5.4%포인트 하락했다. 점유율 1위 CATL을 비롯한 중국 경쟁사들이 가격 경쟁력, 상품 다양성, 기술력 등 모든 면에서 철저히 압도하며 세계 시장을 장악했다. 글로벌 전기차 시장에서 중국 배터리를

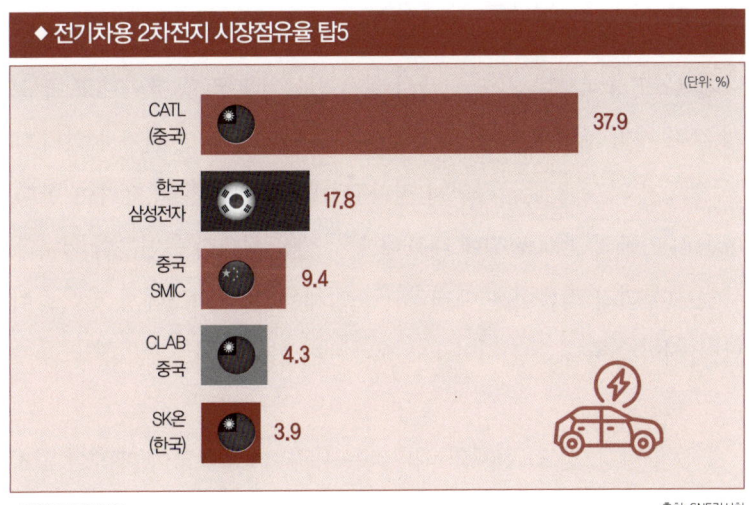

채택하는 완성차 업체는 꾸준히 늘고 있다. 심지어 현대차까지 중국 CALB가 만든 배터리 구매를 논의 중이다. 상세한 시장점유율 상황은 아래의 표에서 보는 바와 같다. 중국과 K-배터리의 성장 격차는 갈수록 커지고 있다. 무엇이 잘못됐을까.

시장의 주력이 되리라 확신하고 K-배터리가 모든 걸 쏟아부었던 삼원계(NCM) 배터리는 고성능·고가격·화재 위험으로 순탄치 않았다. 반면 중국이 집중한 인산철(LFP)은 저가격·저성능에서 '저가격·고성능'으로 향상돼, 전기차는 물론이고 ESS 시장까지 장악했다. 우리가 기술 변화 예측에 실패한 것이다. 이제 중국은 더 싸고 화재 위험도 없는 나트륨 배터리 상용화를 눈앞에 두고 있다. 우리는 뒤늦게 LFP 개발·양산 준비 단계다.

좀 더 다양한 쓰임새를 찾아라!

그렇다고 주저앉아 있을 수는 없는 노릇, 절치부심 반격을 준비해야 한다. 그나마 중국보다 기술 면에서 앞서 있는 배터리를 찾아내고, 전고체 같이 게임 체인저가 될 만한 새 배터리를 개발하고, 전기차 외의 대안 수요처·시장을 발굴하면서 원가절감의 모든 방안을 찾아야 한다. 아울러 미국의 관세 전쟁에 대응해 현지 생산 최대화도 연구할 일이다. 무엇보다 먼저 리튬이온 배터리의 쓰임새를 여러 각도에서 찾아봐야 한다. 시야를 휴대폰·전기차·ESS에 국한해선 안 된다.

①선박·항공·철도: 현재의 배터리는 용량이 크지 않아 제약이 많지만, 에너지 밀도가 대폭 높아진 전고체배터리 등이 본격적으로 양

산되면 대형 선박과 민항기 등에 활용될 수 있다. 앞으로 이 분야에서도 2차전지가 대세가 될지 모른다. 심지어 배터리로 가는 잠수함이 개발된다고 하지 않는가.

②UAM: UAM이 상용화되어 교통난과 공해 문제를 해결할 때가 오면 고성능 2차전지가 필수 부품으로 부상할 수 있다.

③드론: 무인화 추세가 두드러지는 방위산업이나 물류에서 핵심축이 될 드론에도 고성능 배터리가 필수다. 체공 시간과 작동 효율이 배터리에 의해 좌우되기 때문이다.

④로봇휴머노이드: 2장에서 자세히 들여다보기로 하자.

⑤우주: 전력 공급장치라든지 보조 동력장치 등에 제한적으로 쓰이더라도 우주 산업에서의 배터리 역할도 상상 이상으로 커질 수 있다. 2024년 말 LG에너지솔루션이 스페이스X의 우주선에 전력 공급, 보조 동력, ESS를 위한 원통형 리튬 이온 배터리를 납품한다. 스페이스X는 지금까지 자체 조달한 배터리를 우주 왕복선에 장착해왔지만, 발사 횟수가 급격하게 늘어나고 안정성과 수명이 우수한 배터리가 필요해져 LG로부터 장기 공급받기로 한 것이다.

유럽 배터리 시장을 잡아라!

유럽이 왜 중요할까? 유럽 시장은 지금도 미국의 두 배일뿐만 아니라, 향후 장기적 성장에도 의문의 여지가 없다. 친환경 정책이 워낙 강력해, 전기차·ESS 시장이 세계에서 가장 빨리 성장하고 있다. 자동차 전문 조사기업 LMC Automotive(LMC 오토모티브)는 2030년 유럽 상용차의 절반 이상이 전기차일 거라고 했다. 그뿐인가, 스웨덴의 Northvolt(노쓰볼트)가 파산하면서 내로라할 유럽 배터리 제조사가 아예 없다. 이래저래 유럽은 배터리 '황금 시장'이다. 놓쳐선 안 된다. K-배터리는 2023

년 이 황금시장의 60.4%를 차지했지만, 2025년 1분기에는 37.2%로 추락해 중국 CATL 하나보다도 왜소하다. 중국의 다른 기업들이 투자를 끝내면 격차는 더 벌어진다. 이 황금의 거위를 중국에 고스란히 넘겨줄 것인가.

K-배터리 삼총사, 건재한가

K-배터리 삼총사는 중국의 약진만 멀거니 바라보는 2차전지 침체 분위기 속에서도 원통형 배터리, ESS용 배터리, LFP 배터리 부문에서 간간이 큼직큼직한 딜을 터뜨리면서 캐즘 이후에 다가올 새로운 환경에 선제적으로 대응하기 위해 최선을 다하고 있다. 좀 더 상세한 내용은 제2장에서 들여다보겠지만, 여기선 기존 비즈니스 모델 안에서 기억해 둘 만한 점만 짚고 넘어가도록 한다.

우린 NCM이 아니라 'NCA'에 꽂혀 있다고

삼성SDI의 특징 가운데 하나는 국산 배터리의 주력인 NCM(니켈·코발트·망간) 배터리가 아니라, 'NCA(니켈·코발트·알루미늄) 배터리'를 대표 제품으로 삼아 집중하고 있다는 점이다. NCA는 순간 출력이 높아서 로봇·건설기계 등 새로운 시장 개척에 유리하다. 그래서 현대차·기아와 손잡고 정형화된 배터리를 로봇이라는 제한된 공간에 탑재하도록 최적화하면서 에너지 밀도를 높여 출력·사용 시간을 늘린 로봇 전용 고성능 배터리를 개발하고 있다. 현대차그룹이 NCA 배터리 기술력을 높이 샀다는 얘기다.

배터리 소재 중 통상 니켈은 배터리 용량, 망간과 코발트는 안전성, 알루미늄은 출력을 높이는 역할을 한다. NCA는 망간을 뺐기 때문에 배터리 안정성이 비교적 낮아진다는 문제가 있다. 그러나 삼성SDI는 자체 개발한 알루미늄 소재와 특수 코팅 기술로 용량과 안정성을 모두 개선했다. 이미 전기차용 프리미엄 배터리에도 NCA를 활용하고 있다. 미국 내 고성능 NCA 생산을 위해 유상증자 자금을 활용할 정도다.

2025 상반기에만 조 단위 2건

SK온은 2025년 상반기 일본 닛산과 15조 원 규모로 추산되는 고성능 하이니켈 파우치 셀 계약을 체결함으로써 최초로 일본 완성차 업체를 고객으로 확보한 데 이어, 미국의 전기 트럭 제조사 Slate Auto(슬레이트)와 하이니켈 NCM 배터리 공급 계약을 체결했다. 약 4조 원에 이르는 계약금액도 중요하지만, 지금까지 주로 프리미엄 전기차에 2차 전지를 공급해온 SK온의 판매 대상이 넓어지고 대중화했다는 의미도 크다.

슬레이트가 SK온의 배터리를 쓰기로 결심한 이유는 뭘까. 우선 SK온의 미국 내 공장에서 만드는 배터리이므로, 자사의 전기 트럭이 IRA 보조금을 받기에 유리하다. 둘째는 SK온의 주제품인 하이니켈 NCM 배터리의 에너지 밀도가 탁월하다는 점, 다시 말해 (LFP 배터리와 비교할 때) 주행거리가 길다는 점도 큰 요인이었다.

2025년 9월에도 수주 소식이 전해졌다. 미국 재생에너지 기업 Flatiron Energy(플랫아이언 에너지)와 ESS 배터리 공급 계약을 맺은 것. ESS용 배터리로는 최초의 대규모 계약이다. 2026년부터 SK온이 LFP 배터리를 탑재한 ESS 제품을 공급하면, 플랫아이언은 킨테이너형 ESS 시설을 대규모로 설치하게 된다. 나아가 플랫아이언이 미국 전역에서 추진하는 ESS 프로젝트에 대한 우선 협상권도 확보했다. 순조롭게 진행될 경우, 2조 원 규모의 비즈니스가 창출되는 셈이다.

각형 배터리, 테슬라도 꽂혔어!

배터리의 모양은 크게 '각형(prismatic)', '파우치형(pouch)', '원통형(cylindrical)'의 세 가지로 나뉜다. 업계에서는 이런 배터리의 형태를 '폼 팩터'(form factors)라 부른다. 그런데 최근 갈수록 많은 완성차 제조사들이 사각형 캔 모양인 각형 배터리를 원하고 있다. 이미 각형을 조금씩 써오던 BMW·벤츠·볼보 등은 점차 그 비중을 늘리고 있으며, 주로 원통형을 써온 테슬라도 고객사 다변화를 위해 각형 배터리를 조달하고 있다.

왜 각형 폼 팩터를 찾는 고객이 늘어날까? ①내구성: 납작한 상자 모양의 알루미늄 캔으로 둘러싸인 각형은 외부 충격에 강하다. 셀 자체가 단단해서 모듈·팩 단계에서 구조를 간소화하기도 쉽다. ②안전성: 어느 셀에 문제가 생겨도 다른 셀로 전이되는 걸 차단할 수 있고, 다양한 안전장치를 탑재할 수도 있다. ③생산성: 생산 공정이 단순하고 단가가 낮아서 대량생산에 유리하다. 다만, 에너지 밀도가 낮아 주행거리가 짧아지는 흠이 있으며, 배터리 자체가 무겁고 공간 효율성이 낮다는 단점도 있다.

K-배터리 3사 중 유일하게 각형을 양산해온 삼성SDI는 시장 장악력을 한층 높이면서, 배터리 무게를 낮추고 에너지 밀도를 올리는 노력을 기울이고 있다. 원통·파우치형에 강했던 LG에너지솔루션은 GM과 각형 배터리를 공동 개발해 앞으로 GM의 차세대 SUV·트럭에 탑재할 계획이다. 파우치형에 집중해온 SK온은 볼보·폴스타·로터스 같은 브랜드를 소유한 중국 지리그룹과 전략적 협업 관계를 맺고 각형 배터리 개

발·양산을 준비한다. 중국 시장은 각형 배터리가 이미 90% 이상을 차지한다. 글로벌 전기차 배터리 시장에서 각형이 차지하는 비율은 2021년 50%대에서 2024년 77%로 올랐다.

2차전지는 가져가, 대신 '1차전지'는 우리가 접수할게

에너지 저장 기간으로 보면 알카라인 전지는 2년 미만, 리튬 2차전지는 6개월이지만, 리튬 1차전지는 10년 이상이다. 에너지 밀도도 다른 전지에 비해 3배~4배다. 그뿐인가, 영하 55도~영상 85도 범위에서 쓸 수 있어, 에너지·군수 분야에 주로 판매되는 고용량 전지다. 전기·수도·가스 미터기에도 쓰이고, 메모리 백업용으로도 적합하다. 최근엔 드론·지능화 해양 장비·휴대용 의료기기 등 쓰임새가 다양해지고 있다. 방산 쪽에선 시장 자체가 워낙 커져 공급이 못 따라갈 정도다.

37년간 리튬 1차전지에 집착해온 비츠로셀은 국내·미주·인도 점유율 1위, 세계 점유율 3위다. 전 세계 250여 고객사를 거느리고 수출이 전체 매출 가운데 80%를 차지한다. 특히 방산 분야에선 세계 최고인 데다 이 시장의 수요가 급증하고 있어 2025년 사상 최대 매출·영업이익 등, 최소 10년은 끄떡없어 보인다. 그밖에 라인-업도 경쟁사들보다 다양하고, 완전 자동화 및 수직계열화를 통해 수율도 최고다. 현재 비츠로셀은 차세대 리튬·황 전지와 전고체배터리용 리튬 포일을 개발하고 있다. 또 일본을 공략 중인 코스메틱 패치 배터리의 비즈니스 영역을 넓혀 궁극적으로 메디컬 패치 배터리 시장으로 확장할 요량이다.

· 2장 ·
K-배터리,
탈출구를 찾아라

46∅ 원통형, 보기 드문 K-배터리 우세

지름이 46㎜라고 해서 '46∅(파이)'로 불리는 원통형 배터리는 기존 21∅보다 에너지 용량은 5배, 출력은 6배가량 크다. 배터리 화재는 대개 내부에 가스가 차면서 폭발하는 현상인데, 원통형은 사이사이 가스가 빠져나갈 공간도 충분해, 화재 위험성이 거의 없다. 이처럼 에너지 밀도와 안정성이라는 두 마리 토끼를 다 잡을 수 있는 전기차용 46∅를 누가 먼저, 더 많이, 수주하느냐에 따라 앞으로 승부처가 갈릴 것이다. SNE리서치는 2030년 46∅ 배터리 시장이 지금의 네 배 이상으로 커질 것으로 전망했다. K-배터리 제조사 입장에서 원통형 배터리는 공정 횟수가 줄어들어 비용 및 시간 면에서 생산성이 높다. 가격 경쟁력에 도움 된다는 얘기다.

하지만 46∅는 만들기 어렵다. 오죽하면 일론 머스크가 "대량 생산은 지옥처럼 어려운 일"이라고 개탄했을까. 양극재 등 원재료를 두툼하게 말수록 불량률이 높아지기 때문이다. 그래서 진입장벽이 높다.

LG에너지솔루션은 2025년 초 양산 준비를 끝내고 한두 고객사에 납품할 계획이다. 다른 K-배터리 전사들도 양산 기술을 확보했다. 현재 테슬라는 사이버트럭에 자체 제작한 4680 배터리를 탑재하고는 있지만, 수율이 낮아 어려움을 겪고 있다.

LG엔솔, 벤츠 이어 포드까지 잡아

LG에너지솔루션이 2024년 10월 메르세데스벤츠와 수조 원 규모의 중대형 4680 원통형 배터리 공급 계약을 맺은 지 1주일 만에, 이번엔 포드로부터 상용차용 배터리를 수주했다. 원자재 가격 변동과 시장 상황에 따라 셀 단가가 달라질 수 있음을 고려해 수주 금액을 공개하지 않았지만, 7조 원이 넘는 잭팟으로 알려졌다. 참고로 전기차 중에도 상용차는 승용차에 비해 대당 배터리 탑재량이 많고 납품단가도 더 높은 데다 계약 기간도 길어 수익성이 높다.

이후 채 한 달이 안 돼 LG에너지솔루션은 미국 전기차의 신흥 강자 Rivian(리비안)으로부터 원통형 4695 공급 계약을 따냈다. 최근 배터리 셀 가격(kWh당 약 95달러)을 고려할 때, 8조 원을 넘는 빅 딜인 것 같다. 물론 공급 과잉으로 향하고 있는 배터리셀 가격은 하락을 거듭하는 중이라, 금액은 유동적이다. 한편 LG에너지솔루션은 원통형 배터리만 제조하는 전용 공장을 애리조나에 순조롭게 짓고 있어 2026년 가동할 전망이다. 위의 계약 물량은 모두 이 공급기지에서 만든다.

놀랐지, 우린 중국에서 4680 팔았다

한국산 배터리를 (다른 곳도 아닌) 중국 본토에 판다고? 전기차 배터리 시장은 중국이 단단히 휘어잡고 있는데? 가능성을 묻기조차 어정쩡하지만, LG에너지솔루션이 바로 그런 일을 해냈다. 2025년 6월 중국 3위

완성차 기업 奇瑞汽车(체리자동차: Chery)가 LG에너지솔루션에 4680 원통형 NCM 배터리를 발주한 것이다. 공급액은 모두 1조 원을 웃도는 규모로, 국내 배터리업체가 중국 완성차 업체와 처음 맺은 조 단위 납품 계약이다.

◆LG에너지솔루션의 46Ø 원통형 배터리 수주 실적

(단위: GWh)

납품처	발표일자	규모	기간
메르세데스벤츠	2024년 10월	109	2028~2038년
리비안	2024년 11월	67	5년(추정)
체리자동차	2025년 6월	8	2026~2030년
테슬라	미공개	미공개	2025년~

※벤츠와 테슬라는 업계 추정치

출처: 업계

이 원통형 배터리 납품은 전기차 12만 대에 장착할 수 있는 총 8GWh로, 2026년부터 2030년까지 이루어진다. 체리는 2024년 세계적으로 내연차, 하이브리드차, 전기차 등 268만 대를 팔았다. LG와 CATL의 46시리즈 원통형 배터리는 곧 출시할 고급 전기차 모델에 장착한다.

'철옹성'이라 불러도 지나치지 않을 중국 완성차 업체의 벽을 K-배터리가 뚫어냈으니 고무적이다. 중국 정부는 지금껏 중국산 배터리라도 중국 회사가 만든 배터리에만 보조금을 지급해왔다. 그런 부당한 차별 때문에 LG엔솔·삼성SDI는 중국에 공장을 짓고도 완성차 납품에 실패했다. 그렇지만, 이번 계약의 대상인 LG 배터리는 체리의 스페인 공장에 공급된다. EU가 조만간 중국산 배터리에 관세를 부과할 수 있다고 보고 LG 배터리를 구매한 것이다. ["너희는 다 '계획'이 있었구나."]

미안해, 엔솔, 당분간 4680은 필요 없어

테슬라 배터리 데이 발표에 자극받아 46∅ 개발 시작한 지 5년. 오창공장에 테슬라 차량 11만 대에 공급할 수 있는 규모의 라인 구축. 테슬라를 46∅ 최대 고객으로 정하고 집중 공격. 테슬라용 시범 샘플링 2025년 6월 완료. 양산 개시를 2025년 하반기로 연기. LG에너지솔루션의 이 모든 노력에도 불구하고 2025년 7월 말 테슬라는 4680 원통형 배터리를 발주할 수 없다고 통보해왔다. 테슬라에 꽤 의존했던 LG엔솔로서는 타격이 크다.

무엇이 문제였을까? 복잡다단한 요소가 있겠지만, 가장 큰 이유는 테슬라 전기차가 예상보다 안 팔린다는 거다. 차가 안 팔리고 재고가 쌓이니 그런 물량의 배터리가 추가로 필요할 리 없다. 기존의 파나소닉 공급 물량으로 견디겠다는 얘기다. 다른 분석도 있다. 테슬라가 3년 전에 이미 자체 4680 셀을 개발하는 등 배터리 수직계열화를 마무리하면서, 외부 공급에 대한 필요성이 줄었다는 거다. 스스로 생산할 체제를 상당히 갖추었다는 얘기도 들린다. 원래 4680 배터리를 탑재하기로 한 무인 자율주행 로보택시에도 테슬라 자체 배터리를 검토한다고 한다. 어쨌거나 4680의 대규모 외부 발주가 당분간 필요하지 않다고 판단한 것 같다.

LG엔솔의 대처는? 46∅ 추진을 포기할 순 없다. 2025년 하반기 과제는 고객사 확보. 우선은 BMW, 리비안 등과 협상 중인 거래에 집중해 성과를 내야 한다. 만약의 경우를 위한 '보험' 고객이었던 BMW·리비안은 이제 주력 고객이 될 수도 있다. 4680 전략에 큰 방향 전환이 필요해 보인다. 한편 LG엔솔은 전기차용 파우치 셀, 2170 원통형, ESS용 LFP 같은 부문에서는 테슬라와 좋은 관계를 이어가고 있다.

아냐, 엔솔, 우리는 또 한 번 4680이 필요해

2024년 10월 메르세데스-벤츠와 조 단위 원형 배터리 공급 계약을 체결했던 LG에너지솔루션은 2025년 9월 3일 다시 한번 그들과 15조 원대 차세대 배터리 공급 계약을 맺었다. 유럽에서 7년간, 미국에서 8년간 벤츠 전기차에 배터리를 공급한다는 내용이다. 이 거래는 무엇보다 첫째 차세대 원통형 46∅ NCM 배터리 계약이라는 의미가 크고, 둘째 K-배터리가 전기차 주력 시장인 유럽에서 글로벌 최강자 중국을 제치고 따낸 주문이어서 더욱 의미가 크다. 미국은 중국산 규제가 심하지만, 유럽은 중국 배터리의 파죽지세가 독무대를 이룩한 시장 아니던가! 벤츠 역시 그동안 중국산을 주로 써왔으니, 기술력으로 중국의 저가 공세를 극복한 셈이다.

이번 계약 대상은 전기차 150만 대에 넣을 수 있는 물량으로, 지금까지 맺은 46∅ 공급 계약 중 최대 규모다. 거친 관세 전쟁으로 불확실성이 커지는 상황에서 LG엔솔이 일찌감치 미국에 생산 역량을 갖추고 2026년부터 본격 양산에 나선다는 점도 벤츠의 마음을 움직인 요소라고 한다.

LFP, 때늦은 감이 없진 않지만

'LFP(리튬·인산철) 배터리'는 값싼 인산철을 이용해 만든 리튬 이온 배터리다. 'NCM(삼원계) 배터리'는 상대적으로 비싼 니켈·코발트·망간·알루미늄으로 만든다. LFP가 삼원계보다 20%~30% 저렴하지만 대신 에너지 밀도가 낮아서, 주행거리가 짧고 추운 날씨에선 성능이 뚝 떨어진다. CATL, BYD 등 중국 기업은 LFP 배터리, 한국과 일본 회사들은 주로 삼원계 배터리를 생산한다. 땅덩어리 넓고 대형 SUV와 픽업트럭이 많은 미국에서는 LFP 배터리가 적절하지 않다며 늘 프리미엄 성능의 삼원계 배터리를 선호해왔다.

그러나 뜻밖에 길어지는 전기차 캐즘을 극복하기 위해 미국 완성차 업체들이 저렴한 LFP 배터리로 빠르게 전환하고 있다. 전기차 가격을 떨어뜨리기 위해 '변심한' 것이다. LFP 배터리로 바꾸면 전기차 단가를 6천~1만 달러 정도 내릴 수 있다고 하니 어쩌겠는가. 더욱이 LFP의 약점이었던 짧은 주행거리와 저온에서의 성능 저하 등도 점차 개선되고 있어, LFP 채택을 부채질하고 있다.

이런 변화에 앞장선 미국 완성차 기업 1위 GM은 배터리 공급사들과 LFP 쪽으로의 전환에 나섰다. 이에 따라 그동안 삼원계 배터리만 만들어왔던 미국 내 LG에너지솔루션-GM 합작사 얼티엄셀즈가 2027년부터는 전기차용 LFP 배터리를 생산한다. 그렇게 되면 GM은 전기차 가격을 10%가량 내릴 수 있다. 2024년 미국에서 전기차는 전년보다 겨우 7.3% 늘어난 130만 대 정도 팔려, 전 세계 판매량 증가율(26.1%)보다 훨씬 낮았다. 길어지는 캐즘을 이겨내기 위해선 전기차 가격을 떨어뜨려야 하므로, 결국 미국 전기차 시장도 이렇게 변하고 있다. 몇 년 후엔 고가의 프리미엄 전기차는 삼원계, 나머지 일반 전기차는 LFP로 시장이 재편될 것이다.

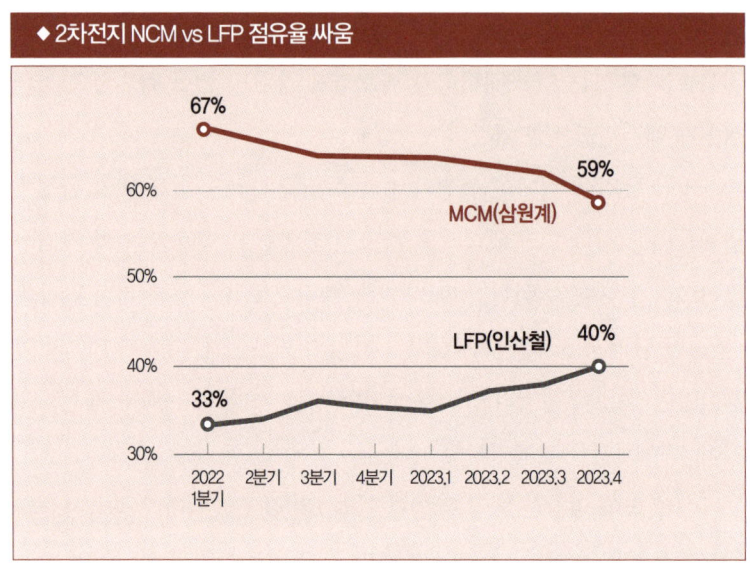

출처: SNE 리서치/유안타증권

상당 기간 이어질 걸로 보이는 미국의 중국 규제·봉쇄 정책도 영향을 미쳤다. 실제로 미국 완성차 업체들은 중국 소재·부품 사용을 최소화하라고 K-배터리 3사에 요구했다. 중국이 지금까지 LFP 시장을 주도해왔지만, 이제 중국을 빼고 공급망을 만들겠다는 얘기다. 게다가 IRA에 따른 보조금까지 받으면 중국 LFP 배터리와 대놓고 경쟁할 수도 있다.

비켜, 내가 LFP랑 붙어볼 거야

싸고도 에너지 밀도가 높은 중국의 LFP 배터리는 지금 세계 배터리 시장을 휘어잡고 있다. 대적할 만한 배터리는 없을까. LG에너지솔루션이 GM과 공동 개발한 'LMR(lithium manganese-rich: 리튬·망간리치)'이 그 해답일지도. GM의 LMR 배터리 연구는 10년 넘게 이어졌고 LG엔솔도 관련 특허를 200여 건 보유하고 있다. 둘은 LMR에 관한 한 '최고

> **LFP 배터리냐, 삼원계 배터리냐, 그것이 문제로다**
>
> 값싼 LFP 배터리의 시장 주도가 앞으로도 계속될까, 아니면 비싸도 성능 높은 삼원계 배터리가 우세할까? 유럽 최대 양극재 기업인 벨기에 Umicore(유미코아)는 이렇게 단정한다. "LFP는 과도기적 기술! 삼원계 배터리가 결국은 대세지." 그래서 LFP용 양극재 사업은 사양한단다. 흥미로운 확신이다.
>
> 왜 NCM이 대세라고 할까?
>
> 삼원계는 90% 이상 광물 재활용이 가능하지만, LFP는 재활용의 경제성이 너무 낮다. 앞으로 10년쯤 후엔 배터리 원자재의 절반 이상이 '재활용'일 테니 LFP는 소외된다는 것. 재활용은 경제 안보 측면에서도 중요하다. 결국 모두가 삼원계를 선택하게 될 거란 논리다.
>
> LFP는 전고체 같은 차세대 배터리와도 궁합이 안 맞는다. 2년~3년 후면 전고체 배터리가 활개 칠 텐데, LFP와는 아예 교차점이 없다. 미래의 전기차나 로봇 등에 쓰이는 고효율 배터리가 대세일 때, LFP가 설 자리는 없다. 왜 중국 기업들조차 삼원계 R&D에 몰두하고 있겠는가?

수'란 얘기다. 양산이 2028년으로 잡힌 가운데 LG엔솔의 합작법인 얼티엄셀즈가 각형으로 생산할 LMR 배터리는 GM 전기 트럭·SUV에 장착된다.

LMR은 K-배터리의 붙박이 주력 제품인 NCM과 비교해 망간 함량을 무려 65%까지 대폭 늘렸다. 배터리가 대단히 안정됐다는 얘기다. 망간은 매장량도 많고 싼 광물이다. 단 수명 저하와 전압 감소 등으로 지금까지 상용화가 어려웠지만, 입자 설계, 공정 최적화, 코팅 개선을 통해 이 문제를 해결했다. 경쟁 제품인 LFP에 견주면 어떨까? 에너지 밀도가 33% 높다. LFP 배터리의 최대 약점이 주행거리인데, LMR은 주행거리가 644km에 달해 거대한 미국 땅에 적합하지 않다는 말을 들을 필요가 없다. 가격은? 저렴한 망간이 가장 많이 쓰였으니 당연히 가격도 '착하다'. LFP 배터리의 강력한 경쟁자가 될 수 있다.

전고체배터리, 2차전지의 미래니까

2차전지에서 늘 골칫거리는 화재 위험을 불러오는 액체 전해질이었다. 에너지 밀도를 높이고 화재 위험성은 낮출 수 있는 묘안이 없을까? 전해질을 고체로 만들면 어떨까, 하는 생각에서 출발한 대안이 바로 전고체배터리다. 에너지 밀도가 액체 기반의 리튬 이온 배터리보다 높은 데다 화재 가능성도 거의 없어진다는 사실이 확인되면서, 차세대 배터리로 주목받고 있다. 그런데, 만들기가 여간 어려운 게 아니다. 전해질이 고체이다 보니 근원적으로 저항이 높아서 이온이 그걸 뚫고 양극·음극 사이를 이동하도록 만드는 적절한 공정을 여태 못 찾고 있다.

전고체배터리, 우린 잠시 포기할래

최근 일본 파나소닉과 중국 CATL 등 전고체배터리에 도전해온 해외 기업들이 물러서고 있다. 지구촌 배터리 업계에서 회의론이 강해지는 분위기다. 기술의 어려움도 극복하기 어렵지만, 현실적으로 다른 난관도 적지 않다. 어렵사리 제품을 내놔도 고가 제품이 될 수밖에 없어 시장이 제대로 형성되겠는가가 큰 문제다. 기껏해야 전동공구 따위에 활용되다가 마는 게 아닐까, 걱정이다. 지금 단계에선 전기차용 전고체배터리 상용화는 아예 꿈도 꾸기 어려워 보인다. CATL은 전고체배터리 양산을 '도전적 과제'라 부르면서 양산 목표로 잡았던 2027년엔 전고체배터리가 아니라 '반고체' 배터리를 생산할 수도 있다.

아니, 우린 끝까지 가는 거야

하지만 K-배터리 3사 중 전고체에 가장 '진심이었던' 삼성SDI는 다른 모습이다. 변함없이 2027년 양산 계획을 밀어붙여 전고체배터리를 통해 시장 판도를 뒤집는다는 각오를 굳히고 있다. 고객사와의 테스트도 계속해서 고가의 프리미엄 전기차부터 전고체배터리를 장착할 계획이다. 이익 감소와 부채 증가의 난관에도 불구하고 20년 만의 유상증자까지 단행해 확보한 자금 4,500억 원을 전고체배터리 라인에 투입해 화제가 되기도 했다. 머잖아 배터리 초호황이 돌아온다는 확신과 지금 밀고 나가야 한다는 공격적 자세가 없이는 불가능했을 일이다. 하긴, 삼성SDI가 전고체 성능을 증명하고 '나 홀로 양산'에 성공하기만 한다면 시장 판도가 확 바뀔 수도 있다. 한편 LG에너지솔루션은 처음부터 지금까지 전고체배터리에 느긋한 태도를 보여왔고 양산 목표도 2030년으로 느슨하게 잡고 있다.

후발 주자인 SK온은 어떨까. 전고체배터리에 대한 꾸준한 R&D 투자로 제조공정·소재 측면에서 혁신을 이뤄 경쟁력을 키우고 있다. 저온으로 산화물계 소재를 열처리하는 독특한 기술과 특수 코팅으로 배터리 수명을 늘리는 방법, 그리고 망간 함유량이 높은 양극재를 적용하는 방법도 찾아내곤 했지만, 역시 양산은 가시권에 들어오지 않고 있다.

ESS용 배터리, 이만한 대체 시장이 없어

이래저래 업황 회복이 요원한 가운데 K-배터리의 새로운 먹거리로 떠오른 게 '전기 저수지'로 불리는 ESS다. ESS가 대체 무엇인가? 전력은

이번엔 소금 배터리? 또 중국에 졌다!

CATL이 '소금 배터리'를 개발했다고? 리튬 대신 나트륨(소금)을 쓰면 안 그래도 저렴한 중국산, 더 싸지겠네? LG엔솔의 소금 배터리 개발이 2030년 전후라고 하니, 또 중국에 5년 뒤처졌네? 중저가 배터리의 게임 체인저라는 나트륨이온 배터리에서 중국에 크게 밀리며, K-배터리의 시름이 깊다. 삼원계 배터리에 집중하느라 LFP 시장 다 내주더니, 이젠 LFP 전환에 코가 빠져 나트륨 배터리 다 뺏기나? 소금에서 염소만 분리하면 되는 나트륨은 리튬 가격의 고작 50분의 1이다. 그래서 나트륨 배터리의 최대 강점도 가격이다. LFP 배터리보다 30% 넘게 싸다. 게다가 나트륨에 나노 코팅 기술을 적용해 에너지 밀도를 끌어올린 나트륨 배터리는 무엇보다 안전하다. 드릴로 뚫거나 전기톱으로 잘라도 불이 나지 않는다. 업계는 2035년이면 나트륨 배터리가 LFP 배터리를 많이 대체하고, ESS 시장의 절반을 점유하며, 가격도 LFP의 4분의 1 수준일 것으로 본다.

CATL이 2025년 4월 공개한 나트륨 배터리 '낙스트라'의 에너지 밀도는 LFP와 비슷했다. 충전 속도도 NCM보다 25% 빠르다. 연말이면 양산에 들어간다. 국내 기업들의 개발은 걸음마 단계. 낮은 에너지 밀도조차 해결하지 못했다. 양산을 앞둔 기업 수를 따지면 중국 82 vs 한국 1(에너지11이라는 기업이 유일). 나트륨 배터리 상용화를 위한 중국의 천문학적 투자에 비하면 K-배터리의 대응은 '하품 나올' 수준이다.

일단 생산된 후 일정 시간 사용되지 않으면 그냥 사라진다. 고로 전기를 저장했다가 필요할 때 쓸 방법을 찾아야 한다. 그래서 등장한 시스템이 ESS다. 태양광·풍력발전은 생산되는 전기가 불규칙해서 ESS가 꼭 필요하다. AI 시대를 이끄는 데이터센터·클라우드는 전력도 어마어마하게 잡아먹지만 전력 수요도 수시로 급변하므로, 역시 ESS가 필수적이다. 변전소에 문제가 생길 때 ESS가 예비 전력을 공급하기도 한다. ESS에 대한 글로벌 수요는 2028년까지 매년 20% 이상 성장이 전망된다. 2025년 2월 시장조사 업체 Wood Mackenzie(우드 매켄지)는 향후 10년

출처: SNE 리서치

간 시장이 7배 커질 것으로 전망했다.

ESS는 워낙 규모가 커서 저렴한 비용이 관건이고, 잦은 충·방전을 견디는 장기간의 안정적 운영이 필수다. 그래서 에너지 밀도는 좀 낮아도 저렴한 LFP 2차전지가 주로 사용된다. 배터리 제조사의 관심사인 수익성은 어떨까. 전기차용 배터리보다는 ESS용이 훨씬 더 매력적이다. 1GWh(전기차 1만5,000대 생산분) 기준 전기차용 배터리 공급가는 약 1,100억 원인데, ESS용 배터리는 2,400억 원에 이른다. 한국을 포함해 주요 국들은 정부가 앞장서서 ESS 확보를 주도한다. 초대형 ESS 프로젝트를 발주하고, ESS 설치 비용에 대해 세제 혜택을 주거나 보조금을 제공한다.

특히 미국 ESS 시장을 보면 이런 생각이 든다. K-배터리가 이 시장을 잡을 최적의 타이밍이 온 게 아닐까. 근거는 미 정부의 전기차 보조금 폐지와 관세 정책, 이 두 가지다. 미국은 전기차 구매 시 제공했던 최대 7,500달러의 세액공제 혜택을 2025년 9월 말부터 폐지한다. 원래 계획보다 무려 7년이나 폐지를 앞당긴 조치로, K-배터리엔 상당한 악재인 동시에 한시바삐 ESS 시장을 공략할 강력한 동기를 부여한다. 이와 함께 미 정부가 중국산 ESS 배터리에 대한 관세를 높이는 점도 또 하나의 요소다. 현재 미국은 중국산 ESS 배터리에 40.9% 관세를 부과하고 있지만, 2026년엔 이 관세가 58.4%로 오른다.

ESS의 다섯 가지 용도

ESS는 다섯 가지 용도로 쓰인다.

①전류의 방향 변화와 부하 변동을 줄여 전력의 품질을 높이고 전력망의 안전성을 확보하는 전력용 ESS. ②시간대별 요금의 차이를 이용해 전기료를 줄여주는 상업용 ESS. 요금이 싼 봄·가을이나 심야시간대에 충전했다가 비싼 여름·겨울이나 주간·저녁 시간대에 쓰게 돼 비용을 줄인다. ③갑자기 정전이 발생했을 때 잠깐 전력을 공급하는 UPS. 데이터센터, 병원, 공장 등 24시간 전력이 필요한 곳에 보조 전원으로 많이 쓰인다. 상업용 ESS와는 달리 고출력 성능의 배터리가 필요하다. ④태양광과 연계해 가정의 전력 구매를 최소화해주는 가정용 ESS. 전력 수급이 원활하지 않은 산간·낙도에서도 유용하다. 한국은 아파트가 많고 전력 수급이 원활해 가정용 ESS 시장이 크지 않다. ⑤기지국에 대한 안정적 전력 공급으로 통신 환경을 개선하는 통신용 ESS. 전파가 잘 닿지 않는 일부 기지국의 문제를 해결한다.

K-배터리, ESS 시장을 향해 '닥공'하라

스페인·포르투갈의 대정전 사태 이후 에너지 저장 수단 확보를 바탕으로 한 인접국 간의 전력 연계에 대한 필요성이 더욱 강조되는 추세다. 전기차 시장이 주춤하더라도, ESS가 배터리 수요를 지탱할 수 있다는 얘기다. 게다가 ESS 배터리는 더욱 저렴해지고 있고, 활용하기에도 편리하다. 세계 ESS 배터리 시장도 중국의 손아귀에 들어 있다. 상대적으로 비싼 삼원계 배터리에 주력해온 K-배터리는 그동안 중국에 밀려 협상 테이블에 앉지도 못했다. 그들의 ESS 점유율을 뺏어오는 게 K-배터리의 단기 목표. 핵심 가치와 차별화된 경쟁력을 구축해야 한다.

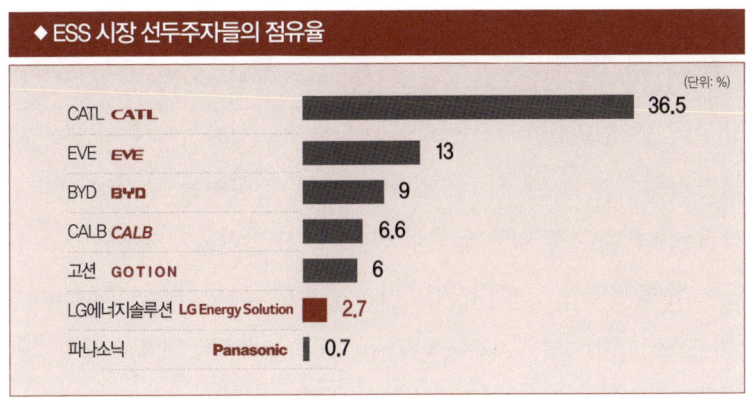

※ 2024년 기준 출처: SNE 리서치

예컨대 유럽 ESS 시장의 경우, 기술력뿐만 아니라 적절한 ESG 대응이 계약 성패를 좌우할 만큼 중요하다. 그런데 현재 선두주자 중국은 ESG 보고서도 없는가 하면, 인권 문제에도 연루되어 있다. 반대로 K-배터리 기업들은 글로벌 ESG 리더십에서 좋은 평가를 받고 있다. 최근 LG엔솔을 위시한 K-배터리의 선전에 힘입어 ESS 배터리 시장점유율도 지금의 6%에서 5년 안에 20%~30%로 올라설 것으로 업계는 전망한다.

실제 LG에너지솔루션은 폴란드 최대 에너지 기업 PGE와 폴란드 북부에 유럽 최대 규모의 ESS 단지를 구축하기로 하고, 2025년 3월 3억 7,200만 유로(약 6,000억 원)에 달하는 ESS용 배터리 공급 계약을 체결했다. 그리고 이를 위해 폴란드 공장뿐만 아니라, 미국 미시간 공장의 전기차용 라인 일부도 ESS용으로 전환키로 했다. 그리고 폼 팩터에 있어서는 기존 파우치형과 원통형보다 저렴한 각형 LFP 배터리를 앞세워 ESS 시장에서 중국과 정면승부를 벌이기로 했다.

미국에서 LFP로 6조 원 잭팟 터뜨렸어!

LG에너지솔루션은 ESS 시장 공략을 위해 유럽 쪽 수요는 폴란드 공장, 미국 쪽 수요는 미시간 공장이 대응하자는 전략이다. 현지 생산 체계를 구축하고 기민하게 라인을 ESS용으로 전환하는 등 시장 변화에 선제적으로 대응한 덕택에, 중국보다 ESS 시장 진출이 늦었음에도 수주 경쟁에 참여할 수 있다. 과거 미국에서 Excelsior Energy Capital(엑셀시오 에너지 캐피털)이나 Terra-Gen Power(테라젠) 등과 ESS 계약을 체결했던 경험도 큰 보탬이다. 트럼프 행정부의 대중국 고율 관세로 경쟁력이 상대적으로 올라간 것도 보너스로 작용한다.

LG에너지솔루션은 마침내 2025년 7월 미국에서 단일 계약 사상 최대인 5조9,442억 원 규모의 ESS용 LFP 배터리를 3년간 공급하는 잭팟을 터뜨린다. 2024년 매출의 23.2%에 해당하는 덩치다. 중국이 장악한 미국 시장에서 '테슬라로 추정되는' 대형 고객을 확보하며 반격에 나선 것. LG엔솔은 북미에서 ESS용 LFP 배터리를 생산하는 유일한 K-배터리 기업으로, 2025년 6월 말 기준 50GWh 수주잔고를 이미 확보했다. 원래는 ESS용 LFP 공장을 새로 지어 2026년부터 양산할 계획이었으나, 수요 급증으로 신규 공장을 기다리지 않고 기존 라인을 변경해 최근 양산에 돌입했다. 현지 생산으로 물류비가 적게 드는 데다 관세도 없어 우수한 가격 경쟁력을 확보할 수 있으므로, 북미 시장 내 입지를 강화할 수 있을 것이다.

ESS용 LFP 배터리로 반전을 노리는 LG에너지솔루션은 2025년 3월에도 4GWh 규모의 주택용 ESS 배터리 계약을 체결하는 등 수주를 이어오고 있어, 하반기 ESS 매출이 큰 폭으로 증가할 태세다. 이번 계약이 북미 ESS 배터리 시장의 약 80% 이상을 점유하던 중국산을 넘어설 신호탄이 될까. 업계와 전문가들은 긍정적으로 본다. 현재 미국으로 수입되는 중국산 ESS 배터리엔 여러 가지 관세가 적용돼 모두 41%에 이른다. 따라서 중국산 ESS 배터리의 대체 수요가 꾸준히 커질 것이기 때문이다.

승전보는 일본·유럽에서도

LG에너지솔루션은 미국뿐만 아니라 일본과 유럽에서도 중국을 제치고 1조 원 안팎의 ESS 배터리 계약을 잇달아 따냈다. LG엔솔의 ESS용 배터리가 쏟아진다는 소식이 퍼지자, 중국산만 쓰던 글로벌 기업들이 앞다퉈 문을 두드리고 있다. 다수의 유럽 업체와 ESS 협상을 벌이고 있어서, 전체 수주금액은 10조 원을 훌쩍 넘을지 모른다는 수군거림도 있다.

최근 LG엔솔은 일본 전자업체 オムロン(오므론)에 LFP ESS 배터리를 5년간 공급하는 계약을 막판 조율 중이다. 2025년 말부터 2GWh가 넘는 가정용·상업용 ESS에 들어간다. 계약 금액은 수천억 원에 이를 것이라고 한다. 오므론에 공급하는 물량은 중국 난징공장에서 만든다. 여기에 오스트리아 태양광 업체 F사와 1조 원이 넘는 가정용·상업용 ESS 배터리 공급 계약을 다음 달 앞두고 있다. 또 다른 3~4개 유럽 업체와는 모두 합쳐 1조~2조 원에 달하는 ESS 공급 계약을 마무리하고 있다. 참고로 LG엔솔의 ESS용 배터리 영업이익률은 10% 안팎일 것으로 업계는 예상한다.

우리도 ESS 배터리 공급 시작했어

삼성SDI는 2024년 여름 미국 NextEra Energy(넥스트에라 에너지)와 체결한 1조 원 규모 계약에 따라 최근 ESS 배터리 공급을 시작했다. 전체 공급량은 2024년 북미 전체 ESS 용량의 11.5%에 해당하는 무려(!)

6.3GWh에 달해, 앞으로 강화될 북미 ESS 사업의 상징이 되었다.

삼성의 ESS용 배터리는 안전·냉각 장치를 통합한 제품이어서, 전력망에 연결해 곧바로 쓸 수 있다. 아직은 NCA가 주력이지만, 앞으로는 LFP 배터리로 ESS용 배터리 시장에 참전할 것이 확실해 보인다. 중국산과 맞붙을 ESS용 LFP 파일럿 설비를 국내에 완공해놓았고, 수율을 점검해서 2026년에 증설한다. 덧붙여 미국에 같은 공장을 짓는 방안도 검토하는 것으로 알려졌다.

유럽 1위 ESS 기업의 '배터리 박스', 들어봤니?

EU에서 꾸준히 성장하는 ESS 시장을 더 효율적으로 공략하기 위해 삼성SDI가 개발한 무기는 'SBB(Samsung Battery Box)'다. 배터리 박스가 무엇이기에? 해상 물류에 쓰이는 20피트 컨테이너에 배터리 셀·모듈 등을 설치하고 특수 화재 차단 솔루션까지 탑재해, 전력망에 연결만 하면 바로 사용하는 ESS용 일체형 배터리다. 최근엔 SBB 모델에 LFP를 처음으로 채택한 SBB 2.0 버전도 공개했다. NCA 기반의 기존 버전보다 저렴한 게 강점이다. 삼성SDI는 이 SBB를 유럽 최대 상업용 ESS 업체인 독일 Tesvolt(테스볼트)에 공급함으로써, 유럽 ESS 시장 공격의 교두보를 마련했다. 독일 남서부에 ESS 시설 구축하고 있는 테스볼트는 내구성이 뛰어나고 소음도 적은 이 SBB에다 전력 변환 장치와 사이버 보안시스템 등을 결합해 나머지 EU 시장에서도 판매한다.

삼성SDI는 SBB 외에도 ESS용 'UPS(무정전 전원 장치) 배터리'도 널리 소개하고 있다. UPS란 24시간 전력 공급이 필수인 데이터센터 등의 시설에 갑자기 전력이 끊겼을 때 자체적으로 전기를 공급하는 설비를 가리킨다.

SK온도 LFP로 북미 공략 강화

2024년 9월 SK온은 미국 IHI Terrasun Solutions(IHI 테라선 솔루션즈)와 ESS용 배터리 공급을 위한 MOU를 맺었고, 2025년 7월엔 그 후속조치로 엘앤에프와 ESS 배터리용 양극재를 공급받기 위한 MOU를 체결했다. 이에 따라 SK온은 조지아주 전기차용 NCM 배터리 공장의 유휴 설비를 ESS용 LFP 라인으로 전환하는 등, 현지 생산체제를 갖출 예정이다. 엘앤에프는 연 6만t 규모까지 LFP 양극재 생산능력을 단계적으로 확보한다. 협력의 배경은 2023년 20GW ⇨ 2030년 133GW ⇨ 2035년 250GW까지 크게 늘 것(블룸버그 NEF)으로 보이는 미국 내 ESS 누적 설치량이다. 글로벌 ESS 시장에서 이미 80%를 차지한 싸고 안전한 LFP 배터리 수요가 가파르게 증가할 수밖에 없다.

양극재 업체와의 MOU는 SK온이 LFP 배터리 가치 사슬을 확보하고 북미 진출을 본격화하는 변곡점이 될 수 있다. 차제에 미국 첨단제조생산세액공제 요건을 충족해 가격 경쟁력까지 갖춘 미국산 LFP 배터리 생산 기반을 마련할 요량이다. 북미에서 ESS 화재 안전 인증을 따낸 열 확산 방지 솔루션 등의 안전 기술도 개발하고 있다.

ESS 배터리 시장 공략을 위한 SK온의 노력은 조만간 열매를 맺을 것으로 보인다. 양산 체제를 염두에 둔 여러 가지 설비를 정비하고 있다든가, ESS용 파우치형 LFP를 공급하는 수천억 원 규모의 계약 성사가 임박했다는 뉴스가 전해지는 것으로 봐서, 2025년 하반기에 수주활동의 결실이 발표된다 해도 놀랄 일이 아니리라.

국내서도 1조 ESS 프로젝트 시동

화재 사건으로 중단되었던 국내 ESS 프로젝트도 다시 활발해졌다. 정부가 추진하는 '2025년 ESS 중앙계약시장' 사업에 K-배터리 3사가 뛰어들었다. 총 1조 원 규모로 540MW 정도의 ESS 단지를 설치한다. 전체 사업에서 배터리 비중이 60%~70%이니, 6,000억~7,000억 원이 K-배터리에 돌아갈 몫이다. 글로벌 시장에서 우리와 격돌하고 있는 중국 회사들은 입찰을 포기했다.

이 경우에도 기업들은 삼원계 대신 LFP를 활용할 계획이다. 단, 여전히 삼원계 방식을 선호하는 삼성SDI는 대신 배터리 화재를 잡을 모듈 내장형 직분사 화재 억제 보조 장치를 추가 제공한다. 미국 IRA에 따른 혜택을 보기 위해 미국 공장이 건설되는 데다 전기차 캐즘 때문에 국내 배터리 공장은 사실상 증설이 중단된 상태여서, 정부 주도의 이런 ESS 프로젝트가 국내 2차전지 공장을 활성화하기를 기대해본다.

로봇용 2차전지, 궁극의 목표는 휴머노이드

로봇용 배터리, 갈 길이 아직 멀어

휴머노이드 상용화에는 넘어야 할 소위 '3대 핵심 과제'가 있다. AI 기술 적용, 정밀 감지(sensing) 기술 적용, 그리고 고성능 배터리 확보가 그것이다. 이 가운데 AI와 센서는 이미 상당한 수준에 와 있다. 남은 과제가 배터리다. 로봇·휴머노이드 시장 수요는 급증하는데, 아직 배터리는 지속 시간이 너무 짧아 쓸모가 없는 것이다. '머리'와 '감각'은 어느 정도 됐는데, 아직 '체력'이 받쳐주지 못한다는 얘기다. 현대차 자회사인 보스턴 다이내믹스의 휴머노이드 '아틀라스'가 지금 쓰고 있는 배터리를 보자. 아틀라스가 단순히 걷는 정도면 4시간 넘게 구동할 수 있다. 그러나 작업이 복잡해지거나 무거운 짐을 드는 작업이라 AI를 써야 하면, 배터리는 1시간도 못 간다. 1시간마다 충전소로 가야 하는 휴머노이드를 누가 사겠는가. 안전성까지 포함해 휴머노이드 성능이 좋아질수록 더 많은 전력을 소모한다.

휴머노이드 특성상 공간에 한계가 있으므로 작고 어마어마하게 힘 센 배터리가 필요하다. 전에 없던 새로운 폼 팩터의 배터리가 필요하다는 의미다. 당장은 휴머노이드 시장을 잡기 위해 에너지 밀도가 약 30% 높은 4680 배터리 등 차세대 제품이 먼저 쓰이고 있다. 향후 1년~2년간 출시되는 휴머노이드는 아마도 46Ø 원통형이 적용되지 않을까. 다만 궁극적으로 46Ø 배터리만으로는 휴머노이드 상용화가 어렵다. 결국은 몇 년을 기다려야 할 전고체배터리가 답이다. 로봇이 사람처럼 8시간 줄곧 일하려면, 전고체배터리만이 줄 수 있는 에너지 용량(2만Wh 이상)이 필요하기 때문이다.

어쨌든 배터리라는 마지막 퍼즐을 풀어야 휴머노이드는 비로소 제대로 역할을 할 것이다. 그래서 삼성SDI는 현대자동차와 손잡고 휴머노이드용 고성능 배터리 개발을 위한 MOU을 체결하고, 현대차의 서비스 로봇에 탑재된 차세대 배터리를 공개했다. 휴머노이드 양산을 2026년으로 못 박은 테슬라는 LG에너지솔루션과 함께 간다. 중국 최대 로봇 기업 유비테크와 BYD 역시 소위 '팀 차이나'를 꾸리고 휴머노이드 전용 배터리 개발에 나섰다. 2032년이면 94조5,000억 원 정도로 커진다는 휴머노이드 시장, 배터리 제조사와 로봇 기업 간 동맹이 본격화했다. 고성능 배터리의 승자가 휴머노이드 전쟁의 승자일 테다.

우리가 휴머노이드를 움직일래!

LG에너지솔루션은 LG전자가 최근 경영권을 확보한 미국 Bear Robotics(베어 로보틱스)와 MOU를 맺고 서빙용 로봇과 물류용 로봇에 원통형 배터리를 단독 공급하고 있다. 가격 경쟁력 못지않게 안전성이 중요하기 때문에, 고품질 NCMA 양극재에다 LG엔솔 고유의 특허 기술인 세라믹 코팅 분리막을 적용해 안전성을 더욱 높였다. 당장 공급량은 많지 않지만, 배터리 사업 영역을 로봇 같은 미래 산업으로 넓히려는 선제적 협력이다. 서비스 로봇이나 물류·생산 로봇이 보편화하면 로봇용 배터리 시장도 덩달아 수십조 원대로 커질 전망이다. 성장 잠재력이 높은 전기차 이외 영역으로 진출하고자 2차전지 포트폴리오 다양화에 나선 LG엔솔도 로봇·휴머노이드를 놓칠 수는 없는 노릇이다.

전기차 공장은 물론 각 가정에도 휴머노이드를 판매한다는 중장기 계획에 따라, 테슬라 역시 LG에너지솔루션과 손잡았다. 에너지 저장 용량을 높여 일하는 시간을 두세 배 늘릴 수 있는 4680 배터리 등이 2세대 옵티머스에 장착될 것이란 관측이다. 전기차에 이어 우주선에서도 테슬라의 부름을 받았으니 휴머노이드의 파트너로서 비즈니스 확대 가능성도 큰 것으로 판단된다.

· 3장 ·
함께 신음하는
배터리 소·부·장

배터리 산업이 휘청거리고 있으니 배터리 소·부·장 업체들이 위태위태한 것은 불가피하다. 4대 핵심 소재의 국산 점유율이 최근 2년간 일제히 추락하고 있다. 정부의 막대한 보조금, 값싼 전기료, 저렴한 인건비 등이 밀어주는 중국 업체들 앞에서 넋이 빠진 모습이다. 이렇다 할 정책적 지원도 없이 생사기로에 놓여 있다고 해야 하나. 2차전지 산업이 무너진 게 아니고, K-배터리가 쓰러져버린 것도 아닌데, 배터리 생태계의 초췌한 꼴을 이대로 두고 볼 것인가.

K-배터리 생태계가 무너지나?

아래 도표는 2차전지 4대 소재의 중국산과 한국산 시장점유율을 2023년 초와 2024년 말 기준으로 비교해본 결과다. 말로 다시 설명할 필요가 없다. 한국산 배터리 소·부·장의 점유율은 하나같이 크게 후퇴했고, 우리가 잃은 영토는 압도적인 가성비의 중국산이 가져가 점유율이 크게 상승했다.

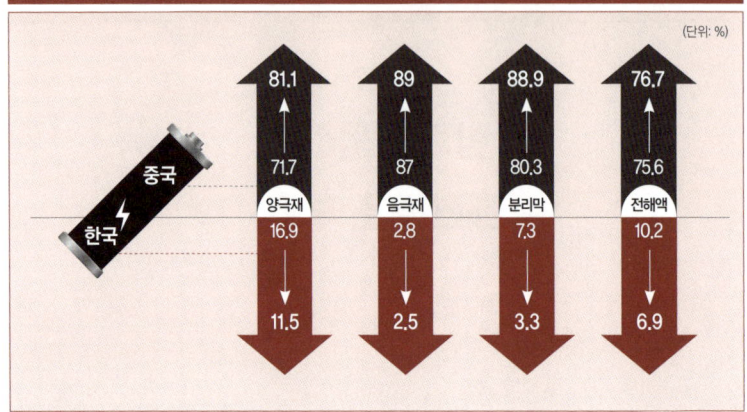

◆ 배터리 4대 소재 중국·한국의 점유율

※2023년 1분기와 2024년 4분기 비교

출처: SNE 리서치

중국 배터리 제조사나 마찬가지로 중국 배터리 소·부·장 기업들도 한국산보다 최대 50% 저렴한 가격 경쟁력을 앞세워 지구촌 시장을 싹쓸이하고 있다. 심지어 K-배터리 삼총사조차 조금씩 중국산 소재 사용을 늘리게 된다. 그들 역시 '너무나 싼' 중국산 배터리와의 경쟁으로 시들어가고 있어서다. 중국산 소재가 국내 시장을 틀어쥐고 나면 꼼짝없이 그들의 손아귀에서 벗어나기 어렵다는 걸 모르진 않지만, 가격 차가 워낙 크니 어쩌겠는가.

엎친 데 덮친 격으로 배터리 소재 업체들은 트럼프의 미친 관세전쟁에서도 흠씬 두들겨 맞을 상황이다. 미국 내 공장을 보유한 회사가 하나도 없어 공급물량 대부분이 한국에서 수출되기 때문이다. 이 책을 마무리하고 있는 시점까지 한·미 관세 협상은 100% 완결되지 않았고, 따라서 앞으로 어떤 변화가 있을지는 아무도 모른다. 미국을 향한 K-배터리 소·부·장 수출액은 2024년 기준 32억 6,700만 달러(약 4조 5,000억 원)에 달했다. 정부가 어떻게든 미국을 설득해 관세율을 조금이라도 낮춰야 한다는 것 외에는 지금 할 얘기가 더는 없다. 다만 한 가지만 기억해두자, 상위 15개 배터리 소재 기업 중 9곳이 이미 적자다.

양극재, 가장 중요해서 타격도 가장 큰 소재

2차전지 원가에서 가장 큰 부문을 차지하는 양극재 분야가 가장 시름이 깊다. 흑자를 누려온 에코프로비엠이 깊은 적자로 돌아서고, 하이니켈 양극재의 강자 엘앤에프는 전년의 두 배 넘는 적자를 기록했다. 분리막의 SK아이이테크놀로지, 전해액의 엔켐, 동박의 롯데에너지머티리얼즈, 전구체의 에코프로머티리얼즈 등, 아무도 흑자의 쓴맛을 피하지 못했다.

니켈 함량 극대화로 캐즘 돌파

그나마 '하이니켈 양극재'는 K-배터리의 독보적 영역이다. 전력 저장량을 좌우하는 니켈 함량이 극도로 높아 용량의 한계를 뛰어넘는다. 중국이 못 따라온다. 엘앤에프는 니켈 함량 90% 이상의 하이니켈 양극재를 세계 최초로 상용화해 공급했다. 최근에는 '마의 95%'에 이르는 NCM 삼원계 양극재도 시작했고 궁극적으로 97%까지 끌어올릴 요량이다. 울트라 하이니켈 배터리가 미래 모빌리티의 핵심이 되면서, 이런 양극재는 2026년 이후 등장할 테슬라의 사이버캡 같은 시장을 노린다. 자율주행차는 달리는 AI 기기여서 전기 먹는 하마일 수밖에 없고, 따라서 최첨단 고성능 배터리·양극재는 필수이기 때문이다.

고민이네, LFP 양극재를 어찌할꼬?

"발을 담글 것인가, 밖에서 버틸 것인가?"

삼원계에만 집중해온 국내 양극재 소재 업체들의 고민이다. '중국 천하'인 LFP 배터리용 양극재 시장에 뛰어들어야 하느냐를 저울질하는 것이다. GM·포드·테슬라 등 더 많은 완성차 업체들이 LFP 배터리를 채택하면서 글로벌 LFP 시장은 2024년 127억 달러(약 17조3,723억 원)에서 2034년 442억 달러(약 60조4,611억 원)로 3.4배 커질 전망이다. 그런데 이들이 중국산 부품·소재를 배제한다는 원칙을 세웠으므로, 국내 소재 업체에는 다시 없을 기회다. 다만, 고성능 LFP 양극재로 배터리 성능과 수명을 확보하려면 엄청난 자금을 투자해야 한다는 게 문제다. 경험이 풍부한 중국과 달리 한국은 4세대 LFP 에너지 밀도의 상업 생산에 도달하지 못했다. 중국이 다 잡았던 시장에 뒤늦게 진출해봤자 적자만 늘지 않을까, 하는 우려가 이해된다. 그럼에도 국내 양극재 제조사들은 위험을 무릅쓰는 모양새다.

모든 종류의 양극재가 우리 손안에

포스코퓨처엠은 현재 하이니켈 양극재(니켈 함량 80%)를 주력으로 공급한다. 그러나 최근 주행거리 극대화가 핵심 과제인 프리미엄 전기차 시장과 차세대 미래 교통수단 UAM 등에서 사용될 '울트라 하이니켈' 양극재(니켈 95% 이상)의 생산 준비를 끝냈다. 반대로 저렴한 일반 전기차용 '미드니켈' 양극재(니켈 60%)까지 개발했다. 이로써 전기차의 모든 범주에 들어갈 양극재 포트폴리오를 갖게 돼 고객 다변화가 수월해졌다. 덧붙여 GM·포드 등이 주로 엔트리급 전기차에 채택하겠다고 발표한 LMR(니켈 40% 이하) 양극재도 양산을 눈앞에 두고 있다. LFP와 가격은 비슷하면서 성능은 더 뛰어난 LMR은 앞서 소개한 배터리다. 신규 투자 없이 기존 NCM 양극재 라인에서 얼마든지 만들 수 있어서 GM의 2028년 LMR 상업화 일정도 맞출 수 있다.

엘앤에프는 3,365억 원을 투입해 LFP 양극재 전문 자회사를 세우고 2026년 상반기부터 SK온 북미 공장에 납품하겠다고 결심했다. 중국을 빼고 LFP 양극재를 양산하는 첫 회사로, 4세대 LFP를 넘어 극도로 밀도 높은 4.5세대 LFP 양극재 생산을 정조준한다. 국내 공장에 파일럿 라인을 세운 LG화학 역시 연 수천t의 LFP 양극재를 생산하고 있다. 에코프로도 국내 파일럿 라인에서 만든 샘플을 고객사가 테스트하는 중이다.

엘앤에프를 바짝 뒤쫓는 에코프로비엠은 울트라 하이니켈 부문에서 선두인데, 미드니켈 등 포트폴리오 다변화에도 힘쓰고 있다. 현재 니켈 함량 94%의 양극재 양산을 준비하고 있다. 이 둘은 세계 양극재 시장을 이끌어왔지만, 전기차 업계가 맞닥뜨린 캐즘 등의 불황으로 2026년 전망은 또렷하지 않다.

상대적으로 풍부한 자본력을 갖춘 LG화학에겐 에너지 밀도는 낮아도 가격이 저렴한 '고전압 미드니켈' 배터리용 양극재가 우선순위 1위다. 값비싼 하이니켈과 저렴한 LFP 사이의 중간 시장을 공략할 수 있다는 이유에서다. 니켈 비중이 다소 낮은 미드니켈은 높은 전압을 걸어야 하는데, 이런 고전압 기술에서 최고 기업인 LG엔솔을 최대한 활용하고 있는 것 같다.

음극재, 실리콘에서 길을 찾을까

음극재란 음극재는 다 만들어

중국산에 대한 의존도 줄이기와 미국의 중국산 규제로 K-배터리 소·부·장에 대한 수요가 뚜렷이 커질 거란 전망과 함께, 한국 업체들은 그동안 중국 점유율이 90% 이상이었던 분야에도 진출을 모색한다. 포스코퓨처엠의 음극재가 그런 경우다. 미 상무부가 '중국 정부의 흑연 제품 부당 보조금' 판정과 추가 관세 부과 방침이 발표되자, 비중국계 대규모 음극재 공급처로 주목받고 있다. 특히 흑연 원광 및 중간 소재의 자급 시스템까지 구축해 공급망 경쟁력에서 출중하다는 평이다. 포스코퓨처엠은 2025년 7월 일본 배터리 제조사에 음극재를 공급하는 계약도 체결했다. 천연흑연으로 만든 음극재를 일본에 공급함으로써 고객 다변화의 기치를 올린 것.

이처럼 고객 요구에 맞춰 다양한 천연흑연·인조흑연 음극재를 제조하는가 하면, 차세대 실리콘 음극재 사업화도 동시에 추진하고 있다. 같은 그룹 내에서 2차전지 소재를 개발하는 포스코실리콘솔루션은 미래의 핵심 소재로 꼽히는 실리콘 음극재 상·하공정 시설을 모두 갖추어, 합성물의 생산부터 코팅에 이르는 전 공정을 소화한다. 실리콘 음극재는 기존의 흑연 음극재보다 에너지 밀도가 압도적으로 높아 주행거리를 향상하고 충전 시간을 단축한다. 한때 90%에 달했던 흑연 음극재 공장 가동률은 2024년 30% 수준에 그쳤고 2026년 음극재 판매목표도 절반 가까이 줄이면서, 미래 비즈니스는 실리콘 음극재에 초점을 맞출 것 같다.

HS효성, 우리 첫 번째 신사업은 음극재

타이어 코드 세계 1위로 자금 여력이 넉넉한 HS효성첨단소재는 220년 역사의 세계 2위 양극재 기업 벨기에의 Umicore(유미코아)에 448억 원을 사모사채 방식으로 투자, 사실상 협력관계를 맺었다. 이후 2024년 7월 효성그룹에서 떨어져 나온 HS효성은 실리콘 음극재를 첫 번째 신사업으로 택했다. 이렇게 되면 효성그룹은 배터리 4대 소재 중 2개를 품는 셈이다. 양극재에 이어 음극재 시장에도 뛰어든 걸 보면, 전기차 시장이 불황인 지금이 오히려 배터리에 투자할 적기라고 판단한 것 같다. 다만 포스코그룹, LG화학, 롯데에너지머티리얼즈, SK머티리얼즈, OCI, SKC까지 거의 모든 배터리 소재 기업이 실리콘 음극재에 뛰어들어, 다소 걱정스럽긴 하다.

분리막, 미국 시장으로 숨통 트일까

모처럼 유럽에서 고개 드는 동박 비즈니스 기회

자동차용 2차전지 세계 1위 CATL은 완성차 세계 4위 Stellantis(스텔란티스)와 손잡고 스페인에 배터리 합작공장을 짓기로 했다. 이 소식에 분주해진 K-배터리 소·부·장 업체는 동박(배터리 음극에서 전류 흐름을 담당하는 핵심 소재) 제조사들이다. 유럽 내 완성차 업체의 유럽 내 배터리 생산이므로, 유럽 내 동박 생산 거점이 있는 한국 기업들이 비즈니스를 얻어낼 기회이니까.

CATL 독일 공장에는 중국산 동박이 들어가고 있지만, 스페인 합작공장은 좀 다르다. 롯데에너지머티리얼즈가 차로 3~4시간 거리인 카탈루냐에 대규모 동박 공장을 완공할 계획이기 때문이다. EU가 중국산 수입품에 5.2% 관세를 물리는 데다 해상 물류비가 가파르게 올라서, 롯데의 현지 공장에서 나올 동박은 가격 경쟁력이 충분할 거란 얘기다. 그게 아니더라도 유럽 내 완성차 업체인 스텔란티스는 EU에서 조달하는 소재를 선호할 것이 확실해, 롯데의 수주 가능성에 더욱 힘이 실린다.

이미 EU에 공장이 있는 SK넥실리스(폴란드)와 솔루스첨단소재(헝가리)도 수주전에 참여해 있다. 세 회사 모두 LFP 배터리용 동박을 공급할 수 있다. 가동률 폭락 등의 '보릿고개'를 지나고 있는 동박 3사에는 더할 나위 없는 기회가 아닐쏜가.

자, 우리 그만 싸우고 미국 시장 차지합시다!

LG엔솔은 미국 공장에 SK넥실리스의 동박을 투입할 계획이다. 두 회사가 합의한 공급 규모는 5년여 동안 5만~10만t으로, 전기차 250만~500만 대에 들어갈 수 있는 물량이다. 금액으론 1~3조 원에 이를 수 있다. 전기차용 배터리뿐 아니라 ESS용에도 SK 동박이 들어간다.

국내 동박 1위 SK넥실리스는 원래 LG엔솔의 핵심 공급사였다. 그러다 LG엔솔이 SK온을 영업 비밀 침해 혐의로 국제무역위원회에 제소하면서 깊은 균열이 생겼다. SK온이 맞소송을 제기하고 감정싸움이 깊어지며 2020년부터 거래는 완전히 끊겼다. SK온의 합의금 지급으로 소송은 끝났지만, 관계는 회복되지 않았다. 그러다 미 정부의 중국산 부품·소재 규제가 반전의 계기를 가져왔다. 미국 완성차 업체들이 비중국산 소재 사용을 요구해오자, LG엔솔은 SK가 필요해졌다. 2025년 4월 SK로부터 분리막을 받으면서 관계 회복의 실마리가 풀렸고, 7월 말 SK넥실리스가 동박 대규모 공급에 합의하면서 양측의 앙금은 사실상 해소됐다.

'누이 좋고 매부 좋은' 합의였다. LG에너지솔루션은 '중국 공급망 탈출'에 더 가까워졌고, SK넥실리스는 가동률을 끌어올리고 안정적 수입을 확보해 적자의 늪에서 탈출할 기회가 생겼다. 더 고무적인 것은 SK넥실리스가 46∅ 원통형 등 프리미엄 제품용 동박을 개발했다는 점. 원통형 배터리를 추구해온 LG엔솔과의 협력은 안성맞춤이란 얘기다.

그 밖의 소재와 장비

전고체 핵심 소재 황화리튬은 우리에게 맡겨!

'세계 최고 소재 기업'을 꿈꾸며 반도체, 태양광, LED, 메탈로센 촉매, 초고순도 유기금속 화합물을 개발·공급하는 레이크머티리얼즈는 최근 전고체배터리 핵심 소재인 황화리튬을 양산하는 설비를 완공했다. 연 120톤 생산능력으로 현재 황화리튬 기업 중 최대 규모여서, 전고체배터리 시장이 본격적으로 열리면 선도적 위치를 점할 수 있다. 이를 위해 2024년부터 샘플 제공과 평가 등을 진행하면서 안정적인 공급을 위한 최적화 시스템을 구축하고 있다. 2025년 중 의미 있는 샘플 매출이 발생할 전망이다.

또 다른 핵심 소재 CNT는 우리 몫이지

탄소 나노 튜브(CNT)는 양극재와 음극재 사이에서 전기·전자의 흐름을 돕는 도전재로, IT 소재 기업 이수페타시스가 눈독을 들이고 있는 전고체배터리 핵심 소재다. 이 분야를 선점하기 위해 CNT 제조사 제이오를 3,000억 원에 인수했다. 이로써 이수페타시스는 전고체배터리가치 사슬을 내재화할 계획이다. 동시에 계열사 이수스페셜티케미컬을 통해 또 다른 핵심 원료인 황화리튬 생산에도 나섰다. 그룹 차원에서 전고체배터리 소재의 생산망을 만들고 있는 모습이다.

우리의 강점은 팔색조 열처리 장비

2차전지 소재와 MLCC 생산용 열처리 장비를 만드는 원준의 꿈은 '열처리 공정 토털 솔루션의 세계 1위'다. 부가가치가 높은 첨단 소재를 만들 때 그 품질과 생산량을 결정하는 핵심 공정이 바로 열처리 공정이다. 열처리 장비에는 일정한 형태가 있는 게 아니라, 어떤 소재를 다루냐에 따라 최적의 조건을 구현할 수 있는 기계장비다. 열처리 기술은 배터리 양극재·음극재, MLCC, 연료전지, 탄소섬유, 전고체배터리 등에 적용된다.

원준은 2019년 독일 음극재 열처리 장비사 Eisenmann(아이젠만)과 합작해 중국법인을 설립했고, 2020년에는 아이젠만의 열처리 사업부를 인수해 Onejoon Gmbh를 세웠다. 중국, 독일, 폴란드, 미국 등 글로벌 영업 거점과 생산기지를 확보해 전 세계 신규 시장을 확대하고 있다. 전고체배터리용 열처리 장비 수주의 확대가 기대된다.

초고압 롤 프레스, 아직 장비 공급망도 없지만

한화는 2027년 후에야 상용화가 예상되는 전고체배터리 제조 설비 시장을 선점하기 위해 핵심 설비 개발에 나섰다. 롤과 롤 사이에 극판을 넣고 압연해 전극을 고밀도로 압축함으로써 배터리 고속·대량 생산을 가능케 하는 한화모멘텀의 롤 프레스 방식 장비가 그것이다. 전고체배터리는 아직 장비 공급망조차 형성되지 않았으므로, 장비 기업으로서는 배터리 제조사의 공급망에 선제 진입해 주도권을 확보하는 게 중요하다. 한화모멘텀의 주요 고객사는 황화물계 전고체배터리를 개발 중인 삼성SDI다.

파우치 필름, 일본의 95% 독점을 막아라

파우치 필름은 전기차·ESS에 들어가는 배터리를 감싸는 외장재. 외부 충격과 열로부터 양극재와 음극재를 보호한다. 지금 우리나라 파우치 필름 시상은 일본 DNP가 독점한(약 95%) 상황이다. 5년 내 파우치 필름 국산화율을 50%로 끌어올리려는 정부는 SBTL첨단소재를 선도 사업자로 지정했다. 압력을 가해 납작해진 여러 소재를 표면 처리해 파우치 필름으로 만드는데, 아직 점유율은 미미하다. 열 확산 억제용, 탈부착용, 전기차 냉각판용, 차세대 전고체배터리용 등을 타깃으로 삼고 경쟁사와 차별화되는 제품 개발에 고군분투하고 있다. 그러면서 우선은 웨어러블 전자기기·스마트폰·로봇 등에 장착될 소형 전고체·준고체 배터리 시장을 공략해 공백을 메울 계획이다.

ESS용 액침냉각 제품

에쓰오일이 2025년 내 액침냉각 제품의 대량 상용화를 눈앞에 두고 있다. 발열·화재를 해결할 수 있는 액침냉각 기술을 앞세워 ESS 시장에 진출할 요량이다. 액침냉각은 자동차용·ESS용·데이터센터 서버용 배터리를 특수한 액체에 접촉해 열을 식히는 기술이다. 지금까지는 차가운 공기로(공랭식), 혹은 차가운 물을 순환시켜(수랭식), 열을 잡는 방식이 주로 사용됐다. 하지만 그런 방식은 새로운 액침냉각과 달리 에너지 효율이 떨어지고 냉각 속도도 더디다. 또 액침냉각은 전기도 많이 소모하지 않아 공랭·수랭식보다 10배까지 경제적이다. 다만 기술적인 장벽은 액체와 기기가 닿아도 고장이 안 나도록 하는 것이다.

액침냉각 기술은 원래 데이터센터용으로 개발됐으나, 글로벌 ESS 시장의 급성장을 목격한 에쓰오일은 ESS 시장용 액침냉각에 주목한다. 무엇보다 전력 소모가 적은 데다 배터리 화재를 해결할 수 있어, 초기 비용이 좀 높아도 액침냉각을 선택할 여지가 충분하다고 본 것이다. 정유 마진이 줄어들어 고민에 빠진 다른 정유사들도 액침냉각을 새로운 먹거리로 인식해 시장에 뛰어들고 있다.

SK이노베이션의 자회사 SK엔무브도 전기차 배터리용 액침냉각을 개발 중이다. 데이터센터에서 쓰이는 액침냉각은 개발을 끝내고 이미 약간의 공급 실적이 쌓였다. 끊임없이 움직이고 외부 충격도 잦은 자동차용 액침냉각 제품은 2년 안에 제품 개발을 마치고자 한다. 한편 HD현대오일뱅크는 네이버와 손잡고 데이터센터용 액침냉각 기술을 실험하고 있으며, GS칼텍스도 데이터센터용 액침냉각 제품을 출시한 다음 라인업을 확대하고 있다.

페인트 업계, 2차전지 소재가 새 먹거리!

뜻밖의 정보일지 모르겠는데, 페인트 제조사들이 2차전지 소재에서 비즈니스 기회를 찾고 있다. 페인트 원료 중 일부를 가공·활용하면 2차전지용 전해액 첨가제 같은 소재를 만들 수 있기 때문이다. 하긴 페인트 수요가 오랜 경기 침체로 떨어져 수익성도 악화했으니, 2차전지 소재에서 새로운 성장동력을 찾으려는 노력도 이해된다. 도료 개발에서 쌓은 기술력이 2차전지 소재 사업에서도 도움이 될 것이다.

10년 넘게 화학소재를 연구해온 삼화페인트공업은 고순도 전해액 첨가제의 제조 기술 특허를 취득하고, 리튬 2차전지용 전해액 첨가제 등에 드라이브를 걸고 있다. 전극 표면에 피막을 형성하는 첨가제인데, 배터리 안정성을 높이고 수명을 늘려준다. 노루페인트가 선보인 배터리 관련 제품은 13개로 다양하다. 음극용 바인더, 난연 실리콘 폼 및 패드, 방열 마감재와 접착제, 등이 포함되었다. 배터리 화재 위험을 줄여주는 난연성 코팅제와 접착제가 특히 강점이다. 2차전지 파우치용 접착제와 방열 소재 등을 개발해온 강남제비스코도 고용량 2차전지용 양극 바인더 기술을 가다듬고 있다.

에필로그

읽어주셔서 고맙습니다.
권기대의 2026년 '비즈니스 일기예보'는 여기까지입니다.
유익한 정보도 얻고 읽는 즐거움도 누리셨기를 바랍니다.
꼭 다루고 싶었던 몇몇 산업 이야기는 부득불 뺐습니다.
산업의 흐름이 바뀌면 다루어야 할 주제도 변하겠지요.
계속해서 눈을 크게 뜨고 트렌드를 관찰해 기록하겠습니다.

저에게 질문을 던지고 싶거나, 이의를 제기하고 싶거나, 충고의 말씀을 전하고 싶으십니까? 그렇다면 이메일로 불러주십시오: pandoreboite@naver.com에서 응답할 것입니다.

2026년이 당신에게 빛나는 한 해이기를 기원합니다.

2026 비즈니스 트렌드

초판 1쇄 발행 2025년 09월 30일
초판 2쇄 발행 2025년 10월 30일

지은이 | 권기대
펴낸이 | 권기대
펴낸곳 | ㈜베가북스

주소 | (07261) 서울특별시 영등포구 양산로17길 12, 후민타워 6-7층
대표전화 | 02)322-7241   **팩스** | 02)322-7242
출판등록 | 2021년 6월 18일 제2021-000108호
홈페이지 | www.vegabooks.co.kr   **이메일** | info@vegabooks.co.kr
ISBN | 979-11-94831-16-7 (13320)

* 책값은 뒤표지에 있습니다.
* 잘못된 책은 구입하신 서점에서 바꾸어 드립니다.
* 좋은 책을 만드는 것은 바로 독자 여러분입니다.
* 베가북스는 독자 의견에 항상 귀를 기울입니다. 베가북스의 문은 항상 열려 있습니다.
* 원고 투고 또는 문의사항은 위의 이메일로 보내주시기 바랍니다.